Schriftenreihe
der Juristischen Schulung

Band 196

Strafrecht Allgemeiner Teil

von

Prof. Dr. Dr. Eric Hilgendorf

o. Professor an der Universität Würzburg

und

Prof. Dr. Brian Valerius

o. Professor an der Universität Bayreuth

2. Auflage 2015

C.H.BECK

www.beck.de

ISBN 978 3 406 68038 0

© 2015 Verlag C.H.Beck oHG
Wilhelmstraße 9, 80801 München
Druck und Bindung: Nomos Verlagsgesellschaft
In den Lissen 12, 76547 Sinzheim
Satz: Druckerei C.H.Beck Nördlingen

Gedruckt auf säurefreiem, alterungsbeständigem Papier
(hergestellt aus chlorfrei gebleichtem Zellstoff)

Vorwort

Dank der wohlwollenden Aufnahme dürfen wir vorliegend die zweite Auflage unseres Kurzlehrbuchs vorstellen. Außer der üblichen inhaltlichen gründlichen Überarbeitung und der Berücksichtigung neuer Rechtsprechung und Literatur weisen wir nunmehr vor jedem Kapitel auf klassische und jüngere prüfungsrelevante Gerichtsentscheidungen sowie auf ausgewählte Ausbildungsaufsätze zum Selbststudium hin. Zudem haben wir weitere Fallbeispiele und Prüfungsschemata eingefügt. Auch diese Ergänzungen dienen dem nach wie vor verfolgten Anliegen, den Allgemeinen Teil des Strafrechts prägnant, übersichtlich und anschaulich darzustellen. Das Lehrbuch richtet sich somit in erster Linie an Studentinnen und Studenten der ersten Semester und soll ihnen den Einstieg in das Strafrecht erleichtern. Es eignet sich aber ebenso zur unmittelbaren Vorbereitung auf die Erste Juristische Staatsprüfung, um den Examensstoff zügig und kompakt zu wiederholen.

Bei der Überarbeitung des Manuskripts haben uns tatkräftig *Maximilian Bunte*, *Benjamin Ehrhardt* und *Sandra Nöth*, allesamt Universität Bayreuth, unterstützt. Auf der Würzburger Seite ist vor allem *Jochen Feldle* zu nennen. Für ihre wertvollen Anregungen und hilfreichen Verbesserungsvorschläge möchten wir uns bei ihnen auch an dieser Stelle herzlich bedanken!

Ergänzungsvorschläge und konstruktive Kritik aus dem Leserkreis, insbesondere von Studentinnen und Studenten der ersten Semester, sind jederzeit willkommen! Sie erreichen uns unter hilgendorf@jura.uni-wuerzburg.de und brian.valerius@uni-bayreuth.de.

Würzburg/Bayreuth, Mai 2015

Eric Hilgendorf
Brian Valerius

Inhaltsverzeichnis

Abkürzungsverzeichnis

aA	anderer Ansicht
Abs.	Absatz
aE	am Ende
AG	Amtsgericht; Aktiengesellschaft
Anm.	Anmerkung
AO	Abgabenordnung
Art.	Artikel
AT	Allgemeiner Teil
BAK	Blutalkoholkonzentration
Bd.	Band
BGB	Bürgerliches Gesetzbuch
BGH	Bundesgerichtshof
BGHSt	Sammlung der Entscheidungen des Bundesgerichtshofs in Strafsachen
BGHZ	Sammlung der Entscheidungen des Bundesgerichtshofs in Zivilsachen
BT	Besonderer Teil
BtMG	Gesetz über den Verkehr mit Betäubungsmitteln (Betäubungsmittelgesetz)
BVerfG	Bundesverfassungsgericht
BVerfGE	Sammlung von Entscheidungen des Bundesverfassungsgerichts
bzgl.	bezüglich
bzw.	beziehungsweise
ders.	derselbe
dh	das heißt
dies.	dieselbe
Einl.	Einleitung
EMRK	Konvention zum Schutze der Menschenrechte und Grundfreiheiten (Europäische Menschenrechtskonvention)
f.	folgende
ff.	fortfolgende
FS	Festschrift
GA	Goltdammer's Archiv für Strafrecht
GG	Grundgesetz
ggf.	gegebenenfalls
GmbH	Gesellschaft mit beschränkter Haftung
Gr.	Gruppe
GVG	Gerichtsverfassungsgesetz
hA	herrschende Auffassung
HGB	Handelsgesetzbuch
hL	herrschende Lehre
hM	herrschende Meinung
Hrsg.	Herausgeber

InsO .... Insolvenzordnung
iVm .... in Verbindung mit

JA .... Juristische Arbeitsblätter
JGG .... Jugendgerichtsgesetz
JR .... Juristische Rundschau
Jura .... Juristische Ausbildung

Kap. .... Kapitel
KG .... Kommanditgesellschaft

LG .... Landgericht
lit. .... litera
LPartG .... Gesetz über die Eingetragene Lebenspartnerschaft (Lebenspartner-schaftsgesetz)
Ls. .... Leitsatz

MDR .... Monatsschrift für Deutsches Recht
mN .... mit Nachweisen
mwN .... mit weiteren Nachweisen

NJW .... Neue Juristische Wochenschrift
Nr. .... Nummer
NStZ .... Neue Zeitschrift für Strafrecht
NStZ-RR .... Neue Zeitschrift für Strafrecht – Rechtsprechungsreport

oHG .... offene Handelsgesellschaft
OLG .... Oberlandesgericht
OWiG .... Gesetz über Ordnungswidrigkeiten

RGSt .... Entscheidungen des Reichsgerichts in Strafsachen
Rn. .... Randnummer
Rspr .... Rechtsprechung

S. .... Seite
sog. .... sogenannte(n/r/s)
StGB .... Strafgesetzbuch
StPO .... Strafprozessordnung
str .... strittig
StV .... Strafverteidiger
StVG .... Straßenverkehrsgesetz
StVO .... Straßenverkehrs-Ordnung
StVollzG .... Gesetz über den Vollzug der Freiheitsstrafe und der freiheitsentzie-henden Maßregeln der Besserung und Sicherung (Strafvollzugsgesetz)

TPG .... Gesetz über die Spende, Entnahme und Übertragung von Organen und Geweben (Transplantationsgesetz)

UrhG .... Gesetz über Urheberrecht und verwandte Schutzrechte (Urheber-rechtsgesetz)
usw. .... und so weiter

Var. .... Variante
vgl. .... vergleiche

WStG .... Wehrstrafgesetz

zB .... zum Beispiel
ZRP .... Zeitschrift für Rechtspolitik
ZStW .... Zeitschrift für die gesamte Strafrechtswissenschaft

Literaturverzeichnis

Ambos	Ambos, Kai, Internationales Strafrecht, 4. Auflage 2014
AWHH	Arzt, Gunther/Weber, Ulrich/Heinrich, Bernd/Hilgendorf, Eric, Strafrecht Besonderer Teil. Lehrbuch, 3. Auflage 2015
Baumann/Weber/ Mitsch	Baumann, Jürgen/Weber, Ulrich/Mitsch, Wolfgang, Strafrecht Allgemeiner Teil, 11. Auflage 2003
BeckOK StGB/*Bearbeiter*	Beck'scher Online-Kommentar zum Strafgesetzbuch, v. Heintschel-Heinegg, Bernd (Hrsg.), 2. Auflage 2015, online unter http://beck-online.beck.de, 26. Edition (Stand: 8.2.2015)
Beulke Klausurenkurs I	Beulke, Werner, Klausurenkurs im Strafrecht I, 6. Auflage 2013
Esser	Esser, Robert, Europäisches und Internationales Strafrecht, 1. Auflage 2014
Fischer	Fischer, Thomas, Strafgesetzbuch und Nebengesetze, 62. Auflage 2015
Frank	Frank, Reinhard, Das Strafgesetzbuch für das Deutsche Reich, 18. Auflage 1931
Frister	Frister, Helmut, Strafrecht Allgemeiner Teil, 6. Auflage 2013
Gropp	Gropp, Walter, Strafrecht Allgemeiner Teil, 4. Auflage 2015
Haft	Haft, Fritjof, Strafrecht Besonderer Teil II, 8. Auflage 2005
Haft/Hilgendorf	Haft, Fritjof/Hilgendorf, Eric, Strafrecht Besonderer Teil I, 9. Auflage 2009
Heinrich AT	Heinrich, Bernd, Strafrecht Allgemeiner Teil, 4. Auflage 2014
Hilgendorf Klausurenkurs I	Hilgendorf, Eric, Fälle zum Strafrecht für Anfänger. Klausurenkurs I, 2. Auflage 2013
Jäger AT	Jäger, Christian, Examens-Repetitorium Strafrecht Allgemeiner Teil, 7. Auflage 2015
Jescheck/Weigend	Jescheck, Hans-Heinrich/Weigend, Thomas, Lehrbuch des Strafrechts, Allgemeiner Teil, 5. Auflage 1996
Joerden	Joerden, Jan C., Logik im Recht, 2. Auflage 2010
Kindhäuser AT	Kindhäuser, Urs, Strafrecht Allgemeiner Teil, 7. Auflage 2015
Krey/Esser	Krey, Volker/Esser, Robert, Deutsches Strafrecht, Allgemeiner Teil, 5. Auflage 2012
Kudlich PdW AT	Kudlich, Hans, Strafrecht Allgemeiner Teil, 4. Auflage 2013
Kühl AT	Kühl, Kristian, Strafrecht Allgemeiner Teil, 7. Auflage 2012
Lackner/Kühl	Lackner, Karl/Kühl, Kristian, Strafgesetzbuch. Kommentar, 28. Auflage 2014
LK-StGB/*Bearbeiter*	Leipziger Kommentar zum Strafgesetzbuch, Laufhütte, Heinrich Wilhelm/Rissing-van Saan, Ruth/Tiedemann, Klaus (Hrsg.), 12. Auflage 2006 ff.

MüKoStGB/
Bearbeiter .... Münchener Kommentar zum Strafgesetzbuch, Joecks, Wolfgang/ Miebach, Klaus (Hrsg.), 2. Auflage 2012 ff.
NK-StGB/*Bearbeiter*   Nomos Kommentar zum Strafgesetzbuch, Kindhäuser, Urs/Neumann, Ulfrid/Paeffgen, Hans-Ullrich (Hrsg.), 4. Auflage 2013

Otto AT .... Otto, Harro, Grundkurs Strafrecht, Allgemeine Strafrechtslehre, 7. Auflage 2004
Otto/Bosch .... Otto, Harro/Bosch, Nikolaus, Übungen im Strafrecht, 7. Auflage 2010

Rengier AT .... Rengier, Rudolf, Strafrecht Allgemeiner Teil, 6. Auflage 2014
Rengier BT I .... ders., Strafrecht Besonderer Teil I, 17. Auflage 2015
Rengier BT II .... ders., Strafrecht Besonderer Teil II, 16. Auflage 2015
Roxin AT I .... Roxin, Claus, Strafrecht Allgemeiner Teil, Band I, 4. Auflage 2006
Roxin AT II .... ders., Strafrecht Allgemeiner Teil, Band II, 2003

Satzger .... Satzger, Helmut, Internationales und Europäisches Strafrecht, 6. Auflage 2013
Schönke/Schröder/
Bearbeiter .... Schönke, Adolf/Schröder, Horst, Strafgesetzbuch. Kommentar, 29. Auflage 2014
Stratenwerth/Kuhlen .. Stratenwerth, Günter/Kuhlen, Lothar, Strafrecht Allgemeiner Teil, 6. Auflage 2011

Valerius .... Valerius, Brian, Einführung in den Gutachtenstil, 3. Auflage 2009

Wessels/Beulke/
Satzger .... Wessels, Johannes/Beulke, Werner, Strafrecht Allgemeiner Teil, 44. Auflage 2014
Wittig .... Wittig, Petra, Wirtschaftsstrafrecht, 3. Auflage 2014

Zieschang .... Zieschang, Frank, Strafrecht Allgemeiner Teil, 4. Auflage 2014

§ 1. Einführung

A. Strafrecht und Strafgesetzbuch

Das Strafrecht im weiten Sinne umfasst das materielle Strafrecht und das Strafver- 1
fahrensrecht. Das *materielle Strafrecht* regelt die Voraussetzungen und Rechtsfolgen
einer Straftat. Es bestimmt, welches sozialschädliche Verhalten welche strafrechtlichen Konsequenzen nach sich zieht. So normiert § 303 StGB, dass eine Beschädigung oder Zerstörung einer fremden Sache (Voraussetzungen) mit Freiheitsstrafe bis
zu zwei Jahren oder Geldstrafe (Rechtsfolgen) bestraft wird. Der aus einem strafbaren
Verhalten resultierende Strafanspruch steht aber nicht dem Verletzten wie zB dem
Eigentümer der beschädigten oder zerstörten Sache zu. Vielmehr ist der Staat Inhaber
des Strafanspruchs, den er – nicht zuletzt um Selbstjustiz zu vermeiden – grundsätzlich selbst festzustellen und durchzusetzen hat. Wie der Staat im Einzelnen
Straftaten verfolgen darf, richtet sich nach dem formellen Strafrecht oder auch *Strafverfahrensrecht*.

Materiell-rechtliche Strafvorschriften finden sich vornehmlich im *Strafgesetzbuch* 2
(StGB), das in Klausuren und Hausarbeiten während des Studiums in der Regel den
einzigen Prüfungsgegenstand bildet. Allerdings enthalten viele andere Gesetze ebenso
Strafnormen, wenngleich zumeist nur vereinzelt in einem mit „Straf- und Bußgeld-
vorschriften" oder ähnlich überschriebenen Schlussabschnitt. Hierzu zählen etwa das
Straßenverkehrsgesetz (StVG), das Urheberrechtsgesetz (UrhG), die Abgabenord-
nung (AO) und das Betäubungsmittelgesetz (BtMG).

Mitunter werden die Straftatbestände des StGB als *Kernstrafrecht* in Abgrenzung 3
zum sog. *Nebenstrafrecht* (Strafvorschriften in anderen Gesetzen) bezeichnet.[1] Der
Begriff „Nebenstrafrecht" darf aber nicht darüber hinwegtäuschen, dass auch außerhalb des StGB geregelten Delikten in der Praxis zum Teil eine erhebliche Bedeutung
zuteilwird. Dies gilt unter anderem für das Fahren ohne Fahrerlaubnis nach § 21
StVG sowie die Steuerhinterziehung gemäß § 370 AO.

Das Strafverfahrensrecht ist im Wesentlichen in der *Strafprozessordnung* (StPO) geregelt. Wei- 4
tere Vorschriften finden sich unter anderem im Gerichtsverfassungsgesetz (GVG) und – für
Verfahren gegen Jugendliche und Heranwachsende, also für Personen zwischen 14 und 21
Jahren – im Jugendgerichtsgesetz (JGG). Zunehmende Beachtung findet nicht zuletzt die
(Europäische) Konvention zum Schutz der Menschenrechte und Grundfreiheiten (Europäische
Menschenrechtskonvention; EMRK).

Das Strafgesetzbuch ist in einen Allgemeinen Teil (§§ 1–79b StGB) und in einen 5
Besonderen Teil (§§ 80–358 StGB) untergliedert. Der *Besondere Teil* enthält einzelne
Straftatbestände, die strafbares Verhalten umschreiben, wie etwa Totschlag (§ 212
StGB), Körperverletzung (§ 223 StGB), Diebstahl (§ 242 StGB) und Sachbeschädi-
gung (§ 303 StGB).[2] Hingegen stellt der *Allgemeine Teil* Grundsätze auf, die für

---

[1] *Kindhäuser* AT § 1 Rn. 2; allgemein zur systematischen Stellung des Strafrechts *Baumann/
Weber/Mitsch* § 4.
[2] Siehe hierzu etwa die in derselben Reihe erschienenen Lehrbücher von *Haft/Hilgendorf*
zum Strafrecht BT I sowie von *Haft* zum Strafrecht BT II; umfassend *AWHH*.

sämtliche Delikte des Besonderen Teils gelten und daher im Strafgesetzbuch vorab geregelt sind. Der Allgemeine Teil ist somit gewissermaßen – wie das gleichnamige erste Buch des Bürgerlichen Gesetzbuches (BGB) – vor die Klammer gezogen. Er behandelt beispielsweise, wann ein tatbestandsgemäßes, dh die Voraussetzungen einer Strafvorschrift zB aus dem Besonderen Teil des StGB erfüllendes Verhalten gerechtfertigt und somit insoweit nicht strafbar ist (zB der in Notwehr abgegebene tödliche Schuss). Ferner ist im Allgemeinen Teil unter anderem normiert, wann bereits der Versuch einer Straftat geahndet wird (zB der Faustschlag, der sein Ziel verfehlt) oder unter welchen Voraussetzungen sich weitere Tatbeteiligte (zB der Verkäufer der für einen Mord verwendeten Waffe oder der Fahrer des Fluchtwagens bei einem Bank-überfall) strafbar machen. Diese Vorschriften des Allgemeinen Teils sind Gegenstand dieses Lehrbuches.

B. Straftheorien und Strafzwecke

Ausgewählte Studienliteratur: *Heger* Die Rolle des Opfers im Strafverfahren, JA 2007, 244; *Hörnle* Straftheorien, 2011; *Momsen/Rackow* Die Straftheorien, JA 2004, 336.

I. Grundlagen

6   Setzt der Staat seinen Strafanspruch durch, greift er zwangsläufig in die Grundrechte seiner Bürger ein. Die erheblichste Einwirkung geht mit der Vollstreckung einer Freiheitsstrafe einher, die für den Verurteilten den Entzug der körperlichen Bewegungsfreiheit bedeutet. Das Strafrecht wird daher auch als *„schärfste Waffe des Staates"* bezeichnet.[3]

7   Als mögliche Rechtsfolgen eines strafbaren Verhaltens sieht das StGB Haupt- und Nebenstrafen sowie Nebenfolgen vor. Zu den *Hauptstrafen* zählen die (zeitige oder lebenslange; §§ 38, 39 StGB) Freiheitsstrafe, die Geldstrafe (§§ 40 ff. StGB), die Jugendstrafe (für Jugendliche und Heranwachsende; JGG) und der Strafarrest (für Soldaten; WStG).

8   Als derzeit einzige *Nebenstrafe* enthält das StGB das in der Praxis häufig verhängte Fahrverbot (§ 44 StGB). Die in § 43a StGB eingeführte Vermögensstrafe erklärte das Bundesverfassungsgericht (BVerfG) mit Urteil vom 20. März 2002[4] in ihrer konkreten Ausgestaltung für mit dem Bestimmtheitsgebot des Art. 103 Abs. 2 GG (→ Rn. 34 f.) unvereinbar und nichtig.

9   *Nebenfolgen* einer Verurteilung können der Verlust der Amtsfähigkeit oder des aktiven oder passiven Wahlrechts (§ 45 StGB) sein.

10   Solche Maßnahmen bedürfen wie jeder Grundrechtseingriff einer Legitimation, um welche sich die sog. *Straftheorien* bemühen. Die *absoluten Straftheorien* basieren auf den Gedanken von Vergeltung, Sühne und der Wiederherstellung von Gerechtigkeit. Sie werden als absolut bezeichnet, weil sie sich im Wesentlichen darauf beschränken, auf das Handeln des Täters zu reagieren und das begangene Unrecht und die verwirklichte Schuld „ausgleichen" zu wollen. Welche Folgen die Strafe für den Täter und die Gesellschaft nach sich zieht, wird hingegen vernachlässigt.[5]

11   Nach den *relativen Straftheorien* wird die Strafe nicht mehr lediglich als bloßer (repressiver) Unrechts- und Schuldausgleich verstanden. Vielmehr dient die Bestra-

---

[3] BVerfGE 32, 98 (109); 39, 1 (45); *Jescheck/Weigend* § 1 I. 1.
[4] BVerfGE 105, 135.
[5] *Jäger* AT Rn. 5 f.; *Rengier* AT § 3 Rn. 10; *Wessels/Beulke/Satzger* Rn. 12; eingehend *Stratenwerth/Kuhlen* § 1 Rn. 4 ff.

fung bestimmten sozialen Zwecken, zB der (präventiven) Abschreckung oder Besserung. Sie bezieht sich somit auf die Aufgabe, künftige Straftaten zu verhindern.[6]

– Unterschieden wird hierbei zum einen nach dem Adressatenkreis. Die Theorie der *Generalprävention* hat die Wirkung der Strafe auf die Gesellschaft insgesamt im Blick, während bei der *Spezialprävention* der Einfluss der Strafe auf den einzelnen Täter im Vordergrund steht.

– Zum anderen wird danach differenziert, ob die Strafe *positiv* eine rechtstreue Einstellung erzeugt und das Vertrauen in die Rechtsordnung bekräftigen oder *negativ* vor weiteren sozialschädlichen Verhaltensweisen abschrecken soll.[7]

Indem die möglichen Differenzierungen miteinander kombiniert werden, lassen sich unterscheiden **12**

– die Gedanken der *negativen oder positiven Generalprävention* einerseits (Abschreckung der Allgemeinheit bzw. Stärkung des Vertrauens der Gesellschaft in die Rechtsordnung) sowie
– der *negativen oder positiven Spezialprävention* andererseits (Sicherung vor dem Täter bzw. Besserung des Täters).[8]

Die sog. *Vereinigungstheorien* verbinden schließlich die absoluten und die relativen **13** Straftheorien zu einem einheitlichen Ansatz. Sie sehen den Grund für Strafe sowohl in der Sühne und Wiederherstellung der Gerechtigkeit als auch in der Verfolgung sozialer Zwecke.[9] Diese Ansätze weisen zwar sämtliche Stärken der verschiedenen Theorien auf, vereinigen aber ebenso alle ihre Schwächen.

Nach § 46 Abs. 1 StGB ist die Schuld des Täters „Grundlage für die Zumessung der Strafe. Die **14** Wirkungen, die von der Strafe für das künftige Leben des Täters in der Gesellschaft zu erwarten sind, sind zu berücksichtigen." Die *Wirkungen* von Strafe im Allgemeinen, also deren faktische Folgen für die Gesellschaft und den einzelnen Täter, lassen sich empirisch erforschen und sind Gegenstand der Kriminologie. Von den Auswirkungen der Strafe ist deren *Legitimation* durch die einzelnen Straftheorien zu unterscheiden. Die argumentative Rechtfertigung von Strafe fällt in den Zuständigkeitsbereich der Ethik (bzw. Rechtsphilosophie) sowie der Rechtspolitik.

II. Entwicklung

Die *absoluten Straftheorien* beriefen sich ursprünglich auf den Willen Gottes (ius **15** talionis: „Auge um Auge, Zahn um Zahn"). Das ius talionis (oder auch Talionsprinzip) weist insoweit bereits eine strafbarkeitsbeschränkende Funktion auf, als keine willkürlichen Strafen verhängt werden dürfen. Der berühmteste Vertreter einer absoluten Straftheorie war *Immanuel Kant* (1724–1804):

„So viel also der Mörder sind, die den Mord verübt, oder auch befohlen, oder dazu mitgewirkt haben, so viele müssen auch den Tod leiden; so will es die Gerechtigkeit als Idee der richterlichen Gewalt nach allgemeinen a priori begründeten Gesetzen".[10]

Kant illustrierte seine Gedanken mit dem bekannten „*Inselbeispiel*": **16**

„Selbst, wenn sich die bürgerliche Gesellschaft mit aller Glieder Einstimmung auflösete (zB das eine Insel bewohnende Volk beschlösse, auseinander zu gehen, und sich in alle Welt zu zer-

---

[6] *Jäger* AT Rn. 6; *Rengier* AT § 3 Rn. 14; *Wessels/Beulke/Satzger* Rn. 12; eingehend *Stratenwerth/Kuhlen* § 1 Rn. 16 ff.

[7] *Jäger* AT Rn. 6; *Wessels/Beulke/Satzger* Rn. 12.

[8] *Jäger* AT Rn. 6; *Rengier* AT § 3 Rn. 15 ff.; *Wessels/Beulke/Satzger* Rn. 12.

[9] BVerfGE 45, 187 (253 f.) mwN; *Jäger* AT Rn. 7; *Kindhäuser* AT § 2 Rn. 16 f.; *Stratenwerth/Kuhlen* § 1 Rn. 35.

[10] *Kant* Metaphysik der Sitten, in: *Weischedel* (Hrsg.), Werkausgabe, Bd. VIII, 15. Auflage 2009, S. 456.

streuen), müßte der letzte im Gefängnis befindliche Mörder vorher hingerichtet werden, damit jedermann das widerfahre, was seine Taten wert sind, und die Blutschuld nicht auf dem Volke hafte, das auf diese Bestrafung nicht gedrungen hat; weil es als Teilnehmer an dieser öffentlichen Verletzung der Gerechtigkeit betrachtet werden kann."[11]

17 Die *Kritikpunkte* an *Kants* Auffassung sind zahlreich. Zweifelhaft ist bereits der Verweis auf *a priori*, also unabhängig von menschlicher Setzung geltende moralische Gesetze, deren Existenz von *Kant* nicht begründet, sondern einfach behauptet wird. Seine Strafbegründung bleibt spekulativ. Außerdem führt sein Ansatz zum Teil zu sehr harten, inhuman anmutenden Ergebnissen: Er befürwortet unter anderem die Todesstrafe.

18 Mit *Georg Wilhelm Friedrich Hegel* (1770–1831) begann ein Abrücken vom strengen Talionsgedanken. Demnach war Strafe „Negation" des Verbrechens, also *„Negation der Negation"*:[12]

„Das Aufheben des Verbrechens ist insofern Wiedervergeltung, als sie dem Begriffe nach Verletzung der Verletzung ist und dem Dasein nach das Verbrechen einen bestimmten, qualitativen und quantitativen Umfang, hiermit auch dessen Negation als Dasein einen ebensolchen hat".[13]

19 Gleichwohl vertrat auch *Hegel* eine absolute Straftheorie und distanzierte sich ausdrücklich davon, der Strafe einen sozialen Zweck zuzugestehen. So sei die Verhängung von Strafe aus präventiven Erwägungen – wie dies die relativen Straftheorien vertreten – damit vergleichbar, dass

„man gegen einen Hund den Stock erhebt, und der Mensch wird nicht nach seiner Ehre und Freiheit, sondern wie ein Hund behandelt".[14]

20 *Hegel* bleibt ebenso wie *Kant* vorzuwerfen, seine Theorien auf fragwürdige metaphysische Hypothesen zu stützen. Dies gilt vor allem für seinen Versuch, die Strafbegründung in ein hochgradig spekulatives philosophisches System einzubinden. Zudem ist seine Bildsprache oft unklar.

21 *Paul Johann Anselm von Feuerbach* (1775–1833) vertrat dagegen eine an Erfahrungstatsachen orientierte *Theorie des psychologischen Zwangs*. Danach sollte die Androhung von Strafe potentielle Straftäter von der Tatbegehung abschrecken. Er befürwortete somit eine Variante der negativ-generalpräventiven Theorie.[15] Allerdings sollten generalpräventive Vorstellungen erst in den letzten Jahrzehnten des 19. Jahrhunderts die bis dahin vorherrschenden absoluten Straflegitimationsmodelle verdrängen.

22 Durch *Franz von Liszt* (1851–1919) fand eine Annäherung an die empirischen Wissenschaften, insbesondere die Naturwissenschaften jener Zeit statt. Er vertrat eine spezialpräventive Straftheorie.[16] („Strafe ist *Prävention durch Repression*"). Alle Spielarten absoluter Straftheorien wurden als unwissenschaftlich abgelehnt. Spezialpräventive Theorien waren in Deutschland vor allem zur Weimarer Zeit führend, bevor unter dem NS-Regime wieder eine Rückkehr zu den absoluten Straftheorien erfolgte.

23 Inzwischen haben sich die *Vereinigungstheorien* durchgesetzt, wobei präventive Denkmodelle an Bedeutung gewinnen. Stellvertretend für viele hält *Roxin* fest:

---

[11] *Kant* Metaphysik der Sitten, in: *Weischedel* (Hrsg.), Werkausgabe, Bd. VIII, 15. Auflage 2009, S. 455.

[12] MüKoStGB/*Joecks* Einl. Rn. 52; *Kindhäuser* AT § 2 Rn. 10; *Roxin* AT I § 3 Rn. 4.

[13] *Hegel* Werke, Band 7: Grundlinien der Philosophie des Rechts, 8. Auflage 2004, § 101.

[14] *Hegel* Werke, Band 7: Grundlinien der Philosophie des Rechts, 8. Auflage 2004, Zusatz zu § 99.

[15] *Jäger* AT Rn. 6; *Rengier* AT § 3 Rn. 15; *Roxin* AT I § 3 Rn. 22 f.; *Stratenwerth/Kuhlen* § 1 Rn. 23.

[16] Siehe hierzu *Kindhäuser* AT § 2 Rn. 12; *Rengier* AT § 3 Rn. 18; *Roxin* AT I § 3 Rn. 12.

„Die Strafe dient den Zwecken der Spezial- und Generalprävention. Sie wird in ihrer Höhe durch das Maß der Schuld begrenzt, darf dieses Maß aber unterschreiten, soweit spezialpräventive Bedürfnisse dies notwendig machen und generalpräventive Mindesterfordernisse dem nicht entgegenstehen".[17]

Die Beachtung spezialpräventiver Anliegen spiegelt sich auch in § 2 Satz 1 des 1977 in Kraft getretenen Strafvollzugsgesetzes (StVollzG) wider:

„Im Vollzug der Freiheitsstrafe soll der Gefangene fähig werden, künftig in sozialer Verantwortung ein Leben ohne Straftaten zu führen (Vollzugsziel)."

C. Grundlegende Prinzipien des Strafrechts

Ausgewählte Entscheidungen: BVerfGE 25, 269 (rückwirkende Verlängerung der Verjährungsfrist für Mord); 92, 1 (Sitzblockaden-Entscheidung zur Auslegung des Gewaltbegriffs bei der Nötigung); 120, 224 (Verfassungsmäßigkeit der Strafbarkeit des Beischlafs unter Geschwistern); 126, 170 (Verfassungsmäßigkeit des Straftatbestandes der Untreue); BGHSt 37, 89 (Herabsetzung der alkoholbedingten absoluten Fahruntüchtigkeit von 1,3 auf 1,1 ‰); BGH NJW 2014, 3459 (Verfassungsmäßigkeit des § 89a StGB: Vorbereitung einer schweren staatsgefährdenden Gewalttat).
Ausgewählte Studienliteratur: Walter Einführung in das Strafrecht, JA 2013, 727.

Das deutsche Strafrecht wird von bestimmten Prinzipien beherrscht, die jeder An- **24** wendung von Strafgesetzen zugrunde liegen und schon deshalb den Studentinnen und Studenten vertraut sein sollten. Diese Prinzipien erleichtern nicht nur das Verständnis vieler strafrechtlicher Meinungsstreite, sondern bieten auch wesentliche Argumente für oder gegen eine bestimmte Auslegung einer Strafvorschrift.

I. Gesetzlichkeitsprinzip (nullum crimen, nulla poena sine lege)

Als das *zentrale Prinzip des deutschen Strafrechts* ist das Gesetzlichkeitsprinzip **25** („nullum crimen, nulla poena sine lege": „kein Verbrechen, keine Strafe ohne Gesetz") anzusehen. Sein Stellenwert lässt sich bereits daran ablesen, dass es sowohl in der Verfassung (Art. 103 Abs. 2 GG) als auch wortlautgleich an prominenter Stelle im Strafgesetzbuch (§ 1 StGB) festgehalten wird.

§ 1 StGB Keine Strafe ohne Gesetz   **26**

Eine Tat kann nur bestraft werden, wenn die Strafbarkeit gesetzlich bestimmt war, bevor die Tat begangen wurde.

Bei dem Gesetzlichkeitsprinzip handelt es sich um einen Grundsatz, auf den ein **27** Rechtsstaat nicht verzichten darf: Jeder Bürger muss in der Lage sein, vorab zu erkennen, durch welche Handlungen er sich strafbar macht. Der Staat darf seine Bürger nicht willkürlich ihrer Freiheit berauben wegen eines Verhaltens, das (straf-)gesetzlich überhaupt nicht erfasst ist. Seit der europäischen Aufklärung im 18. Jahrhundert werden diese Grundsätze immer wieder eingefordert. Sie finden sich auch im berühmten Strafrechtsreformprogramm von *Cesare Beccaria* (1738–1794) „Von den Verbrechen und von den Strafen" (1764).

---

[17] *Roxin* AT I § 3 Rn. 59.

28   Das Gesetzlichkeitsprinzip wird in vier verschiedene *Unterprinzipien* eingeteilt. Zunächst bedarf es eines geschriebenen Gesetzes. Eine Straftat oder eine Strafe auf nicht geschriebenes Recht zu stützen, untersagt das *Verbot* von strafbarkeitsbegründendem oder strafschärfendem *Gewohnheitsrecht* „(nullum crimen, nulla poena) sine lege scripta".[18] Problematisch ist daher beispielsweise, *zulasten des Täters* dessen fehlende Schuld zum Zeitpunkt der Tat über die Grundsätze der actio libera in causa zu fingieren (→ § 6 Rn. 17 und 19). Das Verbot von Gewohnheitsrecht richtet sich an den Rechtsanwender, vornehmlich an die Staatsanwaltschaften und Gerichte.

29   Das Gesetzlichkeitsprinzip soll den Bürger aber nur vor unvorhergesehenen Nachteilen schützen. Der Rückgriff auf gewohnheitsrechtliche Regelungen *zugunsten des Bürgers*, zB auf den nicht gesetzlich normierten Rechtfertigungsgrund der Einwilligung (→ § 5 Rn. 109 ff.), ist daher gestattet.[19]

30   Auch das *Analogieverbot* („sine lege stricta") wendet sich an den Rechtsanwender. Es besagt, dass strafrechtliche Gesetze nicht über ihren Wortsinn hinaus ausgedehnt werden dürfen. Anders als im Zivilrecht oder im öffentlichen Recht ist es im Strafrecht unzulässig, eine Norm auf zwar vergleichbare, aber planwidrig nicht geregelte Fälle anzuwenden. Der Wortlaut einer Strafvorschrift bildet somit die äußerste Grenze für deren Auslegung (→ Rn. 44).[20] Beispielsweise lässt sich die Entziehung elektrischer Energie nicht als Diebstahl erfassen, da Elektrizität mangels Körperlichkeit keine „Sache" im Sinne des § 242 StGB darstellt. Eine analoge Anwendung des § 242 StGB auf den „Stromdiebstahl" verstößt gegen das Analogieverbot, so dass eine Strafbarkeitslücke bestand, die durch die Einführung des § 248c StGB geschlossen wurde.

31   Auch das Analogieverbot gilt wiederum nur für die Auslegung zulasten, nicht hingegen *zugunsten des Täters*.[21] So wenden die eingeschränkten Schuldtheorien beim Erlaubnistatumstandsirrtum die Vorschrift des § 16 Abs. 1 Satz 1 StGB analog an, um das Vorsatzunrecht bzw. die Vorsatzschuld auszuschließen und den Täter nicht auf die Regelung des Verbotsirrtums in § 17 StGB verweisen zu müssen (→ § 8 Rn. 47 f.).

32   Das *Rückwirkungsverbot* („sine lege praevia") ist von Rechtsanwender und Rechtssetzer, dh von dem Gesetzgeber, gleichermaßen zu beachten. So darf der Gesetzgeber Handlungen, die schon vor dem Wirksamwerden des Gesetzes abgeschlossen waren, weder rückwirkend unter Strafe stellen, um etwa im Einzelfall als unbillig empfundene Strafbarkeitslücken zu schließen, noch eine bereits bestehende Strafe erhöhen.[22] Ebenso wenig dürfen Staatsanwaltschaften und Gerichte als Rechtsanwender auf ein bereits vollbrachtes Verhalten später verabschiedete Gesetze zulasten des Täters rückwirkend anwenden; die Einzelheiten bestimmen insoweit §§ 2, 8 StGB (→ § 2 Rn. 20 ff.). Allerdings betrifft das Rückwirkungsverbot lediglich materiell-rechtliche Strafnormen. Verfahrensrechtliche Vorschriften können rückwirkend verändert werden, selbst wenn sich dies zum Nachteil des Betroffenen auswirken sollte.[23]

33   Das Rückwirkungsverbot betrifft aber nur die *gesetzliche Bestimmung* der Strafbarkeit. So wird nach hM nicht gegen das Rückwirkungsverbot verstoßen, wenn die

---

[18] *Jäger* AT Rn. 10; *Kindhäuser* AT § 3 Rn. 3; *Stratenwerth/Kuhlen* § 3 Rn. 26.
[19] *Rengier* AT § 4 Rn. 15; *Stratenwerth/Kuhlen* § 3 Rn. 27 f.; *Wessels/Beulke/Satzger* Rn. 46.
[20] BVerfGE 92, 1 (12); *Jäger* AT Rn. 11; *Rengier* AT § 4 Rn. 31.
[21] *Jäger* AT Rn. 11; *Kindhäuser* AT § 3 Rn. 6; *Rengier* AT § 4 Rn. 34; *Wessels/Beulke/Satzger* Rn. 54.
[22] *Jäger* AT Rn. 12; *Wessels/Beulke/Satzger* Rn. 48 f.
[23] Siehe BVerfGE 25, 269 (286 ff.) zur rückwirkenden Verlängerung der Verjährungsfrist für Mord; *Rengier* AT § 4 Rn. 20 ff.

Rechtsprechung von ihrer bisherigen Auffassung zulasten des Betroffenen abweicht, zB den Grenzwert für die absolute (unwiderlegbare) Fahruntüchtigkeit gemäß §§ 315c Abs. 1 Nr. 1 lit. a, 316 StGB von einer Blutalkoholkonzentration von 1,3 ‰ auf 1,1 ‰ senkt.[24] In diesem Fall beruht die neue Rechtsprechung nicht auf einer Änderung des Gesetzeswortlauts, sondern auf einer gewandelten (sich ebenso in den Grenzen des Wortsinns bewegenden) Auslegung eines – als solchen unverändert gebliebenen – Tatbestandsmerkmals.

Nach dem *Bestimmtheitsgebot* („sine lege certa") müssen Strafgesetze die verbotene **34** Handlung ausreichend konkret beschreiben. Es richtet sich somit an den Gesetzgeber und verlangt, dass der Bürger als Normadressat dem Gesetz entnehmen können muss, was ihm unter Androhung einer Strafe untersagt wird. Dies verwehrt dem Gesetzgeber zwar nicht, auf Generalklauseln und wertausfüllungsbedürftige Begriffe zurückzugreifen. Tragweite und Anwendungsbereich der jeweiligen Strafnorm müssen aber noch hinreichend erkennbar sein.[25] Allerdings hält sich das BVerfG sehr damit zurück, ein Gesetz wegen Verstoßes gegen Art. 103 Abs. 2 GG für verfassungswidrig zu erklären.[26] Derzeit wird etwa bei dem Straftatbestand der Nachstellung („Stalking") gemäß § 238 StGB erwogen, ob die Auffangvariante des Abs. 1 Nr. 5 („eine andere vergleichbare Handlung") angesichts der fehlenden Vergleichbarkeit der zuvor in Abs. 1 Nr. 1 bis 4 genannten Nachstellungsvarianten dem Bestimmtheitsgebot genügt.[27]

Freilich ist es mitunter keine einfache Aufgabe, Strafvorschriften zu formulieren, die **35** der Vielgestaltigkeit der möglichen strafwürdigen Sachverhalte gerecht werden. Dem Bestimmtheitsgrundsatz ist dann durch eine *einschränkende Auslegung des Gesetzes* Rechnung zu tragen. Erfüllt die Interpretation eines Gesetzes diese Anforderungen nicht, so bleibt die Strafvorschrift zwar mit Art. 103 Abs. 2 GG vereinbar, nicht aber ihre konkrete Anwendung. Beispielsweise hat es das BVerfG als mit dem Gesetzlichkeitsprinzip unvereinbar angesehen, unter das Merkmal „Gewalt" beim Straftatbestand der Nötigung (§ 240 StGB) ein Verhalten zu subsumieren, bei dem – wie etwa bei Sitzdemonstrationen – „die Gewalt lediglich in körperlicher Anwesenheit besteht und die Zwangswirkung auf den Genötigten nur psychischer Natur ist".[28] An der generellen Verfassungsmäßigkeit des § 240 StGB ändern diese Grenzen für die Auslegung der Norm im konkreten Einzelfall indes nichts.

II. Schuldprinzip (nulla poena sine culpa)

Einen zentralen Grundpfeiler des deutschen Strafrechts bildet das *Schuldprinzip* **36** („nulla poena sine culpa": „keine Strafe ohne Schuld"; → § 6 Rn. 1). Strafe darf demnach nur verhängt werden, wenn die Tat dem Täter persönlich zum Vorwurf erhoben werden kann.[29] Im Einzelnen ist der Schuldbegriff aber nach wie vor umstritten. Ohne ein schuldhaftes Verhalten können zwar bestimmte Maßregeln der Besserung und Sicherung, namentlich die Unterbringung in einem psychiatrischen

---

[24] Siehe zur in BGHSt 37, 89 veröffentlichten Entscheidung *Jäger* AT Rn. 12; *Rengier* AT § 4 Rn. 17 f.; *Wessels/Beulke/Satzger* Rn. 51.

[25] BVerfGE 92, 1 (12); *Rengier* AT § 4 Rn. 26 f.; *Wessels/Beulke/Satzger* Rn. 47.

[26] Siehe etwa BVerfGE 26, 41 zur Strafbestimmung über den groben Unfug in § 360 Abs. 1 Nr. 11 Var. 2 StGB oder zuletzt BVerfGE 126, 170 zur Verfassungsmäßigkeit der Untreue gemäß § 266 StGB.

[27] Kritisch statt vieler BGHSt 54, 189 (193 f.).

[28] BVerfGE 92, 1 (18).

[29] *Heinrich* AT Rn. 525; *Kühl* AT § 10 Rn. 2; *Wessels/Beulke/Satzger* Rn. 400.

Krankenhaus oder in einer Entziehungsanstalt, die Entziehung der Fahrerlaubnis und das Berufsverbot, verhängt werden, um der besonderen *Gefährlichkeit des Täters* Rechnung zu tragen.[30] Es ist aber nicht möglich, ihn zu einer Geld- oder Freiheitsstrafe zu verurteilen. Stellvertretend hat das BVerfG ausdrücklich festgehalten:

„Die strafrechtliche oder strafrechtsähnliche Ahndung einer Tat ohne Schuld des Täters ist demnach rechtsstaatswidrig und verletzt den Betroffenen in seinem Grundrecht aus Art. 2 Abs. 1 GG".[31]

37 Schuldhaft handeln können ausschließlich Menschen, also natürliche Personen, nicht hingegen juristische Personen wie Personengesellschaften (zB oHG und KG) und Kapitalgesellschaften (zB GmbH und AG). Nach deutschem Strafrecht ist es der noch hM zufolge nicht möglich, eine Strafbarkeit von Unternehmen zu begründen; es existiert also kein „Unternehmensstrafrecht".[32] Im anglo-amerikanischen Strafrecht sind derartige Delikte dagegen unter dem Stichwort „strict liability" zu finden.

III. Zweifelsgrundsatz (in dubio pro reo)

38 Der *Zweifelsgrundsatz* („in dubio pro reo": „im Zweifel für den Angeklagten") spielt vor allem für die Strafverfolgung eine wichtige Rolle. Danach darf das Gericht den Angeklagten nicht verurteilen, wenn es an dessen Schuld nur den geringsten Zweifel hegt.[33]

39 In *Prüfungsarbeiten* neigen die Teilnehmerinnen und Teilnehmer häufig dazu, bei (vermeintlichen) Unklarheiten des Sachverhalts sogleich den Zweifelsgrundsatz zu bemühen. Indessen darf auf „in dubio pro reo" nur dann zurückgegriffen werden, wenn der Sachverhalt das tatsächliche Geschehen ausdrücklich als nicht eindeutig oder als nicht mehr aufklärbar beschreibt. In diesem Fall ist stets die für den Täter günstigere Variante zu wählen (→ § 14 Rn. 3 ff.).

IV. „Ultima ratio"-Prinzip

40 Vornehmlich der Gesetzgeber hat zu beachten, dass das Strafrecht immer nur die „ultima ratio" („das letzte Mittel") für die Lösung eines gesellschaftlichen Problems sein darf. Denn das Strafrecht stellt, indem es in die Freiheiten der Bürger eingreift, die schärfste Waffe des Staates dar (→ § 1 Rn. 6). Aus dem *Grundsatz der Verhältnismäßigkeit*, dem jegliches staatliche Handeln untersteht, ergibt sich, dass auf strafrechtliche Mittel nur dann zurückgegriffen werden darf, wenn alle anderen Möglichkeiten – namentlich Regelungen des Zivil- und (ggf. bußgeldbewehrten) Verwaltungsrechts – ausgeschöpft sind und keinen Erfolg versprechen.[34] Strafrecht wird demzufolge nur „eingesetzt, wenn ein bestimmtes Verhalten über sein Verbotensein hinaus in besonderer Weise sozialschädlich und für das geordnete Zusammenleben der Menschen unerträglich, seine Verhinderung daher besonders dringlich ist".[35] Das Strafrecht zeichnet sich somit durch seinen fragmentarischen Charakter insoweit aus, als es nur besonders sozialschädliche Verhaltensweisen sanktioniert.[36] Allerdings steht

[30] *Wessels/Beulke/Satzger* Rn. 396.
[31] BVerfGE 20, 323 (331).
[32] *Rengier* AT § 24 Rn. 3.
[33] *Wessels/Beulke/Satzger* Rn. 802; eingehend *Baumann/Weber/Mitsch* § 9 Rn. 104 ff.
[34] BVerfGE 39, 1 (47); *Kindhäuser* AT § 2 Rn. 8; *Krey/Esser* Rn. 18; *Rengier* AT § 3 Rn. 5; *Wessels/Beulke/Satzger* Rn. 9.
[35] BVerfGE 120, 224 (240).
[36] *Kindhäuser* AT § 2 Rn. 6; *Rengier* AT § 3 Rn. 7; *Wessels/Beulke/Satzger* Rn. 9.

dem Gesetzgeber ein nicht zu vernachlässigender Beurteilungsspielraum zu, den Bereich strafbaren Handelns verbindlich festzulegen.[37]

Das BVerfG hat mit diesen Erwägungen die Strafbarkeit des Beischlafs zwischen Geschwistern für verfassungsgemäß erachtet.[38] Diese Entscheidung ist auf große Kritik gestoßen, da sich kein Rechtsgut für die einschlägige Norm des § 173 Abs. 2 Satz 2 StGB finden lasse.[39] Nach der im strafrechtlichen Schrifttum herrschenden *Rechtsgutslehre* dient das Strafrecht dem Schutz von Rechtsgütern, so dass ohne ein solches Schutzgut eine Norm nicht legitimiert werden könne.[40] Zwar hat das BVerfG der strafrechtsbeschränkenden Rechtsgutslehre in dem Inzest-Beschluss eine Absage erteilt, sich gleichwohl zur Rechtfertigung der Strafbarkeit des *Geschwisterinzests* auf eine Zusammenschau verschiedener Rechtsgüter berufen, namentlich „die Bewahrung der familiären Ordnung vor schädigenden Wirkungen des Inzests, den Schutz der in einer Inzestbeziehung ‚unterlegenen' Partner sowie ergänzend die Vermeidung schwerwiegender genetisch bedingter Erkrankungen bei Abkömmlingen aus Inzestbeziehungen".[41] Ob diese Begründung tragfähig ist, bleibt umstritten: Einerseits wird argumentiert, die Vorschrift des § 173 Abs. 2 Satz 2 StGB stelle letztlich ein lediglich moralwidriges Verhalten unter Strafe. Zum Schutz bloßer Moralvorstellungen dürfe das Strafrecht als „ultima ratio" aber nicht herangezogen werden.[42] Dem wird andererseits entgegengehalten, dass der Staat durch seine Gesetzgebung Rechtsgüter – also „rechtlich geschützte Interessen" – erst schaffe, daher die Macht besitze, Schutzinteressen aus der Sphäre des „bloß Moralischen" zu rechtlicher Geltung zu bringen. Jede in Kraft gesetzte Strafrechtsbestimmung besitze mithin ein zu schützendes Rechtsgut. Strafrechtlich verbotenes Verhalten sei damit niemals „bloß moralwidrig". Vielmehr sei dem BVerfG darin zu folgen, auch das Strafrecht am Verhältnismäßigkeitsgrundsatz zu messen.[43] Diese Kritik richtet sich freilich weniger gegen die Rechtsgutslehre als solche als vielmehr gegen Übertreibungen und Missverständnisse der Lehre, die als bewährter Argumentationsfundus jeder rationalen Kriminalpolitik unverzichtbar bleibt.

V. Tatprinzip

Strafrecht kann theoretisch sowohl als „Tatstrafrecht" als auch als „Täterstrafrecht" ausgestaltet sein. In einem rechtsstaatlichen System knüpft Strafrecht an einzelne, im Gesetz genau beschriebene Handlungen an und lässt sich demzufolge als *„Tatstrafrecht"* klassifizieren. Die Strafe ist somit immer nur die Antwort auf eine konkrete Tat und beinhaltet kein generelles Urteil über die Persönlichkeit oder den Charakter des Täters. Anders als beim sog. *Täterstrafrecht* wird also nicht die böse Gesinnung des Täters als solche bestraft, vielmehr muss sich diese stets in einer Tat manifestieren (→ § 10 Rn. 3).[44] Welche Voraussetzungen wiederum an die notwendige Manifestation zu stellen sind und ob hierfür insbesondere an sich neutrale und unverdächtige Handlungen genügen können, ist allerdings umstritten.[45]

41

42

---

[37] BVerfGE 120, 224 (240) mwN.

[38] BVerfGE 120, 224 (238 ff.).

[39] Statt vieler *Ellbogen* ZRP 2006, 190 (192); *Roxin* StV 2009, 544 (550); *Zabel* JR 2008, 453 (457).

[40] Siehe nur NK-StGB/*Hassemer/Neumann* Vor § 1 Rn. 108; *Kindhäuser* AT § 2 Rn. 6; *Roxin* AT I § 2.

[41] BVerfGE 120, 224 (243).

[42] *Krey/Esser* Rn. 12; *Roxin* AT I § 2 Rn. 17; *Wessels/Beulke/Satzger* Rn. 9.

[43] *Hilgendorf* Neue Kriminalpolitik 2010, 125.

[44] *Jescheck/Weigend* § 7 III 1; *Stratenwerth/Kuhlen* § 2 Rn. 27 ff.

[45] Siehe hierzu etwa BGH NJW 2014, 3459 (3465 f.) zur Verfassungsmäßigkeit des § 89a StGB (Vorbereitung einer schweren staatsgefährdenden Gewalttat).

D. Auslegungsregeln

Ausgewählte Entscheidungen: BGHSt 53, 122 (Schwarzfahren als Erschleichen von Leistungen gemäß § 265 Abs. 1 Var. 3 StGB); BGH NJW 2014, 951 (zum Absetzen im Sinne des § 259 Abs. 1 StGB).
Ausgewählte Studienliteratur: *Steinberg* Angewandte juristische Methodenlehre für Anfänger, Rn. 113 ff.; *Kudlich/Christensen* Die Kanones der Auslegung als Hilfsmittel für die Entscheidung von Bedeutungskonflikten, JA 2004, 74; *Staake* Das Ziel der Auslegung, Jura 2011, 177.

43   Die juristische Tätigkeit besteht im Kern darin, für einen konkreten Fall eine rechtliche Lösung zu erarbeiten. Um den jeweiligen Sachverhalt unter das allgemeine Gesetz zu subsumieren, ist zunächst erforderlich, den Anwendungsbereich der einschlägigen Norm durch Interpretation zu bestimmen. Dies geschieht mit Hilfe der vier „*kanonischen*" *Auslegungsregeln*, namentlich der grammatischen, historischen, systematischen und objektiv-teleologischen Auslegung.[46]

44   Den Ausgangspunkt jeder Interpretation bildet der Wortlaut der Norm. Er markiert zugleich die Grenze der zulässigen *(grammatischen) Auslegung*. Wird der umgangssprachliche oder juristische Wortsinn überschritten, liegt eine unzulässige und mit dem Gesetzlichkeitsprinzip nicht zu vereinbarende Analogie vor (→ Rn. 30). Bei der grammatischen Auslegung ist zu beachten, dass ein und derselbe Begriff – auch unter Heranziehung der anderen Auslegungsmethoden – in unterschiedlichen Normen eine unterschiedliche Bedeutung haben kann.[47] Insoweit ist von der Relativität der Rechtsbegriffe die Rede.[48]

45   Die *historische Auslegung* zieht die Entstehungsgeschichte der Norm und den historischen Willen des Gesetzgebers heran, wie er in den Gesetzesmaterialien (zB in den Drucksachen des Deutschen Bundestages oder Bundesrates) zum Ausdruck gekommen ist.[49] In Klausuren ist die historische Auslegung mangels Verfügbarkeit der Quellen freilich nur von geringer Bedeutung.

46   Für die Interpretation einer Norm ist des Weiteren ihre Stellung im Gesetz von Bedeutung. Die *systematische Auslegung* versucht aus der Gegenüberstellung oder dem Zusammenspiel mit Regelungen im näheren Umfeld – seien es Nummern, Sätze oder Absätze derselben Norm oder benachbarte Vorschriften und Abschnitte – Rückschlüsse auf die Reichweite der auszulegenden Norm zu ziehen. Lässt der Wortlaut einer Vorschrift mehrere Auslegungen zu, ist diejenige vorzugswürdig, die der Systematik des Gesetzes am besten gerecht wird.[50]

47   Die *teleologische Auslegung* verweist schließlich auf den Sinn und Zweck einer Norm, im Strafrecht vor allem auf das geschützte Rechtsgut. Es dürfte sich hierbei jedenfalls im Strafrecht sowohl in der Praxis als auch in Prüfungsarbeiten um die wichtigste der kanonischen Auslegungsmethoden handeln.[51] Allerdings ist umstritten, ob der historischen Auslegung gegenüber der teleologischen Auslegung der Vorrang gebührt,

---

[46] *Jescheck/Weigend* § 17 IV 1; *Kindhäuser* AT § 3 Rn. 7; *Stratenwerth/Kuhlen* § 3 Rn. 36; *Wessels/Beulke/Satzger* Rn. 57.
[47] *Rengier* AT § 5 Rn. 13; eingehend *Baumann/Weber/Mitsch* § 9 Rn. 74 ff.
[48] *Heinrich* AT Rn. 142; *Rengier* AT § 5 Rn. 13.
[49] *Rengier* AT § 5 Rn. 10.
[50] *Otto* AT § 2 Rn. 47; *Rengier* AT § 5 Rn. 13.
[51] *Rengier* AT § 5 Rn. 14 und 22.

letztlich also – mit der subjektiven Theorie – dem ursprünglichen Willen des Gesetzgebers oder – mit der objektiven Theorie – dem Sinn und Zweck des Gesetzes aus
heutiger Sicht der Vorrang einzuräumen ist.[52]

Eine jüngere Entscheidung, in welcher der BGH auf sämtliche Auslegungsregeln zurückgegrif-   **48**
fen hat, betraf die Frage, ob im Sinne des § 265a Abs. 1 Var. 3 StGB „die Beförderung durch ein
Verkehrsmittel […] erschleicht", wer ein öffentliches Verkehrsmittel ohne gültigen Fahrausweis
benutzt, ohne dabei irgendwelche Sicherungsvorkehrungen überwinden zu müssen. Dies be-
streitet die hL insbesondere deshalb, weil von einem „Erschleichen" nicht die Rede sein könne,
wenn keine Kontrollmaßnahmen zu umgehen seien.[53] Der BGH hat das *Schwarzfahren* dennoch als strafbares Erschleichen von Leistungen beurteilt und es ausreichen lassen, dass „der
Täter ein Verkehrsmittel unberechtigt benutzt und sich dabei allgemein mit dem Anschein
umgibt, er erfülle die nach den Geschäftsbedingungen des Betreibers erforderlichen Voraussetzungen":[54]

– Der *Wortlaut* stehe dem nicht entgegen, da „der Begriff der ,Erschleichung' lediglich die
  Herbeiführung eines Erfolges auf unrechtmäßigem, unlauterem oder unmoralischem Wege"
  beinhalte. Erforderlich sei allenfalls ein unauffälliges Vorgehen, nicht jedoch, eine konkrete
  Schutzvorrichtung zu überwinden oder eine Kontrolle zu umgehen.
– Auch die *Entstehungsgeschichte der Norm* spreche für eine derart weite Auslegung, da die
  1935 eingeführte Vorschrift des § 265a StGB Strafbarkeitslücken schließen sollte, die sich bei
  der Anwendung des Betrugstatbestandes des § 263 StGB auf die Erschleichung von Massen-
  leistungen ergaben.
– Der *Sinn und Zweck* der Norm bestehe darin, eine missbräuchliche Inanspruchnahme der
  angebotenen Leistung zu verhindern und dadurch das Vermögen des jeweiligen Betreibers zu
  schützen.[55] Wegen dieses Anliegens und der lückenausfüllenden Funktion sei die vorgenommene weite Auslegung von Verfassungs wegen nicht zu beanstanden.
– *Auch ein systematischer Vergleich* mit den anderen Varianten der Norm stehe diesem Ergebnis
  nicht entgegen. Zwar erfordere die unberechtigte Inanspruchnahme von Automatenleistungen
  (§ 265a Abs. 1 Var. 1 StGB) oder von Leistungen eines öffentlichen Zwecken dienenden
  Telekommunikationssystems (Var. 2) in der Regel eine aktive Manipulation oder Umgehung
  von Sicherungsmaßnahmen. Anders als dort werde die Beförderungsleistung im Sinne der Var.
  3 jedoch nicht lediglich auf eine spezielle Anforderung hin erbracht, sondern es genüge, in das
  jeweilige Verkehrsmittel einzusteigen und sich befördern zu lassen.

E. Einteilung der Delikte

Die Straftatbestände im Besonderen Teil des StGB und in weiteren Gesetzen können   **49**
nach unterschiedlichen Kriterien eingeteilt werden. Diese Differenzierungen ergeben
sich zwar zumeist nicht unmittelbar aus dem Gesetz. Sie dienen aber nicht bloß
didaktischen Zwecken, sondern werden bei verschiedenen Gelegenheiten als Argu-
mentationshilfe aufgegriffen.

I. Begehungs- und Unterlassungsdelikte

Eine erste Differenzierung erfolgt zwischen Begehungs- und Unterlassungsdelikten.   **50**
Während *Begehungsdelikte* die Erfüllung der Tatbestandsmerkmale durch ein aktives

---

[52] So *Rengier* AT § 5 Rn. 11; *Wessels/Beulke/Satzger* Rn. 57.
[53] Siehe nur *Lackner/Kühl* § 265a Rn. 6a; Schönke/Schröder/*Perron* § 265a Rn. 11; LK-
StGB/*Tiedemann* § 265a Rn. 47; BeckOK StGB/*Valerius* § 265a Rn. 21.
[54] BGHSt 53, 122 (Ls.); zur folgenden Auslegung der Norm siehe BGHSt 53, 122 (125 ff.).
[55] Ergänzend BVerfG NJW 1998, 1135 (1136).

Tun voraussetzen, werden *Unterlassungsdelikte* durch ein bloßes „Nichtstun", dh durch das Unterlassen der strafrechtlich gebotenen Handlung, verwirklicht.[56]

51 Innerhalb der Unterlassungsdelikte wird zwischen echten und unechten Unterlassungsdelikten unterschieden. Zu den *echten Unterlassungsdelikten* zählen Tatbestände, die eine näher bestimmte Untätigkeit ausdrücklich mit Strafe bedrohen (zB die Nichtanzeige geplanter Straftaten nach § 138 StGB oder die unterlassene Hilfeleistung gemäß § 323c StGB).[57] Als *unechtes Unterlassungsdelikt* kann hingegen grundsätzlich jeder Straftatbestand begangen werden, soweit er im konkreten Fall durch ein Unterlassen verwirklicht wird (zB das Verhungernlassen des eigenen Kindes als Tötungsdelikt durch Unterlassen). Strafbar ist dies aber nur, wenn die zusätzlichen Voraussetzungen des § 13 StGB vorliegen, der Täter bei einem Erfolgsdelikt insbesondere rechtlich dafür einzustehen hat, dass der tatbestandliche Erfolg nicht eintritt (zu dieser Garantenstellung → § 11 Rn. 33 ff.).[58]

II. Vorsatz- und Fahrlässigkeitsdelikte

52 Die Straftatbestände des StGB erfordern gemäß § 15 StGB grundsätzlich *vorsätzliches* Handeln, dh der Täter muss die Tatbestandsverwirklichung wollen und dabei die objektiven Umstände der Tat kennen (→ § 4 Rn. 65 ff.).

53 *Fahrlässiges* Verhalten (→ § 12) ist hingegen nur strafbar, wenn das Gesetz dies ausdrücklich bestimmt (§ 15 StGB). Solche Fahrlässigkeitsdelikte sind etwa die fahrlässige Tötung nach § 222 StGB und die fahrlässige Körperverletzung nach § 229 StGB.

III. Allgemein-, Sonder- und eigenhändige Delikte

54 In der Regel handelt es sich bei Straftatbeständen um *Allgemeindelikte*, dh um Taten, die grundsätzlich jedermann begehen kann (daher auch Jedermannsdelikte). Zum Ausdruck kommt dies in der Formulierung „Wer […], wird […] bestraft." (siehe zB § 212, § 223, § 263 StGB).[59]

55 Mitunter stellt das Gesetz aber spezielle Anforderungen an den Täter, indem es etwa bestimmte Eigenschaften voraussetzt (zB „Arzt" in § 203 Abs. 1 Nr. 1 StGB oder „Amtsträger" bei den Straftaten im Amt nach den §§ 331 ff. StGB). Täter eines solchen *Sonderdelikts* kann nur sein, wer die geforderte Subjektsqualität in eigener Person aufweist (sog. Intraneus). Begründet die verlangte Subjektsqualität erst die Strafe, ist von einem echten Sonderdelikt die Rede (zB bei der Rechtsbeugung gemäß § 339 StGB). Ansonsten, dh bei strafschärfenden Anforderungen an das Tatsubjekt (zB bei der Körperverletzung im Amt gemäß § 340 StGB), liegt ein unechtes Sonderdelikt vor.[60] Ein Außenstehender (sog. Extraneus) scheidet mangels Verwirklichung des notwendigen Tatbestandsmerkmals von vornherein als (unmittelbarer, mittelbarer oder Mit-)Täter aus und kann lediglich Teilnehmer sein (→ § 9 Rn. 20 und 92).[61]

---

[56] *Baumann/Weber/Mitsch* § 15 Rn. 1 ff.; *Kindhäuser* AT § 8 Rn. 12.
[57] *Heinrich* AT Rn. 858 und 860; *Kindhäuser* AT § 35 Rn. 1; *Wessels/Beulke/Satzger* Rn. 696.
[58] *Heinrich* AT Rn. 859 und 861; *Kindhäuser* AT § 35 Rn. 2; *Wessels/Beulke/Satzger* Rn. 697.
[59] *Krey/Esser* Rn. 226; *Rengier* AT § 10 Rn. 24; *Wessels/Beulke/Satzger* Rn. 38; *Zieschang* Rn. 34.
[60] *Kindhäuser* AT § 8 Rn. 15 ff.; *Rengier* AT § 10 Rn. 25 f.; *Wessels/Beulke/Satzger* Rn. 39.
[61] *Krey/Esser* Rn. 231; *Rengier* AT § 10 Rn. 27.

Außerdem existieren Straftatbestände, deren Verhaltensunwert sich erst aus der per- **56** sönlichen Ausführung der Tathandlung ergibt. Beispiele hierfür sind die Aussagedelikte der §§ 153 ff. StGB und das Führen eines Kraftfahrzeugs im fahruntüchtigen Zustand gemäß § 316 StGB. Bei diesen *eigenhändigen Delikten* kann nur Täter sein, wer die Tathandlung selbst in eigener Person vornimmt.[62]

IV. Verletzungs- und Gefährdungsdelikte

Nach den Auswirkungen der Tat auf das betroffene Rechtsgut wird zwischen Ver- **57** letzungs- und Gefährdungsdelikten differenziert: Während *Verletzungsdelikte* die Beeinträchtigung des geschützten Rechtsguts und somit in der Regel auch des jeweiligen Tatobjekts verlangen (zB die Verletzung der körperlichen Unversehrtheit in § 223 StGB), stellen *Gefährdungsdelikte* bereits dessen bloße Gefährdung unter Strafe.[63]

Unter den Gefährdungsdelikten wird je nach dem Grad der hervorgerufenen Gefahr **58** zwischen konkreten und abstrakten Gefährdungsdelikten unterschieden. Bei den *konkreten Gefährdungsdelikten* muss die Gefahr derart „greifbar" in Erscheinung treten, dass es lediglich vom Zufall abhängt, ob sie sich in einem Schaden realisiert (zB § 221, § 306a Abs. 2, §§ 315 bis 315c StGB). Der Eintritt der Gefahr bildet hier ein (vorsatzbedürftiges und im Strafverfahren nachzuweisendes) Tatbestandsmerkmal.[64] *Abstrakte Gefährdungsdelikte* stellen demgegenüber generell als gefährlich erachtete Verhaltensweisen unter Strafe, weil das mit ihnen einhergehende Risiko so hoch ist, dass bereits diese Handlungen als hinreichend verwerflich erscheinen (zB § 306a Abs. 1, § 316, § 323a StGB). Anders als bei den konkreten Gefährdungsdelikten ist hier der Eintritt der Gefahr kein Tatbestandsmerkmal.[65] Sollte im konkreten Einzelfall aber selbst eine nur abstrakte Gefahr völlig auszuschließen sein, stellt sich die Frage nach einer teleologischen Reduktion des Straftatbestandes als Unterfall der teleologischen Auslegung (→ Rn. 47).[66]

V. Erfolgs- und Tätigkeitsdelikte

Erfolgsdelikte setzen den Eintritt eines bestimmten Erfolges voraus, der sich von der **59** Tathandlung sichtbar abtrennen lässt (zB § 212 Abs. 1 StGB: „einen Menschen tötet", § 223 Abs. 1 Var. 1 StGB: „eine andere Person körperlich misshandelt"), so dass sich die Frage nach dem ursächlichen Zusammenhang zwischen Handlung und Erfolg stellt.[67] Der Erfolg kann insbesondere in der Beeinträchtigung des Tatobjekts, aber auch bereits in dessen konkreter Gefährdung liegen. Zu den Erfolgsdelikten zählen daher neben den Verletzungsdelikten ebenso die konkreten Gefährdungsdelikte (→ Rn. 57 f.).

Von den Erfolgsdelikten zu unterscheiden sind *Tätigkeitsdelikte*, deren Unrechts- **60** gehalt bereits durch das gesetzlich umschriebene Verhalten erfüllt wird, ohne dass ein

---

[62] *Kindhäuser* AT § 8 Rn. 23; *Krey/Esser* Rn. 231; *Rengier* AT § 10 Rn. 29 f.; *Wessels/Beulke/Satzger* Rn. 40.

[63] *Kindhäuser* AT § 8 Rn. 20; *Wessels/Beulke/Satzger* Rn. 26 f.

[64] *Kindhäuser* AT § 8 Rn. 21; *Wessels/Beulke/Satzger* Rn. 28.

[65] *Kindhäuser* AT § 8 Rn. 22; *Krey/Esser* Rn. 224; *Rengier* AT § 10 Rn. 11; *Wessels/Beulke/Satzger* Rn. 29.

[66] *Rengier* AT § 10 Rn. 13.

[67] *Wessels/Beulke/Satzger* Rn. 23.

konkreter Erfolg eintreten muss (zB §§ 153 ff. StGB: „uneidlich falsch aussagt"). Zu den Tätigkeitsdelikten gehören in der Regel abstrakte Gefährdungsdelikte (→ Rn. 58) sowie eigenhändige Delikte (→ Rn. 56).[68]

VI. Zustands- und Dauerdelikte

61   Die meisten Delikte des StGB sind *Zustandsdelikte*, dh sie stellen die Herbeiführung eines bestimmten widerrechtlichen Zustands (zB den Tod eines Menschen in § 212 StGB) unter Strafe. Hiermit ist die Tat (formell durch Erfüllung sämtlicher Tatbestandsmerkmale) vollendet und in aller Regel auch zugleich (materiell durch abgeschlossenen Angriff auf das geschützte Rechtsgut) beendet.[69]

62   Hingegen wird bei *Dauerdelikten* der rechtswidrige Zustand nicht nur herbeigeführt, sondern über einen gewissen Zeitraum aufrechterhalten. Beispiele hierfür sind die Freiheitsberaubung gemäß § 239 StGB und der Hausfriedensbruch gemäß § 123 StGB. Diese Straftaten sind zwar bereits mit Herbeiführung des rechtswidrigen Zustands vollendet, dh etwa mit der Fesselung des Opfers oder mit dem Eindringen in eine fremde Wohnung. Die Beeinträchtigung des geschützten Rechtsguts (hier: der körperlichen Fortbewegungsfreiheit bzw. des Hausrechts) dauert aber solange an, bis der Täter den widerrechtlichen Zustand aufhebt und die Tat somit beendet, zB durch Lösen der Fesseln oder durch Verlassen der Wohnung.[70]

VII. Verbrechen und Vergehen

63   § 12 StGB differenziert zwischen Verbrechen und Vergehen (sog. *Dichotomie* der Straftaten). Verbrechen sind rechtswidrige Taten, die im Mindestmaß mit einer Freiheitsstrafe von einem Jahr oder mehr bedroht sind (§ 12 Abs. 1 StGB). Vergehen sind alle anderen Straftaten (§ 12 Abs. 2 StGB). Die Einteilung zwischen Verbrechen und Vergehen im Sinne des StGB erfolgt somit nach dem formalen Aspekt der Strafdrohung und nicht etwa, wie in der Umgangssprache, nach wertenden Kriterien.[71]

64   Die Unterscheidung zwischen Verbrechen und Vergehen ist vor allem für die Strafbarkeit des Versuchs (→ § 10 Rn. 16 ff.) von Bedeutung. Der Versuch eines *Verbrechens* ist stets strafbar (§ 23 Abs. 1 Var. 1 StGB), der Versuch eines *Vergehens* nur dann, wenn das Gesetz dies ausdrücklich bestimmt (§ 23 Abs. 1 Var. 2 StGB).

65   Ob ein Tatbestand als Verbrechen oder Vergehen einzuordnen ist, wird für sämtliche *Tatbestände mit zwingenden Merkmalen* gesondert beurteilt.[72] Daher stellt etwa das Grunddelikt der Körperverletzung gemäß § 223 StGB („Freiheitsstrafe bis zu fünf Jahren oder [...] Geldstrafe") ebenso ein Vergehen dar wie die Qualifikation (→ § 12 Rn. 56) der gefährlichen Körperverletzung gemäß § 224 StGB („Freiheitsstrafe von sechs Monaten bis zu zehn Jahren"). Bei der Erfolgsqualifikation (→ § 12 Rn. 52 ff.) der schweren Körperverletzung gemäß § 226 StGB (Abs. 1: „Freiheitsstrafe von einem Jahr bis zu zehn Jahren") handelt es sich hingegen um ein Verbrechen.

66   Unbeachtlich für die Zuteilung bleiben Straferhöhungen und -milderungen für gesetzlich vorgesehene *besonders schwere oder minder schwere Fälle* (§ 12 Abs. 3

---

[68] *Rengier* AT § 10 Rn. 7.
[69] *Kindhäuser* AT § 8 Rn. 25; *Krey/Esser* Rn. 225; *Rengier* AT § 10 Rn. 22; *Wessels/Beulke/Satzger* Rn. 33.
[70] *Kindhäuser* AT § 8 Rn. 24; *Wessels/Beulke/Satzger* Rn. 32.
[71] *Rengier* AT § 9 Rn. 2.
[72] *Rengier* AT § 9 Rn. 8; *Wessels/Beulke/Satzger* Rn. 18.

StGB). Eine schwere Körperverletzung in einem minder schweren Fall gemäß § 226 Abs. 1, Abs. 3 StGB ist daher trotz der Absenkung des Strafrahmens auf eine Freiheitsstrafe von sechs Monaten bis zu fünf Jahren nach wie vor ein Verbrechen. Ebenso unbeachtlich sind Strafschärfungen und Strafmilderungen aus dem Allgemeinen Teil, zB in § 13 Abs. 2, § 17 Satz 2, § 23 Abs. 2 und 3, § 27 Abs. 2 Satz 2, § 28 Abs. 1 StGB.[73]

---

[73] *Krey/Esser* Rn. 199; *Rengier* AT § 9 Rn. 6 f.

§ 2. Geltungsbereich des Strafrechts

A. Räumliche Geltung von Strafnormen (Strafanwendungsrecht)

Ausgewählte Entscheidungen: BGHSt 46, 212 (Volksverhetzung im Internet); BGH NStZ 2015, 81 (Anwendbarkeit deutschen Strafrechts auf abstrakte Gefährdungsdelikte mit Handlungsort im Ausland).

Ausgewählte Studienliteratur: *Rath* Internationales Strafrecht (§§ 3 ff. StGB), JA 2007, 26; *Satzger* Das deutsche Strafanwendungsrecht (§§ 3 ff. StGB), Jura 2010, 108, 190; *Walter* Einführung in das internationale Strafrecht, JuS 2006, 870, 967; *Werle/Jeßberger* Grundfälle zum Strafanwendungsrecht, JuS 2001, 35, 141.

I. Begriff

Einem Staat steht es nicht frei, seine Strafgewalt nach Belieben auszudehnen. **1** Gerade bei Sachverhalten mit Auslandsbezug bedarf es hierfür nach dem völkerrechtlichen Nichteinmischungsgrundsatz eines *legitimierenden* bzw. sinnvollen *Anknüpfungspunktes* (→ Rn. 13).[1] Wie weit vor diesem völkerrechtlichen Hintergrund der Anwendungsbereich des deutschen Strafrechts reicht, bestimmen die §§ 3–7, 9 StGB. Danach erstreckt sich das deutsche Strafrecht zunächst auf sämtliche sog. *Inlandstaten*, dh Taten, die im Inland begangen werden (§§ 3, 9 StGB; → Rn. 4 ff.), unter bestimmten Voraussetzungen aber auch auf *Auslandstaten* (§§ 5 ff. StGB; → Rn. 12 ff.).

Der Normenkomplex der §§ 3–7, 9 StGB wird als *Strafanwendungsrecht* bezeichnet. **2** Als Vorfrage der eigentlichen Prüfung, ob ein Verhalten überhaupt nach deutschem Recht eine Strafvorschrift verwirklicht, wird das Strafanwendungsrecht – sofern es wegen des Auslandsbezugs des Sachverhalts notwendig erscheint, hierauf einzugehen – bei dem jeweiligen Straftatbestand als erster Punkt noch vor dem Tatbestand untersucht.[2]

Irreführend ist insoweit hingegen der Begriff *„internationales Strafrecht"*. Zum einen gehören **3** die §§ 3–7, 9 StGB dem deutschen Recht an und stellen gerade keine supra- oder internationalen Normen dar. Zum anderen lässt die Bezeichnung „internationales Strafrecht" eine Verwandtschaft zum „internationalen Privatrecht" vermuten; hierbei handelt es sich jedoch um ein echtes Kollisionsrecht, das bestimmt, welche von verschiedenen an sich jeweils einschlägigen Rechtsordnungen maßgeblich ist. Die §§ 3–7, 9 StGB dehnen hingegen den Anwendungsbereich des StGB nur einseitig aus, ohne auf mögliche Kollisionen mit anderen Strafrechtsordnungen einzugehen.[3]

---

[1] *Esser* § 14 Rn. 7; *Rengier* AT § 6 Rn. 6.

[2] *Esser* § 14 Rn. 75; *Kindhäuser* AT § 4 Rn. 16; *Rengier* AT § 6 Rn. 3; *Wessels/Beulke/Satzger* Rn. 74.

[3] *Ambos* § 1 Rn. 2; *Esser* § 14 Rn. 2; *Kindhäuser* AT § 4 Rn. 10; *Rengier* AT § 6 Rn. 1; *Satzger* § 3 Rn. 4; *Wessels/Beulke/Satzger* Rn. 62.

II. Inlandstaten

4 **§ 3 StGB Geltung für Inlandstaten**

Das deutsche Strafrecht gilt für Taten, die im Inland begangen werden.

§ 4 StGB Geltung für Taten auf deutschen Schiffen und Luftfahrzeugen

Das deutsche Strafrecht gilt, unabhängig vom Recht des Tatorts, für Taten, die auf einem Schiff oder in einem Luftfahrzeug begangen werden, das berechtigt ist, die Bundesflagge oder das Staatszugehörigkeitszeichen der Bundesrepublik Deutschland zu führen.

§ 9 StGB Ort der Tat

(1) Eine Tat ist an jedem Ort begangen, an dem der Täter gehandelt hat oder im Falle des Unterlassens hätte handeln müssen oder an dem der zum Tatbestand gehörende Erfolg eingetreten ist oder nach der Vorstellung des Täters eintreten sollte.

(2) ¹Die Teilnahme ist sowohl an dem Ort begangen, an dem die Tat begangen ist, als auch an jedem Ort, an dem der Teilnehmer gehandelt hat oder im Falle des Unterlassens hätte handeln müssen oder an dem nach seiner Vorstellung die Tat begangen werden sollte. ²Hat der Teilnehmer an einer Auslandstat im Inland gehandelt, so gilt für die Teilnahme das deutsche Strafrecht, auch wenn die Tat nach dem Recht des Tatorts nicht mit Strafe bedroht ist.

5 Nach § 3 StGB gilt das deutsche Strafrecht für alle Taten, die im Inland begangen werden. Hierin kommt das sog. *Territorialitätsprinzip* zum Ausdruck, wonach zentraler Anknüpfungspunkt für die Anwendbarkeit des deutschen Strafrechts der Begehungsort der Tat ist. Zur Bestimmung der nationalen Strafgewalt wird somit in erster Linie an das Hoheitsgebiet des Staates angeknüpft. Auf die Staatsangehörigkeiten von Täter und Opfer kommt es nicht an.[4]

6 § 4 StGB ergänzt § 3 StGB mit dem sog. *Flaggenprinzip*. Demzufolge gilt das deutsche Strafrecht auch für Taten auf deutschen Schiffen und Luftfahrzeugen. Dies gilt unabhängig davon, in welchen Hoheitsgewässern oder in welchem Luftraum sie sich gerade befinden.[5]

7 Wo eine Tat begangen wird, ergibt sich aus § 9 StGB. Dessen Abs. 1 regelt den Tatort für den Täter, während Abs. 2 den Tatort für den Teilnehmer bestimmt. Nach § 9 Abs. 1 StGB befindet sich der *Begehungsort* einer Tat unter anderem an dem Ort, an dem der *Täter* gehandelt hat (Var. 1: *Handlungsort*), sowie an dem Ort, an dem der zum Tatbestand gehörende Erfolg eingetreten ist (Var. 3: *Erfolgsort*). Um einen inländischen Begehungsort im Sinne des § 3 StGB zu begründen, genügt es, dass einer der in § 9 StGB genannten Orte im Inland liegt. Deutsches Strafrecht ist also

---

[4] *Jäger* AT Rn. 13; *Rengier* AT § 6 Rn. 8; *Wessels/Beulke/Satzger* Rn. 64.
[5] *Ambos* § 3 Rn. 26.

auch auf sog. Distanzdelikte anwendbar, zB wenn A von Deutschland aus den X in Österreich erschießt oder umgekehrt.[6] Dass sich die Anwendbarkeit des nationalen Strafrechts sowohl aus dem Handlungs- als auch aus dem Erfolgsort ergeben kann, wird als *Ubiquitätsprinzip* bezeichnet.[7]

Umstritten ist, was unter dem *„zum Tatbestand gehörenden Erfolg"* im Sinne von § 9 Abs. 1 **8** Var. 3 StGB zu verstehen ist. Erfasst sind nach allgemeiner Ansicht jedenfalls alle Erfolge der *Erfolgsdelikte*, dh derjenigen Delikte, die den Eintritt einer von der Tathandlung abtrennbaren Veränderung der Außenwelt verlangen (→ § 1 Rn. 59). Erfolgsdelikte sind zum einen *Verletzungsdelikte*, deren Vollendung die Beeinträchtigung eines Rechtsguts voraussetzt (zB Körperverletzung bei § 223 StGB, Tod bei § 212 StGB, Beschädigung einer Sache bei § 303 StGB), sowie zum anderen *konkrete Gefährdungsdelikte*, deren Verwirklichung den Eintritt einer konkreten Gefahr erfordert (zB die Gefährdung von Leib oder Leben eines anderen Menschen oder von fremden Sachen von bedeutendem Wert gemäß §§ 315b, 315c StGB; → § 1 Rn. 57 f.).

Ob sog. *Tätigkeitsdelikte* einen „zum Tatbestand gehörenden Erfolg" aufweisen, wird hingegen **9** kontrovers behandelt. Tätigkeitsdelikte verlangen anders als Erfolgsdelikte lediglich die Vornahme einer Handlung, die der Gesetzgeber als generell gefährlich einschätzt und daher unter Strafe stellt (→ § 1 Rn. 60). Ein aktuelles Beispiel ist die Verbreitung strafbarer Inhalte im Internet, zB von Propagandamitteln oder Kennzeichen verfassungswidriger Organisationen (§§ 86, 86a StGB), volksverhetzenden Schriften (§ 130 StGB) oder pornographischen Inhalten (§§ 184 ff. StGB). Bei diesen sog. *Äußerungsdelikten* handelt es sich um *abstrakte* oder *abstrakt-konkrete Gefährdungsdelikte*, die gerade keinen abtrennbaren Erfolg voraussetzen. Ihre Verwirklichung bedarf vielmehr nur der gesetzlich beschriebenen Tathandlung, die entweder durchweg (abstrakt) gefährlich oder unter bestimmten Umständen (abstrakt-konkret) geeignet ist, Gefahren zu begründen. Demzufolge wird hier vielfach ein inländischer Erfolgsort im Sinne des § 9 Abs. 1 Var. 3 StGB kategorisch ausgeschlossen.[8]

Allerdings erscheint es wegen des völkerrechtlichen Hintergrunds der §§ 3 ff. StGB nicht selbst- **10** verständlich, den „Erfolg" im Sinne des § 9 Abs. 1 Var. 3 StGB nach der allgemeinen Tatbestandslehre und deren Differenzierung zwischen Erfolgs- und Tätigkeitsdelikten zu bestimmen. Nach anderer Auffassung weisen daher abstrakte und abstrakt-konkrete Gefährdungsdelikte überall dort einen Erfolgsort auf, wo sich die *Gefahr für das im Tatbestand umschriebene Rechtsgut* realisieren kann.[9] Dementsprechend hat der BGH den Volksverhetzungstatbestand des § 130 StGB für die Leugnung des Holocaust auf einer Webseite in englischer Sprache bereits deswegen für anwendbar erklärt, weil die entsprechenden Äußerungen in Deutschland frei abgerufen werden konnten und demzufolge geeignet waren, den von der Vorschrift geschützten inländischen öffentlichen Frieden zu stören. Dass die volksverhetzenden Inhalte von einem Australier von Australien aus auf einem dort befindlichen Webserver gespeichert wurden und sich somit jedenfalls kein Handlungsort nach § 9 Abs. 1 Var. 1 StGB im Inland befand, trat demgegenüber zurück.[10]

Den *Begehungsort der Teilnahme* regelt § 9 Abs. 2 Satz 1 StGB. Sie ist sowohl an dem **11** Ort der Tat (→ Rn. 7 ff.) begangen als auch an jedem Ort, an dem der Teilnehmer gehandelt hat oder im Falle des Unterlassens hätte handeln müssen oder an dem nach seiner Vorstellung die Tat begangen werden sollte. Hat der Teilnehmer an einer Auslandstat im Inland gehandelt, so gilt für die Teilnahme das deutsche Strafrecht selbst dann, wenn die Tat nach dem Recht des Tatorts nicht mit Strafe bedroht ist (§ 9 Abs. 2 Satz 2 StGB).

---

[6] *Jäger* AT Rn. 13; *Rengier* AT § 6 Rn. 9.

[7] *Esser* § 14 Rn. 24; *Satzger* § 5 Rn. 12.

[8] Statt vieler Schönke/Schröder/*Eser* § 9 Rn. 6a; *Lackner/Kühl* § 9 Rn. 2; *Esser* § 14 Rn. 34; *Satzger* § 5 Rn. 25; *Hilgendorf* NJW 1997, 1873 (1876); zum abstrakten Gefährdungsdelikt nunmehr auch BGH NStZ-RR 2013, 253; NStZ 2015, 81 (82).

[9] *Rengier* AT § 6 Rn. 16 f.; *Hecker* ZStW 115 (2003), 880 (886); *Heinrich* GA 1999, 72 (78 f.); *Hombrecher* JA 2010, 637 (640); *Rath* JA 2006, 435 (438).

[10] BGHSt 46, 212 (220 ff.); siehe hierzu auch *Jäger* AT Rn. 13a f.; kritisch *Kudlich* PdW AT Fall 26.

III. Auslandstaten

1. Grundlagen

12   **§ 5 StGB Auslandstaten mit besonderem Inlandsbezug**

Das deutsche Strafrecht gilt, unabhängig vom Recht des Tatorts, für folgende Taten, die im Ausland begangen werden:

1. Vorbereitung eines Angriffskrieges (§ 80);

2. Hochverrat (§§ 81 bis 83);

3. Gefährdung des demokratischen Rechtsstaates

a) in den Fällen der §§ 89, 90a Abs. 1 und des § 90b, wenn der Täter Deutscher ist und seine Lebensgrundlage im räumlichen Geltungsbereich dieses Gesetzes hat, und

b) in den Fällen der §§ 90 und 90a Abs. 2;

4. Landesverrat und Gefährdung der äußeren Sicherheit (§§ 94 bis 100a);

5. Straftaten gegen die Landesverteidigung

a) in den Fällen der §§ 109 und 109e bis 109g und

b) in den Fällen der §§ 109a, 109d und 109h, wenn der Täter Deutscher ist und seine Lebensgrundlage im räumlichen Geltungsbereich dieses Gesetzes hat;

6. Straftaten gegen die persönliche Freiheit

a) in den Fällen der §§ 234a und 241a, wenn die Tat sich gegen eine Person richtet, die zur Zeit der Tat Deutsche ist und ihren Wohnsitz oder gewöhnlichen Aufenthalt im Inland hat,

b) in den Fällen des § 235 Absatz 2 Nummer 2, wenn die Tat sich gegen eine Person richtet, die zur Zeit der Tat ihren Wohnsitz oder gewöhnlichen Aufenthalt im Inland hat, und

c) in den Fällen des § 237, wenn der Täter zur Zeit der Tat Deutscher ist oder wenn die Tat sich gegen eine Person richtet, die zur Zeit der Tat ihren Wohnsitz oder gewöhnlichen Aufenthalt im Inland hat;

7. Verletzung von Betriebs- oder Geschäftsgeheimnissen eines im räumlichen Geltungsbereich dieses Gesetzes liegenden Betriebs, eines Unternehmens, das dort seinen Sitz hat, oder eines Unternehmens mit Sitz im Ausland, das von einem Unternehmen mit Sitz im räumlichen Geltungsbereich dieses Gesetzes abhängig ist und mit diesem einen Konzern bildet;

8. Straftaten gegen die sexuelle Selbstbestimmung in den Fällen des § 174 Absatz 1, 2 und 4, der §§ 176 bis 179 und des § 182, wenn der Täter zur Zeit der Tat Deutscher ist;

9. Straftaten gegen das Leben

a) in den Fällen des § 218 Absatz 2 Satz 2 Nummer 1 und Absatz 4 Satz 1, wenn der Täter zur Zeit der Tat Deutscher ist, und

b) in den übrigen Fällen des § 218, wenn der Täter zur Zeit der Tat Deutscher ist und seine Lebensgrundlage im Inland hat;

9a. Straftaten gegen die körperliche Unversehrtheit

a) in den Fällen des § 226 Absatz 1 Nummer 1 in Verbindung mit Absatz 2 bei Verlust der Fortpflanzungsfähigkeit, wenn der Täter zur Zeit der Tat Deutscher ist, und

b) in den Fällen des § 226a, wenn der Täter zur Zeit der Tat Deutscher ist oder wenn die Tat sich gegen eine Person richtet, die zur Zeit der Tat ihren Wohnsitz oder gewöhnlichen Aufenthalt im Inland hat;

10. falsche uneidliche Aussage, Meineid und falsche Versicherung an Eides Statt (§§ 153 bis 156) in einem Verfahren, das im räumlichen Geltungsbereich dieses Gesetzes bei einem Gericht oder einer anderen deutschen Stelle anhängig ist, die zur Abnahme von Eiden oder eidesstattlichen Versicherungen zuständig ist;

11. Straftaten gegen die Umwelt in den Fällen der §§ 324, 326, 330 und 330a, die im Bereich der deutschen ausschließlichen Wirtschaftszone begangen werden, soweit völkerrechtliche Übereinkommen zum Schutze des Meeres ihre Verfolgung als Straftaten gestatten;

11a. Straftaten nach § 328 Abs. 2 Nr. 3 und 4, Abs. 4 und 5, auch in Verbindung mit § 330, wenn der Täter zur Zeit der Tat Deutscher ist;

12. Taten, die ein deutscher Amtsträger oder für den öffentlichen Dienst besonders Verpflichteter während eines dienstlichen Aufenthalts oder in Beziehung auf den Dienst begeht;

13. Taten, die ein Ausländer als Amtsträger oder für den öffentlichen Dienst besonders Verpflichteter begeht;

14. Taten, die jemand gegen einen Amtsträger, einen für den öffentlichen Dienst besonders Verpflichteten oder einen Soldaten der Bundeswehr während der Ausübung ihres Dienstes oder in Beziehung auf ihren Dienst begeht;

14a. Bestechlichkeit und Bestechung von Mandatsträgern (§ 108e), wenn der Täter zur Zeit der Tat Deutscher ist oder die Tat gegenüber einem Deutschen begangen wird;

15. Organ- und Gewebehandel (§ 18 des Transplantationsgesetzes), wenn der Täter zur Zeit der Tat Deutscher ist.

§ 6 StGB Auslandstaten gegen international geschützte Rechtsgüter

Das deutsche Strafrecht gilt weiter, unabhängig vom Recht des Tatorts, für folgende Taten, die im Ausland begangen werden:

1. (weggefallen)

2. Kernenergie-, Sprengstoff- und Strahlungsverbrechen in den Fällen der §§ 307 und 308 Abs. 1 bis 4, des § 309 Abs. 2 und des § 310;

3. Angriffe auf den Luft- und Seeverkehr (§ 316c);

4. Menschenhandel zum Zweck der sexuellen Ausbeutung und zum Zweck der Ausbeutung der Arbeitskraft sowie Förderung des Menschenhandels (§§ 232 bis 233a);

5. unbefugter Vertrieb von Betäubungsmitteln;

6. Verbreitung pornographischer Schriften in den Fällen der §§ 184a, 184b Absatz 1 und 2 und § 184c Absatz 1 und 2, jeweils auch in Verbindung mit § 184d Absatz 1 Satz 1;

7. Geld- und Wertpapierfälschung (§§ 146, 151 und 152), Fälschung von Zahlungskarten mit Garantiefunktion und Vordrucken für Euroschecks (§ 152b Abs. 1 bis 4) sowie deren Vorbereitung (§§ 149, 151, 152 und 152b Abs. 5);

8. Subventionsbetrug (§ 264);

9. Taten, die auf Grund eines für die Bundesrepublik Deutschland verbindlichen zwischenstaatlichen Abkommens auch dann zu verfolgen sind, wenn sie im Ausland begangen werden.

§ 7 StGB Geltung für Auslandstaten in anderen Fällen

(1) Das deutsche Strafrecht gilt für Taten, die im Ausland gegen einen Deutschen begangen werden, wenn die Tat am Tatort mit Strafe bedroht ist oder der Tatort keiner Strafgewalt unterliegt.

(2) Für andere Taten, die im Ausland begangen werden, gilt das deutsche Strafrecht, wenn die Tat am Tatort mit Strafe bedroht ist oder der Tatort keiner Strafgewalt unterliegt und wenn der Täter

1. zur Zeit der Tat Deutscher war oder es nach der Tat geworden ist oder

2. zur Zeit der Tat Ausländer war, im Inland betroffen und, obwohl das Auslieferungsgesetz seine Auslieferung nach der Art der Tat zuließe, nicht ausgeliefert wird, weil ein Auslieferungsersuchen innerhalb angemessener Frist nicht gestellt oder abgelehnt wird oder die Auslieferung nicht ausführbar ist.

13   Befindet sich der Begehungsort nach den §§ 3, 9 StGB nicht im Inland, handelt es sich um eine reine Auslandstat. Hier untersagt das *völkerrechtliche Nichteinmischungsprinzip*, die staatliche Strafgewalt nach Belieben auszudehnen. Vielmehr bedarf es eines *legitimierenden* bzw. sinnvollen *Anknüpfungspunktes*, um die nationalen Straftatbestände auf ausländische Sachverhalte anzuwenden (→ Rn. 1). Solche Anknüpfungspunkte enthalten die §§ 5 ff. StGB.

14   Unabhängig von den Voraussetzungen der §§ 3 ff. StGB (und somit ggf. vorab zu prüfen) wird eine Anwendbarkeit des nationalen Strafrechts auf Handlungen im Ausland von vornherein verneint, wenn sie überhaupt nicht den *Schutzbereich eines deutschen Straftatbestandes* berühren. Von Bedeutung ist dies insbesondere für diejenigen Straftatbestände, welche die (nationale) staatliche Ordnung (zB Verletzung der Unterhaltspflicht gemäß § 170 StGB; str) und ihre Institutionen schützen (zB Widerstand gegen Vollstreckungsbeamte gemäß § 113 StGB). Ihnen ist eine tatbestandsimmanente Inlandsbeschränkung dergestalt gemeinsam, dass nur Angriffe gegen die deutsche Staats- und Regierungsgewalt sowie gegen inländische staatliche Einrichtungen oder Rechtspflegeorgane erfasst werden.[11] So sind – wenngleich nach umstrittener Auffassung – Falschaussagen gegenüber ausländischen Behörden von den §§ 153 ff. StGB nicht erfasst.[12] Bei anderen Delikten, insbesondere solchen, die (wenigstens auch) Individualrechtsgüter schützen (zB unerlaubtes Entfernen vom Unfallort nach § 142 StGB), existiert eine solche Inlandsbeschränkung hingegen nicht.[13]

2. (Aktives und passives) Personalitätsprinzip

15   Das *aktive Personalitätsprinzip* knüpft an die Staatsangehörigkeit des Täters an. Dem Staat wird die Personalhoheit über seine Bürger zugeschrieben, die daher auch außer-

---

[11] *Ambos* § 1 Rn. 35; *Rengier* AT § 6 Rn. 31; *Satzger* § 6 Rn. 1.
[12] *Fischer* Vor §§ 3–7 Rn. 9; *Rengier* AT § 6 Rn. 35; *Satzger* § 6 Rn. 3.
[13] *Ambos* § 1 Rn. 38 ff.; *Rengier* AT § 6 Rn. 33; *Satzger* § 6 Rn. 1.

halb des Staatsgebiets der Hoheitsgewalt unterstehen und an die heimatliche Rechtsordnung gebunden sind.[14] Deshalb gilt nach § 7 Abs. 2 Nr. 1 StGB für sämtliche Auslandstaten das deutsche Strafrecht, wenn der Täter zur Zeit der Tat Deutscher war oder es nach der Tat geworden ist. Um den völkerrechtlichen Nichteinmischungsgrundsatz nicht zu verletzen, fordert die Norm aber, dass die Tat am Tatort mit Strafe bedroht ist oder der Tatort keiner Strafgewalt unterliegt.

Auf die Anknüpfung an das ausländische Tatortrecht (sog. *lex loci*) verzichtet hingegen § 5 StGB   **16**
(„unabhängig vom Recht des Tatorts"). Da die dort aufgezählten Straftatbestände bedeutende Rechtsgüter schützen bzw. die begangenen Taten zumindest einen besonderen Bezug zum Inland aufweisen, gestattet das *Schutzprinzip* die Ausdehnung der nationalen Strafgewalt auch ohne Berücksichtigung des Tatortrechts (siehe im Einzelnen § 5 Nr. 3 lit. a, Nr. 5 lit. b, 8, 9, 9a, 11a, 12, 14a, 15 StGB).[15] Im Einzelnen ist freilich nicht immer unumstritten, ob ein Rechtsgut derart bedeutend ist, um das Tatortrecht völlig außer Acht lassen zu können.

Nach dem *passiven Personalitätsprinzip* erlaubt die deutsche Staatsbürgerschaft des   **17**
Opfers, die nationale Strafgewalt auf zu ihrem Nachteil verübte Straftaten anzuwenden.[16] Dies ergibt sich zum einen wiederum allgemein und unter Berücksichtigung der lex loci aus § 7 Abs. 1 StGB, zum anderen unabhängig vom Tatortrecht bei bestimmten Straftaten nach § 5 StGB (siehe im Einzelnen § 5 Nr. 6 lit. a, 8 lit. a, 14a StGB; vgl. auch § 5 Nr. 6 lit. b und c, Nr. 9a lit. b StGB).

3. Staatsschutz- und Weltrechtsprinzip

In Ausnahmefällen darf ein Staat seine Strafgewalt zum Schutz bestimmter inländi-   **18**
scher Rechtsgüter auch über die territorialen bzw. personalen Grenzen hinaus erweitern. So rechtfertigt es zum einen das *Staatsschutzprinzip*, bestimmte Auslandstaten von Ausländern zu bestrafen (siehe zB § 5 Nr. 1, 2, 4, 10 und 11 StGB).[17]

Auf Grundlage des *Weltrechtsprinzips* nennt zum anderen § 6 StGB Rechtsgüter, an   **19**
deren Schutz alle Staaten der Welt ein gemeinsames Interesse haben. Bei den dort bezeichneten (Auslands-)Taten ist deutsches Strafrecht selbst dann anwendbar, wenn sie jeglichen Bezugs zu spezifisch nationalen Belangen entbehren.[18] Dies gilt etwa gemäß § 6 Nr. 2 StGB für einzelne Kernenergie-, Sprengstoff- und Strahlungsverbrechen, ferner nach § 6 Nr. 4 StGB für Menschenhandel zum Zweck der sexuellen Ausbeutung und zum Zweck der Ausbeutung der Arbeitskraft sowie Förderung des Menschenhandels im Sinne der §§ 232 bis 233a StGB sowie nach § 6 Nr. 6 StGB bezüglich bestimmter Formen der Verbreitung kinder- und jugendpornographischer Schriften.

B. Zeitliche Geltung von Strafnormen

> ### § 2 StGB Zeitliche Geltung   20
>
> (1) Die Strafe und ihre Nebenfolgen bestimmen sich nach dem Gesetz, das zur Zeit der Tat gilt.

---

[14] *Rengier* AT § 6 Rn. 20; *Wessels/Beulke/Satzger* Rn. 67.
[15] *Ambos* § 3 Rn. 67 ff.; *Satzger* § 5 Rn. 64.
[16] *Ambos* § 3 Rn. 70 ff.; *Krey/Esser* Rn. 248.
[17] *Rengier* AT § 6 Rn. 25; *Wessels/Beulke/Satzger* Rn. 68.
[18] *Ambos* § 3 Rn. 92; *Rengier* AT § 6 Rn. 26.

(2) Wird die Strafdrohung während der Begehung der Tat geändert, so ist das Gesetz anzuwenden, das bei Beendigung der Tat gilt.

(3) Wird das Gesetz, das bei Beendigung der Tat gilt, vor der Entscheidung geändert, so ist das mildeste Gesetz anzuwenden.

(4) [1]Ein Gesetz, das nur für eine bestimmte Zeit gelten soll, ist auf Taten, die während seiner Geltung begangen sind, auch dann anzuwenden, wenn es außer Kraft getreten ist. [2]Dies gilt nicht, soweit ein Gesetz etwas anderes bestimmt.

(5) Für Verfall, Einziehung und Unbrauchbarmachung gelten die Absätze 1 bis 4 entsprechend.

(6) Über Maßregeln der Besserung und Sicherung ist, wenn gesetzlich nichts anderes bestimmt ist, nach dem Gesetz zu entscheiden, das zur Zeit der Entscheidung gilt.

§ 8 StGB Zeit der Tat

[1]Eine Tat ist zu der Zeit begangen, zu welcher der Täter oder der Teilnehmer gehandelt hat oder im Falle des Unterlassens hätte handeln müssen. [2]Wann der Erfolg eintritt, ist nicht maßgebend.

21 Die zeitliche Geltung des StGB richtet sich nach § 2 StGB. Nach dessen Abs. 1 bestimmen sich Strafe und Nebenfolgen grundsätzlich nach dem Gesetz, das *zum Zeitpunkt der Tat* gilt. Von dieser Regel sind in Abs. 2 bis 4 Ausnahmen normiert. Wenn etwa während der Begehung der Tat eine bestehende Strafandrohung geändert wird, ist nach Abs. 2 das bei der Beendigung geltende Gesetz anzuwenden. Wird das bei Beendigung der Straftat geltende Gesetz vor der strafgerichtlichen Entscheidung geändert, ist gemäß Abs. 3 das mildeste Gesetz anzuwenden, auch wenn es als sog. *Zwischengesetz* nur vorübergehend galt.

22 Abs. 3 gewährleistet letztlich, stets die für den Täter günstigste Gesetzeslage zwischen Tat und Entscheidung heranzuziehen (sog. *Meistbegünstigungsgrundsatz*).[19] Etwas anderes gilt nach Abs. 4 jedoch bei sog. *Zeitgesetzen*, die entweder ausdrücklich nach dem Kalender oder nach einem bestimmten zukünftigen Ereignis (Zeitgesetz im engeren Sinne) oder anderweitig erkennbar nur vorübergehend sich ändernde wirtschaftliche oder sonstige zeitbedingte Verhältnisse regeln sollen (Zeitgesetz im weiteren Sinne).[20]

23 Der Ermittlung des in § 2 Abs. 1 StGB angesprochenen *Tatzeitpunkts* dient § 8 StGB. Nach dessen Satz 1 ist eine Tat zu dem Zeitpunkt begangen, zu welcher der Täter oder der Teilnehmer gehandelt hat oder im Falle des Unterlassens hätte handeln müssen. Anders als für den Begehungsort nach § 9 StGB (→ Rn. 7 ff.) ist der Eintritt des Erfolges hier nicht maßgeblich (§ 8 Satz 2 StGB).

24 Nach der in § 8 StGB zum Ausdruck kommenden strengen *Tätigkeitstheorie* bestimmt sich der Tatzeitpunkt bei den einzelnen Beteiligten grundsätzlich unabhängig voneinander. Insbesondere erfolgt die Handlung des Teilnehmers ausschließlich zu dem Zeitpunkt, in dem er selbst seine Teilnahmehandlung erbringt. Der Zeitpunkt

---

[19] *Fischer* § 2 Rn. 4; *Lackner/Kühl* § 2 Rn. 3.
[20] Schönke/Schröder/*Eser/Hecker* § 2 Rn. 34 f.; *Fischer* § 2 Rn. 13.

der Haupttat wird ihm also nicht zugerechnet.[21] Eine Ausnahme gilt für die Mittäterschaft. Wegen der insoweit charakteristischen wechselseitigen Zurechnung von Tatbeiträgen beginnt die Tat für alle Mittäter bereits mit der ersten Handlung eines Mittäters.[22]

---

[21] *Ambos* § 1 Rn. 16; *Lackner/Kühl* § 8 Rn. 2.
[22] *Ambos* § 1 Rn. 16.

§ 3. Die Bearbeitung strafrechtlicher Fälle

A. Der Lebenssachverhalt und seine rechtliche Beurteilung

I. Konkreter Sachverhalt und allgemeine Rechtsnorm

Spätestens wenn im Studium die ersten Leistungsnachweise zu erbringen und Prüfungen zu bestehen sind, gilt es sich auf eine *wesentliche Neuerung* gegenüber der Schulzeit einzustellen: die Eigenarten juristischer Klausuren und des juristischen Arbeitens überhaupt. Insoweit haben sich über einen langen Zeitraum spezifische Formen und Konventionen entwickelt, die zu kennen und zu beherrschen sind, um im Studium erfolgreich zu sein. 1

Denn von einem studierten und examinierten Juristen wird im späteren Berufsleben nicht erwartet, das gesamte Strafgesetzbuch oder die letzten 20 Bände der Entscheidungssammlung des Bundesgerichtshofs in Strafsachen (BGHSt) auswendig aufzusagen. Vielmehr ist es die zentrale Aufgabe und Fertigkeit eines Juristen, *Lebenssachverhalte rechtlich zu analysieren* und zutreffend zu beurteilen. Der Verdeutlichung dieser Anforderungen dient folgendes 2

Beispiel: M wirft das Mobiltelefon der F aus dem Fenster der juristischen Bibliothek auf die Straße. Beim Aufprall zerbricht das Gerät in seine Einzelteile. 3
Strafbarkeit des M wegen Sachbeschädigung gemäß § 303 StGB?

Dieser kurze Text beschreibt einen *Lebenssachverhalt*. Es handelt sich um einen konkreten Vorgang innerhalb der sinnlich erfassbaren Welt, den die Jurastudentinnen und -studenten rechtlich beurteilen müssen. Ähnlich wie ein Dolmetscher, der zwei Sprachen beherrscht und einen bestimmten Text übersetzen soll, muss der Studierende die rein tatsächlichen Vorgänge mit seinen juristischen Kenntnissen analysieren und in eine rechtliche Falllösung *„übersetzen"*. 4

Häufig sind dabei nur einzelne der vielfältigen *Rechtsfolgen* relevant. Dies hängt beispielsweise davon ab, in welchem Fach die jeweilige Prüfungsarbeit geschrieben wird. So wird in unserem Beispiel nur danach gefragt, ob M sich wegen Sachbeschädigung strafbar gemacht hat. Es käme aber grundsätzlich ebenso in Betracht, den Fall auf zivilrechtliche Ansprüche zu untersuchen, ob also M der F den Schaden am zerstörten Mobiltelefon ersetzen muss. 5

Um einen konkreten Lebenssachverhalt rechtlich zu beurteilen, bedient sich der Jurist in der Regel allgemein formulierter Sätze *(Normen)*, welche die Rechtsordnung vorgibt. Während der konkrete (reale oder fiktive) Sachverhalt also ein einzelnes, bestimmtes Ereignis schildert, erfassen Straftatbestände infolge ihrer generellen Beschreibung eine unbestimmte Vielzahl von Fällen. Diese Normen bestehen typischerweise aus einer abstrahierten Sachverhaltsbeschreibung, dem sogenannten Tatbestand, und einer für dessen Vorliegen angeordneten Rechtsfolge. 6

§ 303 StGB Sachbeschädigung 7

(1) Wer rechtswidrig eine fremde Sache beschädigt oder zerstört [Tatbestand], wird mit Freiheitsstrafe bis zu zwei Jahren oder mit Geldstrafe bestraft [Rechtsfolge].

(2) und (3) [...]

II. Rechtliche Beurteilung eines konkreten Sachverhalts

8   Es ist sodann zu klären, ob die tatbestandlichen *Voraussetzungen* der zu erörternden Norm im konkreten Fall gegeben sind und damit die gesetzlich vorgesehene *Rechtsfolge* ausgelöst wird. Mit anderen Worten bleibt zu untersuchen, ob die herangezogene (allgemeine) Rechtsnorm auf den (konkreten) Sachverhalt anzuwenden ist, das einzelne geschilderte Geschehen gerade zu der Vielzahl von Fällen gehört, welche die jeweilige Rechtsnorm regelt.

9   So muss im obigen Beispiel (→ Rn. 3) beurteilt werden, ob M durch den Wurf des Mobiltelefons eine fremde Sache beschädigt oder zerstört und damit den Tatbestand der Sachbeschädigung gemäß § 303 Abs. 1 StGB verwirklicht hat. Hierfür müsste das Mobiltelefon zunächst eine Sache sein. In juristischen Prüfungen auf solche Offensichtlichkeiten (wenn in der Regel auch nur kurz) eingehen zu müssen, mag lebensfremd, vielleicht sogar lächerlich erscheinen. Allerdings gibt es bei wohl jedem juristischen Begriff neben eindeutigen Konstellationen Grenzfälle, in denen unklar ist, ob der jeweilige Sachverhalt noch von der jeweiligen Norm erfasst ist. Beispielsweise stellt sich bei der Sachbeschädigung die Frage, ob auch das Löschen einer Computerdatei den Tatbestand verwirklicht, eine Datei also eine Sache im Sinne des § 303 StGB darstellt.

10 Um auch in diesen Fällen zu einem sachgerechten und vorhersehbaren Ergebnis zu gelangen, entwickeln Strafrechtswissenschaft und Praxis für die einzelnen Tatbestandsmerkmale *Definitionen*. Nicht selten ist hierbei zwar umstritten, welche Begriffsbestimmung die „richtige" ist (zur Darlegung eines Meinungsstreits in Prüfungsarbeiten → Rn. 36 ff.). Für den Begriff der „Sache" ist jedoch allgemein anerkannt, darunter jeden körperlichen Gegenstand zu verstehen.[1]

11 Für unser Beispiel lässt sich festhalten, dass das Mobiltelefon ein körperlicher Gegenstand und somit eine Sache im Sinne des § 303 Abs. 1 StGB ist. Jedenfalls insoweit ist die Strafvorschrift der Sachbeschädigung für unseren Fall also einschlägig. Die Beurteilung, ob der konkrete Lebenssachverhalt unter die allgemeine, ggf. durch eine Definition näher bestimmte Beschreibung des Tatbestandes passt, wird als *Subsumtion* bezeichnet: Der Sachverhalt wird unter einen Tatbestand, unter die einzelnen Tatbestandsmerkmale subsumiert. Letztlich handelt es sich hierbei um den eigentlichen „Übersetzungsvorgang" (→ Rn. 4).

12 Computerdaten als solche sind demnach mangels Körperlichkeit – anders als etwa der Datenträger – keine Sachen im Sinne des § 303 Abs. 1 StGB. Aus diesem Grund wurde der Straftatbestand der Datenveränderung in § 303a StGB geschaffen. Ebenso wenig lässt sich elektrischer Strom als „Sache" in diesem Sinne begreifen, weswegen für den „Stromdiebstahl" – „Sache" im Sinne des § 242 StGB wird ebenso definiert wie bei § 303 StGB – gleichfalls mit § 248c StGB eine eigene Strafvorschrift erlassen werden musste (→ § 1 Rn. 30).

13 Der Vorgang der *Subsumtion* des konkreten Sachverhalts unter die allgemeine Rechtsnorm ist nun *bei jedem einzelnen Merkmal* der einschlägigen Vorschrift zu wiederholen.

14 Im obigen Beispiel (→ Rn. 3) ist für die in Rede stehende Norm des § 303 Abs. 1 StGB weiter erforderlich, dass es sich bei dem Mobiltelefon um eine „fremde" Sache handelt. Auch für dieses Tatbestandsmerkmal existiert eine allgemein anerkannte Definition: Fremd ist eine Sache, die im (zumindest Mit-)Eigentum eines anderen steht.[2] Da das zerbrochene Mobiltelefon der F gehörte, stand es aus Sicht des M im Eigentum einer anderen Person und war somit für ihn fremd.

15 Ferner liegt es angesichts des Totalschadens am Mobiltelefon nahe, hinsichtlich der Handlung die Variante „zerstören" zu untersuchen. Zerstört ist eine Sache, wenn sie infolge der körper-

---

[1] *Fischer* § 303 Rn. 2; BeckOK StGB/*Weidemann* § 303 Rn. 4.
[2] Schönke/Schröder/*Stree/Hecker* § 303 Rn. 6; BeckOK StGB/*Weidemann* § 303 Rn. 7.

lichen Einwirkung in ihrer Existenz vernichtet oder so wesentlich beschädigt wird, dass sie ihre bestimmungsgemäße Brauchbarkeit völlig verliert.[3] Das Mobiltelefon ist durch den Aufprall auf der Straße in seine Einzelteile zerfallen. Es wurde dadurch so wesentlich beschädigt, dass es als Kommunikationsgerät nicht mehr gebraucht werden kann, und daher im Sinne des § 303 Abs. 1 StGB zerstört.

Somit ist festgestellt, dass M mit dem Wurf des Mobiltelefons der F auf die Straße eine fremde   16
Sache zerstört und den (objektiven) Tatbestand der Sachbeschädigung dadurch erfüllt hat. Der (konkrete) Sachverhalt in unserem Beispiel kann demzufolge unter die (allgemeine) Norm des § 303 Abs. 1 StGB subsumiert werden.

Die aufgezeigte rechtliche Beurteilung jedes Sachverhalts insgesamt (zB „M wirft das   17
Mobiltelefon der F [...] auf die Straße." als Sachbeschädigung gemäß § 303 StGB) sowie jedes einzelnen tatsächlichen Umstands (zB Mobiltelefon als „Sache" im Sinne des § 303 StGB) erfolgt in der Form eines logischen Schlusses, des sog. *Justizsyllogismus*. Er besteht aus Obersatz, Untersatz und Schlusssatz.

- Den *Obersatz* bildet das Gesetz, das schematisiert anordnet: „Wenn Tatbestand T, dann Rechtsfolge R".
- Der *Untersatz* untersucht die Übereinstimmung von Sachverhalt und Tatbestand: „Sachverhalt S ist subsumierbar unter Tatbestand T." Hierbei muss der Tatbestand T zunächst näher beschrieben werden, zB durch die *Definition* seiner einzelnen Merkmale, bevor anschließend die *Subsumtion* des konkreten Sachverhalts S unter den derart konkretisierten Tatbestand erfolgt.
- Abschließend wird im *Schlusssatz* festgehalten, ob auf den Sachverhalt S die Rechtsfolge R anwendbar ist: „Bei Sachverhalt S tritt die Rechtsfolge R (nicht) ein."

B. Fallbearbeitung in juristischen Prüfungen

I. Gutachtenstil

Der vorstehende Abschnitt sollte die gedankliche Grundstruktur einer Fallbearbei-   18
tung vorstellen. Bislang unbeachtet blieb dabei aber, wie dieser innere Vorgang samt der gefundenen Ergebnisse *sprachlich dargestellt* wird. Auch insoweit bestehen bei juristischen Prüfungen besondere Anforderungen, die es im Folgenden zu erläutern gilt.

Ein wichtiger Begriff, der im Jurastudium zumeist schon in den ersten Vorlesungen   19
und Übungen vernommen wird, ist der sog. *Gutachtenstil*.[4] Ihn gilt es in der Regel bei der Anfertigung sämtlicher Klausur- und Hausarbeitslösungen bis zur ersten juristischen Staatsprüfung in allen Rechtsgebieten heranzuziehen. Häufig geht dies bereits aus dem Bearbeitervermerk hervor (zB „In einem Gutachten, das auf alle aufgeworfenen Rechtsfragen eingeht, ist die Strafbarkeit des A zu prüfen."). Aber auch ohne einen solchen Hinweis sind Prüfungsarbeiten grundsätzlich im Gutachtenstil aufzubereiten. Wer gleichwohl nicht den Gutachtenstil verwendet, setzt sich über eine wesentliche „Spielregel" der Bearbeitung hinweg, was sich unmittelbar in der Benotung niederschlägt.

---

[3] *Fischer* § 303 Rn. 14; *Rengier* BT I § 24 Rn. 7.
[4] Hinweise zur Fallbearbeitung geben unter anderem *Beulke* Klausurenkurs I Rn. 1 ff., *Hilgendorf* Klausurenkurs I S. 1 ff., *Otto/Bosch* S. 3 ff., *Rengier* AT § 11, *Valerius* S. 3 ff., *Wessels/Beulke/Satzger* Rn. 853 ff., *Valerius* JA Sonderheft für Erstsemester 2011, 48 ff.

20   Der soeben angesprochene *Bearbeitervermerk* ist bei schriftlichen Prüfungsarbeiten noch vor dem Sachverhalt aufmerksam zu studieren. Denn hieraus ergibt sich, unter welchen rechtlichen Gesichtspunkten der Sachverhalt überhaupt zu untersuchen ist. So kann der Bearbeitervermerk nur die Prüfung bestimmter Delikte vorgeben bzw. einzelne Straftatbestände von der Prüfung ausnehmen. Dies zu überlesen und die ausgeschlossenen Normen anzudenken oder anzusprechen, kostet wertvolle Zeit, die nicht zuletzt in Strafrechtsklausuren häufig knapp bemessen ist.

21   Der Gutachtenstil zeichnet sich dadurch aus, die *Antwort* auf die Fallfrage nach und nach zu entwickeln und erst *zum Schluss* der Ausführungen bekanntzugeben. Charakteristisch für eine solche sprachlich ergebnisoffene Variante sind „daher" Formulierungen wie „also", „somit", „deswegen" und „deshalb". Diese Vorgehensweise besitzt den Vorteil, den eigenen Gedankengang authentischer darzulegen und dadurch den Leser ggf. leichter von der eigenen Argumentation und den daraus gezogenen Schlussfolgerungen zu überzeugen.

22   Im Gegensatz zum Gutachtenstil steht der *Urteilsstil*, der das *Ergebnis voranstellt* und erst im Anschluss die Gründe hierfür anführt. Dies entspricht dem Geschehen bei der Verkündung eines Urteils, bei der das Gericht zuerst die getroffene Entscheidung (zB die Verurteilung des Angeklagten zu einer Freiheits- oder Geldstrafe) bekanntgibt und sodann begründet. Den Urteilsstil prägen Konjunktionen wie „weil", „da" und „denn". In Klausuren während des Studiums darf der Urteilsstil allenfalls bei unproblematischen Merkmalen angewendet werden.

23   Um sich dem Gutachtenstil zu nähern, sei nochmals auf die Struktur der juristischen Bewältigung von Sachverhalten hingewiesen: Mit Hilfe des geschilderten „*Justizsyllogismus*" (→ Rn. 17) wird aus einer allgemein gefassten Rechtsnorm eine Rechtsfolge für einen konkreten Sachverhalt abgeleitet. Diese Verknüpfung von Sachverhalt und Rechtsfolge bedarf einer angemessenen sprachlichen Darstellung, die es dem Außenstehenden erleichtert, die Überlegungen des Juristen nachzuvollziehen. Erreicht wird dies, indem die Grundstruktur des Justizsyllogismus „Obersatz–Untersatz–Schlusssatz" beibehalten wird.
   – Zunächst ist im Einleitungs- oder *Obersatz* die einschlägige Norm zu benennen.
   – Im *Untersatz* werden anschließend die einzelnen Merkmale der Norm jeweils näher erläutert *(Definition)* und deren Anwendbarkeit auf den konkreten Sachverhalt untersucht *(Subsumtion)*.
   – Im *Schlusssatz* wird sodann das (im Untersatz hergeleitete) Ergebnis abschließend festgehalten.

Fall 1:

24   M wirft das Mobiltelefon der F aus dem Fenster der juristischen Bibliothek auf die Straße. Beim Aufprall zerbricht das Gerät in seine Einzelteile.

Strafbarkeit des M wegen Sachbeschädigung gemäß § 303 StGB?

Lösung im Gutachtenstil:

25   Indem M das Mobiltelefon der F aus dem Fenster der juristischen Bibliothek geworfen hat, könnte er sich wegen Sachbeschädigung gemäß § 303 Abs. 1 StGB strafbar gemacht haben [Obersatz für das gesamte Gutachten zur Strafbarkeit des M wegen Sachbeschädigung].

Dazu müsste es sich bei dem Mobiltelefon der F um eine Sache gehandelt haben [Obersatz bzgl. des Merkmals „Sache"]. Unter Sache ist jeder körperliche Gegenstand zu verstehen [Untersatz/Definition]. Das Mobiltelefon der F ist wegen seiner räumlichen Dimension ein körperlicher Gegenstand [Untersatz/Subsumtion]. Daher handelt es sich bei dem Mobiltelefon um eine Sache [Schlusssatz bzgl. des Merkmals „Sache"].

Das Mobiltelefon der F müsste zudem für den M fremd gewesen sein [Obersatz „fremd"]. Fremd ist eine Sache, die im (zumindest Mit-)Eigentum eines anderen steht [Untersatz/Definition]. Das Mobiltelefon gehört der F und steht somit nicht im Eigentum des M [Untersatz/Subsumtion]. Es ist für den M deshalb fremd [Schlusssatz „fremd"].

M müsste das Mobiltelefon der F zerstört haben [Obersatz „zerstören"]. Zerstört ist eine Sache, wenn sie infolge der körperlichen Einwirkung in ihrer Existenz vernichtet oder so wesentlich beschädigt wird, dass sie ihre bestimmungsgemäße Brauchbarkeit völlig verliert [Untersatz/Definition]. M hat das Mobiltelefon auf die Straße geworfen, so dass es bei dem Aufprall in seine Einzelteile zerbrochen ist. Das Mobiltelefon der F wurde dadurch derart erheblich beschädigt, dass seine bestimmungsgemäße Brauchbarkeit gänzlich aufgehoben wurde [Untersatz/Subsumtion]. M hat daher das Mobiltelefon der F zerstört [Schlusssatz „zerstören"].

[… Ausführungen zum subjektiven Tatbestand sowie zur Rechtswidrigkeit und zur Schuld …]

M hat sich wegen Sachbeschädigung gemäß § 303 Abs. 1 StGB strafbar gemacht [Schlusssatz für das gesamte Gutachten zur Strafbarkeit des M wegen Sachbeschädigung].

Lösung im Urteilsstil:

M hat sich wegen Sachbeschädigung gemäß § 303 Abs. 1 StGB strafbar gemacht 26 [Ergebnis bzgl. der Strafbarkeit des M wegen Sachbeschädigung]. Bei dem Mobiltelefon der F handelt es sich um eine Sache [Ergebnis bzgl. des Merkmals „Sache"], weil es wegen seiner räumlichen Dimension einen körperlichen Gegenstand darstellt [Begründung bzgl. des Merkmals „Sache"; zugleich Beginn der Begründung der Strafbarkeit des M wegen Sachbeschädigung]. Das Mobiltelefon war für den M fremd [Ergebnis „fremd"], da es im Eigentum der F und somit zumindest im Miteigentum einer anderen Person stand [Begründung „fremd"]. M hat das Mobiltelefon der F zerstört [Ergebnis „zerstören"], indem er es durch den Wurf auf die Straße in seine Einzelteile zerbrechen ließ und dadurch das Mobiltelefon seine bestimmungsgemäße Brauchbarkeit völlig verlor [Begründung „zerstören"; zugleich Ende der Begründung der Strafbarkeit des M wegen Sachbeschädigung].

Die beiden Formulierungsbeispiele zeigen zweierlei: Zum einen kommt es sowohl 27 beim Gutachten- als auch beim Urteilsstil zu vielfachen *Untergliederungen*. Beim Gutachtenstil gibt es etwa nicht ein einziges durchgehendes (Gesamt-)Gutachten, sondern es kann für jedes einzelne relevante Merkmal (zB die einzelnen Tatbestandsmerkmale einer Strafvorschrift) ein eigener Obersatz gebildet und sodann ein eigenes (Unter-)Gutachten (mit jeweiliger Definition und Subsumtion) angefertigt werden. Gleiches gilt für die einzelnen Begründungen des im Urteilsstil vorangestellten (Gesamt-)Ergebnisses.

28 Zum anderen wirkt eine *durchgehende Anwendung* des Gutachtenstils selbst für den juristischen Betrachter *seltsam*. Im obigen Beispiel ist es insbesondere nicht nachvollziehbar, in einem eigenen (Unter-)Gutachten darzulegen, warum es sich bei einem Mobiltelefon um eine Sache handelt. Auch in diesem Punkt auf den Gutachtenstil zurückzugreifen, bedeutete Überlegungen zu schildern, die der Bearbeiter wegen der offensichtlichen Sacheigenschaft eines Mobiltelefons in dieser Ausführlichkeit überhaupt nicht anstellt.

29 Demzufolge ist es auch innerhalb einer juristischen Falllösung erforderlich, bestimmte Zusammenhänge, die jedem sofort einleuchten, knapper darzustellen als problematische Abschnitte. Dies gilt schon deshalb, weil juristische Klausuren sich in aller Regel durch eine knappe Bemessung der Bearbeitungszeit auszeichnen. Vor allem zählt aber das *Setzen von Schwerpunkten* in einer Bearbeitung zu den wesentlichen Leistungen einer Prüfungsarbeit und spielt bei der Bewertung eine erhebliche Rolle. Denn ein auswendiges Herunterbeten von Grundsätzen zum Thema „Sachbeschädigung" ist keine bemerkenswerte Leistung.

30 Um unproblematische Zusammenhänge oder eindeutig (nicht) gegebene Merkmale in der gebotenen Kürze darzustellen, empfiehlt es sich daher, einen sog. *verkürzten Gutachtenstil* zu verwenden. Er verzichtet auf den Obersatz und begnügt sich mit der Feststellung eines knapp (etwa in einem Halbsatz) begründeten Ergebnisses. In die Begründung kann zudem die Definition des jeweiligen Tatbestandsmerkmals integriert werden.

Fall 2:

31 A gibt dem B eine heftige Ohrfeige.

Hat A den B im Sinne des § 223 Abs. 1 Var. 1 StGB körperlich misshandelt?

32 Indem A den B ohrfeigte, verabreichte er ihm eine üble und unangemessene Behandlung, die das körperliche Wohlbefinden des B wegen der Heftigkeit des Schlags mehr als nur unerheblich beeinträchtigte. Er misshandelte ihn somit körperlich im Sinne des § 223 Abs. 1 Var. 1 StGB.

33 Gegenüber der bloßen Feststellung des Ergebnisses hat diese Darstellungsweise den Vorteil, ihren Urheber nicht dem Vorwurf auszusetzen, unbegründete Thesen aufzustellen. Vielmehr wird der Subsumtionsvorgang, wenn auch verkürzt, abgebildet, so dass das Ergebnis inhaltlich überprüft werden kann. Dem entspricht der (auch schon in Veranstaltungen zu Beginn des Studiums erteilte) Hinweis, Unproblematisches im Urteilsstil zu behandeln. Allerdings ist es empfehlenswert, das *Ergebnis* – anders als beim Urteilsstil – erst *am Schluss* zu präsentieren, damit der grundsätzliche Aufbau eines Gutachtens gewahrt bleibt.

34 Eine allgemein gültige Antwort darauf, welche Aspekte ausführlich und welche nur knapp zu behandeln sind, gibt es indessen nicht. Bei der richtigen Schwerpunktsetzung handelt es sich vielmehr um eine Fähigkeit, die im Laufe des Studiums erworben und perfektioniert werden muss. Welchen *Umfang* die Darstellung eines Prüfungspunktes in einem Gutachten einnimmt, hängt nicht zuletzt wesentlich vom Studienfortschritt ab.

– Wird in der *Arbeitsgemeinschaft des ersten Semesters* gerade ausführlich der Tatbestand der Körperverletzung erläutert, dürften in einer Klausur hierzu nähere Ausführungen und somit eine detailliertere Darstellung im Gutachtenstil erwartet werden.

– Enthält hingegen der Sachverhalt einer *Fortgeschrittenenklausur oder -hausarbeit* sowohl allgemeine Fragestellungen als auch einzelne Spezialprobleme, sollten die Spezialprobleme ausführlicher diskutiert werden und die sonstigen Darstellungen kürzer ausfallen.

– In *Examensklausuren*, die eine Vielzahl weiterer und ggf. schwererer Probleme beinhalten, sind über die (für fortgeschrittene Studierende sehr einfache) tatbestandliche Behandlung einer Ohrfeige als Körperverletzung insgesamt in der Regel nicht mehr als zwei bis drei Sätze zu verlieren.

Zur Veranschaulichung des zumindest in den ersten Semestern noch häufiger praktizierten **35** Gutachtenstils geben die ersten Falllösungen dieses Buches zum Tatbestand des vorsätzlichen vollendeten Delikts in ihren Auszügen ausformulierte Beispiele.

II. Der Meinungsstreit

Nicht jede Begriffsbestimmung eines Tatbestandsmerkmals, nicht jede rechtlich-sys- **36** tematische Einordnung einer tatsächlichen Konstellation ist derart unbestritten wie die soeben beispielhaft genannten Definitionen der Sache im Sinne des § 303 StGB oder der körperlichen Misshandlung im Sinne des § 223 Abs. 1 Var. 1 StGB. Häufig besteht vielmehr Uneinigkeit über die Reichweite eines Tatbestandsmerkmals oder den Anwendungsbereich einer Strafvorschrift. Es existiert ein sog. *Meinungsstreit*. Dessen Aufbau in einer Prüfungsarbeit folgt wiederum eigenen Regeln, die im Folgenden kurz vorgestellt werden.

Der Begriff „Meinungsstreit" darf nicht zu der Annahme verleiten, es komme in der **37** Darstellung darauf an, die jeweiligen Vertreter der verschiedenen Ansichten namentlich zu benennen. Ein solches „namedropping" ist im Gegenteil grundsätzlich verzichtbar. Maßgeblich für die Qualität einer Arbeit ist die *inhaltliche Darstellung* der verschiedenen Positionen. Zudem genügt es nicht, lediglich die Ergebnisse der verschiedenen Auffassungen zu kennen und niederzuschreiben. Entscheidend ist, das grundlegende Problem zu verstehen und die verschiedenen Lösungsvorschläge und Argumentationswege nachzuvollziehen, um sie auch im Gutachten mit einer überzeugenden *Begründung* darlegen zu können.

Nicht nur bei Meinungsstreiten lassen sich unterschiedliche Lösungen eines rechtlichen Pro- **38** blems vertreten. Ebenso sind bei der Subsumtion eines Grenzfalles verschiedene Ergebnisse denkbar, für die sich jeweils gute Begründungen finden lassen. Gerade in solchen Fällen sind es daher die Vertretbarkeit der gefundenen Lösung und die *Überzeugungskraft* der Argumente, die eine gute Fallbearbeitung von einer weniger guten unterscheiden. Die Musterlösungen oder Lösungsskizzen zu Klausuren enthalten daher zuweilen auch verschiedene Ergebnisse, sofern die Argumentation überzeugt und das jeweilige Ergebnis zumindest vertretbar erscheint. Wichtiger als das „richtige" Ergebnis ist deshalb immer eine überzeugende, widerspruchsfreie und sprachlich klare Argumentation.

Bei der Erörterung eines Meinungsstreits in einem *Gutachten* sind die verschiedenen **39** Ansätze anschaulich darzustellen. Dazu wird zunächst die erste Auffassung (samt ihrer Argumente) wiedergegeben und anschließend der konkrete Fall darunter subsumiert. Sodann wird nach demselben Muster die zweite Meinung (einschließlich ihrer Gründe) erläutert und wiederum auf den vorliegenden Sachverhalt angewendet. Ebenso wird mit etwaigen weiteren Ansichten verfahren. Allerdings beschränken sich Meinungsstreite häufig auf zwei Auffassungen (zumeist die der Rechtsprechung auf der einen und die der Literatur auf der anderen Seite), mitunter ist noch eine dritte und zumeist vermittelnde Meinung verbreitet. Mehr als drei Ansichten zu ein und demselben Problem sind in Prüfungsarbeiten nur in Ausnahmefällen darzulegen. Um zwischen den einzelnen Meinungen anschaulich überleiten zu können, empfiehlt sich die Darstellung eines wesentlichen Kritikpunktes an der zuvor genannten Auffassung. Dies führt dazu, mit derjenigen Ansicht bzw. denjenigen Ansichten zu beginnen, der bzw. denen im Gutachten nicht gefolgt wird.

Fall 3:

40   A stößt den Kopf des B so heftig gegen eine harte Betonwand, dass B einen Schädelbasis-bruch erleidet.

Strafbarkeit des A gemäß §§ 223, 224 StGB?

41   [… Darstellung im Gutachtenstil, dass A den Grundtatbestand des § 223 Abs. 1 StGB in beiden Varianten (körperliche Misshandlung gemäß Var. 1 sowie Gesundheits-schädigung gemäß Var. 2) verwirklicht hat …]

Indem A den B mit dem Kopf voran gegen eine harte Betonwand gestoßen hat, könnte er das Qualifikationsmerkmal des gefährlichen Werkzeugs im Sinne des § 224 Abs. 1 Nr. 2 Var. 2 StGB verwirklicht haben. Darunter ist jeder Gegenstand zu verstehen, der nach seiner objektiven Beschaffenheit und der Art der Verwendung im konkreten Fall geeignet ist, erhebliche Verletzungen herbeizuführen.[5] Wie der Schädelbasisbruch des B belegt, eignet sich die Betonwand durchaus, einen Menschen durch einen Stoß mit dem Kopf hiergegen erheblich zu verletzen. Allerdings ist fraglich, ob § 224 Abs. 1 Nr. 2 Var. 2 StGB auch unbewegliche Gegenstände erfasst. Hierfür spricht vor allem, dass unbewegliche Gegenstände grundsätzlich nicht weniger gefährlich als bewegliche Werkzeuge sind und es keinen Unterschied bedeuten kann, ob der Gegenstand zum Opfer oder das Opfer zum Gegenstand bewegt wird.[6] Demzufolge stellte auch die Betonwand trotz ihrer Unbeweglichkeit ein gefährliches Werkzeug dar. Dieser Sicht-weise steht jedoch entgegen, dass das natürliche Sprachempfinden unter „Werkzeug" nur Gegenstände versteht, die durch menschliche Einwirkung in Bewegung gesetzt werden können. Um den Wortlaut der Norm als äußerste Grenze der Auslegung nicht zu missachten, können demzufolge nur bewegliche Gegenstände als (gefährliche) Werkzeuge angesehen werden.[7] Eine Betonwand scheidet daher von vornherein als gefährliches Werkzeug aus. A hat § 224 Abs. 1 Nr. 2 Var. 2 StGB nicht verwirklicht.

[… zur Fortsetzung → Rn. 43 …]

42   Nicht jeder Meinungsstreit muss sich aber auf das Ergebnis auswirken. Ergeben sich bei der Anwendung widerstreitender Auffassungen *keine Unterschiede für die Lö-sung* des konkreten Sachverhalts und kommt es daher auf einen Meinungsstreit über-haupt nicht an, können die verschiedenen Ansichten nur kurz dargelegt werden und kann anschließend offen bleiben, welche Meinung vorzugswürdig ist.

43   [Fortsetzung der vorstehenden Lösung (→ Rn. 41):]

Fraglich ist, ob A den Qualifikationstatbestand des § 224 Abs. 1 Nr. 5 StGB erfüllt und die Körperverletzung mittels einer das Leben gefährdenden Behand-lung begangen hat. Eine das Leben gefährdende Behandlung liegt nach hM bereits vor, wenn die Begehungsweise unter Berücksichtigung der konkreten Umstände des Einzelfalls objektiv generell geeignet ist, das Opfer in Lebensgefahr zu

---

[5] BGH NStZ 2007, 95; NStZ 2010, 151; *Fischer* § 224 Rn. 9; *Lackner/Kühl* § 224 Rn. 5.
[6] *Rengier* BT II § 14 Rn. 37; *Eckstein* NStZ 2008, 125 (126 f.).
[7] BGHSt 22, 235 (236).

bringen.[8] Um dem deutlich höheren Strafrahmen des § 224 StGB Rechnung zu tragen, muss hingegen nach aA das Opfer tatsächlich in Lebensgefahr geraten, also eine konkrete Gefährdung eintreten.[9] B hat vorliegend einen Schädelbasisbruch erlitten, so dass sein Leben aufgrund der Schwere der Verletzung ohnehin konkret gefährdet und die Qualifikation des § 224 Abs. 1 Nr. 5 StGB auf jeden Fall erfüllt ist. Es kann daher offen bleiben, welcher der dargelegten Auffassungen der Vorzug zu geben ist.

[… Ausführungen zum subjektiven Tatbestand sowie zur Rechtswidrigkeit und zur Schuld …]

Juristische Begründungen beziehen sich häufig auf die *„herrschende Meinung"* (hM).   **44** Es handelt sich dabei um eine Bündelung von Einzelansichten, die zumindest im Ergebnis, häufig auch im Wesentlichen in der Begründung, übereinstimmen und in der Vielfalt der Ansichten als „herrschend" anzusehen sind, also das Meinungsbild dominieren. Besonderes Gewicht kommt hierbei der Rechtsprechung, insbesondere jener des Bundesgerichtshofs, als in der Praxis maßgeblicher Rechtsauffassung zu.

Für juristische Prüfungsarbeiten ist die hM insofern von Bedeutung, als sich die   **45** Lösungsskizze zumeist hieran orientieren dürfte. Jedenfalls ist es schon wegen der notwendigen Schwerpunktsetzung nicht die Aufgabe eines Gutachtens, sämtliche juristischen Meinungsstreite zu jedem einzelnen Tatbestandsmerkmal erschöpfend aufzugreifen. Es ist daher in manchen Konstellationen durchaus angebracht, stillschweigend der hM zu folgen. Zumindest bei wesentlichen Meinungsstreiten ist aber eine inhaltliche Auseinandersetzung mit den Argumenten der konkurrierenden Ansichten unentbehrlich. Allein dass eine Meinung die (derzeit) herrschende ist, stellt freilich *keine Begründung* für diese Auffassung dar; auch insoweit kommt es auf die inhaltliche Argumentation und nicht darauf an, wer diesen Argumenten folgt.

C. Besonderheiten bei strafrechtlichen Prüfungsarbeiten

Bei strafrechtlichen Prüfungsarbeiten ist es von besonderer Bedeutung, angemessene   **46** *Schwerpunkte* zu setzen (→ Rn. 29) und im zutreffenden Kontext zu behandeln. Eine elementare Aufgabe jedes Gutachtens ist es daher, die (eigenen Gedanken und die) Lösung zu *strukturieren* und zwischen den einzelnen tatsächlichen Verhaltensweisen und den einschlägigen rechtlichen Merkmalen und Problemen hinreichend zu *differenzieren*.

Zu diesem Zweck wird zunächst das im Sachverhalt geschilderte Geschehen in sog.   **47** *Tatkomplexe* aufgeteilt, die aus einzelnen einheitlichen tatsächlichen Vorgängen bestehen. Die Einteilung orientiert sich dabei vor allem an zeitlichen oder räumlichen Zäsuren. Ein Tatkomplex besteht also in der Regel aus einem zeitlich sowie räumlich zusammenhängenden Geschehensablauf, der sich mit etwas Klausurpraxis relativ leicht erkennen lässt. Ohnehin sind in Grenzfällen mehrere Varianten der Bildung von Tatkomplexen zulässig und kann die notwendige juristische Differenzierung auch innerhalb ein und desselben Tatkomplexes zum Ausdruck gebracht werden. Dies gilt etwa bei einer rechtlichen Zäsur innerhalb eines einheitlichen tatsächlichen Vorganges, zB bei einem Unfall während einer Trunkenheitsfahrt, bei der sich der Fahrer zunächst noch für fahrtüchtig hielt.

---

[8] BGHSt 36, 1 (9); BeckOK StGB/*Eschelbach* § 224 Rn. 42; *Rengier* BT II § 14 Rn. 50.
[9] NK-StGB/*Paeffgen* § 224 Rn. 28.

48 Tatkomplexe werden als in der Regel *erste Gliederungsebene* einer Prüfungsarbeit gewöhnlich nicht nur durchnummeriert, sondern auch mit einer kurzen nichtjuristischen Überschrift versehen. Dadurch erfährt der Korrektor sogleich, welches (tatsächliche) Geschehen im Folgenden (rechtlich) untersucht wird.

49 **Beispiel:** T fährt betrunken mit seinem Auto zur Arbeit. Einige Tage später schlägt er sich in einer Kneipe mit dem Gast G.

Der erste Tatkomplex besteht hier aus der Trunkenheitsfahrt des T (zB „Tatkomplex 1: Fahrt zur Arbeit"), der zweite Tatkomplex aus dem – erst einige Tage später stattfindenden – körperlichen Angriff auf G (zB „Tatkomplex 2: Prügelei mit G").

50 Innerhalb der einzelnen Tatkomplexe ist – sofern die Strafbarkeit mehrerer Personen zu prüfen ist – zunächst nach den einzelnen *Beteiligten* zu unterscheiden. Auf dieser zweiten Gliederungsebene ist stets mit dem „Tatnächsten" zu beginnen (→ § 9 Rn. 17). Dadurch werden Vorfragen geklärt, die später bei anderen Beteiligten eine Rolle spielen können, zB das Vorliegen einer vorsätzlich begangenen rechtswidrigen Haupttat für die Teilnahme nach §§ 26, 27 StGB oder die dem Mittäter gemäß § 25 Abs. 2 StGB zurechenbare Tathandlung. Dem Bearbeiter bleibt dadurch eine verschachtelte, sog. *Inzidentprüfung* erspart. Generell sollten solche Inzidentprüfungen vermieden werden, da sie das Gutachten unübersichtlich werden lassen und dessen Lesbarkeit und Überzeugungskraft somit schmälern (→ Rn. 52 sowie § 5 Rn. 35 und § 9 Rn. 111).

51 Von den einzelnen Delikten, die ein und dieselbe Person innerhalb ein und desselben Tatkomplexes begangen hat bzw. begangen haben könnte, sind grundsätzlich die schwersten *Delikte*, also diejenigen Tatbestände mit der höchsten Strafandrohung, zuerst zu untersuchen.

52 Von diesem Aufbaugrundsatz für die dritte Gliederungsebene ist in der Praxis der Prüfungsarbeiten jedoch mitunter abzuweichen. In bestimmten Fällen kann etwa ein *chronologischer Aufbau* vorzugswürdig sein, wenn auch die einzelnen Delikte aufeinander aufbauen. Beispielsweise bietet es sich an, die zu verdeckende Straftat vor dem schwereren Mord aus Verdeckungsabsicht gemäß § 211 StGB zu erörtern. Setzt der subjektive Tatbestand einer Strafvorschrift die Absicht voraus, eine andere Straftat zu begehen, und wird diese *angestrebte Tat tatsächlich durchgeführt*, empfiehlt es sich hingegen, zunächst die später vorgenommene Tat zu prüfen. So wird der in einem Kraftfahrzeug nach einem räuberischen Angriff auf Kraftfahrer gemäß § 316a StGB verwirklichte Raub gemäß § 249 StGB gewöhnlich zuerst untersucht. In beiden Fällen resultiert der abgewandelte Aufbau wiederum aus dem Anliegen, unübersichtliche Inzidentprüfungen zu vermeiden.

§ 4. Das vollendete vorsätzliche Begehungsdelikt: Der Tatbestand

A. Grundlagen

Ein Beispiel dafür, zuweilen ohne inhaltliche Auseinandersetzung der (ganz) hM **1** schlicht zu folgen (→ § 3 Rn. 45), ist der Aufbau von Straftatbeständen. Ohnehin gilt der generelle Grundsatz, Prüfungsschemata nicht näher zu begründen. Deren Schlüssigkeit muss sich aus ihnen selbst ergeben. Der Deliktsaufbau orientiert sich demnach an der üblichen Gliederung in Tatbestand(-smäßigkeit), Rechtswidrigkeit und Schuld. Hieraus ergibt sich der herrschende *dreistufige Verbrechensaufbau* bei der Prüfung des vollendeten vorsätzlichen Begehungsdelikts.[1]

Prüfungsschema: Vollendetes vorsätzliches Begehungsdelikt   **2**

I. Tatbestand(-smäßigkeit)
1. Objektiver Tatbestand
   a) Handlung
   b) Verwirklichung sämtlicher objektiver Tatbestandsmerkmale einschließlich des tatbestandlichen Erfolges
   c) Kausalität zwischen Handlung und Erfolg
   d) ggf. objektive Zurechnung
2. Subjektiver Tatbestand
   a) Vorsatz bzgl. aller objektiven Tatbestandsmerkmale
   b) ggf. besondere subjektive Tatbestandsmerkmale (zB Zueignungsabsicht in § 242 StGB)
3. ggf. Tatbestandsannex: insbesondere objektive Bedingungen der Strafbarkeit

II. Rechtswidrigkeit
III. Schuld
IV. ggf. Strafzumessung
V. ggf. persönliche Strafmilderungs-, Strafausschließungs- und Strafaufhebungsgründe
VI. ggf. Strafantrag und andere Strafverfolgungsvoraussetzungen

---

Das vorstehende Prüfungsschema gilt – jedenfalls im Detail – nur für das *vollendete* **3** *vorsätzliche Begehungsdelikt* (durch aktives Tun). Andere Erscheinungsformen der Deliktsbegehung (zB Versuch statt Vollendung, Fahrlässigkeit statt Vorsatz, Begehung durch Unterlassen statt durch aktives Tun) folgen einem anderen Aufbau, der jeweils an passender Stelle erörtert wird.

---

[1] *Krey/Esser* Rn. 255; *Kühl* AT § 1 Rn. 24 ff.; *Rengier* AT § 12 Rn. 1; *Wessels/Beulke/Satzger* Rn. 129; *Zieschang* Rn. 12; aA *Kindhäuser* AT § 6 Rn. 8 ff.: zweistufiger Deliktsaufbau (siehe auch → § 8 Rn. 42 f.).

4   Prüfungsschemata sind nur so lange der Reihe nach anzuwenden, wie sämtliche für die Strafbarkeit erforderlichen Merkmale bei dem jeweiligen Straftatbestand vorliegen. Fehlt ein solches Merkmal, so ist die Prüfung grundsätzlich abzubrechen und festzustellen, dass eine Strafbarkeit nach der betreffenden Vorschrift ausscheidet. Ist etwa schon ein Merkmal des objektiven Tatbestandes eines Delikts zu verneinen, darf nicht mehr auf den subjektiven Tatbestand, die Rechtswidrigkeit und die Schuld eingegangen werden.

5   Auf die an sich nicht mehr anzusprechenden weiteren Prüfungspunkte kann ausnahmsweise hilfsgutachtlich eingegangen werden. Solche *Hilfsgutachten* gilt es in Prüfungsarbeiten aber generell zu vermeiden. Scheint ein Hilfsgutachten unausweichlich, um zB einen im Sachverhalt aufgeworfenen Meinungsstreit noch anzusprechen, der erst bei einem späteren Merkmal des bereits verneinten Straftatbestandes zu verorten wäre, spricht viel dafür, die eigene Lösung nochmals zu hinterfragen. Denn gewöhnlich sind Klausuren und Hausarbeiten so konzipiert, dass alle aufgeworfenen Fragen ohne hilfsgutachtliche Prüfung beantwortet werden können.

6   Die im obigen Schema (→ Rn. 2) mit „ggf." gekennzeichneten Prüfungsschritte sind lediglich dann zu erörtern, wenn der Sachverhalt insoweit umfassendere Ausführungen nahe legt. Stets zumindest zu erwähnen sind indessen die Prüfungsstufen der *Rechtswidrigkeit* und der *Schuld*. Da sie nur im Ausnahmefall nicht gegeben sind, werden deren einzelnen Merkmale aber nur angesprochen, wenn der Sachverhalt Anhaltspunkte für ein gerechtfertigtes oder nicht schuldhaftes bzw. entschuldigtes Verhalten enthält. Ansonsten genügt die Feststellung „Die Tat ist rechtswidrig." bzw. „Die Tat ist schuldhaft.".

B. Der objektive Tatbestand

I. Grundlagen

7   Welche Handlung (zB die falsche uneidliche Aussage gemäß § 153 StGB) und welche Herbeiführung welchen Erfolges (zB des Todes eines Menschen gemäß § 212 StGB) im Einzelnen unter Strafe gestellt sind, ergibt sich aus den *Strafvorschriften des Besonderen Teils*. Gleiches gilt für sämtliche sonstigen objektiven Tatbestandsmerkmale wie den Einsatz eines bestimmten Tatmittels (zB einer Waffe oder eines anderen gefährlichen Werkzeugs nach § 224 Abs. 1 Nr. 2 StGB), sonstige Umstände der Tat (zB die Grausamkeit der Tötung eines Menschen gemäß § 211 Abs. 2 Gr. 2 Var. 2) oder auch Anforderungen an das Tatsubjekt (zB die Amtsträgereigenschaft bei den Straftaten im Amt in §§ 331 ff. StGB). Die mit den einzelnen Merkmalen einhergehenden Begriffsbestimmungen, problematischen Konstellationen und Meinungsstreite sind Gegenstand der Lehrveranstaltungen zum Besonderen Teil, die im Jurastudium gewöhnlich erst nach dem Allgemeinen Teil gelesen werden.

8   Allerdings enthält der objektive Tatbestand auch Merkmale, die allen oder zumindest den meisten Delikten gemeinsam sind und daher dem Allgemeinen Teil angehören. So erfordern zunächst sämtliche Delikte, durch ein Verhalten verwirklicht zu werden, dem *Handlungsqualität* zugeschrieben werden kann (→ Rn. 11 ff.). Ansonsten fehlt es bereits an dem notwendigen Anknüpfungspunkt für eine Strafbarkeit.[2]

9   Bei den Erfolgsdelikten und somit der Mehrzahl der Straftatbestände müssen außerdem Handlung und Erfolg in einem ursächlichen Zusammenhang stehen. Ohne eine

---

[2] *Krey/Esser* Rn. 283; *Kühl* AT § 2 Rn. 3.

solche *Kausalität* (→ Rn. 24 ff.) hat der Handelnde den eingetretenen Erfolg nicht einmal herbeigeführt und ist es daher von vornherein nicht möglich, ihn hierfür strafrechtlich zur Verantwortung zu ziehen.[3] Oder, aus der Perspektive der Prävention ausgedrückt: Soll das Strafrecht durch Verhaltenssteuerung Rechtsgutsverletzungen verhindern, so muss bei demjenigen Verhalten angesetzt werden, welches sich tatsächlich auf bestimmte Rechtsgüter auswirken kann.

Da die Kausalität rein empirisch beurteilt wird und somit jeglicher Aussage darüber   10
entbehrt, ob ein nach naturwissenschaftlichen Gesetzen ursächlich herbeigeführter Erfolg auch bei normativer Betrachtung als „Werk des Täters" erscheint, wird zudem unter dem Begriff der *Zurechnung* die erforderliche Wertung nachgeholt (→ Rn. 43 ff.). Ein Großteil der Lehre verortet diese Zurechnungsfrage bei Erfolgsdelikten bereits im objektiven Tatbestand.[4]

II. Handlungsbegriff

1. Handlungslehren

Jedes strafbare Verhalten setzt eine menschliche Handlung voraus. Daher können   11
ausschließlich *natürliche Personen* strafrechtlich zur Verantwortung gezogen werden. Juristische Personen, wie rechtsfähige Personengesellschaften (zB oHG, KG) oder Kapitalgesellschaften (zB AG, GmbH), können hingegen mangels Handlungsfähigkeit von vornherein keine Straftaten begehen. Das deutsche Recht kennt also (derzeit) keine Strafbarkeit von Unternehmen.[5] Richtet sich ein Strafgesetz an ein Unternehmen (zB das Bankrottdelikt des § 283 StGB an eine insolvente GmbH), können unter Rückgriff auf § 14 StGB allenfalls dessen Organe und Vertreter (zB der Geschäftsführer einer GmbH) bestraft werden (→ § 9 Rn. 91 ff.).

Was unter einer *Handlung im strafrechtlichen Sinne* im Einzelnen zu verstehen ist,   12
gehört zu den klassischen wissenschaftlichen Auseinandersetzungen im Allgemeinen Teil des Strafrechts. Für Prüfungsarbeiten ist dieser Streit aber kaum von Bedeutung. Es genügt daher, hier nur einen kurzen Überblick über die verschiedenen Ansätze zu geben:[6]

Nach der älteren *naturalistisch-kausalen Handlungslehre* ist unter Handlung jede   13
Veränderung in der Außenwelt zu verstehen, die sich auf ein willensgesteuertes Verhalten kausal zurückführen lässt. Es reicht danach also aus, dass der Handelnde irgendwie willentlich tätig wird. Dieser Lehre wird entgegengehalten, den sozialen Sinngehalt des Geschehens und die Fähigkeit des Menschen zur schöpferischen Gestaltung seiner Umwelt zu vernachlässigen.[7] Derart weitreichende Deutungsleistungen strebte die kausale Handlungslehre als genuin strafrechtsdogmatisches Konstrukt freilich gar nicht an.

Die *finale Handlungslehre* betont hingegen den menschlichen Willen und definiert   14
Handlung als die Ausübung von Zwecktätigkeit. Entscheidend ist also nicht das kausale Geschehen, sondern der dahinter stehende bewusst lenkende Wille. Anders als nach der kausalen Handlungslehre genügt es also nicht, irgendwie willentlich tätig

---

[3] *Kindhäuser* AT § 10 Rn. 1; *Wessels/Beulke/Satzger* Rn. 153.
[4] *Kindhäuser* AT § 11 Rn. 1; *Rengier* AT § 13 Rn. 38; *Wessels/Beulke/Satzger* Rn. 154.
[5] *Jescheck/Weigend* § 23 VII 1; *Krey/Esser* Rn. 298; *Rengier* AT § 7 Rn. 9; *Wessels/Beulke/Satzger* Rn. 94.
[6] Zusammenfassend *Jäger* AT Rn. 19 ff.; *Kindhäuser* AT § 5 Rn. 10 ff.; *Wessels/Beulke/Satzger* Rn. 85 ff.
[7] *Wessels/Beulke/Satzger* Rn. 92.

zu werden. Der bewusst lenkende Wille fehlt allerdings bei einem unbewusst fahrlässigen Verhalten, bei dem der Handelnde die drohende Gefahr nicht einmal erkennt und daher den Kausalverlauf gerade nicht bewusst steuert.[8]

15 Herrschend sind daher die *sozialen Handlungslehren*, die auf den sozialen Sinngehalt des Geschehens abstellen. Handlung ist demnach jedes vom menschlichen Willen beherrschte oder beherrschbare, sozialerhebliche Verhalten. Der soziale Sinngehalt eines solchen Tuns oder Unterlassens ergibt sich sowohl aus der personalen Beziehung des Handelnden zu seiner Umwelt als auch aus den normativen Verhaltenserwartungen der Rechtsgemeinschaft.[9]

2. Handlungen und Nichthandlungen

16 In Prüfungen kommt es zumeist allenfalls darauf an, sog. *Nichthandlungen* als Anknüpfungspunkte für eine Strafbarkeit auszuschließen. Dies ist aber nur dann anzusprechen, wenn sich ein Problem bei der Beurteilung eines Vorgangs als Handlung überhaupt erkennen lässt. In der Regel ist die Handlungsqualität des auf seine Strafbarkeit zu untersuchenden Verhaltens hingegen derart offenkundig, dass sich eine Diskussion erübrigt.

17 Welche Verhaltensweisen als „Nichthandlung" zu bewerten sind, ist weitgehend unstreitig. Keine Handlungen sind insbesondere Bewegungen, die der Willenssteuerung entzogen sind. Dazu zählen vor allem *Reflexbewegungen*, Bewegungen im Schlaf und Instinktreaktionen.[10]

18 Ebenso wenig erfüllen Körperbewegungen den Handlungsbegriff, die durch willensbrechende Gewalt *(vis absoluta)* erzwungen werden, zB wenn jemand auf eine andere Person gestoßen wird und sich diese dadurch verletzt.[11]

19 An Nichthandlungen selbst kann zwar mangels Handlungsqualität kein *Strafbarkeitsvorwurf* geknüpft werden. Es kommt allerdings in Betracht, *wegen früherer*, noch vom Willen beherrschbarer *Verhaltensweisen*, strafrechtlich zur Verantwortung gezogen zu werden.[12] Dies gilt etwa, wenn ein übermüdeter Pkw-Fahrer seine Fahrt fortsetzt, sodann am Steuer einschläft, auf die Gegenfahrbahn gerät und einen Unfall mit Personenschaden verursacht. Hier ist es zwar ausgeschlossen, den Fahrer wegen seines für den Unfall ursächlichen Verhaltens im Schlaf strafrechtlich zu belangen. Nicht ausgeschlossen ist aber eine Strafbarkeit wegen fahrlässiger Körperverletzung gemäß § 229 StGB aufgrund der Weiterfahrt trotz Übermüdung.

20 Anders sind dagegen *Spontanreaktionen* und *Kurzschlusshandlungen* als sog. automatisierte Verhaltensweisen zu bewerten. Ihnen kommt unstreitig Handlungsqualität im strafrechtlichen Sinne zu, da sie nicht auf einem bloßen physiologischen Reiz beruhen, sondern trotz ihres automatischen Ablaufs noch vom Willen beherrschbar sind.[13]

21 Gleiches gilt für Verhaltensweisen, die in Folge von willensbeugender Gewalt *(vis compulsiva)*, also etwa aufgrund der Bedrohung mit einer Waffe, ausgeführt werden. Dem steht nicht entgegen, dass die abgenötigte Handlung im Einzelfall gerechtfertigt oder entschuldigt ist (→ § 6 Rn. 51).[14]

---

[8] *Jäger* AT Rn. 21; *Wessels/Beulke/Satzger* Rn. 92.
[9] *Jescheck/Weigend* § 23 VI 1; *Rengier* AT § 7 Rn. 5; *Wessels/Beulke/Satzger* Rn. 93; kritisch *Kindhäuser* AT § 5 Rn. 12; *Krey/Esser* Rn. 290.
[10] *Krey/Esser* Rn. 296 f.; *Kühl* AT § 2 Rn. 6 f.; *Wessels/Beulke/Satzger* Rn. 95.
[11] *Kühl* AT § 2 Rn. 5; *Rengier* AT § 7 Rn. 11; *Wessels/Beulke/Satzger* Rn. 97.
[12] *Rengier* AT § 7 Rn. 13 f.; *Wessels/Beulke/Satzger* Rn. 101.
[13] *Kühl* AT § 2 Rn. 7; *Rengier* AT § 7 Rn. 16; *Wessels/Beulke/Satzger* Rn. 96.
[14] *Rengier* AT § 7 Rn. 12; *Wessels/Beulke/Satzger* Rn. 97.

Fall 4:

A befährt mit seinem offenen Cabrio im Sommer eine Landstraße. Plötzlich fliegt ihm ein   22
Insekt ins Auge, so dass A das Lenkrad durch eine ruckartige Abwehrbewegung nach links
reißt. Der auf der Gegenfahrbahn entgegenkommende B kann nicht mehr ausweichen
und wird bei dem Unfall schwer verletzt.

Strafbarkeit des A gemäß § 229 StGB?

Strafbarkeit des A gemäß § 229 StGB   23

Durch das unfallverursachende Lenken auf die Gegenfahrbahn könnte A eine fahrlässige Körperverletzung begangen haben.

I. Tatbestand

Dazu müsste A zunächst im strafrechtlichen Sinne gehandelt haben. Handlung ist
nach den sozialen Handlungslehren jedes vom menschlichen Willen beherrschte
oder beherrschbare sozialerhebliche Verhalten. Zwar erfolgte die ruckartige Abwehrbewegung des A so schnell, dass eine Gegenvorstellung („das könnte gefährlich
werden") nicht aufkam.[15] Gleichwohl hätte A seine Spontanreaktion beherrschen
können, die nicht etwa unwillkürlich geschah. Es handelt sich hierbei daher um eine
„halbautomatische" Reaktion. Eine Handlung im strafrechtlichen Sinne liegt somit
vor.

[...]

II. Rechtswidrigkeit (+)

III. Schuld (+)

IV. Ergebnis

A ist strafbar gemäß § 229 StGB.

III. Kausalität

Ausgewählte Entscheidungen: BGH MDR/D 1956, 526 (Gnadenschussfall); BGHSt 39, 195
(Totschlag mit alternativer Kausalität).
Ausgewählte Studienliteratur: *Rönnau/Faust/Fehling* Durchblick: Kausalität und objektive Zu-
rechnung, JuS 2004, 113; *Satzger* Kausalität und Gremienentscheidungen, Jura 2014, 156.

Bei den meisten Tatbeständen handelt es sich um Erfolgsdelikte (→ § 1 Rn. 59).   24
Erfolgsdelikte setzen tatbestandlich den Eintritt eines bestimmten Erfolges voraus,
zB § 212 Abs. 1 StGB den Tod eines Menschen. Hierfür kann der Einzelne nur zur
Verantwortung gezogen werden, wenn er den tatbestandlichen Erfolg verursacht hat,
sein Handeln also für den Erfolg ursächlich, dh kausal war. Die Kausalität als
Bindeglied zwischen Handlung und Erfolg stellt somit ein *ungeschriebenes* (und nach
allgemeinen Grundsätzen vorsatzbedürftiges; → Rn. 45) *Tatbestandsmerkmal* eines
jeden Erfolgsdelikts dar.[16]

1. Bedingungs- oder Äquivalenztheorie

Die hM urteilt über die Kausalität nach der sog. *condicio-sine-qua-non-Formel* („con-   25
dicio sine qua non": „Bedingung, ohne die nicht"). Danach ist eine Handlung

---

[15] Vgl. *Kühl* AT § 2 Rn. 7.
[16] *Rengier* AT § 13 Rn. 3.

ursächlich für einen bestimmten Erfolg, wenn sie nicht hinweggedacht werden kann, ohne dass der Erfolg in seiner konkreten Gestalt entfiele.[17] Ob ein solcher Ursachenzusammenhang besteht, ergibt sich aus einer rein naturwissenschaftlich-empirischen Betrachtung des Geschehens.

26 Bei näherer Betrachtung enthält die condicio-sine-qua-non-Formel zwei verschiedene Aussagen, die als Bedingungs- oder Äquivalenztheorie beschrieben werden. Nach der *Bedingungstheorie* ist ein Verhalten dann ursächlich, wenn es nicht hinweggedacht werden kann. Dies bedeutet zugleich, dass eine Unterbrechung des Kausalzusammenhangs möglich ist. Wirkt eine (erste) Bedingung nicht bis zum Erfolgseintritt fort, weil eine weitere (zweite) Bedingung gesetzt wird, die den Erfolg allein herbeiführt, liegt eine sog. *abbrechende* (aus Sicht der ersten Bedingung) oder *überholende* (aus Sicht der zweiten Bedingung) *Kausalität* vor.[18]

27 **Beispiel:** A mischt ihrem Mann B ein langsam wirkendes tödliches Gift in das Morgenmüsli. Auf seinem Fußweg zur Arbeit wird B von dem Amokläufer C erschossen, noch bevor das Gift irgendeine Wirkung entfaltet.

A hat zwar durch das Vergiften des Müslis eine Kausalkette in Gang gesetzt, die zum Tod des B hätte führen können. Dieser Bedingungszusammenhang wurde allerdings durch das tödliche Verhalten des C unterbrochen. Da das Gift der A noch keine Wirkung entfaltete, knüpfte C nicht an die von A gesetzte Bedingung an, so dass ein Fall der abbrechenden bzw. überholenden Kausalität vorliegt.

Mangels Kausalität ihrer Handlung für den Tod des B ist A demzufolge nicht wegen Totschlags oder auch Mordes strafbar. Es bleibt bei der Strafbarkeit der A wegen eines versuchten Tötungsdelikts.

28 Von einer Unterbrechung des Kausalzusammenhangs kann indessen nicht gesprochen werden, wenn der Täter, der eine zweite Ursache setzt, den *Erfolg lediglich* modifiziert oder *beschleunigt* (zB indem er dem tödlich angeschossenen Opfer den „Gnadenschuss" verabreicht). In diesem Fall wird an die erste Ursache angeknüpft und der dadurch in Gang gesetzte Kausalverlauf wirkt fort.[19]

29 **Beispiel:** A mischt ihrem Mann B ein tödliches Gift in das Morgenmüsli. Auf dem Fußweg des B zur Arbeit beginnt das Gift zu wirken, so dass B sich nur noch langsam fortbewegen kann. Amokläufer C nutzt die Gelegenheit eines solchen „leichten Ziels" und erschießt den B, bevor dieser an dem Gift verstirbt.

Anders als bei dem vorangegangenen Beispiel (→ Rn. 27) knüpft hier C an die von A in Gang gesetzte Kausalkette an. Denn er wählt den B gerade deshalb als Ziel aus, weil dieser sich (infolge der Vergiftung) nur noch langsam fortbewegt. Der Kausalzusammenhang wird daher nicht durchbrochen.

Eine Strafbarkeit der A wegen eines vollendeten Tötungsdelikts scheitert deshalb jedenfalls nicht an der fehlenden Kausalität. Fraglich ist allerdings, ob ihr der Tod des B als ihr Werk zugerechnet werden kann. Da dies wegen des eigenverantwortlichen Dazwischentretens des C zu verneinen sein dürfte (→ Rn. 61 f.), ist A wiederum nur strafbar wegen eines versuchten Tötungsdelikts.

30 Bei der Bestimmung der Ursächlichkeit ist auf den „*Erfolg in seiner konkreten Gestalt*" abzustellen. Rein theoretische Geschehensabläufe, die sich nicht auf einen in Gang gesetzten Kausalverlauf auswirken, stellen daher eine unbeachtliche *Reserveursache* dar, die weder eine eigene Ursächlichkeit zu begründen noch einen bestehenden Kausalzusammenhang aufzuheben vermag. Wegen der naturwissenschaftlich-empirischen Ermittlung der Kausalität bleiben hypothetische Kausalverläufe vielmehr

---

[17] BGHSt 1, 332 (333); 39, 195 (197); *Rengier* AT § 13 Rn. 3; *Wessels/Beulke/Satzger* Rn. 156.
[18] *Kindhäuser* AT § 10 Rn. 24; *Kühl* AT § 4 Rn. 33; *Wessels/Beulke/Satzger* Rn. 167.
[19] BGH MDR/D 1956, 526; *Kindhäuser* AT § 10 Rn. 26; *Rengier* AT § 13 Rn. 23; *Wessels/Beulke/Satzger* Rn. 164 f.

grundsätzlich außer Betracht (zur Ausnahme bei der sog. Quasi-Kausalität bei un-echten Unterlassungsdelikten → § 11 Rn. 28 ff.).[20]

Fall 5:

A mischt ihrem Mann B ein tödliches und schnell wirkendes Gift in das Morgenmüsli, so   31
dass B noch am Frühstückstisch verstirbt. Hätte B wie gewohnt sein Haus verlassen, wäre
er auf dem Fußweg zur Arbeit von dem Amokläufer C erschossen worden.

Strafbarkeit der A gemäß § 212 StGB?

Strafbarkeit der A gemäß § 212 Abs. 1 StGB   32

Durch die Beigabe von Gift in das Morgenmüsli des B könnte A wegen Totschlags
strafbar sein.

I. Tatbestand

1. Objektiver Tatbestand

[… Handlung und Erfolg (+) …]

Dass die A Gift in das Morgenmüsli des B gemischt hat, müsste dessen Tod kausal
herbeigeführt haben. Ein solcher Ursachenzusammenhang liegt nach der condicio-
sine-qua-non-Formel vor, wenn die Handlung nicht hinweggedacht werden kann,
ohne dass der Erfolg in seiner konkreten Gestalt entfiele. Hätte A das Müsli ihres
Mannes B nicht vergiftet, wäre dieser nicht an dem Gift verstorben. Dass B bei
Verlassen des Hauses ohnehin durch den Amokläufer C erschossen worden wäre,
stellt lediglich einen hypothetischen Kausalverlauf dar, der sich nicht auf den tatsächlich bestehenden Kausalzusammenhang auswirkt. Es handelt sich hierbei um eine
unbeachtliche Reserveursache. Indem A das Morgenmüsli des B mit Gift versehen
hat, hat sie somit eine kausale Bedingung für dessen Tod gesetzt.

2. Subjektiver Tatbestand (+)

II. Rechtswidrigkeit (+)

III. Schuld (+)

IV. Ergebnis

A ist strafbar gemäß § 212 Abs. 1 StGB.

Die zweite Aussage der condicio-sine-qua-non-Formel besteht darin, dass alle Bedin-   33
gungen gleichwertig, also äquivalent sind. Die Formel enthält somit außer der Bedingungstheorie auch die sog. *Äquivalenztheorie*.[21] Sie birgt zugleich das zentrale Problem der condicio-sine-qua-non-Formel in sich, dass wegen der Gleichwertigkeit
aller Bedingungen auch entfernteste und unwesentliche Umstände den Erfolg herbeiführen. Beispielsweise ist die Zeugung des späteren Mörders durch seine Eltern
ebenso kausal für den von ihrem Sohn begangenen Mord wie der Verkauf eines
Küchenmessers für die damit später verwirklichte Körperverletzung. Selbst völlig
unvorhergesehene und atypische Kausalverläufe schließen den naturwissenschaftlichen Ursachenzusammenhang nicht aus.[22] Es bedarf somit einer Einschränkung der
uferlosen Ergebnisse der (empirischen) Kausalität, die nach hL im Rahmen der

---

[20] *Kindhäuser* AT § 10 Rn. 18; *Krey/Esser* Rn. 310; *Rengier* AT § 13 Rn. 17; *Wessels/Beulke/Satzger* Rn. 161.
[21] *Jäger* AT Rn. 27; *Kindhäuser* AT § 10 Rn. 22; *Rengier* AT § 13 Rn. 3.
[22] *Kindhäuser* AT § 10 Rn. 22; *Kühl* AT § 4 Rn. 29 f.

(normativen) objektiven Zurechnung (→ Rn. 46 ff.), nach der Rechtsprechung über den Irrtum über den Kausalverlauf (→ Rn. 45) erfolgt.

34 Gänzlich unumstritten ist die condicio-sine-qua-non-Formel nicht.[23] Unter anderem wird ihr vorgeworfen, einen empirisch feststellbaren gesetzmäßigen Zusammenhang zwischen Handlung und Erfolg vorauszusetzen. Existiert hingegen eine Ersatzursache, weil mehrere Bedingungen zugleich den Erfolg in seiner konkreten Gestalt herbeiführen (Mehrfachkausalität), versagt die Formel (zur alternativen Kausalität → Rn. 39 ff.). Zudem stößt die condicio-sine-qua-non-Formel bei den unechten Unterlassungsdelikten an ihre Grenzen, da hier gerade keine Handlung vorgenommen wird, die einen Erfolg herbeiführt, sondern der Strafbarkeitsvorwurf darin besteht, durch ein Untätigbleiben einen Erfolg nicht abgewendet zu haben (→ § 11 Rn. 28 ff.).

35 Einige Stimmen im Schrifttum vertreten daher die *Lehre von der gesetzmäßigen Bedingung*. Sie stellt darauf ab, ob sich der Erfolg aus einer empirischen Gesetzmäßigkeit und bestimmten Antecedensbedingungen herleiten lässt. Die condicio-sine-qua-non-Formel ist demnach lediglich ein Hilfsmittel, um die Kausalität zu bestimmen. Gefragt wird also nicht, ob die Handlung hinweggedacht werden könnte, ohne dass der Erfolg entfiele, sondern ob im Anschluss an die Handlung Veränderungen in der Außenwelt eingetreten sind, die nach den bekannten Naturgesetzen mit der konkreten Handlung notwendig einhergehen und sich somit als derer konkreter „Erfolg" darstellen.[24] Die Ergebnisse dieser Lehre unterscheiden sich zwar kaum von den Resultaten der (zum Teil modifizierten) condicio-sine-qua-non-Formel, sind aber theoretisch anspruchsvoller und gegenüber dem Kausalitätsverständnis in anderen wissenschaftlichen Disziplinen eher anschlussfähig.

2. Sonderfälle

a) Kumulative Kausalität

36 Mit der kumulativen Kausalität werden Konstellationen beschrieben, in denen zwei oder mehrere Ursachen (nur) gemeinsam den tatbestandlichen Erfolg herbeiführen, der Erfolg also auf dem *Zusammenwirken verschiedener Bedingungen* beruht.[25] Im Grunde wird damit der Normalfall eines Geschehensvorgangs bezeichnet, da es aufgrund der Gleichwertigkeit sämtlicher Bedingungen keine monokausalen Erklärungen für einen herbeigeführten Erfolg gibt. Auch die Zeugung eines späteren Mörders ist eine (kumulativ wirkende) Ursache für dessen spätere Tat. Demzufolge steht bei der kumulativen Kausalität weniger der Ursachenzusammenhang als vielmehr die Frage der Zurechnung im Mittelpunkt der juristischen Überlegungen.

Fall 6:

37 A und B geben, ohne voneinander zu wissen, mit Tötungsvorsatz eine jeweils nicht tödliche Dosis eines Gifts in den Kaffee des C. Die Gesamtmenge der beiden Gifte wirkt jedoch tödlich. C verstirbt.

Strafbarkeit des A gemäß § 212 StGB?

---

[23] Zusammenfassend *Jäger* AT Rn. 28; *Rengier* AT § 13 Rn. 8 ff.

[24] Siehe hierzu *Jescheck/Weigend* § 28 II 4; *Kindhäuser* AT § 10 Rn. 12; *Krey/Esser* Rn. 320; *Kühl* AT § 4 Rn. 22 ff.; *Wessels/Beulke/Satzger* Rn. 168a.

[25] *Kindhäuser* AT § 10 Rn. 29; *Kühl* AT § 4 Rn. 21; *Rengier* AT § 13 Rn. 34; *Wessels/Beulke/Satzger* Rn. 158.

Strafbarkeit des A gemäß § 212 Abs. 1 StGB 38

Wegen der Beigabe von Gift in den Kaffee des C könnte A eines Totschlags schuldig sein.

I. Tatbestand

Objektiver Tatbestand

[... Handlung und Erfolg (+) ...]

Das Beifügen der nicht tödlichen Giftdosis durch A in den Kaffee des C müsste dessen Tod kausal herbeigeführt haben. Ursächlich ist eine Handlung nach der condicio-sine-qua-non-Formel für einen bestimmten Erfolg, wenn sie nicht hinweggedacht werden kann, ohne dass der Erfolg in seiner konkreten Gestalt entfiele. Hätte A den Kaffee des C nicht mit Gift versehen, hätte der Kaffee lediglich die nicht tödliche Giftmenge des B enthalten und somit den Tod des C nicht herbeiführen können. Das Mischen der (alleine nicht tödlichen) Giftdosis des A in den Kaffee des C kann demnach nicht hinweggedacht werden, ohne dass dessen Vergiftungstod entfiele. Die Handlung des A ist somit kausal für den Tod des C.

[A wäre aber im vorliegenden Fall gleichwohl nicht wegen vollendeten Totschlags zu bestrafen, da der Tod des C wegen der zugleich notwendigen Handlung des B und des ungewöhnlichen Kausalverlaufs nicht als (alleiniges) Werk des A erscheint, ihm also nicht zuzurechnen ist (→ Rn. 57 f.).]

II. Ergebnis

A ist nicht strafbar gemäß § 212 Abs. 1 StGB.

[Zu prüfen (und zu bejahen) wäre aber eine Strafbarkeit des A wegen versuchten Totschlags in Tateinheit mit vollendeter gefährlicher Körperverletzung gemäß §§ 212 Abs. 1, 22, § 224 Abs. 1, § 52 StGB. Insoweit liegt nicht kumulative, sondern alternative Kausalität vor, da schon die Giftmenge des A die körperliche Unversehrtheit des C beeinträchtigt haben dürfte.]

b) Alternative Kausalität

Auch bei der alternativen Kausalität (oder Mehrfach- oder Doppelkausalität) wird die 39 Ursächlichkeit zweier oder mehrerer Bedingungen für einen tatbestandlichen Erfolg untersucht. Anders als bei der kumulativen Kausalität führen hier die Bedingungen aber gerade nicht erst durch ihr Zusammenwirken den tatbestandlichen Erfolg herbei. Vielmehr wäre insoweit zumindest *eine der Ursachen entbehrlich* gewesen, weil die andere(n) Ursache(n) bereits für sich genügt hätte(n), um den tatbestandlichen Erfolg zu bewirken.[26]

Unerheblich ist, ob die unterschiedlichen Bedingungen auf verschiedene Personen zurückzuführen sind (so wohl die Regel in den Lehrbuchfällen; siehe auch sogleich Fall 7 → Rn. 41 f.) oder ob ein und derselbe Täter zwei oder mehrere Ursachen für ein und denselben Erfolg setzt. So hat der BGH eine alternative Kausalität (mit der Folge der Erfolgsursächlichkeit sämtlicher Bedingungen) in einem Fall angenommen, in dem der Täter zwei jeweils tödliche Schüsse im Abstand von fünf Minuten auf das Opfer abgegeben hat.[27] Dass dem Täter (nur) beim zweiten Schuss kein Tötungsvorsatz nachgewiesen werden konnte, schloss seine Strafbarkeit wegen vollendeten vorsätzlichen Tötungsdelikts durch den ersten Schuss daher nicht aus. Die durch den zweiten Schuss begangene fahrlässige Tötung trat dahinter als subsidiär zurück.[28]

---

[26] *Rengier* AT § 13 Rn. 26; *Wessels/Beulke/Satzger* Rn. 157.
[27] BGHSt 39, 195 (197 f.).
[28] BGHSt 39, 195 (198 f.).

40 In der vorstehenden Konstellation erscheint – anders als bei der kumulativen Kausalität – bereits der notwendige Ursachenzusammenhang selbst fraglich. Denn die hypothetische Betrachtung der condicio-sine-qua-non-Formel, ob sich eine Bedingung hinwegdenken ließe, ohne dass der tatbestandliche Erfolg in seiner konkreten Gestalt entfiele, legt hier nahe, eine Kausalität zwischen der (entbehrlichen) Handlung und dem Erfolg zu verneinen. Um dies aus Billigkeitsgründen zu vermeiden, *modifiziert* die hM die *condicio-sine-qua-non-Formel* für die Konstellation der alternativen Kausalität: Von mehreren Bedingungen, die zwar alternativ, nicht aber kumulativ hinweggedacht werden können, ohne dass der Erfolg entfiele, ist jede erfolgsursächlich.[29] Der Veranschaulichung der Problematik dient folgender

Fall 7:

41 A und B geben, ohne voneinander zu wissen, eine jeweils tödliche Dosis eines Gifts in den Kaffee des C. C verstirbt.

Strafbarkeit des A gemäß § 212 StGB?

42 **Strafbarkeit des A gemäß § 212 Abs. 1 StGB**

Indem A Gift in den Kaffee des C gegeben hat, könnte er sich wegen Totschlags strafbar gemacht haben.

I. Tatbestand

1. Objektiver Tatbestand

[… Handlung und Erfolg (+) …]

Die Beigabe des Gifts durch A in den Kaffee des C müsste für dessen Tod ursächlich gewesen sein. Nach der condicio-sine-qua-non-Formel ist eine Handlung für einen bestimmten Erfolg kausal, wenn sie nicht hinweggedacht werden kann, ohne dass der Erfolg in seiner konkreten Gestalt entfiele. Vorliegend hätte aber schon das Gift des B den Vergiftungstod des C herbeigeführt. Es kann somit die Handlung des A – ebenso wie die Handlung des B – hinweggedacht werden, ohne dass der Erfolg in seiner konkreten Gestalt entfiele. An sich bliebe daher die Kausalität zu verneinen. Dem Täter würde dadurch zugute kommen, dass zeitgleich noch ein anderer Ursachenzusammenhang denselben Erfolg herbeigeführt hat. Ihn wegen dieses häufig zufälligen Ereignisses nicht wegen eines vollendeten Delikts zu belangen, erscheint jedoch unbillig. Um derartige Fälle der Mehrfachkausalität zu lösen, modifizieren Rechtsprechung und Lehre die condicio-sine-qua-non-Formel wie folgt: Von mehreren Bedingungen, die zwar alternativ, nicht aber kumulativ hinweggedacht werden können, ohne dass der Erfolg entfiele, ist jede erfolgsursächlich. Vorliegend können zwar die Beimengungen des Gifts durch A und B in den Kaffee des C jeweils für sich, nicht aber zusammen hinweggedacht werden, ohne dass C vergiftet worden wäre. Mithin ist die Handlung des A kausal für den Vergiftungstod des C.

2. Subjektiver Tatbestand (+)

II. Rechtswidrigkeit (+)

III. Schuld (+)

IV. Ergebnis

A ist strafbar gemäß § 212 Abs. 1 StGB.

---

[29] BGHSt 39, 195 (198); *Rengier* AT § 13 Rn. 28; *Wessels/Beulke/Satzger* Rn. 157; kritisch *Kudlich* PdW AT Fall 38.

IV. Lehre von der objektiven Zurechnung

Ausgewählte Entscheidung: BGHSt 32, 262 (Heroinspritzenfall zur eigenverantwortlichen Selbstgefährdung).

Ausgewählte Studienliteratur: *Kudlich* Objektive und subjektive Zurechnung von Erfolgen – eine Einführung, JA 2010, 681; *Seher*, Die objektive Zurechnung und ihre Darstellung im strafrechtlichen Gutachten, Jura 2001, 814.

1. Grundlagen

Die condicio-sine-qua-non-Formel ist zu weit, um allein über die Tatbestandsmäßig-   **43**
keit eines Verhaltens zu entscheiden (→ Rn. 33). Ihre Ergebnisse sind daher nach
allgemeiner Ansicht einzuschränken. Allerdings herrscht keine Einigkeit darüber, auf
welche Art und Weise dies geschehen soll.

Zum Teil wird bereits eine Eingrenzung innerhalb der Kausalität selbst befürwortet. So ist nach   **44**
der *Adäquanztheorie* ein Kausalzusammenhang zu verneinen, wenn der Kausalverlauf vollkom-
men atypisch und unvorhersehbar ist.[30] Dieser Theorie folgt die Rechtsprechung im Zivilrecht.[31]

Die strafrechtliche *Rechtsprechung* nimmt die erforderlichen Korrekturen überwie-   **45**
gend erst beim Vorsatz vor.[32] Ob ein kausal herbeigeführter Erfolg dem Täter
zugerechnet werden kann, ist demnach für den objektiven Tatbestand irrelevant und
erst im subjektiven Tatbestand zu prüfen. Die Zurechnung scheidet aus, wenn der
tatsächliche Kausalverlauf wesentlich von dem Kausalverlauf abweicht, den sich der
Täter vorgestellt hat. Dies ist nicht der Fall, wenn sich der Kausalverlauf noch in den
Grenzen des nach allgemeiner Lebenserfahrung Voraussehbaren hält und keine andere Bewertung der Tat rechtfertigt.[33] Bei einer erheblichen Abweichung verneint die
Rechtsprechung hingegen den Vorsatz des Täters in Bezug auf die kausale Herbeiführung des Erfolges. Es liegt dann ein *Irrtum über den Kausalverlauf* vor, der als
(ungeschriebenes) objektives und somit vorsatzbedürftiges Tatbestandsmerkmal anzusehen ist (→ Rn. 24).

Nach vorherrschender Ansicht im *Schrifttum* müssen die Ergebnisse der Kausalität   **46**
bereits im objektiven Tatbestand korrigiert werden, um dem Handelnden nicht die
Verwirklichung von Tatunrecht des jeweiligen Delikts vorzuwerfen.[34] Die *Lehre von
der objektiven Zurechnung* fügt daher nach dem Verständnis ihrer Anhänger der
(naturwissenschaftlich-empirischen) Kausalität eine weitere (wertende) Prüfungsstufe
der Zurechnung hinzu. Zurechenbarkeit setzt voraus, dass der Täter eine rechtlich
relevante Gefahr geschaffen hat, die sich im tatbestandsgemäßen Erfolg verwirklicht.
Zurechenbar ist dem Täter ein tatbestandlicher Erfolg demnach nur dann, wenn sich
hierin ein von ihm gesetztes, rechtlich missbilligtes Risiko realisiert, also ein Risiko-
zusammenhang zwischen der durch den Täter geschaffenen Gefahr und dem eingetretenen Erfolg besteht.[35]

Kritisch wird der Lehre von der objektiven Zurechnung entgegengehalten, dass auch die   **47**
condicio-sine-qua-non-Formel auf Wertungen beruht, so dass die Entgegensetzung zwischen

---

[30] *Rengier* AT § 13 Rn. 9; *Stratenwerth/Kuhlen* § 8 Rn. 21; *Wessels/Beulke/Satzger* Rn. 169; *Zieschang* Rn. 62.
[31] BGHZ 7, 198 (204); 57, 137 (141); *Wessels/Beulke/Satzger* Rn. 181.
[32] BGHSt 7, 325 (329); siehe hierzu *Rengier* AT § 13 Rn. 42.
[33] BGHSt 7, 325 (329); 38, 32 (34).
[34] *Kindhäuser* AT § 11 Rn. 1 ff.; *Kühl* AT § 4 Rn. 36 ff.; *Rengier* AT § 13 Rn. 40; *Roxin* AT I § 11 Rn. 44 ff.; *Wessels/Beulke/Satzger* Rn. 178; kritisch *Zieschang* Rn. 86.
[35] *Jäger* AT Rn. 55; *Rengier* AT § 13 Rn. 46; *Wessels/Beulke/Satzger* Rn. 179.

einer (angeblich) „wertfreien" Kausalitätsformel und einer (angeblich) „wertenden" oder „normativen" Zurechnungsformel nicht überzeugt. Hinzu kommt, dass in den Gesichtspunkten der „Risikoschaffung" und der „Risikorealisierung" selbst ein kausaler Gesichtspunkt steckt. Letztlich argumentiert die Lehre von der objektiven Zurechnung vor allem mit Wahrscheinlichkeitsgesichtspunkten; minimal wahrscheinliche Kausalzusammenhänge, nicht risikosteigerndes Verhalten und Risikoverringerungen sollen dem Täter nicht angelastet werden. Diese Grundidee verdient Zustimmung. In ihrer allgemeinen Form ist die Lehre von der objektiven Zurechnung aber (noch?) zu unbestimmt, um gänzlich zu überzeugen.[36]

48 In Prüfungsarbeiten kann grundsätzlich sowohl der Rechtsprechung als auch dem Schrifttum gefolgt werden, da beide Ansichten zu gut vertretbaren (und zumeist ähnlichen) Ergebnissen gelangen. Wichtig ist aber, konsequent bei einer Meinung zu bleiben und nicht etwa bei einem Straftatbestand zunächst auf die objektive Zurechnung und beim nächsten Delikt auf den fehlenden Vorsatz bezüglich des Kausalverlaufs abzustellen.

49 Im Grunde geht es bei der Frage der Zurechnung darum, denjenigen Verantwortlichen oder denjenigen Umstand zu ermitteln, dessen „Werk" der tatbestandliche Erfolg darstellt. Nur wenn der jeweilige Erfolg als das *Werk des Täters* anzusehen ist, kann er nach der Lehre von der objektiven Zurechnung für die Verwirklichung des Erfolgsunrechts strafrechtlich zur Verantwortung gezogen werden. Ist dagegen der Erfolg äußeren Umständen geschuldet (Werk des Zufalls) oder fällt dessen Herbeiführung in den Verantwortungsbereich eines Dritten oder des Opfers selbst (Werk eines anderen), scheidet eine Zurechnung des Erfolges gegenüber dem Täter aus.[37]

50 Die wichtigsten *Fallgruppen* der objektiven Zurechnung lauten: allgemeines Lebensrisiko, Risikoverringerung, atypischer Kausalverlauf, freiverantwortliche Selbstschädigung oder -gefährdung, eigenverantwortliches Dazwischentreten eines Dritten, Schutzzweck der Norm und Pflichtwidrigkeitszusammenhang. In den ersten beiden Konstellationen des allgemeinen Lebensrisikos und der Risikoverringerung kann der Täter schon deswegen nicht zur Verantwortung gezogen werden, weil er kein *rechtlich relevantes Risiko* geschaffen hat. In den übrigen Fallgruppen scheitert die Zurechnung daran, dass sich das vom Täter gesetzte Risiko nicht im tatbestandlichen Erfolg *realisiert*.[38]

51 Im Folgenden werden die einzelnen Fallgruppen anhand von *Beispielen* erläutert (zum Schutzzweck- und zum Pflichtwidrigkeitszusammenhang siehe die Ausführungen bei der Fahrlässigkeit; → § 12 Rn. 30 ff.). Die Lösungen folgen hierbei der Lehre von der objektiven Zurechnung. Nach der Rechtsprechung entfiele in den meisten von ihnen der Vorsatz wegen eines Irrtums über den Kausalverlauf.

2. Fallgruppen

a) Allgemeines Lebensrisiko

Fall 8:

52 Um ihren Mann A umzubringen, schickt B ihn bei einem herannahenden Gewitter zum Drachensteigen. Sie hofft dabei, dass A tödlich von einem Blitz getroffen wird. Zur großen Überraschung der B geschieht dies tatsächlich.

Strafbarkeit der B gemäß § 212 StGB?

---

[36] Näher *Hilgendorf* FS Weber, 2010, 33 ff.; vgl. ferner *Baumann/Weber/Mitsch* § 14 Rn. 65 ff.
[37] *Rengier* AT § 13 Rn. 48.
[38] *Rengier* AT § 13 Rn. 49; andere Unterscheidung bei *Wessels/Beulke/Satzger* Rn. 180.

Strafbarkeit der B gemäß § 212 Abs. 1 StGB	53

Indem B ihren Mann A bei einem herannahenden Gewitter zum Drachensteigen geschickt hat, könnte sie sich wegen Totschlags strafbar gemacht haben.

I. Tatbestand

Objektiver Tatbestand

Der Tod des A stellt vorliegend den Taterfolg des § 212 Abs. 1 StGB dar. Hierfür müsste die Aufforderung der B kausal gewesen sein. Dies setzt nach der condicio-sine-qua-non-Formel voraus, dass die Handlung nicht hinweggedacht werden kann, ohne dass der Erfolg in seiner konkreten Gestalt entfiele. A hätte sich ohne die Aufforderung seiner Frau nicht zum Drachensteigen begeben und wäre daher auch nicht tödlich vom Blitz getroffen worden. Die Aufforderung der B hat somit kausal den Tod des A herbeigeführt.

Allerdings ist fraglich, ob der B der Tod des A zugerechnet werden kann. Um die uferlose Weite der condicio-sine-qua-non-Formel bereits im objektiven Tatbestand einzuschränken, verlangt die Lehre von der objektiven Zurechnung, dass sich im tatbestandlichen Erfolg ein vom Täter gesetztes rechtlich relevantes Risiko realisiert. Bei einem Gewitter vom Blitz getroffen zu werden, liegt jedoch außerhalb des menschlichen Beherrschungsvermögens und gehört vielmehr zum *allgemeinen Lebensrisiko*. B hat durch ihre Aufforderung gegenüber A somit bereits kein rechtlich relevantes Risiko gesetzt. Der tatbestandliche Erfolg des Todes des A kann ihr somit nicht als eigenes Werk zugerechnet werden.

II. Ergebnis

B ist nicht strafbar gemäß § 212 Abs. 1 StGB.

b) Risikoverringerung

Fall 9:

Bodyguard B erkennt in der Menschenmenge den Attentäter A, der seine Waffe gerade	54
auf das Hollywood-Starlet O richtet. Um die O vor dem tödlichen Schuss zu retten, reißt B
sie zu Boden. Die von A abgefeuerte Kugel trifft daher die O nicht tödlich ins Herz,
sondern verletzt deren rechten Arm.

Strafbarkeit des B gemäß § 223 StGB?

Strafbarkeit des B gemäß § 223 Abs. 1 StGB	55

Indem B die O zu Boden gerissen hat, könnte er sich wegen Körperverletzung strafbar gemacht haben.

I. Tatbestand

Objektiver Tatbestand

[… Handlung und Erfolg (+) …]

B müsste durch das Umreißen der O kausal deren Verletzung herbeigeführt haben. Nach der condicio-sine-qua-non-Formel ist eine Handlung ursächlich für den eingetretenen Erfolg, wenn sie nicht hinweggedacht werden kann, ohne dass der Erfolg in seiner konkreten Gestalt entfiele. Hätte B die O nicht umgerissen, hätte sie nicht die Verletzung an ihrem rechten Arm erlitten. Dass A bei einem Untätigbleiben des B die O an anderer Stelle verletzt, sogar getötet hätte, schließt als unbeachtliche Reserveursache den bestehenden Kausalzusammenhang für die Armverletzung als „Erfolg in seiner konkreten Gestalt" nicht aus. Das Umreißen der O war somit kausal für deren erlittene Körperverletzung.

Fraglich ist jedoch, ob dem B dieser Erfolg auch zuzurechnen ist. Nach der Lehre von der objektiven Zurechnung müsste er hierfür eine rechtlich relevante Gefahr geschaffen haben, die sich in dem tatbestandlichen Erfolg verwirklicht. Zwar hat B das Risiko, das sich in der konkreten Schussverletzung äußert, „mitgesetzt"; ohne sein Eingreifen drohte der Schuss aber sogar tödlich zu sein. B hat somit das Risiko, das von dem Schuss des A für die körperliche Unversehrtheit (sowie das Leben) der O ausgeht, zu ihren Gunsten vermindert. In einem solchen Fall der Risikoverringerung kann nicht davon gesprochen werden, dass B eine rechtlich relevante Gefahr gesetzt hat. Die Schussverletzung der O kann daher dem B nicht zugerechnet werden.

II. Ergebnis

B ist nicht strafbar gemäß § 223 Abs. 1 StGB.

56 Anders wäre der vorstehende Sachverhalt zu beurteilen, wenn B die O etwa so frühzeitig zu Boden gerissen hätte, dass die von A abgefeuerte Kugel ihr Ziel völlig verfehlt, sich aber O beim Aufprall (zB durch Prellungen oder eine ausgekugelte Schulter) anderweitig verletzt. In diesem Fall hätte sich in der konkreten Körperverletzung der O nicht mehr das von A durch den abgegebenen Schuss gesetzte Risiko verwirklicht. Die Verletzung beruhte vielmehr auf der *eigenständigen Gefahr*, die B durch das Umstoßen der O begründete, und bliebe ihm demzufolge als sein Werk zuzurechnen (sog. Risikoersetzung statt Risikoverringerung). In Betracht kommt dann aber eine Rechtfertigung des jeweiligen Verhaltens, insbesondere aus dem Rechtfertigungsgrund des Notstandes gemäß § 34 StGB.[39]

c) Atypischer Kausalverlauf

Fall 10:

57 Um den B zu töten, schlägt der A ihm heftig mit einem Baseballschläger gegen den Kopf. Der schwer verletzte B wird mit einem Krankenwagen ins Krankenhaus gebracht. Auf dem Weg dorthin wird der Krankenwagen in einen Verkehrsunfall verwickelt, an dessen Folgen der B verstirbt.

Strafbarkeit des A gemäß § 212 StGB?

58 **Strafbarkeit des A gemäß § 212 Abs. 1 StGB**

Durch den Schlag mit dem Baseballschläger könnte sich A wegen Totschlags zum Nachteil des B strafbar gemacht haben.

I. Tatbestand

1. Objektiver Tatbestand

[… Handlung und Erfolg (+) …]

Der Schlag des A mit dem Baseballschläger müsste ursächlich für den Tod des B sein. Nach der condicio-sine-qua-non-Formel ist eine Handlung kausal für einen bestimmten Erfolg, wenn sie nicht hinweggedacht werden kann, ohne dass der Erfolg in seiner konkreten Gestalt entfiele. Hätte A den B nicht verletzt, hätte es keiner ärztlichen Behandlung bedurft und wäre somit auch der Unfalltod des B entfallen, den er auf dem Weg ins Krankenhaus erlitt. Dass der durch die Verletzung des B ausgelöste Kausalverlauf ungewöhnlich und somit atypisch ist, vermag den Ursachenzusammenhang nicht auszuschließen. Die Verletzungshandlung des A bleibt somit als (mit-)ursächliche, nach der Äquivalenztheorie gleichwertige Bedingung für den konkreten Erfolg anzusehen. Der Schlag des A mit dem Baseballschläger ist somit kausal für den Tod des B.

---

[39] Siehe hierzu *Jäger* AT Rn. 32; *Rengier* AT § 13 Rn. 59; *Wessels/Beulke/Satzger* Rn. 195.

A müsste der Tod des B aber auch zurechenbar sein. Dies ist nach der Lehre von der objektiven Zurechnung der Fall, wenn der Täter eine rechtlich relevante Gefahr geschaffen hat, die sich im konkreten Erfolg realisiert. Durch den Schlag mit dem Baseballschläger gegen dessen Kopf hat A den B schwer verletzt und damit eine rechtlich relevante Gefahr dafür geschaffen, dass B seinen Verletzungen erliegt.[40] Vorliegend stirbt der B allerdings nicht an den Auswirkungen der Schlagverletzung selbst, sondern an den Folgen des Verkehrsunfalls, in den der Krankenwagen auf dem Weg zum Krankenhaus verwickelt ist. Bei einem solchen außergewöhnlichen Kausalverlauf, der so sehr außerhalb der allgemeinen Lebenserfahrung liegt, dass mit ihm vernünftigerweise nicht gerechnet werden muss, kann nicht mehr davon ausgegangen werden, dass sich die von A gesetzte Gefahr in dem tatbestandlichen Erfolg realisiert. Der Tod des B entpuppt sich also nicht mehr als Werk des A, sondern als Werk des Zufalls. Dem A kann somit der Unfalltod des B nicht zugerechnet werden.

II. Ergebnis

A ist nicht strafbar gemäß § 212 Abs. 1 StGB.

[A hat sich aber wegen versuchten Totschlags in Tateinheit mit vollendeter gefährlicher Körperverletzung gemäß §§ 212, 22, § 224 Abs. 1, § 52 StGB strafbar gemacht.]

d) Eigenverantwortliche Selbstschädigung

Fall 11:

Drogendealer A verkauft seinem langjährigen Kunden B dessen wöchentliche Menge 59
Heroin. Er nimmt dabei billigend in Kauf, dass B eine tödliche Dosis einnehmen könnte. B setzt sich einen „goldenen Schuss" und stirbt auf der Bahnhofstoilette.

Strafbarkeit des A gemäß § 212 StGB?

Strafbarkeit des A gemäß § 212 Abs. 1 StGB 60

Durch die Abgabe des Heroins an B könnte sich A wegen Totschlags strafbar gemacht haben.

I. Tatbestand

Objektiver Tatbestand

[… Handlung, Erfolg und Kausalität (+) …]

Außerdem müsste dem A der Drogentod des B als sein Werk zuzurechnen sein. Für die Verwirklichung des objektiven Tatbestandes ist nach der Lehre von der objektiven Zurechnung erforderlich, eine rechtlich relevante Gefahr zu setzen, die sich in dem konkreten Erfolg verwirklicht. Sofern das spätere Opfer selbst an der Herbeiführung des Erfolges mitwirkt, sind die Verantwortungsbereiche von Handelndem und Opfer abzugrenzen. Der Erfolg fällt dann in den Verantwortungsbereich des Opfers, wenn es selbst den unmittelbar erfolgsverursachenden Akt vornimmt und dabei freiverantwortlich handelt.[41] Hier hat zwar A dem B das Heroin verkauft, an dem dieser letztlich verstirbt. Die eigentliche Todesgefahr begründet B aber erst im Anschluss selbst, wenn er sich hier – mangels Angaben im Sachverhalt eigenverantwortlich –

---

[40] AA vertretbar, wenn auf das allgemeine Lebensrisiko abgestellt wird, bei einem Verkehrsunfall ums Leben zu kommen.
[41] Siehe hierzu etwa BGHSt 32, 262; BGH StV 2014, 601; *Walter* NStZ 2013, 673; ergänzend → § 12 Rn. 35.

den „goldenen Schuss" setzt. Sein Tod bleibt somit allein dem B selbst und nicht dem A zuzurechnen.

II. Ergebnis

A ist nicht strafbar gemäß § 212 Abs. 1 StGB.

e) Freiverantwortliches Dazwischentreten eines Dritten

Fall 12:

61   A verprügelt den B mit Tötungsvorsatz und fügt ihm dabei schwere innere Verletzungen zu. Bei der anschließenden Notoperation unterläuft dem unausgeschlafenen Chirurgen C ein gravierender Kunstfehler, der zu einem Lungenversagen des B und schließlich zu dessen Tod führt.

Strafbarkeit des A gemäß § 212 StGB?

62   **Strafbarkeit des A gemäß § 212 Abs. 1 StGB**

Indem A den B verprügelt hat, könnte er sich wegen Totschlags strafbar gemacht haben.

I. Tatbestand

Objektiver Tatbestand

[… Handlung, Erfolg und Kausalität (+) …]

Jedoch ist fraglich, ob dem A der letztlich durch den Kunstfehler des C verursachte Tod des B zuzurechnen ist. Dies setzt nach der Lehre von der objektiven Zurechnung voraus, eine rechtlich relevante Gefahr zu begründen, die sich im konkreten Erfolg verwirklicht. Sofern ein Dritter freiverantwortlich dazwischen tritt, nachdem diese Gefahr bereits hervorgerufen wurde, ist entscheidend, in wessen Verantwortungsbereich der Erfolg fällt. Zwar hat der A durch das Verprügeln des B und die dadurch erst notwendig gewordene Notoperation eine rechtlich relevante Gefahr geschaffen, dass B seinen inneren Verletzungen erliegt. Allerdings ist dem – zudem unausgeschlafenen – C ein gravierender Kunstfehler unterlaufen, der sich in dem konkreten Erfolg (Tod durch Lungenversagen) realisiert hat. Deshalb fällt der Tod des B in den Verantwortungsbereich des C und erscheint als sein Werk. Dem A ist der Tod des B daher nicht zuzurechnen.

II. Ergebnis

A ist nicht strafbar gemäß § 212 Abs. 1 StGB.

[A ist aber eines versuchten Totschlags in Tateinheit mit vollendeter gefährlicher Körperverletzung nach §§ 212, 22, § 224 Abs. 1, § 52 StGB schuldig.]

C. Der subjektive Tatbestand

Ausgewählte Entscheidungen: BGHSt 14, 193 (Jauchegrube-Fall); 36, 1 (Aids-Fall); 57, 183 (zur sog. Hemmschwellentheorie).

Ausgewählte Studienliteratur: *Satzger* Der Vorsatz – einmal näher betrachtet, Jura 2008, 112; *Sowada* Der umgekehrte „dolus generalis": Die vorzeitige Erfolgsherbeiführung als Problem der subjektiven Zurechnung, Jura 2004, 814; *Sternberg-Lieben/Sternberg-Lieben* Vorsatz im Strafrecht, JuS 2012, 884, 976; *Valerius* Irrtum über den Kausalverlauf bei mehraktigem Tatgeschehen, JA 2006, 261.

I. Grundlagen

Der subjektive Tatbestand des vollendeten vorsätzlichen Begehungsdelikts besteht   63
aus bis zu zwei Prüfungsschritten. Stets erforderlich ist der *Vorsatz* bzgl. der objektiven Tatbestandsmerkmale. Wegen dieser Bezugnahme ist auch vom subjektiven Tatbestand als „Spiegelbild des objektiven Tatbestandes" die Rede.[42]

Einige Strafvorschriften verlangen außer dem Vorsatz noch weitere, sog. *besondere*   64
subjektive Tatbestandsmerkmale. Sie finden im objektiven Tatbestand keine Entsprechung und gesellen sich somit neben dessen beschriebenes Spiegelbild. Zu diesen sog. Delikten mit überschießender Innentendenz[43] gehören etwa § 242 und § 263 StGB, welche die *Absicht* rechtswidriger Zueignung bzw. rechtswidriger Bereicherung erfordern. Als sonstiges subjektives Merkmal setzen manche Straftatbestände auch bestimmte *Motive* voraus, die den Täterantrieb näher beschreiben. Hierzu zählen nach hM vor allem die Mordmerkmale der ersten Gruppe des § 211 StGB wie zB Habgier, Mordlust und sonstige niedrige Beweggründe.[44]

II. Vorsatz

1. Grundlagen

> **§ 15 StGB Vorsätzliches und fahrlässiges Handeln**   65
>
> Strafbar ist nur vorsätzliches Handeln, wenn nicht das Gesetz fahrlässiges Handeln ausdrücklich mit Strafe bedroht.

Der Vorsatz setzt sich nach allgemein anerkannter Meinung aus einem kognitiven   66
und einem voluntativen Element zusammen. Das kognitive bzw. *Wissenselement* befasst sich mit dem Kenntnisstand des Täters. Das voluntative bzw. *Willenselement* beschreibt seine innere Willensrichtung in Bezug auf die Tatbestandsverwirklichung. Neben die bloße Kenntnis, dass ein bestimmtes Verhalten zu einem bestimmten tatbestandlich erfassten Unrechtgehalt führen kann, tritt die motivationsbasierte, innere Intention des Täters, die Aufschluss darüber gibt, wie intensiv er die Tatbestandsverwirklichung wünscht.[45]

Unter Vorsatz ist daher der *Wille zur Verwirklichung eines Straftatbestandes in*   67
Kenntnis aller seiner objektiven Tatumstände zu verstehen; oder kurz, wenngleich ungenau: Wissen und Wollen der Tatbestandsverwirklichung.[46] Ist der Vorsatz bzgl. eines Delikts zu verneinen, ist stets daran zu denken, dass – bei entsprechender Strafandrohung im Gesetz (§ 15 StGB) – eine Strafbarkeit wegen fahrlässiger Begehung in Betracht kommt (§ 16 Abs. 1 Satz 2 StGB).

Der Vorsatz muss zum Zeitpunkt der Verwirklichung des objektiven Tatbestandes   68
gegeben sein (vgl. das in § 16 Abs. 1 Satz 1 StGB zum Ausdruck kommende Koinzi-

---

[42] Siehe nur *Wessels/Beulke/Satzger* Rn. 208.
[43] *Kindhäuser* AT § 13 Rn. 12; *Rengier* AT § 16 Rn. 2; *Wessels/Beulke/Satzger* Rn. 208; *Zieschang* Rn. 176.
[44] *Rengier* AT § 16 Rn. 9.
[45] *Kühl* AT § 5 Rn. 12.
[46] BGHSt 36, 1 (11); *Rengier* AT § 14 Rn. 5; *Wessels/Beulke/Satzger* Rn. 203.

denz- oder Simultaneitätsprinzip: „*bei Begehung der Tat*").[47] Ein ausschließlich im
Vorfeld der Tat bestehender Vorsatz (dolus antecedens) genügt ebenso wenig wie ein
erst nachträglich gefasster Vorsatz (dolus subsequens).[48]

69 **Beispiele:**
   – A überfährt am Dienstag versehentlich seinen Arbeitskollegen B, dem er tags zuvor nach
     einem Streit den Tod gewünscht hat. B verstirbt noch am Unfallort.
     Zum entscheidenden Zeitpunkt der Tathandlung am Dienstag hat A nicht den notwendigen
     Tötungsvorsatz. Auf einen entsprechenden Vorsatz tags zuvor kann als unbeachtlicher *dolus
     antecedens* nicht verwiesen werden. Mangels Vorsatzes ist A daher nicht wegen Totschlags
     gemäß § 212 Abs. 1 StGB strafbar. In Betracht kommt nur eine Strafbarkeit wegen fahrlässiger
     Tötung gemäß § 222 StGB.
   – A überfährt versehentlich seinen Arbeitskollegen B, der noch am Unfallort verstirbt. Sodann
     bereut A, den B nicht schon früher getötet zu haben.
     Auch hier scheitert eine Strafbarkeit wegen Totschlags gemäß § 212 Abs. 1 StGB an dem
     erforderlichen Tötungsvorsatz zum Zeitpunkt der Tat. Die nachträgliche Billigung des Ge-
     schehens genügt als unerheblicher *dolus subsequens* nicht. A kann sich wiederum allenfalls
     wegen fahrlässiger Tötung gemäß § 222 StGB strafbar gemacht haben.

70 Den entscheidenden Zeitpunkt für die Begehung der Tat und somit für den notwen-
    digen Vorsatz bildet nach § 8 StGB der *Zeitpunkt der Tathandlung*. Der Täter muss
    bei einem Erfolgsdelikt den Vorsatz also nicht bis zum Zeitpunkt des Erfolgseintritts
    und somit bis zur Vollendung des Tatbestandes aufrechterhalten.[49]

71 **Beispiel:** A überfährt seinen Arbeitskollegen B am Dienstag, um dessen Tod herbeizuführen. B
    verstirbt an den Folgen des Unfalls allerdings erst am Donnerstag. Am Mittwoch bedauert der
    A sein Verhalten und vertraut seitdem ernsthaft darauf, dass B überlebt.

    Da A während der Tathandlung den zu diesem Zeitpunkt nach § 8 Satz 1 StGB erforderlichen
    Tötungsvorsatz aufweist, ist er wegen Totschlags gemäß § 212 Abs. 1 StGB strafbar. Die
    zwischenzeitliche Aufgabe des Vorsatzes bleibt wegen § 8 Satz 2 StGB unbeachtlich.

2. Elemente des Vorsatzes

a) Wissenselement

72 Ein Täter handelt nur vorsätzlich, wenn er zum einen bei Begehung der Tat *alle
    Merkmale des objektiven Tatbestandes* in ihren wesentlichen Zügen kennt. Gewöhn-
    lich wird hierbei zwischen deskriptiven und normativen Tatbestandsmerkmalen un-
    terschieden.

73 *Deskriptive Tatbestandsmerkmale* drücken durch eine einfache Beschreibung (zB
    „Mensch" im Sinne von § 212 Abs. 1 StGB, „Sache" im Sinne von § 303 Abs. 1
    StGB) aus, was gegenständlich zum tatbestandlichen Verbot oder Gebot gehört.[50] Ihr
    Vorliegen lässt sich daher allein durch die sinnliche Wahrnehmung des unter das
    Merkmal zu subsumierenden Objekts und ohne jegliche Wertung feststellen. Dem-
    entsprechend reicht für den Vorsatz die sog. Tatsachenkenntnis aus, dh den „natürli-
    chen Sinngehalt" des Merkmals zu erfassen.[51]

74 *Normative Tatbestandsmerkmale* weisen hingegen einen sozialen, wirtschaftlichen
    oder insbesondere auch rechtlichen Bezug auf. Ob sie gegeben sind, kann demzufolge
    nur im Wege einer ergänzenden Wertung bestimmt werden. Wann zB eine Sache eine

---

[47] *Jäger* AT Rn. 72; *Krey/Esser* Rn. 405; *Kühl* AT § 5 Rn. 20; *Rengier* AT § 14 Rn. 55.
[48] *Jäger* AT Rn. 72; *Kindhäuser* AT § 13 Rn. 8; *Kühl* AT § 5 Rn. 21 ff.; *Rengier* AT § 14
Rn. 57 und 60; *Wessels/Beulke/Satzger* Rn. 206; *Zieschang* Rn. 137.
[49] *Krey/Esser* Rn. 406; *Kühl* AT § 5 Rn. 27; *Rengier* AT § 14 Rn. 61; *Wessels/Beulke/Satzger*
Rn. 206.
[50] *Wessels/Beulke/Satzger* Rn. 131.
[51] *Jäger* AT Rn. 63; *Krey/Esser* Rn. 414.

„fremde" im Sinne des § 303 Abs. 1 StGB ist, lässt sich nicht ohne Rückgriff auf Normen des Zivilrechts feststellen.[52] Daher genügt es nach hM nicht, dass sich der Vorsatz nur auf die tatsächlichen Umstände bezieht, die der notwendigen Wertung zugrunde liegen. Vielmehr bedarf es für den Vorsatz darüber hinaus einer zutreffenden *„Parallelwertung in der Laiensphäre"*. Sie ist dann geglückt (und der Vorsatz somit anzunehmen), wenn der soziale und rechtliche Bedeutungsgehalt des objektiven Tatbestandsmerkmals zutreffend erfasst wird, der Täter also Bedeutungskenntnis erlangt hat.[53]

Mitunter ist die Abgrenzung von deskriptiven und normativen Tatbestandsmerkmalen freilich alles andere als einfach. Ob beschreibende Umstände vorliegen, lässt sich nicht nur in Grenzfällen (ist zB ein Haustier eine Sache im Sinne des § 303 Abs. 1 StGB?) nicht völlig ohne Wertung feststellen.[54] Zudem handelt es sich bei der für den Vorsatz geforderten „Parallelwertung in der Laiensphäre" nicht um einen sehr bestimmten Begriff. **75**

Bezüglich des Tatobjekts ist Kenntnis im Sinne einer *gattungsmäßigen Bestimmbarkeit* (ein „Mensch" im Sinne von § 212 Abs. 1 StGB, eine „Sache" im Sinne von § 303 Abs. 1 StGB) erforderlich, aber auch ausreichend, sofern nicht der Tatbestand selbst ausnahmsweise das Tatobjekt näher beschreibt. Eine weitergehende Konkretisierung des Vorsatzes wie die Identität oder Kategorisierung des Tatobjekts (zB der Mensch X, die Sache Y) ist nicht notwendig.[55] Von Bedeutung ist dies vor allem für die Behandlung des sog. error in persona vel obiecto (→ § 8 Rn. 20 ff.). **76**

Nach hM muss der Täter zum Zeitpunkt der Tat nicht aktiv darüber nachdenken, die Merkmale eines Straftatbestandes zu verwirklichen. Für das notwendige aktuelle Vorsatzwissen reicht vielmehr ein ständig verfügbares Begleitwissen oder auch *sachgedankliches Mitbewusstsein* aus.[56] **77**

b) Willenselement

Vorsatz setzt nicht nur voraus, die tatbestandlichen Umstände zu kennen, sondern zu ihnen auch in einer gewissen Willensbeziehung zu stehen. Diese zeichnet sich dadurch aus, dass der Täter die von ihm erkannte Möglichkeit einer Tatbestandsverwirklichung in seinen Willen aufnimmt und sich für sie entscheidet (voluntatives Moment).[57] Die Willenskomponente spielt eine entscheidende Rolle für die Abgrenzung von bedingtem Vorsatz und bewusster Fahrlässigkeit (→ Rn. 85 ff.). **78**

3. Arten des Vorsatzes

a) Grundlagen

Auf die beiden Elemente des Vorsatzes wird zurückgegriffen, um zwischen den verschiedenen Arten des Vorsatzes zu differenzieren. Je nachdem, ob die Willens- (→ Rn. 78) oder die Wissenskomponente (→ Rn. 72 ff.) im Vordergrund steht, wird zwischen *dolus directus ersten Grades* (Absicht), *dolus directus zweiten Grades* (sichere Kenntnis oder Wissentlichkeit) und *dolus eventualis* (bedingter Vorsatz) unterschieden. **79**

---

[52] *Wessels/Beulke/Satzger* Rn. 132.
[53] BGHSt 3, 248 (255); *Krey/Esser* Rn. 415; *Kühl* AT § 5 Rn. 93; *Rengier* AT § 15 Rn. 4; *Wessels/Beulke/Satzger* Rn. 243.
[54] *Rengier* AT § 7 Rn. 13; *Wessels/Beulke/Satzger* Rn. 132.
[55] *Wessels/Beulke/Satzger* Rn. 238.
[56] *Baumann/Weber/Mitsch* § 20 Rn. 10 f.; *Jäger* AT Rn. 68; *Kindhäuser* AT § 13 Rn. 2; *Kühl* AT § 5 Rn. 99; *Rengier* AT § 14 Rn. 42; *Wessels/Beulke/Satzger* Rn. 240.
[57] *Kühl* AT § 5 Rn. 12; *Wessels/Beulke/Satzger* Rn. 205.

80 Setzt das Gesetz nicht ausdrücklich Absicht (typisch sind insoweit Formulierungen wie „um …
zu" oder „in der Absicht, …") oder Wissentlichkeit (zB „wider besseres Wissen" oder „wissentlich") voraus, genügt dolus eventualis, um den Vorsatz zu bejahen. In der Regel kommt es daher
nicht darauf an, welchen Vorsatzgrad der Täter aufweist. In einer Prüfungsarbeit ist hierauf
dementsprechend nur dann näher einzugehen, wenn entweder die jeweilige Strafvorschrift dolus
directus ersten oder zweiten Grades verlangt oder es insbesondere gilt, bedingten Vorsatz und
bewusste Fahrlässigkeit voneinander abzugrenzen.

81 Mit *Absicht* handelt der Täter, dem es gerade darauf ankommt, den Tatbestand zu
verwirklichen. Es ist ein *zielgerichteter Erfolgswille* erforderlich, der allerdings weder
mit dem Motiv noch mit dem Fernziel des Täters identisch sein muss. Bei absicht-
lichem Handeln liegt der Schwerpunkt auf dem voluntativen Vorsatzelement (daher
auch dolus directus ersten Grades genannt). Ob sich der Täter die Tatbestandsverwirklichung als sicher oder nur als möglich vorstellt, ist unerheblich.[58]

82 *Sichere Kenntnis* setzt voraus, dass der Täter weiß oder als sicher voraussieht, durch
sein Handeln den gesetzlichen Tatbestand zu verwirklichen. Diese Vorsatzform wird
auch als dolus directus zweiten Grades (oder als direkter Vorsatz oder Wissentlichkeit) bezeichnet. Hier wird das Wissenselement des Vorsatzes betont und die Willenskomponente vernachlässigt. Ob der Täter die Tatbestandsverwirklichung wünscht
oder nicht, spielt demnach keine entscheidende Rolle.[59]

83 *Bedingter Vorsatz* (dolus eventualis oder Eventualvorsatz) ist nach der herrschenden
Einwilligungs- oder Billigungstheorie gegeben, wenn der Täter es für möglich und
nicht ganz fernliegend hält, durch sein Verhalten den gesetzlichen Tatbestand zu
verwirklichen, und dies billigend in Kauf nimmt bzw. sich zumindest damit abfindet.[60] Allerdings sind die Anforderungen an den bedingten Vorsatz sehr umstritten.
Nicht zuletzt wird sogar in Frage gestellt, ob diese Vorsatzform überhaupt eines
Willenselements bedarf (→ Rn. 85 ff.).

84 **Beispiel:** Um seinem Nachbarn N eine Beule zu verpassen, wirft A ihm einen Ziegelstein durch
die geschlossene Fensterscheibe des Wohnzimmers an den Kopf. A nimmt dabei in Kauf, dass
der unter der Fensterscheibe parkende Wagen des X durch herabfallende Scherben beschädigt
wird, was auch tatsächlich geschieht.

– Die gefährliche Körperverletzung gemäß § 224 Abs. 1 (Nr. 2 Var. 2 und Nr. 5) StGB zum
  Nachteil des N verwirklicht A mit dolus directus ersten Grades, da es ihm gerade darauf
  ankommt, den N zu verletzen. Ob er davon ausgeht, den N tatsächlich mit dem Ziegelstein zu
  treffen, ist unerheblich.
– Bezüglich der Sachbeschädigung gemäß § 303 Abs. 1 StGB an der Fensterscheibe zum Nachteil des N liegt dolus directus zweiten Grades vor. A ist sich darüber im Klaren, die Scheibe
  mit dem Ziegelstein zu zerstören. Dass er diesen notwendig eintretenden Erfolg nicht
  wünscht, bleibt unbeachtlich.
– In Bezug auf die Sachbeschädigung gemäß § 303 Abs. 1 StGB am Wagen des X weist A nur
  dolus eventualis auf. Weder kommt es ihm auf den Schaden am Wagen des X an noch sieht er
  ihn als sichere Folge seines Tuns voraus. Er nimmt einen solchen tatbestandlichen Erfolg
  lediglich billigend in Kauf.

b) Abgrenzung von bedingtem Vorsatz und bewusster Fahrlässigkeit

85 Ein beliebtes Problem in Prüfungsarbeiten des ersten (strafrechtlichen) Semesters ist
die Abgrenzung von bedingtem Vorsatz und bewusster Fahrlässigkeit. Ob der Täter
in diesen Grenzfällen vorsätzlich oder fahrlässig handelt, ist von elementarer Bedeutung, da gemäß § 15 StGB fahrlässiges Handeln nur dann strafbar ist, wenn das
Gesetz ausdrücklich dessen Strafbarkeit anordnet. Mit der Abgrenzung von beding-

---

[58] *Kühl* AT § 5 Rn. 36 f.; *Wessels/Beulke/Satzger* Rn. 211.
[59] *Kühl* AT § 5 Rn. 40; *Rengier* AT § 14 Rn. 9; *Wessels/Beulke/Satzger* Rn. 213.
[60] Siehe nur BGHSt 36, 1 (9).

tem Vorsatz und bewusster Fahrlässigkeit haben sich zahlreiche Theorien beschäftigt, die sich im Wesentlichen in *zwei Meinungsgruppen* einordnen lassen. Im Mittelpunkt des Meinungsstreits steht die Frage, ob auch der bedingte Vorsatz eines Willenselements bedarf oder nicht.[61]

Zu den Ansätzen, die auf ein *Willenselement* beim bedingten Vorsatz verzichten, **86** gehören vornehmlich die Möglichkeits- und die Wahrscheinlichkeitstheorie.

– Nach der *Möglichkeitstheorie* ist dolus eventualis zu bejahen, wenn der Täter die konkrete Möglichkeit einer Tatbestandsverwirklichung erkennt und trotzdem handelt.[62]

– Die *Wahrscheinlichkeitstheorie* verlangt, dass der Täter die Tatbestandsverwirklichung für wahrscheinlich halten muss.[63]

Diesen Auffassungen bleibt entgegenzuhalten, durch den Verzicht auf das Willens- **87** element den Anwendungsbereich des Vorsatzes zu weit auszudehnen. Von einem vorsätzlichen Handeln wäre insbesondere schon bei leichtsinnigen Verhaltensweisen (zB im Straßenverkehr) auszugehen, wenn deren Gefährlichkeit im Hinblick auf die Tatbestandsverwirklichung erkannt wird.[64]

Vorzugswürdig ist es daher, auch beim bedingten Vorsatz ein *Willenselement* zu **88** fordern und hierin zugleich das entscheidende Abgrenzungskriterium gegenüber der bewussten Fahrlässigkeit zu sehen.

– So ist nach der *Gleichgültigkeitstheorie* Eventualvorsatz gegeben, wenn der Täter die Tatbestandsverwirklichung als möglich erkennt, er aber aus Gleichgültigkeit nichtsdestotrotz handelt.[65]

– Die herrschende *Einwilligungs- oder Billigungstheorie* (→ Rn. 83) verlangt für den bedingten Vorsatz, dass der Täter die als möglich erachtete Tatbestandserfüllung innerlich „billigt". Ein solches „Billigen im Rechtssinne" ist nicht als wertendes Gutheißen zu verstehen, sondern auch dann anzunehmen, wenn dem Täter der Eintritt des tatbestandsmäßigen Erfolges unerwünscht ist, er sich aber letztlich damit abfindet.[66]

Auf den Meinungsstreit um die Abgrenzung von bedingtem Vorsatz und bewusster **89** Fahrlässigkeit ist nur dann ausführlich einzugehen, wenn der Sachverhalt (zB in Anfängerhausarbeiten) offensichtlich hierauf abzielt. Ansonsten genügt es bei Abgrenzungsschwierigkeiten in der Regel, die entsprechenden Formulierungen der Einwilligungs- oder Billigungstheorie als Grundlage für die (umfassende) Subsumtion des Sachverhalts heranzuziehen. Danach handelt der Täter bedingt vorsätzlich, wenn er die Tatbestandsverwirklichung als möglich und nicht völlig fernliegend erkennt und sie *billigend in Kauf nimmt*. Lediglich bewusste Fahrlässigkeit liegt hingegen vor, wenn der Täter *ernsthaft und nicht nur vage darauf vertraut*, dass die Verwirklichung des gesetzlichen Tatbestandes ausbleibt.[67]

---

[61] Eingehend *Jäger* AT Rn. 75 ff.; *Kindhäuser* AT § 14 Rn. 14 ff.; *Krey/Esser* Rn. 386 ff.; *Rengier* AT § 14 Rn. 17 ff.; *Wessels/Beulke/Satzger* Rn. 216 ff.

[62] Siehe hierzu *Kindhäuser* AT § 14 Rn. 16; *Rengier* AT § 14 Rn. 21 f.; *Wessels/Beulke/Satzger* Rn. 217.

[63] Siehe hierzu *Kindhäuser* AT § 14 Rn. 17; *Kühl* AT § 5 Rn. 68 f.; *Rengier* AT § 14 Rn. 19 f.; *Wessels/Beulke/Satzger* Rn. 218.

[64] *Rengier* AT § 14 Rn. 22; *Wessels/Beulke/Satzger* Rn. 217 f.

[65] Siehe hierzu *Kindhäuser* AT § 14 Rn. 26; *Krey/Esser* Rn. 393; *Rengier* AT § 14 Rn. 24; *Zieschang* Rn. 130.

[66] BGHSt 7, 363 (369); 36, 1 (9); *Rengier* AT § 14 Rn. 29; *Wessels/Beulke/Satzger* Rn. 220; *Zieschang* Rn. 126.

[67] BGHSt 36, 1 (9 f.); 57, 183 (186); BGH NStZ 2007, 150 (151); 2014, 84; *Zieschang* Rn. 126.

An der Notwendigkeit eines voluntativen Vorsatzelements hat der BGH insbesondere in einer sog. AIDS-Entscheidung festgehalten.[68] In diesem Fall musste er sich mit der Strafbarkeit eines HIV-Infizierten auseinandersetzen, der in Kenntnis seiner Ansteckung – trotz umfassender und eindringlicher Belehrung durch seinen Arzt – ungeschützten Geschlechtsverkehr ausübte, seine Sexualpartner aber nicht infizierte. Bereits die Infektion mit einem Virus (wie zB HIV) stellt eine Gesundheitsschädigung dar; zu einem Ausbruch der Krankheit (wie zB AIDS) muss es also nicht kommen.[69] Das Landgericht bejahte in erster Instanz einerseits den Vorsatz des Angeklagten in Bezug auf die versuchte gefährliche Körperverletzung, wobei insbesondere dem hohen Wissensstand des Täters ein wesentliches Indiz für dessen erforderlichen Willen entnommen wurde. Andererseits lehnte es einen Tötungsvorsatz mangels Willenskomponente unter Hinweis auf die unter Umständen sehr lange Inkubationszeit und die Hoffnung auf Entdeckung eines Heilmittels ab. Der BGH hat diese Erwägungen als rechtsfehlerfrei erachtet und nicht beanstandet.[70]

90   In der Praxis ist die Abgrenzung von bedingtem Vorsatz und lediglich bewusster Fahrlässigkeit vor allem bei Tötungsdelikten von Bedeutung. Hier geht die Rechtsprechung davon aus, dass der Täter eine sog. *Hemmschwelle* zu überwinden habe, um jemandem durch aktives Tun vorsätzlich das Leben zu nehmen. Dieses Bild darf indes nicht als eine Einschränkung des subjektiven Tatbestands verstanden werden, sondern soll „lediglich" die erhöhten Anforderungen an die Beweiswürdigung des Tatgerichts gemäß § 261 StPO verdeutlichen, wenn es sich bei lebensgefährlichen Handlungen mit der Abgrenzung von bedingtem (Tötungs-)Vorsatz und bewusster Fahrlässigkeit auseinandersetzt.[71] Um diese Abgrenzung vorzunehmen, bedarf es einer Gesamtschau sämtlicher objektiven und subjektiven Tatumstände. Hierzu zählen die konkrete Tatsituation und Angriffsweise, Lage und Abwehrmöglichkeit des Opfers, die psychische Verfassung des Täters und seine Motivation. Wesentliches Indiz für einen bedingten Vorsatz ist die offensichtliche Lebensgefährlichkeit einer Handlung (zB bei einem Stich mit einem langen Messer in die Herzgegend). Insbesondere bei einem spontanen, unüberlegten, in affektiver Erregung ausgeführten Verhalten kann aber gleichwohl die notwendige Willenskomponente fehlen.[72]

91   Die Hemmschwellentheorie der Rechtsprechung ist lediglich bei vorsätzlichen *Tötungsdelikten durch aktives Tun* einschlägig. Bei Tötungsdelikten durch Unterlassen muss der Täter keine psychologische Schwelle überschreiten, um den Tod des Opfers herbeizuführen, sondern kann dies bereits durch ein bloßes Untätigbleiben erreichen.[73]

Fall 13:

92   A fährt schon seit einer Viertelstunde mit seinem Sportwagen auf einer kurvenreichen Landstraße hinter einem LKW. Um den LKW endlich zu passieren, setzt er auf einer kurzen geraden Strecke zum Überholen an, obwohl ihm auf der Gegenspur der B mit seinem Kleinwagen entgegenkommt. B kann trotz Vollbremsung den Zusammenstoß nicht mehr verhindern, bei dem er getötet wird.

Strafbarkeit des A gemäß § 212 StGB?

---

[68] BGHSt 36, 1.
[69] BGHSt 36, 1 (7); 36, 262 (265); BGH NStZ 2009, 34 (35); Schönke/Schröder/*Eser/Sternberg-Lieben* § 223 Rn. 7.
[70] BGHSt 36, 1 (15 f.); siehe hierzu auch *Kudlich* PdW AT Fall 58.
[71] BGHSt 57, 183 (191).
[72] BGH NStZ 2007, 150 (151); 2011, 210 (211); NJW 2012, 1524 (1526); NStZ 2014, 35; vgl. auch *Puppe* NStZ 2014, 183.
[73] BGH NJW 1992, 583 (584).

Strafbarkeit des A gemäß § 212 Abs. 1 StGB 93

Aufgrund seines Überholmanövers könnte A eines Totschlags schuldig sein.

I. Tatbestand

1. Objektiver Tatbestand (+)

2. Subjektiver Tatbestand

A müsste bezüglich des objektiven Tatbestandes vorsätzlich gehandelt haben. Unter Vorsatz gemäß § 15 StGB ist der Wille zur Verwirklichung eines Straftatbestandes in Kenntnis aller seiner objektiven Tatumstände zu verstehen. Dies setzt in der Form des bedingten Vorsatzes nach der herrschenden Einwilligung- oder Billigungstheorie zumindest voraus, die Tatbestandsverwirklichung als möglich und nicht völlig fernliegend zu erkennen und billigend in Kauf zu nehmen. Lediglich bewusst fahrlässig handelt hingegen, wer ernsthaft und nicht nur vage darauf vertraut, dass die Verwirklichung des gesetzlichen Tatbestandes ausbleibt. Bei Tötungsdelikten durch aktives Tun ist hierbei nach der Rechtsprechung außerdem zu beachten, dass der Täter eine Hemmschwelle zu überwinden hat. Von einem Tötungsvorsatz ist daher nur dann auszugehen, wenn dem Täter die Kenntnis und Billigung des möglichen Todeserfolges sicher nachgewiesen werden können. Gegen die Überschreitung der Hemmschwelle spricht vorliegend sowohl die Spontaneität des Entschlusses des A zu seinem Überholmanöver als auch die eigene Gefährdung bei einem Zusammenstoß mit dem B. Zudem steht eine Kollision dem offensichtlichen Ziel des A entgegen, durch Passieren des vor ihm fahrenden Lkw schneller voranzukommen. Trotz der Gefährlichkeit seines Überholmanövers ist daher nicht davon auszugehen, dass A bei seinem Überholmanöver die notwendige Hemmschwelle überschritten und einen Zusammenstoß mit tödlichem Ausgang für einen anderen Verkehrsteilnehmer billigend in Kauf genommen hat. Ein Vorsatz des A bezüglich der Tötung des B ist somit zu verneinen.

II. Ergebnis

A ist nicht strafbar gemäß § 212 Abs. 1 StGB.

[Allerdings ist A jedenfalls der fahrlässigen Tötung gemäß § 222 StGB schuldig. In Betracht kommt des Weiteren eine Strafbarkeit wegen Gefährdung des Straßenverkehrs nach § 315c Abs. 1 Nr. 2 lit. b StGB.]

4. Sonderformen des Vorsatzes

In einigen (prüfungsrelevanten) Konstellationen ist umstritten, inwieweit vom Vorsatz des Handelnden auszugehen ist. Dazu ist vorab zu bemerken, dass der Vorsatz – wie viele Prüfungsstufen im Strafrecht (→ § 8 Rn. 5 und 33, § 9 Rn. 69 und § 10 Rn. 66) – *teilbar* ist. Es ist also bzgl. jedes Verhaltens und bzgl. jedes einzelnen Tatobjekts gesondert zu untersuchen, ob der Täter mit dem notwendigen Wissen und Wollen der Tatbestandsverwirklichung gehandelt hat. 94

Die Teilbarkeit des Vorsatzes ist vor allem dann relevant, wenn durch ein und dieselbe Handlung mehrere Tatobjekte verletzt werden (können) oder wenn sich mehrere Handlungen gegen ein und dasselbe Tatobjekt richten. Bei der erstgenannten Fallgruppe sind der alternative und der kumulative Vorsatz (*dolus alternativus* und *dolus cumulativus*; → Rn. 96 ff.) zu erörtern, bei der letzten Fallgruppe bedarf ggf. der sog. *dolus generalis* (→ Rn. 104 ff.) einer näheren Betrachtung. 95

a) Dolus cumulativus und dolus alternativus

96 Von einem *kumulativen Vorsatz* (dolus cumulativus) ist die Rede, wenn der Täter es billigend in Kauf nimmt, durch ein und dieselbe Handlung mehrere Tatbestände zugleich zu verwirklichen. In dieser Konstellation ist der Täter unstreitig wegen sämtlicher (vollendeter und versuchter) Delikte zu bestrafen, da sein Vorsatz die (auch tatsächlich mögliche) Verwirklichung all dieser Tatbestände erfasst.[74]

97 **Beispiel:** A ist wütend auf seinen Nachbarn N, weil dessen Hund den ganzen Tag bellt. Er wirft daher mit einer Hand zwei Steine in Richtung seines Nachbarn, der gerade seinen Hund streichelt. Dem A ist dabei gleichgültig, ob er N, dessen Hund oder auch beide zugleich trifft. Während ein Stein fehlgeht, verletzt der andere Stein den Hund des N.

A ist einer vollendeten Sachbeschädigung zum Nachteil des N (als Eigentümer des tatsächlich getroffenen Hundes[75]) gemäß § 303 Abs. 1 StGB in Tateinheit mit versuchter gefährlicher Körperverletzung zum Nachteil des N gemäß §§ 224 Abs. 1 (Nr. 2 Var. 2), 22 StGB schuldig.

98 Dass der Täter mit ein und derselben Handlung mehrere Delikte verwirklichen will, entspricht dem Normalfall in einer strafrechtlichen Klausur. Dies gilt etwa für den oben (→ Rn. 84) beschriebenen Steinwurf, mit dem sowohl ein Mensch verletzt als auch eine Sache beschädigt oder zerstört werden soll. Hier muss der „dolus cumulativus" nicht eigens erwähnt werden. Es handelt sich dabei vielmehr um einen Begriff, der lediglich die Abgrenzung zum nun folgenden „dolus alternativus" veranschaulichen soll.

99 Vom kumulativen Vorsatz (dolus cumulativus) ist der *alternative Vorsatz* (dolus alternativus) zu unterscheiden. Hier erkennt der Täter, durch seine Handlung höchstens einen von zwei einander ausschließenden Tatbeständen verwirklichen zu können. Er nimmt jedoch beide Möglichkeiten billigend in Kauf. Dem Täter ist also bewusst, entweder das eine oder das andere (oder auch überhaupt kein) Delikt zu vollenden, jedenfalls aber nicht beide Strafvorschriften zugleich zu erfüllen.[76]

100 In diesem Fall ist umstritten, ob der Täter bzgl. beider in Betracht kommenden Straftaten mit Vorsatz (bzw. bei deren Versuch mit Tatentschluss) handelt oder ob sich sein Vorsatz von vornherein nur auf einen einzigen Straftatbestand richten kann, da er schließlich weiß, höchstens ein Delikt zu vollenden. Um zum Ausdruck zu bringen, dass der Vorsatz auf zwei Tatbestände gerichtet ist, handelt der Täter nach hM *in Bezug auf sämtliche* billigend in Kauf genommene *Tatbestandsverwirklichungen vorsätzlich*.[77]

101 Dem wird entgegengehalten, dass der dolus alternativus in diesem Fall genauso wie der dolus cumulativus (→ Rn. 96) behandelt werde. Es komme hiernach im Schuldspruch nicht zum Ausdruck, ob der Täter billigend in Kauf nahm, beide Tatobjekte zugleich zu verletzen, oder ob er davon ausging, höchstens eines der beiden Tatobjekte verletzen zu können. Daher nimmt eine aA nur *einen einzigen Vorsatz des Täters* an, der sich entweder auf das vollendete oder auf das schwerere Delikt bezieht.[78]

102 Nach vermittelnder Ansicht kann der Täter zwar mit der hM bezüglich sämtlicher Delikte mit Vorsatz handeln. Allerdings verdrängt auf *Konkurrenzebene* (zu den Konkurrenzen → § 13) das schwerere das leichtere Delikt, sofern das leichtere Delikt

---

[74] *Kindhäuser* AT § 14 Rn. 32; *Rengier* AT § 14 Rn. 45.

[75] Anders als der zivilrechtliche Sachbegriff erfasst der strafrechtliche Sachbegriff nach hM (*Fischer* § 242 Rn. 3; *Rengier* BT I § 2 Rn. 7) auch Tiere. Um den Hund des N als „Sache" im Sinne des § 303 Abs. 1 StGB anzusehen, muss also nicht auf § 90a BGB verwiesen werden.

[76] *Kindhäuser* AT § 14 Rn. 33; *Kühl* AT § 5 Rn. 27a; *Rengier* AT § 14 Rn. 48; *Wessels/Beulke/Satzger* Rn. 231.

[77] *Kindhäuser* AT § 14 Rn. 36; *Rengier* AT § 14 Rn. 49; *Stratenwerth/Kuhlen* § 8 Rn. 122.

[78] *Joerden* S. 42 ff.; *Kudlich* PdW AT Fall 66; *Kühl* AT § 5 Rn. 27b.

nicht vollendet ist. Der Täter wird also vorrangig nur aus dem Delikt mit dem größeren Unrechtsgehalt bestraft.[79]

Beispiel: A ist wütend auf seinen Nachbarn N, weil dessen Hund den ganzen Tag bellt. Er wirft   **103**
daher einen Backstein in Richtung seines Nachbarn, der gerade seinen Hund streichelt. Dem A ist
dabei gleichgültig, ob er N oder dessen Hund trifft. Er schließt aber zutreffend aus, beide zugleich
mit dem Backstein verletzen zu können. Der Backstein trifft und verletzt den Hund des N.

Nach hM ist A strafbar wegen vollendeter Sachbeschädigung zum Nachteil des N gemäß § 303
Abs. 1 StGB in Tateinheit mit versuchter gefährlicher Körperverletzung zum Nachteil des N (als
unmittelbares mögliches Ziel des geworfenen Backsteins) gemäß §§ 224 Abs. 1 (Nr. 2 Var. 2), 22
StGB. Da A bei seinem Wurf sowohl in Betracht zog, (ausschließlich) den N zu treffen, als auch
billigend in Kauf nahm, (nur) den Hund mit dem Backstein zu verletzen, handelte er bezüglich
der möglichen Vollendung beider Delikte mit bedingtem Vorsatz. Zu demselben Ergebnis
gelangt in dieser Konstellation die vermittelnde Ansicht.

Nach aA ist A hingegen nur schuldig der vollendeten Sachbeschädigung.

b) „Dolus generalis"

Schwierigkeiten bereitet schließlich die Konstellation, dass sich mehrere Angriffe   **104**
gegen ein und dasselbe Tatobjekt richten, der Täter aber verkennt, welche seiner
Handlungen den Tatbestand verwirklicht. Da das Geschehen somit anders verläuft als
er sich dies vorstellt, unterliegt der Täter bei dem jeweiligen mehraktigen Tatgeschehen einem *Irrtum über den Kausalverlauf* (→ Rn. 45), der unter dem Begriff des
„dolus generalis" behandelt wird. Welche Folgen eine solche Fehlvorstellung für den
Täter hat, ist nicht unumstritten.[80]

Beispiel (Jauchegrube-Fall[81]): A will ihre Nebenbuhlerin B ersticken, indem sie ihr Sand in den   **105**
Mund stopft (erster Handlungsabschnitt). Als sie die B für tot hält, wirft sie die vermeintliche
Leiche der B zur Beseitigung in eine Jauchegrube, in der die tatsächlich nur bewusstlose B
ertrinkt (zweiter Handlungsabschnitt).

Nach der für den Meinungsstreit namensgebenden Lehre vom *„dolus generalis"*   **106**
erstreckt sich der Vorsatz auf sämtliche Handlungen, die der Täter innerhalb eines
einheitlichen (ggf. mehraktigen) *Geschehens* vornimmt. Dass der Täter schon zu Ende
des ersten Handlungsabschnitts glaubt, den Erfolg herbeigeführt zu haben, steht
demnach einer vom Vorsatz getragenen Tathandlung im zweiten Handlungsabschnitt
nicht entgegen.[82]

Selbst wenn im obigen Beispiel die A bei der Beseitigung der vermeintlichen Leiche nicht mehr   **107**
davon ausgeht, einen Menschen zu töten, ist nach der Lehre vom „dolus generalis" auch
insoweit ein „genereller Vorsatz" des Täters gegeben. A hätte sich demnach wegen vollendeten
Tötungsdelikts (durch Beseitigung der vermeintlichen Leiche) strafbar gemacht.

Dieser Ansicht wird zu Recht entgegengehalten, gegen das in § 16 Abs. 1 Satz 1   **108**
StGB zum Ausdruck kommende Simultaneitätsprinzip zu verstoßen. Der Tötungsvorsatz, den der Täter während des ersten (aus seiner Sicht bereits den tatbestandlichen Erfolg herbeiführenden) Handlungsaktes noch aufweist, ist aus Sicht des zweiten (erst tatsächlich tödlichen) Handlungsaktes ein unbeachtlicher *dolus antecedens*
(→ Rn. 68). An den zweiten Handlungsabschnitt darf demzufolge für eine Strafbarkeit wegen vorsätzlichen Handelns nicht angeknüpft werden.[83]

---

[79] *Jäger* AT Rn. 71; *Wessels/Beulke/Satzger* Rn. 234 ff.
[80] Siehe hierzu *Jäger* AT Rn. 86 f.; *Krey/Esser* Rn. 428 ff.; *Rengier* AT § 15 Rn. 51 ff.; *Straten-
werth/Kuhlen* § 8 Rn. 91 ff.
[81] BGHSt 14, 193.
[82] Siehe hierzu *Wessels/Beulke/Satzger* Rn. 263.
[83] *Krey/Esser* Rn. 428.

109 Demzufolge betrachtet die sog. *Versuchslösung* jeden Handlungsabschnitt gesondert. Da der Täter im ersten Handlungsabschnitt noch mit dem nötigen Vorsatz handelt, den Erfolg dadurch aber nicht erreicht, liegt diesbezüglich nur ein *Versuch* vor. Während des zweiten Handlungsabschnitts, durch den der Täter tatsächlich den (vermeintlich bereits eingetretenen) Erfolg herbeiführt, fehlt es hingegen aufgrund des Irrtums des Täters an dem notwendigen Vorsatz. Insoweit kommt nur eine Strafbarkeit wegen *Fahrlässigkeit* in Betracht.[84]

110 Im obigen Beispiel wäre A wegen versuchten Tötungsdelikts (durch das Stopfen von Sand in den Mund der B im ersten Handlungsabschnitt) in Tatmehrheit mit fahrlässiger Tötung (durch die Beseitigung der vermeintlichen Leiche der B im zweiten Handlungsabschnitt) zu bestrafen.

111 Der Versuchslösung ist zwar zuzugeben, zwischen den beiden Handlungsabschnitten trennen und den Wegfall des Vorsatzes als Zäsur behandeln zu müssen. Allerdings ist dem Simultaneitätsprinzip bereits dann Rechnung getragen, wenn der Täter zu Beginn eines zum tatbestandlichen Erfolg führenden Geschehens vorsätzlich handelt. Es genügt also der *Vorsatz zum Zeitpunkt der Tathandlung*. Nicht erforderlich ist ein bis zum Zeitpunkt des Erfolgseintritts andauernder Vorsatz (→ Rn. 70).[85]

112 Als Anknüpfungspunkt für eine vollendete vorsätzliche Tat kann somit nach der herrschenden *Vollendungslösung* durchaus auch das (noch vom Vorsatz getragene) Verhalten im ersten Handlungsabschnitt herangezogen werden.[86] Dies bedeutet indessen nicht, bei jedem Irrtum über den Kausalverlauf innerhalb eines mehraktigen Tatgeschehens zu einer Bestrafung wegen einer vollendeten vorsätzlichen Tat (und somit stets zu demselben Ergebnis wie die Lehre vom dolus generalis) zu gelangen. Vielmehr gibt nach den allgemeinen Grundsätzen zum *Irrtum über den Kausalverlauf* den Ausschlag, ob dieser wesentlich ist, dh ob sich die Abweichung des tatsächlichen vom vorgestellten Kausalverlauf noch innerhalb der Grenzen des nach allgemeiner Lebenserfahrung Voraussehbaren hält.[87]

113 Wird im obigen Beispiel eine wesentliche Abweichung des tatsächlichen vom vorgestellten Kausalverlauf verneint, wäre A strafbar wegen eines vollendeten Tötungsdelikts. Anders als die Lehre vom dolus generalis knüpft die Vollendungslösung allerdings nicht an das Verhalten im zweiten Handlungsabschnitt (hier die Beseitigung der Leiche), sondern an das Verhalten im ersten Handlungsabschnitt (hier das Stopfen des Sandes in den Mund der B) an, das den tödlichen Geschehensablauf in Gang setzt.

D. Objektive Bedingungen der Strafbarkeit

114 Einige Strafvorschriften enthalten sog. objektive Bedingungen der Strafbarkeit. Wie ihre Bezeichnung schon verdeutlicht, genügt für die Strafbarkeit deren objektives Vorliegen, unabhängig davon, ob der Täter darum weiß oder ob er deren Eintritt will.[88] Um zu verdeutlichen, dass objektive Strafbarkeitsbedingungen *nicht vorsatzbedürftig* sind, werden sie gewöhnlich als dritter Prüfungspunkt im Rahmen der

---

[84] *Zieschang* Rn. 171.
[85] *Krey/Esser* Rn. 428; *Rengier* AT § 15 Rn. 57.
[86] *Fischer* § 16 Rn. 9; Schönke/Schröder/*Sternberg-Lieben/Schuster* § 15 Rn. 58; *Rengier* AT § 15 Rn. 56; *Stratenwerth/Kuhlen* § 8 Rn. 93; *Wessels/Beulke/Satzger* Rn. 265.
[87] BGHSt 14, 193 (194); *Jäger* AT Rn. 87; *Rengier* AT § 15 Rn. 56; *Wessels/Beulke/Satzger* Rn. 265.
[88] *Kindhäuser* AT § 6 Rn. 13; *Krey/Esser* Rn. 372; *Wessels/Beulke/Satzger* Rn. 148.

Tatbestandsmäßigkeit erörtert. Zum Ausdruck kommt dies auch in der mitunter verwendeten Bezeichnung als *„Tatbestandsannex"*.

Objektive Bedingungen der Strafbarkeit lassen sich gewöhnlich daran erkennen, mit **115** der Konjunktion „wenn" eingeleitet zu werden. Beispiele finden sich unter anderem bei der üblen Nachrede gemäß § 186 StGB (*„wenn* nicht diese Tatsache erweislich wahr ist") sowie bei der Beteiligung an einer Schlägerei gemäß § 231 Abs. 1 StGB (*„wenn* ... der Tod eines Menschen oder eine schwere Körperverletzung ... verursacht worden ist").

§ 5. Das vollendete vorsätzliche Begehungsdelikt: Die Rechtswidrigkeit

A. Grundlagen

I. Tatbestandsmäßigkeit und Rechtswidrigkeit

Eine Handlung, die einen gesetzlichen Tatbestand verwirklicht, ist zumeist auch 1
rechtswidrig. Es wird daher davon gesprochen, dass der *Tatbestand die Rechtswidrigkeit indiziere*.[1] In einer Prüfungsarbeit, die stets den konkreten Sachverhalt im Blick hat, empfiehlt es sich jedoch nicht, auf solche aus einer Vielzahl von Sachverhalten gewonnenen Erfahrungssätze zurückzugreifen. Jedenfalls erspart der Verweis auf ein allgemeines Indiz nicht die Beurteilung des jeweiligen Einzelfalls.[2]

Eine Ausnahme von der Indizwirkung der Tatbestandsverwirklichung gilt nur für 2
die sog. *offenen Tatbestände*, bei denen die Rechtswidrigkeit ausdrücklich festgestellt werden muss.[3] So setzt vornehmlich die Rechtswidrigkeit der Nötigung nach § 240 Abs. 2 StGB sowie der Erpressung nach § 253 Abs. 2 StGB voraus, dass die Anwendung des Nötigungsmittels zu dem angestrebten Zweck als verwerflich anzusehen ist.

Ein tatbestandliches und rechtswidriges Verhalten wird auch als „Unrecht" bezeichnet. Ein 3
solches rechtlich konstituiertes Unrecht ist strikt von moralischem Unrecht zu unterscheiden.
Wird hingegen vom *„Unrechtsgehalt"* einer Tat gesprochen, ist in der Regel das moralische
Unrecht gemeint.[4]

Ein tatbestandsgemäßes Verhalten kann allerdings unter bestimmten Voraussetzungen 4
gerechtfertigt sein. Solche Rechtfertigungsgründe sind *„Erlaubnistatbestände"*, die
ein (grundsätzlich strafbares) rechtsgutsverletzendes oder -gefährdendes Verhalten
ausnahmsweise gestatten.

Dass Rechtfertigungsgründe nur im Ausnahmefall eingreifen, wird auch in *Prüfungsarbeiten* 5
zum Ausdruck gebracht. Hier erfolgt nur dann eine umfassende Prüfung im Gutachtstil,
wenn der Sachverhalt eine Rechtfertigung der Tat enthält oder zumindest deren Diskussion nahe
legt. Ansonsten kann sich der Bearbeiter auf die Feststellung „Die Tat ist rechtswidrig."
beschränken (→ § 4 Rn. 6).

Rechtfertigungsgründe können auf *Gesetz* (zB Notwehr gemäß § 32 StGB und Not- 6
stand gemäß § 34 StGB), aber auch auf *Gewohnheitsrecht* (zB Einwilligung) beruhen.
Der Grundsatz „nullum crimen sine lege scripta" steht dem nicht entgegen, da das
Verbot von Gewohnheitsrecht nur zu Lasten des Täters gilt (→ § 1 Rn. 28 f.).

Gesetzliche Rechtfertigungsgründe können der gesamten Rechtsordnung, dh ebenso 7
zivil- und öffentlich-rechtlichen Vorschriften, entnommen werden. Denn was zivil-
oder öffentlich-rechtlich rechtmäßig ist, kann strafrechtlich nicht rechtswidrig sein

---

[1] *Kühl* AT § 6 Rn. 2; *Wessels/Beulke/Satzger* Rn. 115.
[2] Kritisch auch *Rengier* AT § 12 Rn. 16; *Wessels/Beulke/Satzger* Rn. 872.
[3] *Wessels/Beulke/Satzger* Rn. 286.
[4] Vgl. *Wessels/Beulke/Satzger* Rn. 281.

(sog. Grundsatz der *Einheit der Rechtsordnung*).[5] Umgekehrt gilt nach ganz hM die strafrechtliche Rechtfertigung ebenso für die gesamte Rechtsordnung, betrifft also insbesondere auch das Zivil- und das öffentliche Recht.[6]

8   Der *Handlungserlaubnis* des gerechtfertigten Handelnden entspricht auf der Seite des Betroffenen eine *Duldungspflicht*.[7] Relevant wird dies unter anderem bei der Notwehr (§ 32 StGB), die ein Abwehrrecht gegen einen Angreifer nur gewährt, wenn der Angriff rechtswidrig, also nicht gerechtfertigt ist. Außerdem setzen Anstiftung und Beihilfe eine rechtswidrige Tat voraus (§§ 26, 27 StGB). Eine Teilnahme an einer bloß tatbestandsmäßigen, aber gerechtfertigten Handlung scheidet daher aus.

9   Dass die Rechtfertigung einer Verteidigungshandlung sowohl ausschließt, an dem tatbestandlichen Verhalten teilzunehmen, als auch, sich dagegen rechtmäßig zur Wehr zu setzen, wird als Argument bei einigen Meinungsstreiten herangezogen. So begründen die Befürworter der rechtsfolgenverweisenden eingeschränkten Schuldtheorie ihre Berücksichtigung des Erlaubnistatumstandsirrtums bei der Vorsatzschuld mit dem Hinweis, bei einem Verneinen der Rechtswidrigkeit bösgläubige Anstifter und Gehilfen nicht erfassen zu können (→ § 8 Rn. 47). Ebenso gesteht die hM dem Nötigungsnotstand unter anderem deswegen nur eine entschuldigende Wirkung zu, weil sich ansonsten der Angegriffene gegen den abgenötigten Angriff nicht verteidigen dürfte (→ § 6 Rn. 51).

II. Arten von Rechtfertigungsgründen

10   Rechtfertigungsgründe lassen sich in zwei Gruppen einteilen. Zum einen kann die Rechtswidrigkeit eines tatbestandlichen Verhaltens ausscheiden, weil der Täter durch seine Handlung ein *anderes Rechtsgut verteidigt*, zB den Dieb niederschlägt und dadurch dessen körperliche Integrität verletzt, um den Angriff auf sein oder das Eigentum eines anderen abzuwehren.

11   Die wichtigsten Rechtfertigungsgründe sind insoweit die *Notwehr* (§ 32 StGB, § 227 BGB), der *rechtfertigende Notstand* (§ 34 StGB und § 16 OWiG sowie die beiden Varianten des zivilrechtlichen Notstandes § 228 und § 904 BGB), die *Festnahmerechte* nach § 127 StPO und § 87 StVollzG, das *elterliche Erziehungsrecht* (str) und (beschränkt auf Ehrverletzungen gemäß §§ 185 ff. StGB) die *Wahrnehmung berechtigter Interessen* (§ 193 StGB). Bei den Unterlassungsdelikten kommt außerdem die *rechtfertigende Pflichtenkollision* in Betracht (→ § 11 Rn. 81 ff.).

12   Zum anderen kann eine tatbestandliche Rechtsgutsgefährdung oder -verletzung gerechtfertigt sein, weil sich der *Inhaber des betreffenden Rechtsgutes* mit dem jeweiligen Verhalten *einverstanden* erklärt. Dies gilt etwa für den Boxer, der vor einem Kampf zustimmt, von seinem Kontrahenten ggf. getroffen und in seiner körperlichen Unversehrtheit verletzt zu werden.

13   Zu dieser Gruppe von Rechtfertigungsgründen zählen die (ausdrücklich oder konkludent erklärte) *Einwilligung* und die *mutmaßliche Einwilligung*. Darüber hinaus wird vornehmlich bei ärztlichen Heileingriffen zunehmend die Rechtsfigur der *hypothetischen Einwilligung* diskutiert.

---

[5] *Kindhäuser* AT § 15 Rn. 10; *Rengier* AT § 17 Rn. 3; *Wessels/Beulke/Satzger* Rn. 274.
[6] Schönke/Schröder/*Lenckner/Sternberg-Lieben* Vor §§ 32 ff. Rn. 27.
[7] *Kindhäuser* AT § 15 Rn. 2; *Krey/Esser* Rn. 451; *Rengier* AT § 19 Rn. 19; *Wessels/Beulke/ Satzger* Rn. 284.

B. Verteidigung eines anderen Rechtsguts

I. Grundlagen

Rechtfertigungsgründe, die eine rechtsgutsbeeinträchtigende Abwehr zum Schutz **14** anderer Rechtsgüter gestatten, setzen objektiv zunächst stets eine bestimmte *Verteidigungslage* (zB Notwehr- oder Notstandslage) voraus, in der dann bestimmte *Verteidigungshandlungen* (zB Notwehr- oder Notstandshandlung) erlaubt sind.[8]

Außer diesen (gesetzlich normierten oder gewohnheitsrechtlich festgelegten) objektiven Voraussetzungen ist ein *subjektives (Rechtfertigungs-)Element* erforderlich.[9] Hierin kommen die Parallelen zwischen dem (objektiven und subjektiven) Tatbestand im engeren Sinne und dem Erlaubnistatbestand in Gestalt eines Rechtfertigungsgrundes deutlich zum Ausdruck. **15**

Umstritten ist, ob allgemeine Rechtfertigungsgründe wie § 32 oder § 34 StGB auch **16** hoheitliche Maßnahmen rechtfertigen können, die durch die einschlägigen Ermächtigungsgrundlagen, derer es für jeden Grundrechtseingriff bedarf (zB §§ 94 ff. StPO für die Beschlagnahme, §§ 102 ff. für die Durchsuchung), nicht mehr legitimiert sind. Grundsätzlich bleibt dies zu verneinen, sofern die speziellen Befugnisnormen als abschließende Sonderregelung zu verstehen sind.[10] Davon zu unterscheiden bleibt die Strafbarkeit des einzelnen Hoheitsträgers, der sich im Einzelfall (zB zur Selbstverteidigung oder zur Nothilfe) durchaus auf § 32 StGB berufen kann.[11]

In einer Prüfungsarbeit sind grundsätzlich sämtliche Rechtfertigungsgründe zu prüfen, die in **17** Betracht zu ziehen sind. Da die Notwehr (§ 32 StGB) die weitesten Verteidigungsrechte gestattet (→ Rn. 19), ist sie in der Regel zuerst zu erörtern. Zumeist zum Schluss anzusprechen bleibt hingegen der rechtfertigende Notstand (§ 34 StGB), der aber vornehmlich gegenüber den zivilrechtlichen Notstandsregeln in § 228, § 904 BGB lediglich einen Auffangerlaubnistatbestand bildet.[12]

II. Notwehr (§ 32 StGB)

§ 32 StGB Notwehr **18**

(1) Wer eine Tat begeht, die durch Notwehr geboten ist, handelt nicht rechtswidrig.

(2) Notwehr ist die Verteidigung, die erforderlich ist, um einen gegenwärtigen rechtswidrigen Angriff von sich oder einem anderen abzuwenden.

Ausgewählte Entscheidungen: BGHSt 42, 97 (Zugabteil); BGH NStZ 2011, 82 (jeweils zur Beschränkung des Notwehrrechts bei sozialethisch zu missbilligendem Vorverhalten); NStZ 2012, 272 („Hells Angels"); AG Erfurt NStZ 2014, 160 (Notwehr gegen sog. Anrauchen).

---

[8] Vgl. *Rengier* AT § 17 Rn. 10.
[9] *Baumann/Weber/Mitsch* § 16 Rn. 63 ff.; *Jescheck/Weigend* § 31 IV 1; *Krey/Esser* Rn. 454; *Rengier* AT § 17 Rn. 9; *Wessels/Beulke/Satzger* Rn. 275.
[10] *Kindhäuser* AT § 15 Rn. 5; *Wessels/Beulke/Satzger* Rn. 288.
[11] *Rengier* AT § 18 Rn. 96; *Roxin* AT I § 15 Rn. 112 f.; *Wessels/Beulke/Satzger* Rn. 289.
[12] *Jäger* AT Rn. 150; *Kindhäuser* AT § 15 Rn. 14; *Rengier* AT § 20 Rn. 3; *Wessels/Beulke/ Satzger* Rn. 287.

Ausgewählte Studienliteratur: Geppert Die subjektiven Rechtfertigungselemente, Jura 1995, 103; *Rönnau* Grundwissen – Strafrecht: „Sozialethische" Einschränkungen der Notwehr, JuS 2012, 404; *Sternberg-Lieben* Allgemeines zur Notwehr, JA 1996, 129; *ders.* Voraussetzungen der Notwehr, JA 1996, 299; *ders.* Einschränkungen der Notwehr, JA 1996, 568.

1. Grundlagen

19   Die Notwehr ist derjenige Rechtfertigungsgrund, der dem Verteidiger die umfassendsten Abwehrrechte gewährt. Es ist daher auch von dem „schneidigen" Notwehrrecht die Rede. Ihm liegt zum einen der *Gedanke der Rechtsbewährung* zugrunde, wonach das Recht dem Unrecht grundsätzlich nicht zu weichen braucht. Zum anderen wird dadurch das die Individualinteressen betonende *Schutzprinzip* garantiert, sich vor Angriffen, die Rechtsgüter zu verletzen drohen, effektiv schützen zu dürfen.[13]

20

Prüfungsschema: Notwehr

I. Notwehrlage
　1. Angriff
　2. gegenwärtig
　3. rechtswidrig
II. Notwehrhandlung
　1. gegen den Angreifer
　2. erforderlich, dh geeignet und relativ mildestes Mittel
　3. geboten
III. Subjektives Rechtfertigungselement

---

2. Notwehrlage

21   Die Notwehrlage besteht aus einem gegenwärtigen rechtswidrigen Angriff auf ein rechtlich geschütztes *notwehrfähiges Gut oder Interesse*. Notwehrfähig sind nur Individualinteressen, also Rechtsgüter des Einzelnen (wie zB Leben, körperliche Unversehrtheit, Freiheit, Eigentum), und zwar unabhängig von ihrem strafrechtlichen Schutz. Wer Interessen der Allgemeinheit, dh sog. Universalrechtsgüter (wie zB die Sicherheit des Straßenverkehrs gegen betrunkene Autofahrer) oder die öffentliche Ordnung verteidigt, kann sich nicht auf den Rechtfertigungsgrund der Notwehr berufen.[14]

22   § 32 Abs. 2 StGB gestattet die Verteidigung, „um einen […] Angriff von sich oder einem anderen abzuwenden". Unerheblich ist somit, ob die notwehrfähigen Rechtsgüter dem Verteidiger selbst oder einem Dritten zustehen, zu dessen Gunsten der Handelnde eingreift (sog. *Nothilfe*). Auch für die Nothilfe gelten die allgemeinen Notwehrregeln, dh der Nothelfer darf sich ebenso wie der Angegriffene selbst verteidigen.[15]

23   Ein *Angriff* im Sinne des § 32 Abs. 2 StGB setzt ein menschliches Verhalten voraus, das ein rechtlich geschütztes Gut oder Interesse bedroht.[16] Gegen Tiere kann hin-

---

[13] *Kindhäuser* AT § 16 Rn. 1; *Rengier* AT § 18 Rn. 1; *Wessels/Beulke/Satzger* Rn. 324a.
[14] BGHSt 5, 245 (247); *Jäger* AT Rn. 102; *Kindhäuser* AT § 16 Rn. 15; *Krey/Esser* Rn. 475; *Kudlich* PdW AT Fall 78; *Rengier* AT § 18 Rn. 8 ff.
[15] *Kühl* AT § 7 Rn. 138; *Rengier* AT § 18 Rn. 110.
[16] *Rengier* AT § 18 Rn. 6; *Wessels/Beulke/Satzger* Rn. 325.

gegen grundsätzlich keine Notwehr geübt werden. Etwas anderes gilt aber dann, wenn jemand gezielt ein Tier einsetzt, indem er es zB auf einen Menschen hetzt, und somit eine menschliche Attacke mit einem Tier als Angriffsmittel vorliegt.[17] Ansonsten kann bei der Verteidigung gegen Tiere vor allem § 228 BGB einschlägig sein (→ Rn. 93).

Beispiel: Aus Eifersucht hetzt B seinen Rottweiler auf den A als neuen Liebhaber seiner 24 ehemaligen Freundin. A erschlägt das Tier mit seinem Regenschirm.
Die Attacke des Rottweilers auf Leib und Leben des A scheint als nichtmenschliches Verhalten keinen Angriff im Sinne des § 32 StGB darzustellen. Allerdings benutzt B den Hund als Werkzeug, um den A zu verletzen. Obwohl die unmittelbare Gefahr von dem Rottweiler ausgeht, handelt es sich daher um einen (gegenwärtigen und rechtswidrigen) Angriff des A.

Nach hM muss das menschliche Angriffsverhalten *Handlungsqualität* besitzen, also 25 willensgesteuert sein (→ § 4 Rn. 13 ff.). Ein Angriff kann auch in einem Unterlassen liegen, wenn den Nichthandelnden eine Rechtspflicht zum Tätigwerden trifft (zB er Beschützergarant eines Verletzten ist).[18]

Gegenwärtig ist ein Angriff, wenn er unmittelbar bevorsteht, gerade stattfindet oder 26 noch andauert.[19] Von einem andauernden Angriff kann nicht mehr gesprochen werden, wenn die Gefährdung oder Beeinträchtigung des Rechtsguts bereits abgeschlossen ist.

Bei einer *Beleidigung* ist der damit einhergehende Angriff auf das notwehrfähige Rechtsgut der 27 Ehre bereits mit Ausspruch der ehrverletzenden Äußerung abgeschlossen. Selbst die augenblicklich folgende Ohrfeige des Beleidigten ist demnach nicht aus Notwehr gerechtfertigt. Etwas anderes kann hier allenfalls bei anhaltenden Schimpftiraden gelten.[20]
Gemäß § 32 StGB gerechtfertigt ist hingegen die sog. *Nacheile* gegen einen fliehenden Dieb, der 28 seine Beute noch nicht gesichert hat und zB vom Eigentümer auf der Flucht umgerissen wird.[21]

Auf die Gegenwärtigkeit des Angriffs ist vor allem dann zu achten, wenn der Ver- 29 teidiger sich durch mehrere *aufeinanderfolgende Handlungen* zur Wehr setzt. Wurde hier zwischenzeitlich der Angriff bereits vollständig abgewehrt, sind sämtliche weitere Handlungen nicht mehr durch Notwehr gerechtfertigt.

Beispiel: Räuber R versucht den Karatekämpfer K auszurauben. K schlägt den R mit einem 30 gezielten Hieb kampfunfähig, bevor er dem regungslos am Boden liegenden R heftig in die Nieren tritt.
Bei der Falllösung ist hier zwischen den beiden Handlungen des K zu trennen. Der zunächst dem R verabreichte Hieb stellt noch eine als Notwehr gestattete Verteidigungshandlung gegen den Angriff zumindest auf das Eigentum des K dar. Der anschließende Tritt hingegen ist nicht mehr aus § 32 StGB gerechtfertigt, da zu diesem Zeitpunkt der Angriff des R bereits abgeschlossen und somit nicht mehr gegenwärtig war. Bei einer solchen Überschreitung der Grenzen der Notwehr ist allerdings stets an einen Notwehrexzess nach § 33 StGB (→ § 6 Rn. 36 ff.) zu denken, dessen Voraussetzungen in dem hier gegebenen Beispiel aber nicht vorliegen.

Das Erfordernis der Gegenwärtigkeit ist bei der Notwehr – anders als etwa beim 31 Notstand (→ Rn. 75) – auch für den Zeitpunkt eng zu verstehen, zu dem der Angriff

---

[17] *Baumann/Weber/Mitsch* § 17 Rn. 4; *Jäger* AT Rn. 106; *Kindhäuser* AT § 16 Rn. 10; *Krey/Esser* Rn. 474; *Kühl* AT § 7 Rn. 26 f.
[18] *Jäger* AT Rn. 106 f.; *Kindhäuser* AT § 16 Rn. 9; *Rengier* AT § 18 Rn. 15; *Wessels/Beulke/Satzger* Rn. 326.
[19] *Jäger* AT Rn. 112; *Rengier* AT § 18 Rn. 19; *Wessels/Beulke/Satzger* Rn. 328.
[20] *Jäger* AT Rn. 112; *Krey/Esser* Rn. 494; *Rengier* AT § 18 Rn. 24; siehe hierzu auch AG Erfurt NStZ 2014, 160 zur Notwehr gegen das Anblasen mit Zigarettenrauch aus nächster Nähe.
[21] *Jäger* AT Rn. 112; *Rengier* AT § 18 Rn. 25; *Wessels/Beulke/Satzger* Rn. 328.

beginnt und somit die Notwehrlage überhaupt entsteht. Hier muss bereits eine Situation vorliegen, die unmittelbar in eine Verletzungshandlung münden kann. Eine sog. *Präventivnotwehr* (zB die Tötung des schlafenden Haustyrannen durch dessen Ehefrau, nachdem dieser ihr androhte, sie nach dem Mittagsschlaf zu töten) ist unzulässig.[22]

32 Von der Präventivnotwehr ist die sog. *antizipierte Notwehr* zu unterscheiden. Hier trifft der Verteidiger frühzeitig Vorkehrungen, die sich erst zum Zeitpunkt des späteren Angriffs auswirken sollen (zB die im Vorgarten installierte Selbstschussanlage gegen unerwünschte Eindringlinge). Erfolgt dann tatsächlich eine solche Abwehrmaßnahme, scheitert eine Rechtfertigung aus Notwehr somit nicht an der fehlenden Gegenwärtigkeit des Verhaltens, gegen das sich der antizipierende Verteidiger zur Wehr setzt. Allerdings ist vornehmlich zu überprüfen, ob überhaupt ein Angriff vorliegt (zB ob ein unerwünschter Eindringling oder etwa ein Gerichtsvollzieher das Grundstück betritt) und ob es sich bei der Verteidigung um das relativ mildeste Mittel handelt. Insoweit gehen Risiken zu Lasten des (vermeintlichen) Verteidigers.[23]

33 Ein Angriff ist *rechtswidrig*, wenn er im Widerspruch zur Rechtsordnung steht, insbesondere nicht seinerseits durch einen Rechtfertigungsgrund gedeckt ist. Die Rechtswidrigkeit setzt allerdings kein Verhalten voraus, das einen Straftatbestand verwirklicht. Vielmehr können auch nicht strafrechtlich geschützte Rechtsgüter rechtswidrig angegriffen werden.[24]

34 Schuldhaftes Handeln ist hingegen nach hM nicht erforderlich. So ist etwa gegen einen volltrunkenen Angreifer Notwehr durchaus zulässig, wenngleich das Notwehrrecht hier eine Einschränkung im Rahmen der Gebotenheit erfährt (→ Rn. 44).[25]

35 Sachverhalte, die eine Rechtfertigungslage beschreiben, zeichnen sich in der Regel durch Aktion (Angriff) und Reaktion (Verteidigung) aus. Um hier eine verschachtelte und unübersichtliche Prüfung zu vermeiden (zB durch inzidente Prüfung der Rechtswidrigkeit des Angriffs im Rahmen der Notwehrsituation), empfiehlt sich ein chronologischer Aufbau. *Inzidentprüfungen* (→ § 3 Rn. 50 und 52 sowie § 9 Rn. 111) sind nur dann unausweichlich, wenn nach der Strafbarkeit des zuerst Handelnden nicht gefragt ist.

3. Notwehrhandlung

a) Grundlagen

36 Liegt eine Notwehrlage in Gestalt eines gegenwärtigen rechtswidrigen Angriffs vor, ist jede Notwehrhandlung gestattet, die *erforderlich und geboten* ist. Da die Notwehr der Abwehr des Angriffs dient, muss sie sich zudem *gegen den Angreifer* richten. Verteidigungshandlungen gegen einen Dritten oder gegen die Allgemeinheit können nicht durch § 32 StGB, sondern nur durch andere Erlaubnistatbestände gerechtfertigt bzw. durch Entschuldigungsgründe entschuldigt werden.[26]

b) Erforderlichkeit

37 Eine Notwehrhandlung ist *erforderlich*, wenn sie sich zum einen zur Angriffsabwehr eignet und zum anderen das relativ mildeste Mittel darstellt.[27] *Geeignet* ist die Ver-

---

[22] *Jäger* AT Rn. 114; *Kindhäuser* AT § 16 Rn. 20; *Kühl* AT § 7 Rn. 42; *Rengier* AT § 18 Rn. 22; *Wessels/Beulke/Satzger* Rn. 329.
[23] *Jäger* AT Rn. 118 f.; *Kindhäuser* AT § 16 Rn. 32 ff.; *Kühl* AT § 7 Rn. 43; *Rengier* AT § 18 Rn. 52.
[24] *Kühl* AT § 7 Rn. 59; *Rengier* AT § 18 Rn. 30; *Wessels/Beulke/Satzger* Rn. 331.
[25] *Rengier* AT § 18 Rn. 30; *Wessels/Beulke/Satzger* Rn. 327.
[26] *Kühl* AT § 7 Rn. 84; *Rengier* AT § 18 Rn. 31.
[27] *Jäger* AT Rn. 118; *Kindhäuser* AT § 16 Rn. 27; *Krey/Esser* Rn. 503; *Wessels/Beulke/Satzger* Rn. 335.

teidigung, wenn sie eine sofortige und sichere Abwehr des Angriffs ermöglicht oder den Angriff zumindest abschwächen oder erschweren kann.[28] Das *relativ mildeste Mittel* gebraucht der Verteidiger, wenn er von mehreren geeigneten Mitteln auf dasjenige zurückgreift, das den Angreifer am geringsten beeinträchtigt.[29]

Die Erforderlichkeit orientiert sich an den objektiven Gegebenheiten und den konkreten Umständen des Einzelfalls. Dabei ist – anders als bei der „ex post"-Betrachtung des Angriffs – nach hM jeweils die *„ex ante"*-Perspektive eines objektiven und besonnenen Dritten heranzuziehen. Berücksichtigt werden dürfen somit lediglich diejenigen Umstände, die zum Zeitpunkt der Verteidigung schon bekannt waren.[30] **38**

Da das Recht dem Unrecht nicht zu weichen braucht (→ Rn. 19), muss der Verteidiger nicht auf eine „schimpfliche" Flucht oder sonstige Ausweichmöglichkeiten als mildere Mittel zurückgreifen. Zudem gehen *Zweifel* über die Wirksamkeit oder über die relative Milde der Verteidigungshandlung *zu Lasten des Angreifers*, ebenso die damit für ihn einhergehenden Risiken. Der Angegriffene muss sich also nicht mit weniger erfolgversprechenden Abwehrhandlungen begnügen und braucht sich nicht auf einen Kampf mit ungewissem Ausgang einzulassen.[31] **39**

Die Erforderlichkeit muss vor allem dann ausführlich begründet werden, wenn sich der Verteidiger mit *Schusswaffen* oder ähnlich gefährlichen Mitteln zur Wehr setzt. Hier besteht das relativ mildeste Mittel zunächst darin, einen Warnruf oder einen Warnschuss abzugeben. Sodann darf der Verteidiger einen gezielten, nicht tödlichen Schuss auf den Angreifer abgeben. Erst als letzte Verteidigungsmaßnahme darf er ungezielt auf den Angreifer schießen und dessen tödliche Verletzung riskieren. Allerdings gilt auch bei der Verwendung von Schusswaffen, dass sich der Angegriffene nicht auf unsichere Verteidigungsmaßnahmen einlassen muss. Der Verteidiger darf daher sogleich einen ggf. tödlichen Schuss abgeben, wenn Warnung und gezielter Schuss die Verletzung des angegriffenen Rechtsguts nicht ausschließen können.[32] **40**

Im sog. *„Hells Angels"*-Fall[33] schoss der Angeklagte, ein Mitglied des gleichnamigen Motorradclubs, durch die Haustür auf eine Person, die diese gerade aufbrechen wollte. Er ging dabei davon aus, dass er von einer feindlichen Motorradgang getötet werden sollte. Wird diese Annahme zugrunde gelegt (in Wahrheit hielt es sich bei der Person um einen Polizeibeamten mit Durchsuchungsanordnung, der sich auch nach Bemerken des Angeklagten nicht als solcher zu erkennen gegeben hatte), wäre nach BGH die Verteidigung das relativ mildeste Mittel gewesen. Ein Warnschuss hätte bei dieser zugespitzten Situation die Beendigung des Angriffs nicht erwarten lassen, sondern hätte eher zu einer weiteren Eskalation beigetragen. Der Angeklagte hätte vielmehr damit rechnen müssen, seinerseits von den Angreifern durch die Tür hindurch beschossen zu werden. Auf einen Kampf mit ungewissem Ausgang muss sich ein Verteidiger aber nicht einlassen.[34] Der Angeklagte befand sich somit in einem Erlaubnistatumstandsirrtum (→ § 8 Rn. 40 ff.) und wurde mangels Fahrlässigkeit bezüglich seines Irrtums insoweit freigesprochen.[35]

Sind die vorstehenden Voraussetzungen gewahrt, erfolgt im Rahmen der Erforderlichkeit *keine Einschränkung des Notwehrrechts*. Eine Güterabwägung oder eine Ver- **41**

---

[28] *Kühl* AT § 7 Rn. 94 f.; *Rengier* AT § 18 Rn. 33.
[29] BGHSt 42, 97 (100); *Rengier* AT § 18 Rn. 36; *Wessels/Beulke/Satzger* Rn. 335.
[30] *Kühl* AT § 7 Rn. 107; *Rengier* AT § 18 Rn. 47; *Wessels/Beulke/Satzger* Rn. 337.
[31] BGH NStZ 2006, 152 (153); *Kindhäuser* AT § 16 Rn. 29; *Rengier* AT § 18 Rn. 36 und 38; *Wessels/Beulke/Satzger* Rn. 339.
[32] BGH NStZ 2012, 272 (274); *Rengier* AT § 18 Rn. 41 f.; *Wessels/Beulke/Satzger* Rn. 335; siehe auch BGH NJW 2013, 1616 für den Einsatz eines Messers.
[33] BGH NStZ 2012, 272.
[34] BGH NStZ 2012, 272 (274).
[35] BGH NStZ 2012, 272 (274).

hältnismäßigkeitsprüfung findet bei der Notwehr – anders als beim Notstand nach § 34 StGB (→ Rn. 81 ff.) – wegen des Rechtsbewährungsgedankens (→ Rn. 19) nicht statt.[36] Um die Reichweite des Notwehrrechts zu begrenzen, werden jedoch Einschränkungen bei der sogleich zu erörternden Gebotenheit der Notwehrhandlung vorgenommen.

42　Ist die Notwehrhandlung geeignet und das relativ mildeste Mittel, kann § 32 StGB sogar die Tötung des Angreifers gestatten, selbst wenn sich der Angriff nur gegen Sachwerte richtet. Auch Art. 2 Abs. 2 lit. a EMRK steht dem nach hM nicht entgegen, da er nur im Verhältnis zwischen Staat und Bürger, nicht aber zwischen Bürgern untereinander gilt.[37]

c) Gebotenheit

43　Jede Notwehrhandlung muss nicht nur erforderlich, sondern überdies geboten sein (vgl. auch § 32 Abs. 1 StGB). Über das Merkmal der Gebotenheit wird im Einzelfall das (sonst allzu „schneidige") *Notwehrrecht aus sozialethischen Erwägungen eingeschränkt.* Anders als bei der Prüfungsstufe der Erforderlichkeit werden hier nicht schlicht objektive Tatsachen betrachtet, sondern wird eine Wertung vorgenommen.[38] Da die fehlende Gebotenheit die Ausnahme darstellt, ist sie – anders als die Erforderlichkeit, deren Beachtung die Rechtfertigung eines Verhaltens voraussetzt – in Prüfungen nur dann anzusprechen, wenn der Sachverhalt dies nahe legt.

44　Die wichtigsten *Konstellationen* im Rahmen der Gebotenheit sind der Bagatellangriff (zB die Unfugabwehr gegen das Blenden mit einer Taschenlampe, sofern hierin überhaupt ein notwehrfähiger Angriff gesehen werden kann), das extreme Missverhältnis zwischen geschütztem und verletztem Rechtsgut, Angriffe von Kindern, Geisteskranken und sonst schuldlos Handelnden (zB Betrunkenen) und die Notwehrprovokation.[39]

45　Zunehmend umstritten ist hingegen die Fallgruppe *enger persönlicher Beziehungen* zwischen dem Angreifer und dem Angegriffenen. Nach früher hM wurde hier das Notwehrrecht eingeschränkt, da dem Angegriffenen aufgrund seiner Beschützergarantenstellung ein gewisses Maß an Solidarität und gegenseitige Rücksichtnahme abverlangt werden könne.[40] Diese Begrenzung der Verteidigungsmöglichkeiten wird allerdings zu Recht immer mehr hinterfragt, da dies einen Freibrief für Misshandlungen zB innerhalb einer Ehe bedeutete.[41]

46　Je nach Fallkonstellation wird das Notwehrrecht in unterschiedlichem Maße eingeschränkt. Das Spektrum reicht von der nur schonend zulässigen Verteidigung (gegenüber *Bagatellangriffen*[42]) bis hin zum völligen Ausschluss des Notwehrrechts, insbesondere nach hM bei einem *krassen Missverhältnis* zwischen den betroffenen Rechtsgütern.[43]

47　**Beispiel:** Der an den Rollstuhl gefesselte A hat den Nachbarn B mehrmals dazu angehalten, die Finger von seinem Kirschbaum zu lassen. Als B wieder von den verbotenen Früchten nascht und sich nicht einmal durch einen Warnschuss des A mit dessen Gewehr davon abhalten lässt, gibt A einen ungezielten Schuss auf den B ab, der diesen aber tödlich trifft.

---

[36] *Wessels/Beulke/Satzger* Rn. 340.

[37] *Fischer* § 32 Rn. 40; *Rengier* AT § 18 Rn. 60; *Wessels/Beulke/Satzger* Rn. 343a; aA *Jäger* AT Rn. 128.

[38] *Jäger* AT Rn. 120; *Kindhäuser* AT § 16 Rn. 36; *Wessels/Beulke/Satzger* Rn. 342.

[39] Zu den einzelnen Fallgruppen *Kindhäuser* AT § 16 Rn. 39 ff.; *Krey/Esser* Rn. 532 ff.; *Kühl* AT § 7 Rn. 170 ff.; *Rengier* AT § 18 Rn. 57 ff.; *Wessels/Beulke/Satzger* Rn. 343 ff.

[40] Siehe hierzu *Jäger* AT Rn. 124; *Kindhäuser* AT § 16 Rn. 47; *Kudlich* PdW AT Fall 97; *Kühl* AT § 7 Rn. 198 ff.; *Rengier* AT § 18 Rn. 68 ff.; *Wessels/Beulke/Satzger* Rn. 345.

[41] MüKoStGB/*Erb* § 32 Rn. 221; *Krey/Esser* Rn. 541 f.; offen gelassen von BGH NStZ-RR 2002, 203 (204); siehe auch BGH NStZ 2014, 451 (452).

[42] *Kindhäuser* AT § 16 Rn. 41; *Krey/Esser* Rn. 552.

[43] *Kudlich* PdW AT Fall 95; *Rengier* AT § 18 Rn. 58; *Wessels/Beulke/Satzger* Rn. 343.

Der tödliche Schuss des A auf B war, nachdem der zuvor abgegebene Warnschuss wirkungslos blieb, die geeignete und zugleich relativ mildeste Verteidigung, um den gegenwärtigen und rechtswidrigen Angriff des B auf das Eigentum des A abzuwehren. Die demnach erforderliche Notwehrhandlung war aber nach sozialethischen Erwägungen nicht geboten, da ein krasses Missverhältnis zwischen dem von A geschützten Rechtsgut (Eigentum) und dem von ihm beeinträchtigten Rechtsgut (Leben des B) besteht. Da insoweit eine Notwehr des A unzulässig ist, handelte er rechtswidrig und hat sich somit wegen eines Tötungsdelikts strafbar gemacht.

Mitunter wird das Notwehrrecht auch nach der sog. *Dreistufentheorie* (Ausweichen, Schutzwehr, Trutzwehr) begrenzt. Danach muss der Angegriffene – anders als bei der sonst gestatteten Verteidigung aus Notwehr (→ Rn. 39) – zunächst versuchen, der Attacke auszuweichen oder zu fliehen (erste Stufe). Sollte dies nicht gelingen, so muss er sich auf defensive Schutzmaßnahmen beschränken (zweite Stufe). Erst wenn auch dies nicht erfolgreich ist, darf er sich aktiv verteidigen (dritte Stufe), zB durch einen Gegenangriff, wobei er grundsätzlich die mildesten ihm zur Verfügung stehenden Mittel anzuwenden hat.[44] Ein Anwendungsbereich der Dreistufentheorie besteht bei der Verteidigung gegenüber *Angriffen von schuldlos Handelnden*.[45] **48**

Besonders problematisch sind die Fälle der *Notwehrprovokation*. Hierbei handelt es sich um Konstellationen, in denen der Täter gerade zu dem Zweck, anschließend Notwehr auszuüben, das spätere Opfer absichtlich zu einem Angriff provoziert (Absichtsprovokation) oder er wusste oder zumindest hätte erkennen können, dass er durch ein bestimmtes Verhalten eine Situation provoziert, aus der er sich nur durch Notwehr befreien kann (sonst schuldhaftes Herbeiführen einer Notwehrlage). **49**

Auf die Dreistufentheorie wird vor allem für die letztgenannten Fälle eines *sozialethisch zu missbilligenden* (Rspr) bzw. rechtswidrigen (hL) *Vorverhaltens* zurückgegriffen. Eine Verteidigung ist somit nur in der Reihenfolge Ausweichen – Schutzwehr – Trutzwehr zulässig, wenn der Angriff in einem engen zeitlichen und räumlichen Ursachenzusammenhang mit dem Vorverhalten steht.[46] **50**

Beispiel: A will den alkoholisierten J an einem Nachmittag im Dezember aus einem Zugabteil erster Klasse „herauseckeln", zu dem J keine Fahrkarte hat. Zu diesem Zweck öffnet A wiederholt das Fenster, das J jeweils umgehend wieder schließt, beim dritten Mal unter Androhung von Schlägen gegenüber A beim erneuten Öffnen des Fensters. A zeigt daraufhin J sein mitgeführtes Fahrtenmesser und öffnet erneut das Fenster. J springt daraufhin auf, um den A mit der Faust zu schlagen. A verteidigt sich mit einem ungezielten Aufwärtsstich mit dem Fahrtenmesser, an dessen Folgen J wenige Stunden später verstirbt.

Nach dem BGH war das Vorverhalten des A – auch unter Berücksichtigung des Verhaltens des J – sozialethisch zu beanstanden, so dass sein Notwehrrecht eingeschränkt war. Falls möglich, hätte er sich daher mit seinen Händen vor den Schlägen des J schützen und ihn mit Fußtritten aus dem Gleichgewicht bringen oder auch die vor dem Abteil stehenden Personen um Hilfe rufen müssen.[47]

Allerdings führt ein rechtlich gebotenes oder erlaubtes Tun nicht allein deswegen zu einer Einschränkung des Notwehrrechts, weil der Täter wusste oder wissen

---

[44] BGHSt 24, 356 (359); 39, 374 (379); *Rengier* AT § 18 Rn. 56; *Wessels/Beulke/Satzger* Rn. 348.

[45] *Jescheck/Weigend* § 32 III 3a; *Kindhäuser* AT § 16 Rn. 46; *Rengier* AT § 18 Rn. 66 f.; *Wessels/Beulke/Satzger* Rn. 344.

[46] BGHSt 26, 143 (145); BGH NStZ 2002, 425 (427); 2014, 451 (452); *Jäger* AT Rn. 122; *Otto* AT § 8 Rn. 79 ff.; *Rengier* AT § 18 Rn. 80; *Wessels/Beulke/Satzger* Rn. 348.

[47] BGHSt 42, 97 (102 f.); kritisch *Kudlich* PdW AT Fall 99.

konnte, dass andere dadurch zu einem rechtswidrigen Angriff veranlasst werden könnten.[48]

Beispiel: A begleitet seinen 16-jährigen Sohn, der von dem als gewalttätig und leicht reizbar bekannten jungen X zu einer Schlägerei „eingeladen" worden war, um X zur Rede zu stellen. Nach einem kurzen heftigen Wortwechsel schlägt X mit einem Holzknüppel gegen den linken Arm des A, der aber den zweiten Schlag abzuwehren weiß und den X von hinten mit einem Butterflymesser in dessen Oberkörper sticht.
Mangels Einschränkung des Notwehrrechts ist die Verteidigung des A gerechtfertigt.[49]

51 Außerordentlich strittig ist die Behandlung der *Absichtsprovokation*. Nach hM ist dem Provokateur jegliches Notwehrrecht abzusprechen, da er der wahre Angreifer sei, wenn er einen Angriff herausfordere, um sich rechtsmissbräuchlich unter dem „Deckmantel der Notwehr" zu verteidigen.[50] Dem wird jedoch entgegengehalten, es sei unverhältnismäßig, den Angegriffenen infolge seiner Provokation völlig schutzlos zu stellen. Zudem sei zu beachten, dass auch hier ein rechtswidriger Angriff des späteren Opfers vorliegt, das der Provokation schließlich hätte widerstehen können. Nach aA ist daher für die Fälle der Absichtsprovokation ebenso die „Dreistufentheorie" anzuwenden.[51]

52 **Beispiel:** A trifft an einem Samstag in der Fußballkneipe seinen Erzfeind B. Er nutzt die Gelegenheit, um den B wiederholt daran zu erinnern, dass dessen Lieblingsfußballmannschaft das Derby am letzten Spieltag haushoch verloren hat. Als A dann noch seine Jacke auszieht und das Trikot der Gewinnermannschaft entblößt, geht B – wie von A beabsichtigt – mit erhobenen Fäusten auf A los. A freut sich, dass sein Plan aufgegangen ist und er B zu einem Angriff veranlassen konnte, und „verteidigt" sich mit einem gezielten Kinnhaken gegen B.

Nach hM ist dem A wegen seiner Absichtsprovokation das Notwehrrecht aus sozialethischen Erwägungen völlig zu versagen. Nach aA ist dem Provokateur immerhin ein eingeschränktes Notwehrrecht nach den Grundsätzen der Drei-Stufen-Theorie zuzugestehen. Da A hier allerdings sogleich einen gezielten Kinnhaken verabreicht, ohne vorher überhaupt zu versuchen, auszuweichen oder Schutzwehr zu üben, dürfte seine Verteidigung auch nach der für ihn günstigeren aA mangels Gebotenheit nicht mehr von § 32 StGB gedeckt sein. A handelte mithin rechtswidrig und hat sich wegen Körperverletzung gemäß § 223 Abs. 1 StGB strafbar gemacht.

4. Subjektives Rechtfertigungselement

53 Außer den objektiven Voraussetzungen eines Erlaubnistatbestandes setzt die Rechtfertigung nach ganz hM auch ein subjektives Merkmal voraus (→ Rn. 15). Für die Verwirklichung dieses subjektiven Rechtfertigungselements reicht es nach hM (vergleichbar dem Vorsatz im subjektiven Tatbestand) nicht aus, in *Kenntnis* der objektiven Rechtfertigungsvoraussetzungen zu handeln. Vielmehr muss der Täter auch rechtmäßig handeln wollen, dh mit *Verteidigungswillen* (§ 32 StGB) tätig werden.[52]

54 Allerdings muss der Wille zur Verteidigung nicht das einzige *Handlungsmotiv* sein. Begleitmotive wie zB Wut, Eifersucht und Rache, schließen den Verteidigungswillen nicht aus, sofern sie ihn nicht völlig in den Hintergrund drängen.[53]

---

[48] BGH NJW 2003, 1955 (1959); NStZ 2011, 82 (83); NStZ-RR 2011, 74 (75); *Rengier* AT § 18 Rn. 74.

[49] BGH NStZ 2011, 82 (83).

[50] BGH NJW 1983, 2267; 2001, 1075 (1075); *Heinrich* AT Rn. 375; *Jäger* AT Rn. 122; *Roxin* AT I § 15 Rn. 65; *Wessels/Beulke/Satzger* Rn. 347; einschränkend *Rengier* AT § 18 Rn. 88.

[51] *Baumann/Weber/Mitsch* § 17 Rn. 38.

[52] BGHSt 5, 245 (247); BGH NJW 2013, 2133 (2135); *Rengier* AT § 18 Rn. 108; *Wessels/Beulke/Satzger* Rn. 277; aA *Kindhäuser* AT § 16 Rn. 38; *Kühl* AT § 7 Rn. 128.

[53] BGHSt 5, 245 (247); BGH NJW 2013, 2133 (2135); *Jäger* AT Rn. 129; *Rengier* AT § 18 Rn. 104; *Wessels/Beulke/Satzger* Rn. 350a.

Umstritten sind die Folgen, wenn die *Voraussetzungen des subjektiven Rechtfer-* 55
tigungselements fehlen, zB weil der Verteidiger überhaupt nicht um das Bestehen
einer Notwehrlage weiß und sich aus anderen Gründen gegen einen (nicht wahr-
genommenen) Angriff zur Wehr setzt. Die wohl hA verweist darauf, dass das tatbestandliche Unrecht nicht vollständig ausgeglichen wird, wenn nicht sämtliche
Voraussetzungen des Rechtfertigungsgrundes erfüllt sind. Demzufolge bleibe der
Täter, der sich objektiv in einer Rechtfertigungslage befindet, aber ohne Verteidigungswillen handelt, wegen *vollendeten Delikts* zu bestrafen.[54]

Eine zunehmend vertretene Auffassung weist hingegen darauf hin, dass jedenfalls das 56
Erfolgsunrecht der Tat durch die objektiv gegebene Rechtfertigungslage kompensiert
sei. Mangels Verteidigungswillen des Täters bleibe lediglich das Handlungsunrecht
der Tat bestehen. Diese Situation ähnele aber der des *untauglichen Versuchs* (→ § 10
Rn. 23 ff.), weswegen eine analoge Anwendung der Versuchsregeln sachgerecht er-
scheine und nur eine Strafbarkeit wegen Versuchs in Betracht komme.[55]

Beispiel: Ehefrau F will ihrem verlotterten Ehemann M eine Lektion erteilen. Als sie weit nach 57
Mitternacht Geräusche im Flur hört, vermutet sie, dass ihr Ehemann nach einem erneuten
Zechgelage im Haus herumtorkelt. Sie schnappt sich eine Bratpfanne und schlägt auf den vor ihr
stehenden Schatten ein. In Wirklichkeit handelt es sich dabei um den Einbrecher O, der den Flur
gerade nach Wertgegenständen durchsucht.

Nach wohl hA ist F mangels subjektiven Rechtfertigungselements wegen vollendeter Körperverletzung strafbar, nach aA wegen der objektiv bestehenden Notwehrlage lediglich wegen Versuchs. In Prüfungsarbeiten nimmt es freilich weniger Raum und Zeit in Anspruch, der hA zu
folgen, da nach aA noch der Versuch zu prüfen wäre.

III. Zivilrechtliche Selbsthilfe- und Notrechte

Erfüllt der Schuldner bestimmte Ansprüche des Gläubigers nicht, muss dieser sich in 58
der Regel an die Zivilgerichte wenden, um seine Ansprüche durchzusetzen. In
bestimmten Fällen ist aber auch im Zivilrecht ausnahmsweise ein Handeln „auf eigene
Faust" gestattet.[56]

1. Selbsthilfe (§§ 229, 230 BGB)

> **§ 229 BGB Selbsthilfe** 59
>
> Wer zum Zwecke der Selbsthilfe eine Sache wegnimmt, zerstört oder beschädigt
> oder wer zum Zwecke der Selbsthilfe einen Verpflichteten, welcher der Flucht
> verdächtig ist, festnimmt oder den Widerstand des Verpflichteten gegen eine
> Handlung, die dieser zu dulden verpflichtet ist, beseitigt, handelt nicht wider-
> rechtlich, wenn obrigkeitliche Hilfe nicht rechtzeitig zu erlangen ist und ohne
> sofortiges Eingreifen die Gefahr besteht, dass die Verwirklichung des Anspruchs
> vereitelt oder wesentlich erschwert werde.

---

[54] BGHSt 2, 111 (114 f.); BGH NStZ 2005, 332 (334); *Heinrich* AT Rn. 392; *Zieschang* Rn. 232.
[55] OLG Naumburg NStZ 2013, 718 (719); *Fischer* § 32 Rn. 27; *Jäger* AT Rn. 129c; *Kindhäu-*
ser AT § 29 Rn. 9; *Kühl* AT § 6 Rn. 16; *Rengier* AT § 17 Rn. 18; *Roxin* AT I § 14 Rn. 104;
Wessels/Beulke/Satzger Rn. 279.
[56] *Kühl* AT § 9 Rn. 2.

§ 230 BGB Grenzen der Selbsthilfe

(1) Die Selbsthilfe darf nicht weiter gehen, als zur Abwendung der Gefahr erforderlich ist.

(2) Im Falle der Wegnahme von Sachen ist, sofern nicht Zwangsvollstreckung erwirkt wird, der dingliche Arrest zu beantragen.

(3) Im Falle der Festnahme des Verpflichteten ist, sofern er nicht wieder in Freiheit gesetzt wird, der persönliche Sicherheitsarrest bei dem Amtsgericht zu beantragen, in dessen Bezirk die Festnahme erfolgt ist; der Verpflichtete ist unverzüglich dem Gericht vorzuführen.

(4) Wird der Arrestantrag verzögert oder abgelehnt, so hat die Rückgabe der weggenommenen Sachen und die Freilassung des Festgenommenen unverzüglich zu erfolgen.

60

Prüfungsschema: Selbsthilfe

I. Selbsthilfelage
  1. (fälliger und einredefreier) zivilrechtlicher Anspruch
  2. Erlangung rechtzeitiger obrigkeitlicher Hilfe ausgeschlossen
  3. Verwirklichung des Anspruchs gefährdet
II. Selbsthilfehandlung
  1. insbesondere Wegnahme, Zerstören oder Beschädigen einer Sache und Festnahme des der Flucht verdächtigen Schuldners (§ 229 BGB)
  2. Erforderlichkeit (§ 229 iVm § 230 Abs. 1 BGB)
III. Subjektives Rechtfertigungselement

61 § 229 BGB gewährt ein Recht zur Selbsthilfe in Situationen, in denen obrigkeitliche Hilfe nicht rechtzeitig zu erlangen ist und ohne ein sofortiges Eingreifen die *Verwirklichung eines* eigenen (fälligen und einredefreien) *Anspruchs vereitelt oder wesentlich erschwert* zu werden droht. Dies ist etwa anzunehmen, wenn sich der Schuldner gerade ins Ausland absetzen will oder dessen Personalien (zB bei dem Kunden eines Restaurants oder eines Taxifahrers) nicht bekannt sind, um den Anspruch durchzusetzen. Erfasst ist ebenso die drohende Beweismittelvernichtung durch den Schuldner. Beweisschwierigkeiten, die im Zivilverfahren zu erwarten sind, genügen hingegen nicht.[57]

62 In einer solchen rechtfertigenden Lage ist der Anspruchsinhaber insbesondere dazu befugt, eine *Sache wegzunehmen* (zB den vom Schuldner gestohlenen Gegenstand, auf deren Herausgabe ein Anspruch besteht, aber auch eine dem Schuldner gehörende Sache, um dessen Identifizierung zu ermöglichen[58]), zu zerstören oder zu beschädigen oder den der Flucht verdächtigen *Schuldner festzunehmen* (zB den dem Taxifahrer unbekannten Fahrgast, der aussteigt ohne zu bezahlen).

63 Nach § 230 Abs. 1 BGB darf die Selbsthilfe allerdings nicht weiter gehen, als dies zur Abwendung der Gefahr *erforderlich* ist. Zurückgegriffen werden darf also wie-

---

[57] BGHSt 17, 328 (331); *Kühl* AT § 9 Rn. 4; *Rengier* AT § 21 Rn. 12.
[58] BGH NStZ 2012, 144 (144).

derum nur auf ein hierfür geeignetes und zugleich relativ mildestes Mittel. § 230 BGB bringt außerdem zum Ausdruck, dass das Ziel der Selbsthilfe lediglich die vorläufige Sicherung des gefährdeten Anspruchs und nicht dessen endgültige Befriedigung ist.[59]

Da auch ein rechtswidriges Unterlassen (zB die Weigerung des Schuldners, einen Herausgabeanspruch zu erfüllen) einen Angriff im Sinne des § 32 StGB bedeutet, kann das Selbsthilferecht neben dem Erlaubnistatbestand der Notwehr bestehen. Allerdings verlangt § 229 BGB keine Gegenwärtigkeit und konkretisiert die Voraussetzungen der Erforderlichkeit. Die Vorschrift hat somit eine Notwehrersatzfunktion und geht dem Rechtfertigungsgrund der Notwehr vor.[60] 64

2. Besitzkehr und Besitzwehr (§ 859 BGB)

§ 859 BGB Selbsthilfe des Besitzers 65

(1) Der Besitzer darf sich verbotener Eigenmacht mit Gewalt erwehren.

(2) Wird eine bewegliche Sache dem Besitzer mittels verbotener Eigenmacht weggenommen, so darf er sie dem auf frischer Tat betroffenen oder verfolgten Täter mit Gewalt wieder abnehmen.

(3) Wird dem Besitzer eines Grundstücks der Besitz durch verbotene Eigenmacht entzogen, so darf er sofort nach der Entziehung sich des Besitzes durch Entsetzung des Täters wieder bemächtigen.

(4) Die gleichen Rechte stehen dem Besitzer gegen denjenigen zu, welcher nach § 858 Abs. 2 die Fehlerhaftigkeit des Besitzes gegen sich gelten lassen muss.

§ 859 Abs. 2 BGB räumt dem Besitzer das Recht der *Besitzkehr* ein, wenn ihm eine bewegliche Sache mittels verbotener Eigenmacht weggenommen wird. In diesem Fall darf er dem auf frischer Tat betroffenen oder verfolgten Täter die Sache mit Gewalt wieder abnehmen. Eine ähnliche Regelung sieht § 859 Abs. 3 BGB für den Besitzer von Grundstücken vor. In beiden Fällen handelt es sich um einen Spezialfall des zivilrechtlichen Selbsthilferechts.[61] Eine eigenständige Bedeutung neben § 32 StGB hat das Recht zur Besitzkehr wegen des zeitlichen Zusammenhangs der frischen Tat allerdings kaum. 66

Zwar stellen § 859 Abs. 2 und Abs. 3 BGB – anders als § 230 Abs. 1 BGB – keine ausdrücklichen Anforderungen an die gerechtfertigte Handlung. Gleichwohl gelten auch hier die allgemeinen Schranken der Erforderlichkeit (geeignetes und relativ mildestes Mittel) sowie des Rechtsmissbrauchs.[62] 67

§ 859 Abs. 1 BGB setzt früher als § 859 Abs. 2 BGB an und erlaubt es dem gerade angegriffenen Besitzer, sich verbotener Eigenmacht mit Gewalt zu erwehren. Da ein solcher Angriff in der Regel auch eine Notwehrlage begründet, kommt § 859 Abs. 1 BGB jedoch nahezu keine Bedeutung zu. Ein Beispiel für eine solche *Besitzwehr* liegt vor, wenn der Mieter den Vermieter aus dem zur alleinigen Nutzung vermieteten Garten befördert.[63] 68

---

[59] BGHSt 17, 87 (89 f.); *Jäger* AT Rn. 162; *Kindhäuser* AT § 20 Rn. 11; *Krey/Esser* Rn. 634.
[60] *Rengier* AT § 21 Rn. 2.
[61] *Kühl* AT § 9 Rn. 10.
[62] *Kühl* AT § 9 Rn. 11.
[63] OLG Frankfurt NStZ-RR 2000, 107; *Kühl* AT § 9 Rn. 12a.

IV. Rechtfertigender Notstand (§ 34 StGB)

69   **§ 34 StGB Rechtfertigender Notstand**

[1]Wer in einer gegenwärtigen, nicht anders abwendbaren Gefahr für Leben, Leib, Freiheit, Ehre, Eigentum oder ein anderes Rechtsgut eine Tat begeht, um die Gefahr von sich oder einem anderen abzuwenden, handelt nicht rechtswidrig, wenn bei Abwägung der widerstreitenden Interessen, namentlich der betroffenen Rechtsgüter und des Grades der ihnen drohenden Gefahren, das geschützte Interesse das beeinträchtigte wesentlich überwiegt. [2]Dies gilt jedoch nur, soweit die Tat ein angemessenes Mittel ist, die Gefahr abzuwenden.

Ausgewählte Entscheidung: BGHSt 48, 255 (Haustyrannen-Fall).

Ausgewählte Studienliteratur: *Erb* Der rechtfertigende Notstand, JuS 2010, 17, 108; *Kretschmer* Der Begriff der Gefahr in § 34 StGB, Jura 2005, 662.

1. Grundlagen

70   Als Notstand lässt sich eine gegenwärtige Gefahrenlage für rechtlich geschützte Interessen beschreiben, die nur auf Kosten fremder Interessen abgewendet werden kann. Der rechtfertigende Notstand gemäß § 34 StGB (zum entschuldigenden Notstand gemäß § 35 StGB → § 6 Rn. 45 ff.) beruht auf dem Gedanken, dass in einer Notstandslage die geschützten und die verletzten Interessen gegeneinander abgewogen werden müssen *(umfassende Güter- und Interessenabwägung)*. Überwiegt hierbei das geschützte Interesse, gestattet es das *Solidaritätsprinzip*, die Rechtsgüter Unbeteiligter zu beeinträchtigen.[64] Als (damals noch ungeschriebener) Rechtfertigungsgrund wurde der Notstand erstmals in den Fällen medizinisch indizierter Schwangerschaftsabbrüche anerkannt.

71   Sonderfälle des rechtfertigenden Notstands finden sich in § 228 BGB (defensiver Notstand; → Rn. 89 ff.) und § 904 BGB (aggressiver Notstand; → Rn. 94 ff.). Sind diese Spezialvorschriften in Betracht zu ziehen, bleiben sie vorrangig zu prüfen. Generell kommt dem rechtfertigenden Notstand ein Auffangcharakter zu, so dass er grundsätzlich erst nach anderen Rechtfertigungsgründen anzusprechen ist.[65]

72   **Prüfungsschema: Rechtfertigender Notstand**

   I. Notstandslage
      1. Gefahr für ein notstandsfähiges Rechtsgut
      2. Gegenwärtigkeit
   II. Notstandshandlung
      1. Erforderlichkeit („nicht anders abwendbare(n) Gefahr")
      2. Interessenabwägung
      3. Angemessenheit (§ 34 Satz 2 StGB)
   III. Subjektives Rechtfertigungselement

---

[64] *Kindhäuser* AT § 17 Rn. 10.
[65] *Kindhäuser* AT § 17 Rn. 12; *Rengier* AT § 19 Rn. 3.

2. Notstandslage

Die Notstandslage besteht aus einer gegenwärtigen Gefahr für ein (schutzbedürftiges 73
und schutzwürdiges) Rechtsgut. *Notstandsfähig* sind nach hM – anders als bei der
Notwehr (→ Rn. 21) – nicht nur Individualinteressen, sondern auch Rechtsgüter der
Allgemeinheit, wie zB die Sicherheit im Straßenverkehr.[66]

Eine *gegenwärtige Gefahr* ist ein Zustand, der bei ungehinderter Weiterentwicklung 74
den Eintritt oder die Intensivierung eines Schadens ernstlich befürchten lässt, sofern
nicht alsbald Abwehrmaßnahmen getroffen werden. Für die Beurteilung einer Situation als „Gefahr" ist daher empirisches Wissen erforderlich. Entscheidend ist die „ex
ante"-Sicht eines sachverständigen objektiven Betrachters.[67]

Im Gegensatz zur Notwehr (→ Rn. 31) erfasst der rechtfertigende Notstand *Dauer-* 75
gefahren, die jederzeit und somit auch alsbald in einen Schaden umschlagen können.
Dass der Eintritt des Schadens ebenso einige Zeit auf sich warten lassen kann, steht
nicht dem Bedürfnis entgegen, unverzüglich tätig zu werden, um die schon jetzt
mögliche Realisierung der Gefahr wirksam zu verhindern.[68]

Beispiel (Haustyrannen-Fall)[69]: Ehefrau F wird von ihrem häufig alkoholisierten Ehemann M 76
regelmäßig beschimpft, bedroht, geschlagen und misshandelt. Eines Abends kommt M erneut in
angetrunkenem Zustand nach Hause, hält der F ein Messer an den Hals und kündigt an, zuerst
ein kurzes Nickerchen zu halten und anschließend die F zu töten. Um dies zu verhindern,
erschlägt die F den schlafenden M mit einem Beil.

Auf den Rechtfertigungsgrund der Notwehr kann sich F bei ihrem Tötungsdelikt nicht berufen.
Da der Angriff des M auf das Leben der F noch nicht unmittelbar bevorsteht, scheidet § 32
StGB mangels gegenwärtigen Angriffs aus.

Hingegen liegt eine gegenwärtige Gefahr im Sinne des § 34 StGB für das notstandsfähige
Rechtsgut Leben vor. Da M jederzeit aufzuwachen und die F gemäß seiner Ankündigung zu
töten droht, ist eine Dauergefahr gegeben, die sich nur durch sofortige Abwehrmaßnahmen
beenden lässt. Allerdings scheitert der rechtfertigende Notstand in den Haustyrannen-Fällen
trotz bestehender Notstandslage häufig bereits daran, dass nicht ein relativ mildestes Mittel –
wie zB die Inanspruchnahme staatlicher Hilfe – gegriffen wird. Zudem gestattet § 34 StGB keine
Abwägung „Leben gegen Leben" (→ Rn. 83).

In Betracht kommt schließlich noch der entschuldigende Notstand gemäß § 35 StGB (→ § 6
Rn. 45 ff.). Auch hier ist jedoch vornehmlich das mildeste Mittel fraglich, so dass die Tat nur
selten entschuldigt sein wird. Denkbar wäre außerdem ggf. ein Putativnotstand gemäß § 35
Abs. 2 StGB (→ § 6 Rn. 50). Ansonsten bleibt es bei der Strafbarkeit der F wegen eines vorsätzlichen vollendeten Tötungsdelikts.

3. Notstandshandlung

In einer Notstandslage darf zu einer Abwehrmaßnahme gegriffen werden, die zum 77
einen *objektiv erforderlich* („nicht anders abwendbare(n) Gefahr") ist. Zum anderen
muss das geschützte Interesse das beeinträchtigte wesentlich überwiegen (*Interessen-*
abwägung) und die Verteidigung gemäß § 34 Satz 2 StGB sozialethisch *angemessen*
sein.

---

[66] *Jäger* AT Rn. 151; *Kühl* AT § 8 Rn. 21; *Rengier* AT § 19 Rn. 8; *Wessels/Beulke/Satzger*
Rn. 300 f.
[67] *Jäger* AT Rn. 152; *Rengier* AT § 19 Rn. 12; *Wessels/Beulke/Satzger* Rn. 299.
[68] *Jäger* AT Rn. 153; *Kindhäuser* AT § 17 Rn. 20; *Rengier* AT § 19 Rn. 12; *Wessels/Beulke/*
Satzger Rn. 306.
[69] BGHSt 48, 255.

a) Erforderlichkeit

78 Objektiv erforderlich ist eine Verteidigungshandlung nach allgemeinen Grundsätzen, wenn sie zur Gefahrenabwehr *geeignet* und zugleich das *relativ mildeste Mittel* ist.[70] Entscheidend ist wiederum die „ex ante"-Sicht eines objektiven und sachverständigen Beobachters.

79 Anders als bei § 32 StGB (→ Rn. 39) sind auch *Flucht* und sonstige Ausweichmöglichkeiten als mögliche mildere Mittel zu berücksichtigen. Denn § 34 StGB folgt dem Grundsatz der Interessenabwägung und nicht dem Prinzip der Rechtsbewährung.[71]

80 **Beispiel:** Als A und B die Diskothek nach einem feuchtfröhlichen Abend verlassen, stürzt A die Treppe hinunter und zieht sich eine schwere Kopfverletzung zu. B fährt den A daher mit seinem Pkw bei einer Blutalkoholkonzentration von 2,0 ‰ ins Krankenhaus, obwohl es ohne weiteres möglich gewesen wäre, einen Krankenwagen zu benachrichtigen.

Den A selbst ins Krankenhaus zu fahren, ist zwar ein geeignetes Mittel, ihn vor den Gefahren der schweren Kopfverletzung zu bewahren. Wegen der Gefahren, die B durch seine Trunkenheitsfahrt für andere Verkehrsteilnehmer begründet, handelt es sich aber nicht um das relativ mildeste Mittel, da sich diese Risiken durch das Rufen eines Krankenwagens hätten vermeiden lassen. B kann sich somit nicht auf einen rechtfertigenden Notstand nach § 34 StGB berufen und ist jedenfalls gemäß § 316 StGB (Trunkenheit im Verkehr) strafbar.

b) Interessenabwägung und Angemessenheit

81 Außer der objektiv zu beurteilenden Erforderlichkeit der Notstandshandlung setzt auch eine Rechtfertigung nach § 34 StGB ein normatives Element voraus. Es besteht zunächst aus einer umfassenden Abwägung der vom Täter durch die Verteidigungshandlung geschützten und der von ihm dadurch beeinträchtigten Interessen. Das *geschützte Interesse* muss hierbei das beeinträchtigte *wesentlich überwiegen*.

82 Bei der Interessenabwägung sind nach § 34 Satz 1 StGB vor allem der Rang der betroffenen Rechtsgüter und der Grad der ihnen drohenden Gefahren zu berücksichtigen. Zu den weiteren *Abwägungskriterien* zählen der Umfang des drohenden Schadens, die Art der Gefährdung (durch Tun oder Unterlassen), die handelnden Personen (Gefahrtragungspflichten), die Wahrscheinlichkeit der Rettung des gefährdeten Rechtsguts und die Auswirkungen einer möglichen Rechtfertigung auf die Rechtsordnung.[72]

83 Anders als die Notwehr (→ Rn. 40) vermag der rechtfertigende Notstand die Tötung eines anderen Menschen nicht zu rechtfertigen. Der aus Art. 1 Abs. 1 GG abzuleitende Grundsatz des absoluten Lebensschutzes verbietet es, den Wert eines Menschenlebens qualitativ oder quantitativ zu bemessen. Vielmehr ist jedes Leben im gleichen Umfang schützenswert, so dass der Wert eines Menschenlebens das Lebensrecht eines anderen nicht überwiegen kann. Eine Abwägung *„Leben gegen Leben"* ist daher unzulässig.[73]

84 **Beispiele:**
– Treiben zwei Schiffsbrüchige auf einer Planke, die auf Dauer nur einen von ihnen trägt (sog. *Brett des Karneades*), ist es nicht gemäß § 34 StGB gerechtfertigt, den anderen hinunterzustoßen, um das eigene Leben zu retten. In Betracht kommt nur ein entschuldigender Notstand gemäß § 35 StGB (→ § 6 Rn. 56).

---

[70] *Kindhäuser* AT § 17 Rn. 22; *Rengier* AT § 19 Rn. 20; *Wessels/Beulke/Satzger* Rn. 308.
[71] *Krey/Esser* Rn. 596; *Rengier* AT § 19 Rn. 22; *Wessels/Beulke/Satzger* Rn. 308.
[72] Siehe hierzu etwa *Kühl* AT § 8 Rn. 97 ff.; *Rengier* AT § 19 Rn. 28 ff.; *Wessels/Beulke/Satzger* Rn. 311; *Zieschang* Rn. 256.
[73] *Kühl* AT § 8 Rn. 114; *Rengier* AT § 19 Rn. 32; *Wessels/Beulke/Satzger* Rn. 316 ff.

– Droht ein Terrorist, mit einem entführten *Passagierflugzeug* in ein Gebäude zu fliegen, ist der Abschuss des Flugzeugs (genauer: die Tötung der darin befindlichen Passagiere) nicht aus § 34 StGB gerechtfertigt, auch wenn dadurch eine größere Anzahl von Menschenleben gerettet werden kann. Auch hier kann allenfalls ein entschuldigender Notstand in Erwägung gezogen werden, dessen enge Voraussetzungen (insbesondere darf die Gefahr nur von sich, einem Angehörigen oder einer anderen dem Täter nahestehenden Person abgewendet werden) aber häufig nicht vorliegen. Diskutiert wird daher ein Rückgriff auf einen übergesetzlichen entschuldigenden Notstand (→ § 6 Rn. 59).

Die Tötung des Terroristen selbst wäre hingegen aus Notwehr gerechtfertigt, weil sich insoweit die Verteidigung gegen den Angreifer richtete und unter den Voraussetzungen des § 32 StGB auch die Tötung eines anderen Menschen gestattet ist.

Auch wenn die Interessenabwägung zugunsten des gefährdeten Erhaltungsguts **85** spricht, kann eine Rechtfertigung an der fehlenden Angemessenheit der Notstandshandlung scheitern, die § 34 Satz 2 StGB ausdrücklich verlangt. Die *Angemessenheitsklausel* greift außer beim Nötigungsnotstand (→ § 6 Rn. 51) vor allem dann ein, wenn sich die Verteidigung gegen höchstpersönliche Belange richtet, deren Aufgabe das Solidarprinzip nicht fordern darf.[74] Vor allem das Selbstbestimmungsrecht des Betroffenen bleibt hier zu berücksichtigen, sofern es nicht schon die Interessenabwägung zu seinen Gunsten beeinflusst.

Beispiel: Der schwer verletzte Patient P benötigt dringend eine Bluttransfusion. X hat die **86** seltene Blutgruppe des P, weigert sich aber, Blut für ihn zu spenden. Der anwesende Arzt A sieht keine andere Möglichkeit als dem X das Blut zwangsweise abzunehmen, um den P zu retten.

Eine Rechtfertigung der Körperverletzung des A zum Nachteil des X aus Notwehr (bzw. Nothilfe) gemäß § 32 StGB scheitert an dem fehlenden Angriff des X auf den P.

Um den P aus seiner Gefahrenlage zu befreien, kann sich A nur auf den rechtfertigenden Notstand gemäß § 34 StGB berufen. Die Blutentnahme bei X stellt zwar mangels alternativer Rettungsmöglichkeiten die erforderliche Notstandshandlung dar. Ebenso lässt sich vertreten, dass das Leben des P als Erhaltungsgut die Freiheit und körperliche Unversehrtheit des X als beeinträchtigte Rechtsgüter durch die zwangsweise Blutentnahme überwiegt. Zu beachten ist indessen, dass dem ebenso verletzten Recht des X auf freie Selbstbestimmung ein hoher Stellenwert zuteil wird, da es in der Menschenwürde gemäß Art. 1 Abs. 1 GG seinen Ursprung hat. Dies kann bereits bei der Interessenabwägung dadurch berücksichtigt werden, dass das Leben des P das Selbstbestimmungsrecht des X nicht überwiegt. Ansonsten ist bei der Angemessenheit der Verteidigungshandlung des A der höchstpersönliche Charakter der Entscheidung für oder gegen eine Blutspende zu würdigen, so dass eine zwangsweise Blutentnahme kein angemessenes Mittel darstellt, um Gefahren für das Leben Dritter abzuwenden. Nach hM ist das Verhalten des A somit nicht gemäß § 34 StGB gerechtfertigt.[75]

Denkbar ist ein entschuldigender Notstand gemäß § 35 StGB. Er scheitert aber daran, dass es sich bei dem Patienten P um keine dem A nahestehende Person handelt.

4. Subjektives Rechtfertigungselement

Auch die Rechtfertigung nach § 34 StGB erfordert schließlich die *Kenntnis der Not-* **87** *standslage* und einen nicht völlig von Begleitmotiven dominierten *Rettungswillen* als subjektives Rechtfertigungselement.[76]

---

[74] *Rengier* AT § 19 Rn. 60.
[75] Schönke/Schröder/*Perron* § 34 Rn. 41e; *Jäger* AT Rn. 161; aA *Kühl* AT § 8 Rn. 169 ff.; *Roxin* AT I § 16 Rn. 49: Blutentnahme gemäß § 34 StGB gerechtfertigt; differenzierend *Rengier* AT § 19 Rn. 61; *Wessels/Beulke/Satzger* Rn. 320.
[76] BGHSt 2, 111 (114); *Krey/Esser* Rn. 619; *Rengier* AT § 19 Rn. 63.

V. Zivilrechtliche Notstände

88   Neben dem allgemeinen rechtfertigenden Notstand aus § 34 StGB existieren weitere
besondere Notstandsregelungen außerhalb des StGB, die wegen des Grundsatzes der
Einheit der Rechtsordnung (→ Rn. 7) auch für das Strafrecht relevant sind. Hierzu
zählen vornehmlich der *Defensivnotstand* nach § 228 BGB und der *Aggressivnot-
stand* nach § 904 BGB. Kommen diese Erlaubnistatbestände in einer Prüfungsarbeit
in Betracht, sind sie als besondere Rechtfertigungsgründe vor § 34 StGB anzusprechen (→ Rn. 71).

1. Defensivnotstand (§ 228 BGB)

89   **§ 228 BGB Notstand**

[1]Wer eine fremde Sache beschädigt oder zerstört, um eine durch sie drohende
Gefahr von sich oder einem anderen abzuwenden, handelt nicht widerrechtlich,
wenn die Beschädigung oder die Zerstörung zur Abwendung der Gefahr erforderlich ist und der Schaden nicht außer Verhältnis zu der Gefahr steht. [2]Hat der
Handelnde die Gefahr verschuldet, so ist er zum Schadensersatz verpflichtet.

90   Der Defensivnotstand des § 228 BGB wird auch „Sachwehr" genannt.[77] Die Bezeichnung verdeutlicht, dass der zivilrechtliche Rechtfertigungsgrund nur Situationen
erfasst, in denen sich der Verteidiger nicht gegen menschlich geschaffene Risiken,
sondern gegen eine *gegenständliche Gefahrenquelle* für ihn oder einen anderen wehrt.
§ 228 BGB erfasst somit als Spezialvorschrift nur einen kleinen Ausschnitt möglicher
Notstandslagen.

91   In einer solchen Notstandslage handelt der Verteidiger nicht rechtswidrig, wenn er
die *fremde Sache*, von der die abzuwehrende Gefahr ausgeht, *beschädigt oder zerstört*.
Nach allgemeinen Grundsätzen darf auch hier nur zu einem geeigneten und dem
zugleich relativ mildesten Mittel gegriffen werden.

92   Eine weitere Einschränkung beinhaltet § 228 Satz 1 BGB, wonach der durch die Verteidigung herbeigeführte *Sachschaden nicht außer Verhältnis zur abgewehrten Gefahr*
stehen darf. Anders als bei § 34 StGB bedarf es also keiner umfassenden Interessenabwägung. Vielmehr bringt § 228 BGB den allgemeinen Gedanken zum Ausdruck,
dass die Interessen des Bedrohten höher zu bewerten sind als die Belange des Eigentümers derjenigen Sache, welche die Gefahr erst begründet.[78] Zivilrechtliche Schadensersatzansprüche unter den Voraussetzungen des § 228 Satz 2 BGB bleiben unberührt.

93   **Beispiel:** A hat vergessen, das Hoftor zu schließen. Der Wachhund des A nutzt die Chance, um
den Postboten B anzufallen. B kann sich nur durch den gezielten Wurf eines schweren Steins
retten. Der am Kopf getroffene Hund erleidet einen Schädelbasisbruch und verstirbt.

Mangels menschlichen Angriffs bei der Attacke des Wachhundes scheidet eine Rechtfertigung
des B aus Notwehr gemäß § 32 StGB aus (→ Rn. 23).

Der tödliche Steinwurf des B ist jedoch gemäß § 228 BGB gerechtfertigt, da die Gefahr für B
von dem Wachhund als für ihn fremde Sache ausging und der Steinwurf sowohl erforderlich war
als auch der dadurch verursachte Sachschaden nicht außer Verhältnis zu der abgewendeten
Gefahr für die körperliche Unversehrtheit oder sogar das Leben des B stand.

---

[77] Vgl. *Kühl* AT § 9 Rn. 14; *Rengier* AT § 20 Rn. 2; *Wessels/Beulke/Satzger* Rn. 293.
[78] *Kindhäuser* AT § 17 Rn. 46; *Krey/Esser* Rn. 578.

2. Aggressivnotstand (§ 904 BGB)

> **§ 904 BGB Notstand** 94
>
> ¹Der Eigentümer einer Sache ist nicht berechtigt, die Einwirkung eines anderen auf die Sache zu verbieten, wenn die Einwirkung zur Abwendung einer gegenwärtigen Gefahr notwendig und der drohende Schaden gegenüber dem aus der Einwirkung dem Eigentümer entstehenden Schaden unverhältnismäßig groß ist. ²Der Eigentümer kann Ersatz des ihm entstehenden Schadens verlangen.

Anders als beim Defensivnotstand nach § 228 BGB richtet sich beim Aggressivnot- 95 stand des § 904 BGB die Verteidigungshandlung nicht gegen die Gefahrenquelle selbst, sondern gegen eine Sache, von der die gegenwärtige Gefahr gerade nicht ausgeht. Dass § 904 BGB unter bestimmten Voraussetzungen gleichwohl die *Einwirkung auf die nicht gefahrenverursachende Sache* rechtfertigt, ist dem Solidarprinzip (→ Rn. 70) geschuldet.[79]

Allerdings darf von dem Eigentümer der durch die Verteidigung beeinträchtigten 96 Sache diese Solidarität nur abverlangt werden, wenn der dem Täter in seiner Notstandslage *drohende Schaden* im Vergleich zu dem durch seine (geeignete und relativ mildeste) Verteidigung angerichteten Sachschaden *unverhältnismäßig hoch* ist. Zudem lässt die strafrechtliche Rechtfertigung auch hier gemäß § 904 Satz 2 BGB zivilrechtliche Schadensersatzansprüche unberührt.

Beispiel: Kurz vor dem Gipfel kommt dem Bergsteiger B eine Gewitterfront entgegen. Um sein 97 Leben zu retten, bricht B das Schloss zur Holzhütte des E auf und bringt sich in der Hütte in Sicherheit.

Die Sachbeschädigung am Schloss ist gemäß § 904 BGB gerechtfertigt. Die dadurch abgewendete Gefahr für das Leben des B wäre bei deren Realisierung gegenüber dem tatsächlich erfolgten Eingriff in das Eigentum des E unverhältnismäßig groß.

Der zugleich verwirklichte Hausfriedensbruch gemäß § 123 StGB ist hingegen, weil er sich nicht gegen eine Sache, sondern gegen das Hausrecht des E richtet, aus § 34 StGB gerechtfertigt.

VI. Festnahmerecht (§ 127 Abs. 1 StPO)

> **§ 127 StPO [Vorläufige Festnahme][80]** 98
>
> (1) ¹Wird jemand auf frischer Tat betroffen oder verfolgt, so ist, wenn er der Flucht verdächtig ist oder seine Identität nicht sofort festgestellt werden kann, jedermann befugt, ihn auch ohne richterliche Anordnung vorläufig festzunehmen. ²Die Feststellung der Identität einer Person durch die Staatsanwaltschaft oder die Beamten des Polizeidienstes bestimmt sich nach § 163b Abs. 1.

---

[79] *Kühl* AT § 9 Rn. 17; *Wessels/Beulke/Satzger* Rn. 295.
[80] Anders als im StGB weisen die Vorschriften der StPO keine amtlichen Überschriften auf, die der Gesetzgeber selbst festgelegt hat. Um dies zu verdeutlichen, werden in Gesetzessammlungen die (von den Verlagen zur Orientierung eingefügten) Überschriften in eckige Klammern gesetzt. Demzufolge kann in der StPO – anders als im StGB – die Überschrift nicht bei der Auslegung der Norm berücksichtigt werden.

(2) Die Staatsanwaltschaft und die Beamten des Polizeidienstes sind bei Gefahr im Verzug auch dann zur vorläufigen Festnahme befugt, wenn die Voraussetzungen eines Haftbefehls oder eines Unterbringungsbefehls vorliegen.
[...]

Ausgewählte Entscheidungen: BGHSt 45, 378 (erlaubte Festnahmemittel); OLG Zweibrücken NJW 1981, 2016 (Festnahmerecht bei Verdacht alkoholbedingter Fahruntüchtigkeit).

Ausgewählte Studienliteratur: *Borchert* Die vorläufige Festnahme nach § 127 StPO, JA 1982, 338; *Satzger* Das Jedermann-Festnahmerecht nach § 127 I 1 StPO als Rechtfertigungsgrund, Jura 2009, 107; *Sickor* Das Festnahmerecht nach § 127 I 1 StPO im System der Rechtfertigungsgründe, JuS 2012, 1074.

1. Grundlagen

99 Nach § 127 Abs. 1 Satz 1 StPO ist jedermann, dh auch eine Privatperson, befugt einen anderen vorläufig festzunehmen, wenn dieser auf frischer Tat betroffen oder verfolgt wird. Das sog. *Jedermannsrecht* enthält somit eine Spezialregelung für Strafverfolgungsmaßnahmen, die anderen Rechtfertigungsgründen vorgeht. Ist insoweit eine Handlung nicht durch § 127 Abs. 1 Satz 1 StPO erfasst (zB weil der Betroffene auf nicht mehr frischer Tat betroffen ist und somit die zeitlichen Grenzen des Jedermannsrechts überschritten sind), kommt auch eine Rechtfertigung über § 34 StGB nicht mehr in Betracht.[81]

100
Prüfungsschema: Festnahmerecht (§ 127 Abs. 1 StPO)

I. Festnahmelage
    1. auf frischer Tat betroffen oder verfolgt
    2. Fluchtverdacht oder Nichtfeststellbarkeit der Identität
II. Festnahmehandlung
    1. Erforderlichkeit
    2. Grenzen des Festnahmerechts
III. Subjektives Rechtfertigungselement

2. Festnahmelage

101 Die vorläufige Festnahme setzt voraus, dass jemand auf frischer Tat betroffen oder verfolgt wird. Erforderlich ist eine Straftat; Ordnungswidrigkeiten genügen nicht.[82] *Auf frischer Tat betroffen* ist, wer bei Begehung einer rechtswidrigen Tat oder unmittelbar danach am Tatort oder in dessen unmittelbarer Nähe angetroffen wird. Eine *Verfolgung* auf frischer Tat liegt vor, wenn sich der Täter bereits vom Tatort entfernt hat, sichere Anhaltspunkte aber auf ihn als Täter hinweisen und unmittelbar nach Entdeckung der Tat seine Ergreifung betrieben wird.[83]

102 Umstritten ist, ob wirklich eine Tat begangen sein muss oder schon der dringende Verdacht einer solchen genügt. Die Diskussion hat nicht zuletzt die Folgen für denjenigen im Blick, der die Sachlage falsch einschätzt und einen lediglich vermeint-

---

[81] *Kühl* AT § 9 Rn. 83.
[82] Siehe hierzu etwa OLG Zweibrücken NJW 1981, 2016.
[83] *Krey/Esser* Rn. 642; *Rengier* AT § 22 Rn. 6.

lichen Straftäter vorläufig festnehmen will. Nach der wohl hM genügt bereits der *bloße Tatverdacht*, um sich auf das Jedermannsrecht nach § 127 Abs. 1 Satz 1 StPO berufen zu können. Für diese „prozessuale Lösung" spricht vor allem die systematische Stellung der Vorschrift in der Strafprozessordnung, in der verfahrenseinleitende Maßnahmen gewöhnlich keinen Nachweis der Täterschaft voraussetzen, sondern einen Tatverdacht genügen lassen. Dem Privatmann, der zur vorläufigen Festnahme bereit ist, könne aber nicht mehr an Sorgfalt abverlangt werden als einem Organ der Strafverfolgung. Außerdem sei es unbillig, dem couragierten Bürger das Risiko eines Irrtums aufzubürden, wenn er einen vermeintlichen Straftäter festnehmen und dadurch eine öffentliche Aufgabe wahrnehmen will.[84]

Dem hält eine zunehmend verbreitete Auffassung entgegen, dass der zu Unrecht 103 vorläufig Festgenommene sich gegen die nach hM gerechtfertigte Festnahme nicht zur Wehr setzen, sich vor allem nicht auf Notwehr berufen dürfe.[85] Daher sei eine vorläufige Festnahme gemäß § 127 Abs. 1 Satz 1 StPO nur gegenüber dem wirklichen Täter zulässig, dh es muss *tatsächlich* eine zumindest tatbestandsmäßige und rechtswidrige Tat *begangen* worden sein. Für diese „materiell-rechtliche Lösung" kann zudem der Wortlaut der Vorschrift herangezogen werden: Lediglich § 127 Abs. 2 StPO verweist für die Strafverfolgungsorgane auf Vorschriften, die einen (dringenden) Tatverdacht genügen lassen; diese Einschränkung gilt für Absatz 1 gerade nicht.[86] Nimmt der Festnehmende irrigerweise eine Straftat des Festgenommenen an, befindet er sich ohnehin in einem Erlaubnistatumstandsirrtum, der die Strafbarkeit wegen vorsätzlicher vollendeter Tat ebenso entfallen lasse (→ § 8 Rn. 40 ff.). In Betracht kommt lediglich fahrlässiges Verhalten, das bei §§ 239, 240 StGB von vornherein nicht strafbar ist und auch bei der Körperverletzung nach § 229 StGB nicht zur Strafbarkeit führt, sofern dem Irrtum kein sorgfaltspflichtwidriges Verhalten zugrunde liegt.[87]

3. Festnahmehandlung

§ 127 Abs. 1 Satz 1 StPO gestattet die vorläufige Festnahme des Betroffenen, sofern 104 sie nach allgemeinen Grundsätzen *erforderlich*, dh geeignet und das relativ mildeste Mittel ist, um den Festnahmezweck zu erreichen.[88] Darüber hinaus muss das angewendete Mittel zum Festnahmezweck in einem *angemessenen Verhältnis* stehen. Kann etwa die Flucht eines Straftäters nur durch eine Maßnahme verhindert werden, die zu einer ernsthaften Beschädigung seiner Gesundheit oder zu einer unmittelbaren Gefährdung seines Lebens führt, scheidet insoweit ein Rückgriff auf § 127 Abs. 1 Satz 1 StPO in der Regel aus.[89]

Gerechtfertigt werden sämtliche Handlungen, die *mit der Festnahmehandlung typi-* 105 *scherweise einhergehen*. Dies gilt vornehmlich für die Straftatbestände der Freiheitsberaubung gemäß § 239 StGB und der Nötigung gemäß § 240 StGB. Auch leichte Körperverletzungen gemäß § 223 StGB werden erfasst, soweit sie für die Festnahme notwendig sind (zB ein blauer Fleck durch den Festhaltegriff).[90]

---

[84] BGH NJW 1981, 745 (745); BayObLG JR 1987, 344 (344 f.); *Jäger* AT Rn. 166; *Rengier* AT § 22 Rn. 10.
[85] *Kindhäuser* AT § 20 Rn. 5 f.; *Krey/Esser* Rn. 646; *Kudlich* PdW AT Fall 123; *Wessels/Beulke/Satzger* Rn. 354; *Zieschang* Rn. 321.
[86] *Krey/Esser* Rn. 647; *Kühl* AT § 9 Rn. 85; siehe ferner *Kindhäuser* AT § 20 Rn. 5.
[87] *Kindhäuser* AT § 20 Rn. 6; *Krey/Esser* Rn. 649; *Wessels/Beulke/Satzger* Rn. 354.
[88] *Rengier* AT § 22 Rn. 14.
[89] BGHSt 45, 378 (381) zum lebensgefährdenden Würgen.
[90] *Kindhäuser* AT § 20 Rn. 8; *Rengier* AT § 22 Rn. 15.

106 Schließlich können auch *weniger einschneidende Maßnahmen* gerechtfertigt werden, selbst wenn sie nicht auf einen Eingriff in die persönliche Freiheit abzielen (zB das Verstecken des Zündschlüssels bei Fluchtgefahr oder die Wegnahme des Personalausweises zur Identifizierung).[91]

VII. Das elterliche Züchtigungsrecht

107 Nach § 1631 Abs. 2 BGB haben Kinder ein *Recht auf gewaltfreie Erziehung*. Unzulässig sind demzufolge körperliche Bestrafungen, seelische Verletzungen und andere entwürdigende Maßnahmen. Dies soll nach wohl hM die Rechtfertigung einer maßvollen körperlichen Züchtigung im Einzelfall jedoch nicht ausschließen.[92] Sie sei gerechtfertigt, wenn ein hinreichender Anlass bestehe, die Züchtigung zu Erziehungszwecken geboten sei und subjektiv zu Zwecken der Erziehung durchgeführt werde. Minimale Züchtigungen (zB der Klaps auf das Gesäß eines Kleinkindes) sollen die erforderliche Bagatellgrenze unterschreiten und bereits den Tatbestand des § 223 StGB nicht verwirklichen.[93]

108 Das derart näher beschriebene Züchtigungsrecht wird aus Art. 6 GG abgeleitet und steht nur den *Eltern* kraft ihres Personensorgerechts gemäß §§ 1626, 1631 BGB zu. Andere Personen haben kein Züchtigungsrecht; dies gilt nach mittlerweile hM auch für *Lehrer*.[94]

C. Zustimmung des Rechtsgutinhabers

Ausgewählte Entscheidungen: BGH NJW 1978, 1206 (Zahnextraktion); BGHSt 49, 166 (Sadomasochistische Fesselspiele); BGH NStZ 2011, 343 (Zitronensaftfall); BGHSt 58, 140 (Massenschlägerei).

Ausgewählte Studienliteratur: *Amelung/Eymann* Die Einwilligung des Verletzten im Strafrecht, JuS 2001, 937; *Beckert* Einwilligung und Einverständnis, JA 2013, 507; *Rönnau* Grundwissen – Strafrecht: Einwilligung und Einverständnis, JuS 2007, 18; *ders.* Grundwissen – Strafrecht: Hypothetische Einwilligung, JuS 2014, 882.

I. Einwilligung

1. Grundlagen

109 Die Einwilligung ist – mit der Ausnahme der Sondervorschrift in § 228 StGB (→ Rn. 126 ff.) – ein gesetzlich nicht geregelter, aber *gewohnheitsrechtlich anerkannter Rechtfertigungsgrund*. Anders als die bislang dargestellten Erlaubnistatbestände gestattet die Einwilligung die Verletzung von Rechtsgütern nicht, um angegriffene oder gefährdete Interessen zu schützen, sondern weil der Inhaber des betroffenen Rechtsgutes auf dessen Unversehrtheit verzichtet. Die Möglichkeit der Zustimmung in einen

---

[91] *Kindhäuser* AT § 20 Rn. 9; *Kühl* AT § 9 Rn. 91; *Rengier* AT § 22 Rn. 21; *Wessels/Beulke/Satzger* Rn. 355; kritisch *Krey/Esser* Rn. 653.
[92] Schönke/Schröder/*Eser/Sternberg-Lieben* § 223 Rn. 17 ff.; *Kühl* AT § 9 Rn. 77b; aA *Jäger* AT Rn. 165: Ausschluss der Schuld; gänzlich ablehnend *Heinrich* AT Rn. 521 f.; *Krey/Esser* Rn. 684.
[93] Schönke/Schröder/*Eser/Sternberg-Lieben* § 223 Rn. 20; *Wessels/Beulke/Satzger* Rn. 387a f.
[94] *Kindhäuser* AT § 20 Rn. 19; *Kühl* AT § 9 Rn. 82; *Wessels/Beulke/Satzger* Rn. 390a.

Rechtsgutsverlust ergibt sich aus dem grundgesetzlich verbürgten *Selbstbestimmungsrecht*, das jedoch nicht unbegrenzt gilt (→ Rn. 117 und 127).[95]

Wegen ihres Hintergrunds folgt die Einwilligung einem anderen *Prüfungsaufbau* als **110** die bisherigen Rechtfertigungsgründe. Auch hier lassen sich allerdings wiederum objektive Voraussetzungen der Rechtfertigung einerseits und das subjektive Rechtfertigungselement andererseits unterscheiden.

Prüfungsschema: Einwilligung   **111**

   I. Disponibilität des geschützten Rechtsguts
  II. Dispositionsbefugnis des Einwilligenden
 III. Einwilligungsfähigkeit
 IV. Keine wesentlichen Willensmängel
   V. Erklärung der Einwilligung vor der Tat
 VI. Keine Sittenwidrigkeit (bei Einwilligung in Körperverletzungsdelikte)
VII. Subjektives Rechtfertigungselement

Zu unterscheiden ist die Einwilligung vom Einverständnis. Ein Einverständnis ist nur **112** denkbar, wenn bereits das tatbestandliche Unrecht ein Handeln gegen oder ohne den Willen des Betroffenen voraussetzt. In diesem Fall wirkt die Zustimmung des Opfers in die Rechtsgutsverletzung als *tatbestandsausschließendes Einverständnis*.[96] Die Einwilligung lässt hingegen nach hM lediglich die Rechtswidrigkeit entfallen.[97] Bedeutung hat die unterschiedliche Wirkung von Einverständnis und Einwilligung nicht zuletzt bei Irrtumsfällen.

Ein tatbestandsausschließendes Einverständnis kommt unter anderem bei den Freiheitsdelikten **113** (zB Freiheitsberaubung gemäß § 239 StGB und Nötigung gemäß § 240 StGB), beim Hausfriedensbruch gemäß § 123 StGB und beim Diebstahl nach § 242 StGB in Betracht. Bei den Körperverletzungsdelikten der §§ 223 ff. StGB und der Sachbeschädigung gemäß § 303 StGB kommt der Zustimmung des Rechtsgutsinhabers hingegen nur rechtfertigende Wirkung zu.

Anders als für die Einwilligung (→ Rn. 122) genügt für das tatbestandsausschließende **114** Einverständnis, dass eine entsprechende Zustimmung des Betroffenen tatsächlich vorliegt. Täuschungsbedingte *Willensmängel* bleiben daher *unbeachtlich*, da auch in diesem Fall kein entgegenstehender oder fehlender Wille des Betroffenen missachtet wird. Anderes gilt freilich für ein erzwungenes Einverständnis, das gerade keine freie Willensausübung mehr darstellt.[98]

Die *faktische Natur* des Einverständnisses hat ferner zur Folge, dass es – wiederum **115** anders als die Einwilligung (→ Rn. 125) – weder ausdrücklich noch konkludent erklärt werden muss. Vielmehr reicht bereits die (nicht von außen erkennbare) innere Zustimmung aus.[99] Schließlich genügt für die wirksame Abgabe des Einverständnisses

---

[95] *Rengier* AT § 23 Rn. 7; *Wessels/Beulke/Satzger* Rn. 370.
[96] *Kindhäuser* AT § 12 Rn. 34; *Kühl* AT § 9 Rn. 25; *Rengier* AT § 23 Rn. 3; *Wessels/Beulke/Satzger* Rn. 366.
[97] *Krey/Esser* Rn. 657; *Kudlich* PdW AT Fall 114; *Kühl* AT § 9 Rn. 22; *Rengier* AT § 23 Rn. 1; *Wessels/Beulke/Satzger* Rn. 363. Nach zunehmend vertretener aA soll eine wirksame Einwilligung hingegen schon den Tatbestand ausschließen, siehe nur *Kindhäuser* AT § 12 Rn. 5.
[98] *Kindhäuser* AT § 12 Rn. 50; *Krey/Esser* Rn. 661; *Rengier* AT § 23 Rn. 42 ff.
[99] *Rengier* AT § 23 Rn. 46; *Wessels/Beulke/Satzger* Rn. 368; differenzierend *Kindhäuser* AT § 12 Rn. 58 f.

die natürliche Willensfähigkeit, die auch bereits bei Minderjährigen gegeben sein kann (zur Einwilligung hingegen → Rn. 121).[100]

2. Disponibilität und Dispositionsbefugnis

116 Eine wirksame Einwilligung setzt zunächst die *allgemeine Verfügbarkeit* des durch die Tat beeinträchtigten Rechtsguts voraus. Eine solche Disponibilität ist von vornherein nur bei Rechtsgütern des Einzelnen (Individualrechtsgüter wie zB Leib, Freiheit und Eigentum) gegeben, nicht hingegen bei Rechtsgütern der Allgemeinheit (Universalrechtsgüter wie zB die Sicherheit des Straßenverkehrs oder die staatliche Rechtspflege).[101]

117 Doch auch Individualrechtsgüter stehen nicht stets zur freien Verfügbarkeit ihres Inhabers, sondern unterliegen gewissen *Einwilligungssperren*. Während etwa das Eigentum uneingeschränkt aufgegeben werden kann, ist das Leben wegen § 216 StGB grundsätzlich indisponibel, da die Vorschrift auch die Tötung auf Verlangen ausdrücklich unter Strafe stellt. Des Weiteren kann auf die körperliche Unversehrtheit nur bis zur Grenze des § 228 StGB verzichtet werden.[102]

118 Außer der Disponibilität als allgemeiner Verfügbarkeit erfordert eine wirksame Einwilligung die *Verfügungsbefugnis* des Einwilligenden *im konkreten Fall*. Dispositionsbefugt ist grundsätzlich nur der Inhaber des Rechtsguts. Sofern er nicht einwilligungsfähig ist, kann seine Verfügungsbefugnis aber auf andere Personen übergehen.[103]

119 Die Verfügungsbefugnis kann vor allem von minderjährigen Kindern auf ihre Eltern als Personensorgeberechtigte gemäß §§ 1626, 1631 BGB übergehen. Dies betrifft insbesondere die Einwilligung in ärztliche (Heil-)Eingriffe (→ Rn. 124). Allerdings reicht die Verfügungsbefugnis der Eltern nur so weit wie ihr (zum Teil in gesetzlichen Regelungen wie § 8a TPG konkretisiertes) Personensorgerecht. Außerdem sind sie nicht verfügungsbefugt, wenn ihre minderjährigen Kinder schon die notwendige Einwilligungsfähigkeit erreicht haben und daher selbst (und allein) über den Eingriff (zB in ihre körperliche Unversehrtheit durch einen ärztlichen Eingriff) entscheiden können.[104]

3. Einwilligungsfähigkeit und keine Willensmängel

120 Des Weiteren muss der Einwilligende als Verfügungsberechtigter über das betroffene Rechtsgut *einwilligungsfähig*, also allgemein urteilsfähig sein. Dazu hat er aufgrund seiner geistigen und sittlichen Reife in der Lage zu sein, die Bedeutung und Tragweite des Rechtsgutsverzichts zu erkennen und sachgerecht zu beurteilen.[105]

Die Rechtsprechung verneint zudem die Urteilsfähigkeit eines Patienten, wenn er auf einen von vornherein nicht zu Heilungszwecken geeigneten Eingriff besteht. Dass der Arzt die fehlende Indikation nicht verschweigt, bleibe ohne Bedeutung, da er das Vorstellungsbild des Patienten in Übereinstimmung mit einer realistischen medizinischen Beurteilung bringen müsse.

Beispiel (Zahnextraktionsfall)[106]: P leidet unter starken Kopfschmerzen, deren Ursache unklar ist. Sie will sich daher alle plombierten Zähne ziehen lassen, weil nach ihrer Überzeugung ein

---

[100] *Kindhäuser* AT § 12 Rn. 42; *Rengier* AT § 23 Rn. 45; *Wessels/Beulke/Satzger* Rn. 367.
[101] *Krey/Esser* Rn. 663; *Wessels/Beulke/Satzger* Rn. 372.
[102] *Kühl* AT § 9 Rn. 28, 30; *Rengier* AT § 23 Rn. 9.
[103] *Rengier* AT § 23 Rn. 13.
[104] *Rengier* AT § 23 Rn. 13.
[105] BGHSt 4, 88 (90); *Jäger* AT Rn. 140; *Rengier* AT § 23 Rn. 15; *Wessels/Beulke/Satzger* Rn. 374.
[106] BGH NJW 1978, 1206.

Zusammenhang zwischen dem Leiden und den mit einer Füllung versehenen Zähnen bestehe. Zahnarzt A teilt P mit, dass ein solcher Zusammenhang nicht bestehen könne. P beharrt aber weiter auf ihrem Wunsch. Zwar ist sie sich nicht sicher, dass sich ihr Zustand bessern würde. Sie sieht die Extraktion aber als einzige verbleibende mögliche Therapie an. A entfernt ihr daraufhin sämtliche plombierten Zähne.

Nach BGH ist die Einwilligung der P wegen fehlender Urteilsfähigkeit unwirksam.[107] Unbedenklich erscheint dieser Weg freilich nicht, ermöglicht er doch, einem Patienten wegen einer unvernünftigen Entscheidung sogleich das Selbstbestimmungsrecht mangels Urteilsfähigkeit völlig abzusprechen.

Bei der nötigen geistigen und sittlichen Reife können nach hM auch *Minderjährige* **121** wirksam in die Verletzung ihrer Rechtsgüter einwilligen. Entscheidend ist der individuelle Reifegrad des Minderjährigen.[108] Dabei ist die notwendige Einwilligungsfähigkeit je eher zu bejahen, umso mehr sich der Minderjährige der Volljährigkeitsgrenze nähert.[109]

Eine wirksame Einwilligung muss zudem im konkreten Fall *frei von Willensmängeln* **122** sein. Die Einwilligung darf vor allem nicht auf Drohung oder Zwang beruhen. Eine täuschungsbedingt abgegebene Einwilligung ist nach wohl hM jedenfalls dann unwirksam, wenn sie einen wesentlichen Willensmangel zur Folge hat.[110] Nach aA muss der Einwilligende aufgrund der Täuschung einer „rechtsgutsbezogenen Fehlvorstellung" unterliegen. Es bedarf demnach eines Irrtums über Art, Schwere und Risiken des gestatteten Eingriffs in das preisgegebene Rechtsgut.[111]

Beispiele: **123**
– A willigt in die Verabreichung zweier Schläge mit einem dünnen Holzstock von hinten als Mutprobe ein, um in eine Gang aufgenommen zu werden. Tatsächlich wird mit einem schweren Eisenstab zugeschlagen.
Die Einwilligung des A in die gefährliche Körperverletzung gemäß § 224 Abs. 1 Nr. 2 Var. 2 StGB ist nach allen Ansichten wegen eines rechtsgutsbezogenen Irrtums unwirksam.
– A willigt in die Verabreichung zweier Schläge mit einem dünnen Holzstock von hinten als Mutprobe ein, um in eine Gang aufgenommen zu werden. Tatsächlich hatte die Gang selbst bei gelungener Mutprobe niemals vor, den A in ihre Reihen aufzunehmen.
Nach hM liegt auch hier ein wesentlicher täuschungsbedingter Irrtum vor, der die Wirksamkeit der Einwilligung des A in die gefährliche Körperverletzung ausschließt. Nach aA ist die Fehlvorstellung hingegen unbeachtlich, da A lediglich einem Motivirrtum unterliegt und er genau weiß, welchem Eingriff in sein Rechtsgut der körperlichen Unversehrtheit er zustimmt. Es kommt daher allenfalls in Betracht, die Wirksamkeit der Einwilligung wegen eines Verstoßes gegen die guten Sitten gemäß § 228 StGB zu verneinen (→ Rn. 126 ff.).

Einen wichtigen Anwendungsfall für Willensmängel in der Praxis stellt die *Aufklä-* **124** *rung bei ärztlichen Eingriffen* (zB durch Verabreichen von Spritzen, Blutentnahmen, Operationen) dar.[112] Damit der Patient hier sein Selbstbestimmungsrecht hinreichend ausüben kann, ist er über sämtliche behandlungstypischen Risiken zu informieren, insbesondere über Art, Schwere und Risiken des jeweiligen Eingriffs (siehe nunmehr auch § 630e Abs. 1 Satz 2 BGB). Bei unvollständiger, sonst fehlerhafter oder gänzlich unterlassener Aufklärung liegt ein Willensmangel des Patienten vor, so dass seine (nach hM ebenso bei Heileingriffen erforderliche) Einwilligung in die Körperverlet-

---

[107] BGH NJW 1978, 1206.
[108] BayObLG NJW 1999, 372 (372).
[109] Schönke/Schröder/*Lenckner/Sternberg-Lieben* Vor §§ 32 ff. Rn. 40; *Rengier* AT § 23 Rn. 16.
[110] *Kindhäuser* AT § 12 Rn. 27; *Rengier* AT § 23 Rn. 32 f.; vgl. auch BGHSt 16, 309 (310 f.).
[111] *Wessels/Beulke/Satzger* Rn. 376a; vermittelnd *Kühl* AT § 9 Rn. 39 f.; *Roxin* AT I § 13 Rn. 99.
[112] Siehe etwa BGH NStZ 2011, 343 (Zitronensaftfall).

zung unwirksam ist;[113] zur dann noch möglichen hypothetischen Einwilligung →
Rn. 138 ff.

4. Erklärung der Einwilligung vor der Tat

125   Die Einwilligung muss vor der zu rechtfertigenden Tat (ausdrücklich oder konkludent) *erklärt* werden und während der Tatbegehung noch fortbestehen. Eine nachträgliche Genehmigung ist hingegen unbeachtlich und kann die Rechtswidrigkeit der
Tat nicht im Nachhinein entfallen lassen, weil die Strafbarkeit zum Zeitpunkt der Tat
feststehen muss.[114]

5. Keine Sittenwidrigkeit

126   **§ 228 StGB Einwilligung**

Wer eine Körperverletzung mit Einwilligung der verletzten Person vornimmt,
handelt nur dann rechtswidrig, wenn die Tat trotz der Einwilligung gegen die
guten Sitten verstößt.

127   Nach § 228 StGB ist eine Einwilligung unwirksam, wenn die *Tat* (nicht die Einwilligung) *sittenwidrig* ist. Dieses Erfordernis gilt nach hM nur bei Körperverletzungsdelikten, nicht hingegen für andere Straftatbestände.[115]

Erklärt sich S nur gegen eine höhere Geldsumme zu einer Blutspende einer dringend benötigten,
seltenen Blutgruppe bereit, ist für § 228 StGB lediglich die (hier gerade nicht gegebene) Schwere
des damit verbundenen Eingriffs von Bedeutung. Auf etwaige sittliche Bedenken gegenüber
dem Handel mit Körperteilen kann hingegen von vornherein nicht verwiesen werden, da sie nur
die Abgabe der Einwilligung als solche und die auf deren Grundlage vorgenommene Körperverletzung als „Tat" betreffen.

128   Eine Körperverletzung verstößt gegen die *guten Sitten*, wenn sie dem Anstandsgefühl
aller billig und gerecht Denkenden widerspricht. Um dem Bestimmtheitsgebot (→ § 1
Rn. 34) Rechnung zu tragen, beschränkt die Rechtsprechung den Begriff der „guten
Sitten" indes auf deren rechtlichen Kern.[116] Über die Sittenwidrigkeit der Tat ent-
scheiden demzufolge in erster Linie objektive Umstände wie insbesondere Art und
Gewicht des Körperverletzungserfolges und der Grad der möglichen Lebensgefahr.[117]
Darüber hinaus kann der mit der Tat verfolgte Zweck insoweit Bedeutung erlangen,
als er jedenfalls die nach anderen Umständen vorliegende Sittenwidrigkeit zu kom-
pensieren vermag (zB bei der Einwilligung in einen lebensgefährlichen ärztlichen
Heileingriff).[118]

Beispiele:
– Bei sadomasochistischen Fesselspielen drückt A der R auf deren Verlagen wiederholt innerhalb eines Zeitraums von drei Minuten ein Metallrohr gegen den Hals, um einen Sauerstoff-
mangel mit erregender Wirkung hervorzurufen. Durch die massive Kompression der Hals-
gefäße und der dadurch unterbundenen Sauerstoffzufuhr zum Gehirn verursacht A einen

---

[113] *Jäger* AT Rn. 139; *Krey/Esser* Rn. 667; *Wessels/Beulke/Satzger* Rn. 376.
[114] BGHSt 17, 359 (360); *Krey/Esser* Rn. 665; *Kudlich* PdW AT Fall 116; *Rengier* AT § 23
Rn. 22; *Wessels/Beulke/Satzger* Rn. 378.
[115] Siehe nur *Wessels/Beulke/Satzger* Rn. 377.
[116] BGHSt 49, 34 (41); 49, 166 (169).
[117] BGHSt 49, 34 (44); 49, 166 (171); 58, 140 (143); *Rengier* BT II § 20 Rn. 4.
[118] BGHSt 49, 166 (171); 58, 140 (144); BeckOK StGB/*Eschelbach* § 228 Rn. 25; *Fischer* § 228
Rn. 10.

Herzstillstand. A erkannte die Möglichkeit eines solchen tödlichen Verlaufs, vertraute aber auf dessen Ausbleiben.

Das Handeln des A verstößt zwar nicht allein wegen der speziellen sexuellen Motivation gegen die guten Sitten. Als sittenwidrig ist es aber wegen der erkennbaren konkreten Lebensgefahr zu beurteilen, die durch den über einen nicht unerheblichen Zeitraum ausgeübten Druck mit dem starren, sich nicht den Konturen des Halses anpassenden Metallrohr hervorgerufen wurde.[119]

– Bei der ex-ante-Beurteilung von wechselseitig konsentierten Körperverletzungen im Rahmen vereinbarter tätlicher Auseinandersetzungen zwischen rivalisierenden Gruppen ist neben dem ohnehin nicht geringen Gefährlichkeitsgrad der von der Verabredung umfassten Körperverletzungshandlungen die Unkontrollierbarkeit gruppendynamischer Prozesse zu berücksichtigen. Fehlt es – anders etwa als bei sportlichen Wettkämpfen – an Absprachen und Vorkehrungen, die eine Eskalation der wechselseitigen Körperverletzungshandlungen und damit einhergehend eine beträchtliche Erhöhung der aus diesen resultierenden Rechtsgutsgefährlichkeit ausschließen, verstößt die Tat gegen die guten Sitten im Sinne des § 228 StGB.[120]

6. Subjektives Rechtfertigungselement

Auch bei dem Rechtfertigungsgrund der Einwilligung bedarf es des subjektiven Rechtfertigungselements, um das durch die Verwirklichung des Tatbestandes begangene Handlungsunrecht zu kompensieren. Der Täter muss daher in *Kenntnis* und *aufgrund der Einwilligung* handeln.[121]   **129**

II. Mutmaßliche Einwilligung

1. Grundlagen

Bei der mutmaßlichen Einwilligung handelt es sich um einen *eigenständigen* (wiederum gewohnheitsrechtlich anerkannten) *Rechtfertigungsgrund*. Auf ihn kann nur zurückgegriffen werden, wenn der Verfügungsberechtigte seinen Willen nicht ausdrücklich oder konkludent erklären konnte. Die mutmaßliche Einwilligung ist also gegenüber der erklärten Einwilligung als deren Surrogat *subsidiär*.[122]   **130**

Anwendung findet die mutmaßliche Einwilligung in zwei *Konstellationen*:[123]   **131**

– Zum einen kommt eine mutmaßliche Einwilligung bei einem *Handeln im Interesse des Betroffenen* in Betracht, der vor dem Eingriff in seine Rechtsgüter nicht befragt werden kann (zB Notoperation eines bewusstlosen Patienten, Eindringen in die brennende Wohnung des Nachbarn).

– Zum anderen wird eine mutmaßliche Einwilligung bei einem *Handeln bei mangelndem Interesse des Betroffenen* am Schutz seines Rechtsguts angenommen (zB Aufsammeln von überzähligem Fallobst auf einer Wiese). In diesem Fall wird die Notwendigkeit einer vorherigen Befragung des Rechtsgutsinhabers verneint.

Während die rechtfertigende Wirkung der (ausdrücklich oder konkludent) erklärten Einwilligung auf dem tatsächlich ausgeübten Selbstbestimmungsrecht des Rechtsgutsinhabers beruht, kann die mutmaßliche Einwilligung nur auf dessen *mutmaßlichen Willen* verweisen. Insoweit ergeben sich Veränderungen des Prüfungsaufbaus, der ansonsten aber im Wesentlichen dem der erteilten Einwilligung entspricht.   **132**

---

[119] BGHSt 49, 166 (174).
[120] BGHSt 58, 140 (150).
[121] *Rengier* AT § 23 Rn. 38; *Wessels/Beulke/Satzger* Rn. 379; *Zieschang* Rn. 299.
[122] *Kindhäuser* AT § 19 Rn. 2; *Krey/Esser* Rn. 678; *Kühl* § 9 Rn. 46; *Zieschang* Rn. 305.
[123] *Kindhäuser* AT § 19 Rn. 1; *Kühl* § 9 Rn. 46; *Wessels/Beulke/Satzger* Rn. 380.

133

Prüfungsschema: Mutmaßliche Einwilligung

  I. Disponibilität des geschützten Rechtsguts
 II. Dispositionsbefugnis des Einwilligenden
III. Einwilligungsfähigkeit
IV. Subsidiarität gegenüber erteilter Einwilligung
 V. Übereinstimmung mit dem mutmaßlichen Willen
VI. Keine Sittenwidrigkeit (bei Einwilligung in Körperverletzungsdelikte)
VII. Subjektives Rechtfertigungselement

2. Subsidiarität

134 Auf die mutmaßliche Einwilligung als Surrogat der erklärten Einwilligung darf nur verwiesen werden, wenn sich *kein entgegenstehender Wille* des Rechtsgutsinhabers erkennen lässt. Auf die Vernünftigkeit seines Willens kommt es hierbei nicht an.[124]

135 Soll ein Handeln im (vermeintlichen) Interesse des Betroffenen gerechtfertigt werden (→ Rn. 131), darf darüber hinaus keine Möglichkeit bestehen, ihn *vorher* zu *befragen*, um seinen tatsächlichen Willen zu ermitteln. An die Unmöglichkeit der Befragung sind wegen des Selbstbestimmungsrechts des Betroffenen hohe Anforderungen zu stellen.[125]

3. Übereinstimmung mit dem mutmaßlichen Willen

136 Der Rechtsgutseingriff muss dem mutmaßlichen Willen des Betroffenen zum Zeitpunkt der Tat entsprechen. Da es gilt, dessen persönlichen Willen zu ermitteln, sind in erster Linie die *individuellen Interessen*, Wünsche, Bedürfnisse und Wertvorstellungen des Rechtsgutsinhabers einzubeziehen, die zum Zeitpunkt der Tat (ex ante) erkennbar sind.[126]

137 Nur sofern insoweit keine Anhaltspunkte vorliegen, sind auch *objektive Umstände* zu berücksichtigen. Welcher Wille ein vernünftiger Dritter hätte, gibt zwar nicht den Ausschlag. Allerdings ist zumindest bei existentiellen Fragen in der Regel ohne gegenteilige Indizien letztlich von einer Übereinstimmung des „vernünftigen" mit dem wahren Willen des Betroffenen auszugehen.[127]

III. Hypothetische Einwilligung

138 Seit einiger Zeit wird anlässlich der hohen Anforderungen an die ärztliche Aufklärungspflicht (→ Rn. 124) verstärkt die Möglichkeit einer hypothetischen Einwilligung diskutiert, um diesbezügliche Strafbarkeitsrisiken zu vermindern.[128] Sie soll eingreifen, wenn der Betroffene nicht ordnungsgemäß aufgeklärt wurde (und daher seine Einwilligung in die Rechtsgutsverletzung unwirksam ist und in der Regel auch eine mutmaßliche Einwilligung wegen derer Subsidiarität nicht in Betracht kommt), er

---

[124] *Kühl* AT § 9 Rn. 47; *Rengier* AT § 23 Rn. 57.
[125] *Baumann/Weber/Mitsch* § 17 Rn. 118; *Rengier* AT § 23 Rn. 57.
[126] BGHSt 35, 246 (249); 45, 219 (221); *Kindhäuser* AT § 19 Rn. 9, 14; *Wessels/Beulke/Satzger* Rn. 381.
[127] BGHSt 35, 246 (249 f.); 45, 219 (221); *Kühl* AT § 9 Rn. 47.
[128] Siehe hierzu *Jäger* AT Rn. 146a; *Kühl* AT § 9 Rn. 47a.

aber *bei ordnungsgemäßer Aufklärung* in die Rechtsgutsverletzung *eingewilligt* hätte. Da in diesem Fall der Patient selbst bei pflichtgemäßem Verhalten des Arztes seine Einwilligung erklärt hätte, erscheint nach zunehmender Auffassung dessen Strafbarkeit nicht angebracht.

Ob und ggf. wie auf die hypothetische Einwilligung zurückgegriffen werden darf, ist höchst **139** umstritten. *Zum Teil* wird die dem Zivilrecht entlehnte Rechtsfigur aus verschiedenen Gründen bereits grundsätzlich *abgelehnt*.[129] Unter den Befürwortern der hypothetischen Einwilligung besteht Uneinigkeit über deren Einordnung und Reichweite. Nach wohl hA handelt es sich bei der hypothetischen Einwilligung um einen *Rechtfertigungsgrund*; jedenfalls entfällt nach BGH die Rechtswidrigkeit.[130]

Von Bedeutung ist das Zusammenspiel zwischen Einwilligung, mutmaßlicher und **140** hypothetischer Einwilligung vor allem bei Operationen.

Beispiel: Arzt A operiert seinen Patienten P wegen eines Knöchelbruchs. Vor der Operation **141** klärt A den P jedoch nicht darüber auf, dass die eingesetzten Schrauben erhebliche Spätfolgen nach sich ziehen können. P willigt in den Eingriff daher ohne die Kenntnis dieser möglichen Komplikationen ein. Allerdings hätte P dem Eingriff ebenso zugestimmt, wenn A ihm die denkbaren Folgen nicht verschwiegen hätte.

Eine wirksame *Einwilligung* des P scheitert an der unvollständigen und somit Willensmängel begründenden Aufklärung durch A über die möglichen Spätfolgen des ärztlichen Eingriffs.

Ebenso wenig ist das Verhalten des A aufgrund einer *mutmaßlichen Einwilligung* gerechtfertigt. Deren Subsidiarität als Einwilligungssurrogat setzt voraus, vorher keine Einwilligung bei dem Betroffenen einholen zu können. Hier hätte der wirkliche Wille des P zum Zeitpunkt der Tat jedoch durch eine umfassende und ordnungsgemäße Aufklärung ermittelt werden können.

A kann sich aber auf die *hypothetische Einwilligung* des P berufen, die nach wohl hA ebenso als Rechtfertigungsgrund einzuordnen bleibt. Da P auch bei ordnungsgemäßer Aufklärung und somit bei voller Kenntnis der Sachlage seine Einwilligung in den Eingriff erteilt hätte, ist die Körperverletzung des A zum Nachteil des P gerechtfertigt.

---

[129] Siehe etwa *Jäger* AT Rn. 146c; *Otto* Jura 2004, 679 (683); *Puppe* GA 2003, 764 (769).
[130] BGH NStZ-RR 2004, 16 (17); 2007, 340 (341); NStZ 2012, 205 (206); siehe auch *Wessels/Beulke/Satzger* Rn. 384a.

§ 6. Das vollendete vorsätzliche Begehungsdelikt: Die Schuld

A. Grundlagen

Das deutsche Strafrecht beruht auf dem *Schuldprinzip* (→ § 1 Rn. 36 f.): Strafe setzt **1**
Schuld voraus und wird zugleich durch das Maß der Schuld begrenzt (Begründungs-
und Begrenzungsfunktion der Schuld).[1] Das Schuldprinzip postuliert die Freiheit des
Menschen, sich für das Recht und gegen das Unrecht zu entscheiden.

Schuldhaft im Sinne der Strafbegründungsschuld handelt der Täter, wenn ihm die Tat **2**
persönlich vorzuwerfen ist. Gegenstand des Schuldvorwurfs ist nach überwiegender
Ansicht die sich in der rechtswidrigen Tat manifestierende tadelnswerte Gesinnung.
Die Unrechtshandlung ist somit der Anknüpfungspunkt des Schuldurteils.[2]

Maßgebend für den Schuldvorwurf sind die *sozialethischen Wertvorstellungen* der **3**
Rechtsordnung. Es handelt sich um eine Rechtsschuld, dh den Vorwurf mangelnder
Rechtstreue, nicht um moralische oder sittliche Schuld.[3]

Nach der Tatbestandsmäßigkeit und der Rechtswidrigkeit bildet die (Strafbegründungs-)Schuld **4**
die dritte Prüfungsstufe. Da die fehlende Schuld die Ausnahme darstellt, ist an deren Vorliegen –
ebenso wie bei der Rechtswidrigkeit – ohne Anhaltspunkte im Sachverhalt nicht zu zweifeln. Es
genügt daher in der Klausur in der Regel die kurze Feststellung im Urteilsstil „Die Tat ist
schuldhaft." (vgl. zur Rechtswidrigkeit → § 5 Rn. 5).

B. Schuldfähigkeit

§ 19 StGB Schuldunfähigkeit des Kindes   **5**

Schuldunfähig ist, wer bei Begehung der Tat noch nicht vierzehn Jahre alt ist.

§ 20 StGB Schuldunfähigkeit wegen seelischer Störungen

Ohne Schuld handelt, wer bei Begehung der Tat wegen einer krankhaften see-
lischen Störung, wegen einer tiefgreifenden Bewußtseinsstörung oder wegen
Schwachsinns oder einer schweren anderen seelischen Abartigkeit unfähig ist, das
Unrecht der Tat einzusehen oder nach dieser Einsicht zu handeln.

---

[1] BVerfGE 9, 167 (169); 95, 96 (131); BGHSt 2, 194 (200); *Kindhäuser* AT § 21 Rn. 1; *Wessels/
Beulke/Satzger* Rn. 398.
[2] BGHSt 2, 194 (200); *Wessels/Beulke/Satzger* Rn. 400, 402.
[3] *Kindhäuser* AT § 21 Rn. 10; *Wessels/Beulke/Satzger* Rn. 403.

§ 21 StGB Verminderte Schuldfähigkeit

Ist die Fähigkeit des Täters, das Unrecht der Tat einzusehen oder nach dieser
Einsicht zu handeln, aus einem der in § 20 bezeichneten Gründe bei Begehung
der Tat erheblich vermindert, so kann die Strafe nach § 49 Abs. 1 gemildert
werden.

I. Grundlagen

6   Schuldhaft handeln kann nur, wer überhaupt schuldfähig ist, dh das Unrecht der Tat
einsehen und nach dieser Einsicht handeln kann.[4] Dies wird für *Kinder* bis zum
vollendeten 14. Lebensjahr kategorisch und unwiderlegbar verneint (§ 19 StGB).
Jugendliche, die zum entscheidenden Zeitpunkt der Tat zwischen 14 und 18 Jahre alt
sind, sind bedingt schuldfähig. Bei ihnen muss die Schuldfähigkeit gesondert geprüft
und in jedem Einzelfall festgestellt werden (§ 3 Satz 1 JGG). *Erwachsene*, dh Personen ab 18 Jahren, sind hingegen grundsätzlich schuldfähig. Ihre Schuldfähigkeit
entfällt lediglich unter den Voraussetzungen des § 20 StGB. Es genügt jeweils, zu
Beginn der Tat, dh ab Eintritt in das Versuchsstadium, schuldfähig zu sein; der
Wegfall der Schuldfähigkeit während der Tat (zB weil der Täter in einen Blutrausch
gerät) bleibt unerheblich.[5]

7   Gemäß § 20 StGB ist *schuldunfähig* und handelt somit ohne Schuld, wer aufgrund
einer biologischen oder psychologischen Störung nicht in der Lage ist, das Unrecht
der Tat einzusehen (sog. *Einsichtsfähigkeit*) oder nach dieser Einsicht zu handeln (sog.
Steuerungsfähigkeit). In der Regel ist die Steuerungsfähigkeit früher beeinträchtigt als
die Einsichtsfähigkeit.

8   Als dem Fehlen der Steuerungs- oder Einsichtsfähigkeit zugrunde liegenden *biologischen oder psychologischen Mangel* nennt § 20 StGB abschließend die krankhafte
seelische Störung (zB hirnorganisch bedingte Störungen, Schizophrenie), die tiefgreifende Bewusstseinsstörung (zB Erschöpfung, hochgradiger Affekt), Schwachsinn und
andere schwere seelische Abartigkeiten (zB Neurose, Triebstörung).[6] Auch und gerade der Vollrausch (→ Rn. 11 ff.) kann zur Schuldunfähigkeit des Betrunkenen führen.
Hierbei ist allerdings umstritten, ob es sich um eine krankhafte seelische Störung oder
eine tiefgreifende Bewusstseinsstörung handelt.[7]

9   *Vermindert schuldfähig* sind gemäß § 21 StGB Personen, deren Einsichts- oder
Steuerungsfähigkeit bei Begehung der Tat aus den in § 20 StGB genannten Gründen
erheblich vermindert sind. Die verminderte Schuldfähigkeit schließt die Schuld und
somit die Bestrafung nicht aus, sondern begründet lediglich einen fakultativen, dh
nicht zwingend vom Gericht anzuwendenden Strafmilderungsgrund („*kann ... gemildert werden*").

10 Der häufigste Anwendungsfall der §§ 20, 21 StGB dürfte übermäßige *Alkoholisierung* sein. Eine
verminderte Schuldfähigkeit liegt hierbei ab einer Blutalkoholkonzentration (BAK) von 2,0 ‰
zum Zeitpunkt der Tat nahe, Schuldunfähigkeit ab 3,0 ‰. Bei vorsätzlichen Tötungsdelikten

---

[4] *Jäger* AT Rn. 168.
[5] *Kudlich* PdW AT Fall 129; *Wessels/Beulke/Satzger* Rn. 411.
[6] *Jäger* AT Rn. 171 ff.; *Kindhäuser* AT § 22 Rn. 6; *Krey/Esser* Rn. 696 ff.; *Rengier* AT § 24
Rn. 6; *Wessels/Beulke/Satzger* Rn. 410.
[7] Siehe hierzu *Jäger* AT Rn. 172 f.; *Kindhäuser* AT § 22 Rn. 8.

durch aktives Tun werden wegen der postulierten Hemmschwelle (→ § 4 Rn. 90 f. und 93) diese Werte um zehn Prozent auf 2,2 ‰ bzw. 3,3 ‰ angehoben.[8] Allerdings existiert kein allgemeiner Erfahrungssatz, dass jeder Mensch ab einer bestimmten Blutalkoholkonzentration vermindert schuldfähig bzw. schuldunfähig ist. Es bedarf daher stets einer Gesamtwürdigung aller Umstände des Einzelfalls (zB Gewöhnung an Alkohol, Konstitution des Täters, Ausfallerscheinungen, Schwere des Delikts), die in der Praxis ein Sachverständiger vornimmt.[9]

II. Actio libera in causa

Ausgewählte Entscheidung: BGHSt 42, 235 (keine actio libera in causa bei Verkehrsstraftaten).

Ausgewählte Studienliteratur: *Fahl* Actio libera in causa, JA 1999, 84; *Rönnau* Grundwissen – Strafrecht: Actio libera in causa, JuS 2010, 300; *Satzger* Dreimal „in causa" – actio libera in causa, omissio libera in causa und actio illicita in causa, Jura 2006, 513.

1. Grundlagen

Handelt der Täter bei Begehung der Tat nach § 20 StGB ohne Schuld, scheidet **11** bezüglich der im schuldunfähigen Zustand begangenen Tat eine Bestrafung aus. In Betracht kommt allenfalls eine Strafbarkeit als *Vollrausch* gemäß § 323a StGB, der an das vorherige (noch schuldhaft begangene) Versetzen in den Rauschzustand anknüpft und hierfür eine Freiheitsstrafe bis zu fünf Jahren vorsieht. Dies erscheint vor allem dann unbillig, wenn der Täter sich absichtlich betrinkt, um im schuldunfähigen Rauschzustand eine Straftat (sog. *Rauschtat*) zu begehen.

Es wird daher versucht, den Täter nicht bloß wegen der Herbeiführung des Voll- **12** rauschs, sondern wegen seiner Rauschtat als eigentlich verwirklichtem Unrecht selbst zu belangen, wenn er sich vorsätzlich oder fahrlässig (str; → Rn. 24 f.) in den Zustand der Schuldunfähigkeit versetzt hat. Dies geschieht über die gewohnheitsrechtlichen Grundsätze der *actio libera in causa* („in der Ursache freie Handlung"), die auf unterschiedliche Weise begründet werden. Da sich diese Rechtsfigur aber in vielerlei Hinsicht über den Wortlaut des Gesetzes und bewährte Auslegungen hinwegsetzt, handelt es sich hierbei um eine der umstrittensten Konstruktionen des Allgemeinen Teils. Auch die Rechtsprechung schränkt den Anwendungsbereich der actio libera in causa zunehmend ein.

2. Vorsätzliche actio libera in causa

Bei der vorsätzlichen actio libera in causa versetzt sich jemand *willentlich und* **13** *wissentlich* in den Defektzustand des § 20 StGB, um Straftaten zu begehen. Seine Motivation im Einzelnen, dh ob er „sich Mut antrinken" oder „Hemmungen weg- trinken" muss, ist unerheblich. Entscheidend ist allein, dass der Täter während des Sichbetrinkens, also im noch schuldfähigen Zustand, den Tatentschluss fasst, im späteren Zustand der Schuldunfähigkeit eine bestimmte und hinreichend konkreti- sierte Straftat zu begehen.[10]

a) Ausnahmemodell

Wird in diesen Fällen die Strafbarkeit des Täters wegen seiner Rauschtat geprüft, **14** ergeben sich auf den ersten beiden Prüfungsstufen zunächst keine Besonderheiten.

---

[8] BGHSt 37, 231 (235); *Fischer* § 20 Rn. 20 ff.; *Rengier* AT § 24 Rn. 9. Zur Schuldunfähigkeit infolge von Spielsucht BGH NStZ 2014, 80.
[9] *Rengier* AT § 24 Rn. 8; *Wessels/Beulke/Satzger* Rn. 412; *Zieschang* Rn. 332.
[10] *Rengier* AT § 25 Rn. 4; *Wessels/Beulke/Satzger* Rn. 417.

Den *Tatbestand* verwirklicht der Täter dadurch, dass er im Rauschzustand wissentlich und willentlich die entsprechenden Tathandlungen vornimmt und einen etwaigen tatbestandlichen Erfolg kausal und zurechenbar herbeiführt (zB die Tötung eines anderen Menschen). Auch die *Rechtswidrigkeit* bereitet allein wegen des Rauschs des Täters keine Probleme und lässt sich demzufolge in der Regel ohne Weiteres bejahen.

15   Auf der Prüfungsebene der *Schuld* ist sodann auf § 20 StGB einzugehen und festzustellen, dass der Täter zum Zeitpunkt der Tat aufgrund seines Rauschzustands schuldunfähig war. Das in § 20 StGB zum Ausdruck kommende Koinzidenzprinzip setzt aber die Schuld des Täters gerade zum Zeitpunkt der Begehung der Tat voraus, um ihm seine rechtswidrige Tat persönlich vorwerfen zu können. Eine Strafbarkeit des Täters wegen seiner Rauschtat wäre demnach mangels Schuld ausgeschlossen.[11]

16   An dieser Stelle setzt das Ausnahmemodell (oder auch Ausnahmelösung) an, indem es eine *Ausnahme von dem Koinzidenzprinzip* zulässt. In den Fällen der actio libera in causa genüge es demnach, wenn der Täter jedenfalls in dem Zeitpunkt schuldfähig sei, in dem er seine Schuldunfähigkeit herbeiführt, sich also in den Rauschzustand versetzt. Dass sich der Täter in Hinblick auf die spätere Rechtgutsverletzung seiner Steuerungsfähigkeit beraubt, kompensiere die bei der Begehung der konkreten Rauschtat fehlende Schuld.[12]

17   Dem Ausnahmemodell bleibt indessen der eindeutige Wortlaut des § 20 StGB entgegenzuhalten, der auf den Zeitpunkt der Begehung der Tat verweist. Von diesem Erfordernis abzusehen, um die Rauschtat selbst zu bestrafen, bedeutete daher einen Verstoß gegen das Verbot *strafbarkeitsbegründenden Gewohnheitsrechts* aus Art. 103 Abs. 2 GG (→ § 1 Rn. 28 f.).[13]

b) Ausdehnungsmodell

18   Ebenfalls an das Koinzidenzprinzip im Rahmen der Schuld der Rauschtat knüpft das Ausdehnungsmodell (oder auch Ausdehnungslösung) an. Hiernach ist der Begriff der „Tat" im Sinne des § 20 StGB in den Fällen der actio libera in causa *weiter zu verstehen*. Der zeitlich erste Anknüpfungspunkt der „Tat" sei nicht das unmittelbare Ansetzen zur Verwirklichung des Tatbestandes der Rauschtat, sondern bereits das schuldhafte Sichbetrinken. Dies belegten auch § 17 und § 35 Abs. 1 Satz 2 StGB, die vorgelagerte Verhaltensweisen (Vermeidbarkeit des Verbotsirrtums, Verursachung der die Notstandslage begründenden Gefahr) heranzögen, um die Schuld zu beurteilen.[14]

19   Gegen das Ausdehnungsmodell spricht, dass nicht ersichtlich ist, warum der *Tatbegriff* des § 20 StGB anders zu verstehen sein soll als in den §§ 16, 17 StGB. Es bleibt daher auch hier bei dem Vorwurf, gegen das Art. 103 Abs. 2 GG zu entnehmende Verbot von Gewohnheitsrecht zulasten des Täters zu verstoßen.[15]

c) Tatbestandsmodell

20   Nach dem Tatbestandsmodell (oder auch Vorverlagerungstheorie) ist die actio libera in causa nicht auf der Ebene der Schuld, sondern schon im Tatbestand zu problematisieren. Maßgebliche Tathandlung (zB im Rahmen des § 212 StGB) sei nämlich nicht

---

[11] *Kindhäuser* AT § 23 Rn. 4.
[12] *Krey/Esser* Rn. 708 ff.; *Kühl* AT § 11 Rn. 9; *Otto* AT § 13 Rn. 24 f.; *Wessels/Beulke/Satzger* Rn. 415; siehe hierzu auch *Kindhäuser* AT § 23 Rn. 6 ff.
[13] BGHSt 42, 235 (241 f.); *Jäger* AT Rn. 177; *Rengier* AT § 25 Rn. 9.
[14] MüKoStGB/*Streng* § 20 Rn. 128 ff.
[15] BGHSt 42, 235 (240 f.); *Kindhäuser* AT § 23 Rn. 17; *Rengier* AT § 25 Rn. 11; *Zieschang* Rn. 339.

das tatbestandliche Verhalten der Rauschtat (zB der tödliche Schuss mit einer Waffe oder Stich mit einem Messer), sondern das Sichbetrinken oder sonstige Versetzen in den Rauschzustand. Indem an diese Handlungen angeknüpft werde, die bereits die Grenze zwischen Vorbereitung und Versuch überschreiten sollen, bleibe auch das Koinzidenzprinzip gewahrt. Denn hierfür genüge es schließlich, zu Beginn der Tat schuldfähig zu sein.[16] Zugunsten der Tatbestandslösung wird auch ein Vergleich mit der mittelbaren Täterschaft angeführt: Bei der actio libera in causa mache sich der Täter, indem er sich absichtlich in den Rauschzustand zur Begehung von Straftaten versetzt, zu seinem eigenen Werkzeug und gebe den Geschehensablauf insoweit vorwerfbar aus seiner Hand.[17]

Dem Vergleich mit der mittelbaren Täterschaft wird allerdings entgegengehalten, dass **21** die Tat nach § 25 Abs. 1 Var. 2 StGB durch einen „anderen" verwirklicht werden müsse. Nur weil sich der Täter in einem Rauschzustand befinde, sei er noch keine „andere" Person im Sinne des Gesetzes.[18] Außerdem wird das Versuchsstadium nach hM erst dann erreicht, wenn der Täter subjektiv die Schwelle zum „Jetzt geht's los" überschreitet und objektiv Handlungen vornimmt, die ohne wesentliche Zwischenschritte in die Tatbestandsverwirklichung einmünden (→ § 10 Rn. 32 ff.). In den Fällen der actio libera in causa muss der Täter hingegen nach dem Sichbetrinken in aller Regel weitere Schritte unternehmen, um das Opfer etwa zu töten, auszurauben oder zu bestehlen. Das nach der Tatbestandslösung maßgebliche Verhalten ist demnach nur eine *Vorbereitungshandlung*, nicht bereits das unmittelbare Ansetzen zur Rauschtat.[19]

d) Aktuelle Rechtslage

Da auch die Tatbestandslösung wegen ihrer weiten Vorverlagerung des Versuchs- **22** beginns nicht zu überzeugen vermag, mehren sich im Schrifttum nicht zu Unrecht die Stimmen, welche die Rechtsfigur der actio libera in causa als *mit dem geltenden Recht nicht vereinbar* erachten.[20] Es bedürfe demnach einer Gesetzesänderung, um den Täter in den Konstellationen der vorsätzlichen actio libera in causa nicht nur wegen Vollrauschs gemäß § 323a StGB bestrafen zu können.

Der BGH hält zwar grundsätzlich nach wie vor an der actio libera in causa fest,[21] **23** *lehnt* allerdings ihre *Anwendung für verhaltensgebundene Delikte ab*, deren Unrechtsgehalt sich aus der eigenhändigen Vornahme einer bestimmten Tätigkeit ergibt.[22] Dies betrifft vornehmlich den Bereich der Straßenverkehrsdelikte. So ist es insbesondere bei § 315c Abs. 1 Nr. 1 lit. a und § 316 StGB, die das „Führen", dh das tatsächliche In-Bewegung-Setzen oder In-Bewegung-Halten eines Fahrzeugs voraussetzen, nicht vertretbar, in dem weit vorgelagerten Sichbetrinken die unrechtsverwirklichende Tathandlung zu sehen. Schließlich stellen diese Delikte das bloße, näher beschriebene Verhalten unter Strafe, ohne dass ein davon unabhängiger, trennbarer Erfolg eintreten muss.[23]

---

[16] *Jäger* AT Rn. 177; *Rengier* AT § 25 Rn. 12.
[17] *Rengier* AT § 25 Rn. 13.
[18] *Kindhäuser* AT § 23 Rn. 18; *Zieschang* Rn. 339; hiergegen *Rengier* AT § 25 Rn. 15.
[19] Zur Kritik am Tatbestandsmodell *Kindhäuser* AT § 23 Rn. 19; *Wessels/Beulke/Satzger* Rn. 419.
[20] So etwa *Zieschang* Rn. 339.
[21] Siehe etwa BGH NStZ 2000, 584 (585); 2002, 28.
[22] BGHSt 42, 235 (239); aus dem Schrifttum *Jäger* AT Rn. 182; *Rengier* AT § 25 Rn. 20.
[23] BGHSt 42, 235 (239).

3. Fahrlässige actio libera in causa

24   Fraglich ist, ob es neben der vorsätzlichen auch einer fahrlässigen actio libera in causa bedarf. Mit dieser Rechtsfigur soll der Täter wegen fahrlässiger Rauschtat bestraft werden, wenn er bei der (vorsätzlichen oder fahrlässigen) Herbeiführung des Rauschzustands den weiteren Geschehensablauf hätte vorhersehen können. Erfasst werden sollen diejenigen Fälle, in denen der Täter beim Sichbetrinken *fahrlässig* nicht damit rechnet, eine *Tat im* dadurch herbeigeführten *Rauschzustand* zu begehen. Ob sich der Täter vorsätzlich oder fahrlässig in den Defektzustand versetzt, ist unerheblich.[24]

25   Jedoch wird zu Recht darauf hingewiesen, dass im Fahrlässigkeitsbereich immer ein strafrechtlich relevanter Anknüpfungspunkt in der Form einer Sorgfaltspflichtverletzung (zB das Sichbetrinken) ermittelt werden kann. Wer etwa im Rausch einen anderen verprügelt, kann wegen fahrlässiger Körperverletzung gemäß § 229 StGB bestraft werden, weil das vorherige *Sichbetrinken* ein *objektiv pflichtwidriges Vorverhalten* darstellt, das die Verletzung des anderen in zurechenbarer Weise verursacht. Einer Anwendung der Theorien zur actio libera in causa bedarf es daher in diesen Konstellationen überhaupt nicht.[25]

4. Hinweise für Prüfungsarbeiten

26   In Prüfungsarbeiten ist in Fällen der actio libera in causa zunächst die *Rauschtat* zu prüfen. Hier bleiben Tatbestand und Rechtswidrigkeit in der Regel unabhängig von dem Rauschzustand des Täters zu erörtern (→ Rn. 14). Erst in der Schuld ist auf den Rausch und die darauf beruhende *Schuldunfähigkeit* des Täters im Rahmen des § 20 StGB einzugehen. Sofern der Sachverhalt nicht ausdrücklich die Schuldunfähigkeit des Täters vorgibt, können bei der erforderlichen Gesamtwürdigung die BAK-Werte relevant werden (→ Rn. 10).

27   Ist der Täter demnach schuldunfähig, ist in einem zweiten Schritt zu klären, ob der Täter nach den gewohnheitsrechtlichen Grundsätzen der *actio libera in causa* bestraft werden kann. Um zur Problematik hinzuführen, lohnt es sich in aller Kürze das Koinzidenzprinzip (Schuldfähigkeit bei Begehung der Tat erforderlich) und die damit verbundene Notwendigkeit einer Vorverlagerung oder Ausdehnung des Tatbestandes darzustellen. Sodann sind das Ausnahme- sowie das Ausdehnungsmodell zu diskutieren.

28   Wird – wegen der gravierenden Bedenken (→ Rn. 17 und 19) naheliegend – weder dem Ausnahme- noch dem Ausdehnungsmodell gefolgt, ist anschließend unter einer eigenen Überschrift die *Rauschtat iVm den Grundsätzen der vorsätzlichen actio libera in causa* zu prüfen. Angeknüpft wird jetzt aber nicht an die im Rausch begangene Tathandlung, sondern an die Herbeiführung der Schuldunfähigkeit. Im objektiven Tatbestand bleibt sodann die Tatbestandslösung mit dieser Vorverlagerung zu diskutieren, die nach wohl hM zumindest für nicht eigenhändige oder verhaltensgebundene Delikte gelten soll.

29   Schließt sich das Gutachten dem Tatbestandsmodell an, muss sich der Vorsatz sowohl auf die Herbeiführung des Defektzustands (als nunmehr relevante Tathandlung) als auch auf die in ihren wesentlichen Grundzügen bestimmte Rauschtat erstrecken (sog. *Doppelvorsatz*). Sind diese Voraussetzungen gewahrt, ist der Täter wegen der Rauschtat iVm den Grundsätzen der vorsätzlichen actio libera in causa zu bestrafen.

---

[24] *Wessels/Beulke/Satzger* Rn. 420.
[25] BGHSt 40, 341 (343); 42, 235 (236 f.); *Jäger* AT Rn. 182; *Krey/Esser* Rn. 713; *Rengier* AT § 25 Rn. 27.

Wird hingegen die Tatbestandslösung ebenso abgelehnt oder mangelt es an dem   **30**
notwendigen doppelten Vorsatz bei der Rauschtat iVm den Grundsätzen der vorsätzlichen actio libera in causa, bleibt noch die *fahrlässige Verwirklichung der
Rauschtat* anzusprechen. Dies ist freilich nur möglich, sofern insoweit ein eigener
Fahrlässigkeitstatbestand existiert. Auch hier stellt die Herbeiführung des Rauschzustands, nunmehr als fahrlässigkeitsbegründende Sorgfaltspflichtverletzung, den
Anknüpfungspunkt für die Strafbarkeit dar. An dieser Stelle kann kurz auf die (nicht
notwendige) Konstruktion der fahrlässigen actio libera in causa eingegangen werden.

Zum Schluss ist jeweils der Straftatbestand des *Vollrauschs* gemäß § 323a StGB zu   **31**
erörtern. Bei der im Rausch begangenen rechtswidrigen Tat handelt es sich um eine
objektive Strafbarkeitsbedingung. Sofern zuvor eine Strafbarkeit des Täters aufgrund
der zur (vorsätzlichen) actio libera in causa vertretenen Modelle bejaht werden
konnte, tritt der Vollrausch gemäß § 323a StGB jedoch auf der Konkurrenzebene als
subsidiär zurück.[26]

Fall 14:

A will sich in einer Kneipe Mut antrinken, um im alkoholisierten Zustand den B zu töten.   **32**
Zu diesem Zweck betrinkt er sich in einer Kneipe, bis er schuldunfähig ist, und tötet dann
B in dessen Wohnung.

   I. § 212 Abs. 1 StGB [Anknüpfungspunkt: Rauschtat als solche]
     1. Tatbestand (+)
     2. Rechtswidrigkeit (+)
     3. Schuld
       – Feststellung, dass die bei Begehung der (Rausch-)Tat notwendige Schuld
         (Koinzidenzprinzip) nicht vorliegt und der Täter damit gemäß § 20 StGB
         schuldunfähig ist
       – Erörterung, ob für die Schuldfähigkeit auf den Zeitpunkt der Herbeiführung
         des Defektzustands abgestellt werden kann (so das *Ausnahme-* und das
         Ausdehnungsmodell); falls (–), ist fortzufahren mit:
  II. § 212 Abs. 1 StGB iVm den Grundsätzen der vorsätzlichen actio libera in causa
     [Anknüpfungspunkt: Sichversetzen in den Rausch]
     1. Tatbestand
       a) Objektiver Tatbestand
         – nach der Rspr scheidet eine Vorverlagerung auf die nunmehr maßgebliche
           Herbeiführung der Schuldunfähigkeit bei *eigenhändigen und verhaltens-
           gebundenen Delikten* von vornherein aus
         – Diskussion, ob mit der *Tatbestandslösung* ansonsten eine Vorverlagerung
           möglich ist; falls (+), ist die Prüfung fortzusetzen mit:
       b) Subjektiver Tatbestand
         (doppelter) Vorsatz bzgl. der Herbeiführung des Defektzustands sowie der
         späteren Ausführung der (in ihren wesentlichen Grundzügen bestimmten)
         Tat im schuldunfähigen Zustand
        – falls (+), weiter mit Rechtswidrigkeit und Schuld
        – falls (–) oder falls das Tatbestandsmodell bereits grundsätzlich abgelehnt
         wird, ist weiter zu erörtern:

---

[26] *Lackner/Kühl* § 323a Rn. 19; Schönke/Schröder/*Sternberg-Lieben/Hecker* § 323a Rn. 31.

III. § 222 StGB
Anzuknüpfen ist wiederum an die Herbeiführung des Defektzustands, diesmal
als fahrlässigkeitsbegründende Sorgfaltspflichtverletzung.
IV. § 323a StGB
  1. Tatbestand
     a) Objektiver Tatbestand (+)
     b) Subjektiver Tatbestand (+)
     c) Objektive Strafbarkeitsbedingung: nicht strafbare Rauschtat (+)
  2. und 3. Rechtswidrigkeit und Schuld (+)
     § 323a StGB tritt aber auf Konkurrenzebene zurück, falls die Rauschtat (auch
     ggf. nur iVm den Grundsätzen der vorsätzlichen actio libera in causa) strafbar
     ist.

C. Entschuldigungsgründe

I. Grundlagen

33 Die Schuldunfähigkeit und der unvermeidbare Verbotsirrtum werden als *Schuldaus-*
schließungsgründe eingestuft, da sie schon das Entstehen von Schuld verhindern.
Hingegen bewirken die *Entschuldigungsgründe* eine Herabstufung des (bestehenden)
Unrechts- und Schuldgehalts einer Tat unter die Grenze der Strafwürdigkeit. Von
einer Bestrafung des Täters wird in diesen Fällen daher abgesehen.[27]

34 Anders als bei einem gerechtfertigten Verhalten kann gegen eine lediglich entschul-
digte Handlung *Notwehr* geübt werden. Außerdem ist eine *Teilnahme* an der ent-
schuldigten Handlung möglich.

35 Entschuldigungsgründe haben mit den Rechtfertigungsgründen gemein, dass sie in
einer bestimmten Situation ein bestimmtes Verhalten als nicht strafbar erscheinen
lassen. Sie werden daher ebenso *wie* diejenigen *Rechtfertigungsgründe aufgebaut,* die
zum Schutz eines angegriffenen oder gefährdeten Interesses dessen Verteidigung
gestatten (siehe etwa sogleich das Prüfungsschema des entschuldigenden Notstands →
Rn. 46).

II. Notwehrexzess (§ 33 StGB)

36 **§ 33 StGB Überschreitung der Notwehr**
    Überschreitet der Täter die Grenzen der Notwehr aus Verwirrung, Furcht oder
    Schrecken, so wird er nicht bestraft.

Ausgewählte Studienliteratur: Engländer Die Entschuldigung nach § 33 StGB bei Putativnotwehr und Putativnotwehrexzess, JuS 2012, 408; *Geppert* Putativnotwehr, intensiver und extensiver Notwehrexzess, Putativnotwehrexzess, Jura 2007, 33; *Theile* Der bewusste Notwehrexzess,
JuS 2006, 965.

37 Der Notwehrexzess gemäß § 33 StGB ist nach hM – trotz seiner Stellung zwischen
den Rechtfertigungsgründen § 32 und § 34 StGB – als Entschuldigungsgrund ein-

---

[27] *Krey/Esser* Rn. 748; *Wessels/Beulke/Satzger* Rn. 432.

zuordnen.[28] Er setzt voraus, dass der Täter die Grenzen der Notwehr (zumindest auch) aus einem sog. *asthenischen Affekt* überschreitet, namentlich Verwirrung, Furcht oder Schrecken. Sthenische Affekte wie Wut, Empörung oder Rache fallen nicht in den Anwendungsbereich der Norm.[29] Nach hM kommt § 33 StGB auch bei einer bewussten Überschreitung der Grenzen der Notwehr in Betracht.[30]

Keine Einigkeit besteht darüber, was im Einzelnen unter „*Grenzen der Notwehr*" zu verstehen ist. Unstreitig erfasst § 33 StGB jedenfalls den sog. *intensiven Notwehrexzess*. Hierbei überschreitet der Täter die Grenzen der Notwehr(handlung) qualitativ, indem er sich intensiver verteidigt als dies § 32 StGB gestattet.[31] **38**

Beispiel: A wird bei einem Spaziergang in den Weinbergen überraschend von B angegriffen, der aus größerer Distanz mit erhobenen Fäusten auf ihn losläuft. Erschrocken über die unvorhergesehene Attacke zieht A seinen Revolver und gibt sogleich einen ungezielten Schuss auf B ab, obwohl die Zeit – wie A weiß – für einen Warnschuss noch gereicht hätte. B wird durch den Schuss schwer verletzt. **39**

Der Schuss des A auf B ist nicht gerechtfertigt, da wegen der Entfernung des B ein Warnruf oder Warnschuss das mildere Mittel gewesen wäre und Notwehr gemäß § 32 StGB somit mangels erforderlicher Notwehrhandlung ausscheidet. Da A aber aufgrund seines Schrecks über den überraschenden Angriff des B nicht auf das relativ mildeste Mittel zurückgegriffen hat, befindet er sich in einem (intensiven) Notwehrexzess, der ihn gemäß § 33 StGB entschuldigt.

Von einem *extensiven Notwehrexzess* ist die Rede, wenn der Täter die zeitlichen Grenzen der Notwehr überschreitet. Dies ist der Fall, wenn der Angriff entweder bereits abgeschlossen war (sog. *nachzeitiger* extensiver Notwehrexzess) oder noch nicht unmittelbar bevorstand (sog. *vorzeitiger* extensiver Notwehrexzess).[32] Nach einer Auffassung im Schrifttum ist § 33 StGB zumindest auf den nachzeitigen extensiven Notwehrexzess anzuwenden, da hier immerhin zuvor eine Notwehrlage bestand. Demnach fielen unter „Grenzen der Notwehr" nicht nur die qualitativen, sondern auch die zeitlichen Grenzen.[33] **40**

Dem hält die hM entgegen, dass mangels (noch) bestehender Notwehrlage kein Recht (mehr) zur Notwehr besteht, dessen Grenzen überschritten werden könnten. Der Entschuldigungsgrund des § 33 StGB ist auf diese Konstellation somit *nicht anwendbar*, zumal gerade die tatsächlich gegebene Notwehrlage das mit der nicht gerechtfertigten Verteidigung begangene Unrecht mindert.[34] **41**

Beispiel: In der Fußgängerzone versucht Räuber R, der Passantin P mit Gewalt die Handtasche zu entreißen. Instinktiv schlägt P dem R die Handtasche heftig gegen den Kopf, wodurch dieser zu Boden geht und bei dem Aufprall sein Bewusstsein verliert. Aus Verwirrung über den plötzlichen Angriff tritt P weiterhin auf den am Boden liegenden bewusstlosen R ein. **42**

Da P den Angriff des R durch ihren Schlag mit der Handtasche bereits erfolgreich abgewehrt und somit beendet hat, mangelt es an einer Notwehrlage, als sie den am Boden liegenden bewusstlosen R tritt. Daher ist § 33 StGB nach hM nicht anwendbar, auch wenn P aus dem asthenischen Affekt der Verwirrung gehandelt hat. Nach aA erfasst § 33 StGB hingegen auch

---

[28] BGHSt 3, 194 (198); *Kindhäuser* AT § 25 Rn. 1; *Kühl* AT § 12 Rn. 126 ff.; *Rengier* AT § 27 Rn. 1; *Wessels/Beulke/Satzger* Rn. 446.

[29] *Jäger* AT Rn. 197; *Kindhäuser* AT § 25 Rn. 7; *Rengier* AT § 27 Rn. 22.

[30] BGHSt 39, 133 (139); BGH NStZ 1987, 20; 1995, 76 (77); *Rengier* AT § 27 Rn. 26.

[31] *Jäger* AT Rn. 196; *Kindhäuser* AT § 25 Rn. 2 ff.; *Rengier* AT § 27 Rn. 3 f.; *Wessels/Beulke/Satzger* Rn. 446.

[32] *Kindhäuser* AT § 25 Rn. 8 f.; *Rengier* AT § 27 Rn. 17; *Wessels/Beulke/Satzger* Rn. 447.

[33] *Kindhäuser* AT § 25 Rn. 13; *Otto* AT § 14 Rn. 23; *Rengier* AT § 27 Rn. 19; *Wessels/Beulke/Satzger* Rn. 447.

[34] BGH NStZ 2011, 630 (630); *Jäger* AT Rn. 196; *Jescheck/Weigend* § 45 II 4; *Krey/Esser* Rn. 765.

diesen sog. (nachzeitigen) extensiven Notwehrexzess, da sich P zuvor in einer Notwehrlage befunden hat und somit lediglich die zeitlichen Grenzen der Notwehr überschreitet.

43   Nicht entschuldigt ist nach hM schließlich der sog. *Putativnotwehrexzess*. In dieser Konstellation hält sich der Täter irrtümlich für angegriffen (Putativnotwehr) und verteidigt sich dabei aus Verwirrung, Furcht oder Schrecken zugleich intensiver als dies bei einem tatsächlichen Angriff erforderlich wäre (Exzess). Auch hier steht der Anwendung des § 33 StGB die tatsächlich nicht bestehende Notwehrlage entgegen.[35] Lediglich wenige Stimmen in der Literatur befürworten in diesen Fällen wegen der vergleichbaren Motivationslage des Täters eine analoge Anwendung des § 33 StGB, sofern der Irrtum unvermeidbar war.[36]

44   **Beispiel:** A glaubt bei einem Spaziergang in den Weinbergen irrigerweise, dass der ihm entgegen-kommende Jogger B ihn überfallen will. Aus Furcht über einen Angriff zieht A seinen Revolver und gibt sogleich einen ungezielten Schuss auf B ab, obwohl die Zeit – wie A weiß – für einen Warnschuss noch gereicht hätte. B wird durch den Schuss schwer verletzt.

Eine Rechtfertigung des Schusses des A auf B scheitert bereits an der fehlenden Notwehrlage. Nach hM scheidet aus demselben Grund eine Entschuldigung nach § 33 StGB aus. Die Fehl-vorstellung des A ist vielmehr nach allgemeinen Irrtumsregeln zu behandeln.

III. Entschuldigender Notstand (§ 35 StGB)

45   **§ 35 StGB Entschuldigender Notstand**

(1) [1]Wer in einer gegenwärtigen, nicht anders abwendbaren Gefahr für Leben, Leib oder Freiheit eine rechtswidrige Tat begeht, um die Gefahr von sich, einem Angehörigen oder einer anderen ihm nahestehenden Person abzuwenden, han-delt ohne Schuld. [2]Dies gilt nicht, soweit dem Täter nach den Umständen, namentlich weil er die Gefahr selbst verursacht hat oder weil er in einem be-sonderen Rechtsverhältnis stand, zugemutet werden konnte, die Gefahr hin-zunehmen; jedoch kann die Strafe nach § 49 Abs. 1 gemildert werden, wenn der Täter nicht mit Rücksicht auf ein besonderes Rechtsverhältnis die Gefahr hin-zunehmen hatte.

(2) [1]Nimmt der Täter bei Begehung der Tat irrig Umstände an, welche ihn nach Absatz 1 entschuldigen würden, so wird er nur dann bestraft, wenn er den Irrtum vermeiden konnte. [2]Die Strafe ist nach § 49 Abs. 1 zu mildern.

Ausgewählte Studienliteratur: Brand/Lenk Probleme des Nötigungsnotstands, JuS 2013, 883; *Zieschang* Der rechtfertigende und entschuldigende Notstand, JA 2007, 679.

46   **Prüfungsschema: Entschuldigender Notstand**

I. Notstandslage
  1. Gefahr für Leben, Leib oder Freiheit
  2. des Täters, eines Angehörigen oder einer anderen ihm nahestehenden Person
  3. Gegenwärtigkeit der Gefahr

---

[35] *Kindhäuser* AT § 25 Rn. 17; *Krey/Esser* Rn. 769; *Wessels/Beulke/Satzger* Rn. 448; im Ergebnis ebenso *Rengier* AT § 27 Rn. 29.
[36] So etwa Schönke/Schröder/*Perron* § 33 Rn. 8 mwN; hiergegen *Kühl* AT § 12 Rn. 156.

II. Notstandshandlung
  1. Erforderlichkeit, dh Geeignetheit und relativ mildestes Mittel
  2. ggf. Ausschluss aufgrund Zumutbarkeit der Gefahr (§ 35 Abs. 1 Satz 2 StGB)
III. Subjektives Entschuldigungselement

1. Notstandslage

Der entschuldigende Notstand setzt eine gegenwärtige, nicht anders abwendbare **47** Gefahr für Leben, Leib oder Freiheit des Täters selbst, eines Angehörigen oder einer anderen ihm nahestehenden Person voraus. Für den Begriff der *gegenwärtigen Gefahr* kann auf die diesbezüglichen Ausführungen zu § 34 StGB (→ § 5 Rn. 74 ff.) verwiesen werden, insbesondere zur Anwendbarkeit auf Dauergefahren.

In zwei anderen Punkten ist die Reichweite des § 35 StGB indessen geringer als beim **48** rechtfertigenden Notstand. Zum einen beschränkt sich der Kreis der *notstandsfähigen Rechtsgüter* bei § 35 StGB auf die hier ausdrücklich und abschließend genannten Rechtsgüter, also Leben, Leib und (körperliche Bewegungs-)Freiheit. Sonstige Interessen wie etwa Eigentum und Ehre sind nicht erfasst.[37]

Zum anderen ist beim entschuldigenden Notstand eine Notstandshilfe nicht gegen- **49** über jedem beliebigen anderen, sondern lediglich gegenüber Angehörigen oder sonst *nahestehenden Personen* möglich. Nahe stehen dem Täter Menschen, mit denen er derart persönlich verbunden ist, dass er sich zur Rettung der gefährdeten Person verpflichtet sieht (zB nahe Freunde, Lebensgefährten).[38]

Die irrige Annahme von Umständen, deren Vorliegen eine Notstandslage begründete, steht der **50** Entschuldigung des Täters nicht entgegen, sofern der *Irrtum* unvermeidbar war (§ 35 Abs. 2 Satz 1 StGB). Bei einer vermeidbaren Fehlvorstellung handelt der Täter zwar nicht entschuldigt. Seine Strafe ist aber gemäß § 35 Abs. 2 Satz 2 iVm § 49 Abs. 1 StGB zwingend zu mildern.

Ein wesentlicher Anwendungsfall des § 35 StGB ist nach hM der sog. *Nötigungs-* **51** *notstand.* Hierbei handelt der Täter, weil er selbst Adressat einer Nötigung ist, dh durch Gewalt oder Drohung mit einer gegenwärtigen, nicht anders abwendbaren Gefahr für Leben, Leib oder Freiheit zur tatbestandlichen Verwirklichung eines Delikts gezwungen wird. Nach aA soll eine solche Nötigung bereits die Voraussetzungen eines rechtfertigenden Notstands gemäß § 34 StGB erfüllen.[39] Dem steht aber unter anderem entgegen, dass dann das Opfer der abgenötigten Straftat sich seinerseits nicht gegen den abgenötigten (gerechtfertigten) Angriff zur Wehr setzen dürfte. Mit der hM wirkt daher der Nötigungsnotstand allenfalls gemäß § 35 StGB entschuldigend, nicht aber bereits gemäß § 34 StGB rechtfertigend.[40]

Beispiel: A zwingt den B mit vorgehaltener Pistole, dem C eine heftige Ohrfeige zu verabreichen.

Nach eA ist die Körperverletzung des B zum Nachteil des C gemäß § 223 StGB aus § 34 StGB gerechtfertigt. Dann dürfte sich aber der letztlich Betroffene (hier der C) gegen den (nicht rechtswidrigen) Angriff (hier des B) nicht zur Wehr setzen, ohne sich selbst strafbar zu machen.

---

[37] *Kindhäuser* AT § 24 Rn. 6.
[38] BeckOK StGB/*Momsen* § 35 Rn. 32; *Kühl* AT § 12 Rn. 36 ff.
[39] So etwa *Kindhäuser* AT § 17 Rn. 36; *Zieschang* Rn. 272.
[40] Schönke/Schröder/*Perron* § 34 Rn. 41b; *Jäger* AT Rn. 161; *Kudlich* PdW AT Fall 138; *Wessels/Beulke/Satzger* Rn. 443; differenzierend *Rengier* AT § 19 Rn. 54.

Ihm bliebe nur, sich gegen den Nötiger selbst zu verteidigen (hier gegen A), was ihm häufig allerdings von vornherein nicht möglich sein wird. Da der Genötigte selbst (hier der B) auf die Seite des Unrechts tritt, wenn er sich dem Druck des Nötigenden beugt, hat seine Rechtfertigung gemäß § 34 StGB an der fehlenden Angemessenheit seiner Notstandshandlung zu scheitern. Sein Verhalten ist nach hM aber gemäß § 35 StGB entschuldigt.

2. Notstandshandlung

52 Die Gefahr darf „nicht anders abwendbar" sein. Auch beim entschuldigenden Notstand muss die gewählte Verteidigungshandlung somit *erforderlich*, dh geeignet und zugleich das relativ mildeste Mittel sein, um die Gefahr abzuwehren.[41]

53 Außerdem gilt im Rahmen des entschuldigenden Notstands ebenso der Grundsatz der Verhältnismäßigkeit. Anders als bei § 34 StGB findet allerdings *keine Interessen- oder Güterabwägung* statt, weshalb § 35 StGB weitergehende Verteidigungsmöglichkeiten eröffnet. Vor allem kann § 35 StGB – anders als der rechtfertigende Notstand, der eine Abwägung „Leben gegen Leben" nicht zulässt (→ § 5 Rn. 83) – auch die Tötung eines anderen Menschen entschuldigen.

54 Trotz Notstandslage und erforderlicher Notstandshandlung entfällt der Schuldvorwurf gemäß § 35 Abs. 1 Satz 2 StGB nicht, wenn dem Täter nach den Umständen *zugemutet* werden kann, die Gefahr hinzunehmen. Als Beispiele für derartige Umstände nennt die Norm, dass der Täter die Gefahr selbst verursacht hat oder in einem besonderen Rechtsverhältnis steht. Solche erhöhten Gefahrtragungspflichten in Hinblick auf berufstypische Risiken treffen etwa Soldaten, Polizeibeamte und Feuerwehrleute.[42]

3. Subjektives Entschuldigungselement

55 Subjektiv fordert § 35 StGB zum einen die *Kenntnis* des Täters von der Notstandslage. Zum anderen muss der Täter zweckgebunden, dh gerade *zur Abwendung der Gefahr* handeln („um die Gefahr … abzuwenden").[43]

56 **Beispiel:** A und B treiben nach einem Schiffsbruch auf einer Planke im Meer. Die Planke trägt auf Dauer aber nur einen der beiden. A stößt daher den B von der abtauchenden Planke, um sein Leben zu retten. B ertrinkt.

Das Tötungsdelikt des A zum Nachteil des B ist zwar nicht bereits gemäß § 34 StGB gerechtfertigt. Ein *rechtfertigender Notstand* scheitert an der nicht zugunsten des A sprechenden Interessenabwägung des § 34 Satz 1 StGB, da einer quantitativen oder qualitativen Bewertung des menschlichen Lebens nach hM die Menschenwürde gemäß Art. 1 Abs. 1 GG entgegensteht, die jegliche Abwägung „Leben gegen Leben" untersagt (→ § 5 Rn. 83).

A befindet sich aber in einem *entschuldigenden Notstand* nach § 35 StGB. Den B von der Planke zu stoßen, stellt nicht nur ein geeignetes, sondern auch zugleich das relativ mildeste Mittel für den A dar, sein eigenes Leben zu retten. Gründe, die es A gemäß § 35 Abs. 1 Satz 2 StGB zumutbar erscheinen ließen, die Gefahr hinzunehmen, sind nicht ersichtlich, so dass seine Tat entschuldigt ist.

IV. Übergesetzlicher entschuldigender Notstand

57 In *außergewöhnlichen und ausweglosen Situationen*, in denen die Strafbarkeit des Täters fragwürdig erscheint, aber nach den gesetzlich normierten Rechtfertigungs-

---

[41] *Kindhäuser* AT § 24 Rn. 9; *Wessels/Beulke/Satzger* Rn. 438 f.
[42] *Kindhäuser* AT § 24 Rn. 14; *Rengier* AT § 26 Rn. 23; *Wessels/Beulke/Satzger* Rn. 440.
[43] *Kühl* AT § 12 Rn. 57; *Rengier* AT § 26 Rn. 11; *Wessels/Beulke/Satzger* Rn. 438.

und Entschuldigungsgründen nicht ausscheidet, wird ein eigenständiger übergesetzlicher entschuldigender Notstand erwogen. Dies gilt vor allem für Fälle, in denen eine Entschuldigung gemäß § 35 StGB lediglich daran scheitert, dass die beschützte Person dem Täter nicht nahesteht.

Hauptanwendungsfall des übergesetzlichen entschuldigenden Notstands sind Konstellationen des *quantitativen Lebensnotstands*, in denen der Täter eine größere Anzahl von Menschenleben nur dadurch retten kann, dass er den Tod einer geringeren Anzahl von Menschen verursacht.[44] Dies ist zumindest dann anerkannt, wenn die Leben der geopferten Menschen schon gefährdet waren. **58**

Beispiel: A gibt den Befehl zum Abschuss eines Passagierflugzeugs, das ein Terrorist entführt hat, um in ein Gebäude zu fliegen (ergänzend → § 5 Rn. 84). **59**

Nach hM kann auf den übergesetzlichen entschuldigenden Notstand auch dann zurückgegriffen werden, wenn durch die zu entschuldigende Handlung *bislang ungefährdete Personen* in Lebensgefahr geraten.[45] Unumstritten ist dies allerdings nicht, da der Täter hier eine neue Gefahr für die von ihm ausgewählten Personen setzt und hierdurch letztlich „Schicksal spielt".[46] **60**

Beispiel: A kann eine Kollision zweier Passagierzüge nur verhindern, indem er einen Zug auf ein unbefahrenes Gleis umlenkt. Auf diesem Gleis befinden sich einige Gleisarbeiter, die von dem Zug überrollt werden. **61**

V. Unzumutbarkeit normgemäßen Verhaltens

Die Unzumutbarkeit normgemäßen Verhaltens wird von der hM zwar nicht als allgemeiner Entschuldigungsgrund anerkannt. Bei *Unterlassungs- und Fahrlässigkeitsdelikten* wirkt sie jedoch als regulatives Prinzip, das die Schuld entfallen lässt (→ § 11 Rn. 90 und § 12 Rn. 43).[47] **62**

---

[44] *Jäger* AT Rn. 204; *Rengier* AT § 26 Rn. 40; *Stratenwerth/Kuhlen* § 10 Rn. 124; *Wessels/Beulke/Satzger* Rn. 452.
[45] *Kühl* AT § 12 Rn. 104; *Stratenwerth/Kuhlen* § 10 Rn. 129.
[46] *Jäger* AT Rn. 208; *Roxin* AT I § 22 Rn. 162 ff.; *Wessels/Beulke/Satzger* Rn. 452b.
[47] *Kindhäuser* AT § 21 Rn. 13; *Rengier* AT § 28 Rn. 2; *Wessels/Beulke/Satzger* Rn. 451.

§ 7. Strafzumessung und Strafverfolgung

A. Strafzumessung

Grundsätzlich erfordern Prüfungsarbeiten während des Studiums und in der ersten **1** juristischen Staatsprüfung keine Ausführungen zur Strafzumessung. Ausnahmsweise kann jedoch auf Verschiebungen des Strafrahmens durch minder schwere oder besonders schwere Fälle einzugehen sein (zB § 213, § 243, § 263 Abs. 3 StGB; → Rn. 3). Ihre Prüfung erfolgt *nach der Schuld* im Rahmen der Strafzumessung.

Unbenannte, dh durch das Gesetz nicht näher beschriebene, *minder oder besonders* **2** *schwere Fälle* (zB § 212 Abs. 2, § 226 Abs. 3 StGB) sind in der Regel nicht anzusprechen. Um einen minder oder besonders schweren Fall anzunehmen, muss nämlich das gesamte Tatbild aufgrund einer Gesamtwertung aller objektiven und subjektiven Umstände sowie der Persönlichkeit des Täters vom Durchschnitt der erfahrungsgemäß gewöhnlich vorkommenden Fälle in einem Maße abweichen, dass die Anwendung des niedrigeren bzw. höheren Strafrahmens geboten erscheint.[1] Der Sachverhalt müsste deshalb schon ausdrückliche Anhaltspunkte aufweisen, die einen minder oder besonders schweren Fall nahe legen.

Zu erörtern sind hingegen die *benannten* minder oder besonders schweren Fälle, soweit **3** sie nach dem jeweiligen Sachverhalt in Betracht kommen. Sie werden häufig mit „[…] liegt in der Regel vor, wenn […]" eingeleitet und daher auch als *Regelbeispiele* bezeichnet (zB § 243 Abs. 1 Satz 2, § 263 Abs. 3 Satz 2 StGB; siehe aber auch § 213 StGB).

Anders als bei Qualifikationsmerkmalen hat das Vorliegen der Voraussetzungen eines **4** Regelbeispiels nicht zwingend, sondern eben nur „in der Regel" zur Folge, den Strafrahmen des minder oder besonders schweren Falles heranziehen zu müssen. Der Richter kann von dieser *Regelwirkung* absehen, so dass es sich bei den einzelnen Beispielen nicht um Tatbestandsmerkmale handelt.[2]

Regelbeispiele als benannte minder oder besonders schwere Fälle bleiben daher gleichfalls *nach der* **5** *Schuld* im Rahmen der Strafzumessung und nicht im objektiven Tatbestand zu prüfen. Eine gewisse Ähnlichkeit der Voraussetzungen eines Regelbeispiels mit Tatbestandsmerkmalen ist jedoch nicht zu verkennen, die sich auch auf deren Prüfung auswirkt. Vor allem werden die Voraussetzungen eines Regelbeispiels wie Tatbestandsmerkmale definiert; es gilt sodann, die tatsächlichen Umstände des Sachverhalts hierunter zu subsumieren. Außerdem ist die Regelung über den Vorsatz (§ 15 StGB) nach hM analog auf die Erfüllung von Regelbeispielen anzuwenden.[3]

B. Strafverfolgung

Einige Delikte sehen vor, „nur auf Antrag verfolgt" zu werden. Gemeint ist damit der **6** *Strafantrag*, der in den §§ 77 ff. StGB näher geregelt ist. Seine Notwendigkeit soll die

---

[1] BGHSt 28, 318 (319); 29, 319 (322).
[2] BGHSt 23, 254 (257).
[3] *Rengier* BT I § 3 Rn. 8.

Interessen des Verletzten berücksichtigen, sofern eine Straftat die Allgemeinheit nur geringfügig berührt und daher auf die Strafverfolgung von Amts wegen verzichtet werden kann.[4]

7 Unterschieden wird zwischen den sog. reinen oder absoluten Antragsdelikten und den sog. relativen Antragsdelikten. Während die Verfolgung *absoluter Antragsdelikte* einen Strafantrag des Antragsberechtigten zwingend voraussetzt (zB § 123, § 247 StGB), können die Strafverfolgungsbehörden bei *relativen Antragsdelikten* den fehlenden Strafantrag dadurch überwinden, dass sie das besondere öffentliche Interesse an der Strafverfolgung bejahen (zB § 230, § 248a StGB).[5]

8 Auch wenn der Strafantrag (oder die Annahme eines besonderen öffentlichen Interesses an der Strafverfolgung) lediglich eine *Prozessvoraussetzung* darstellt und somit an sich nicht die materiell-rechtliche Frage der Strafbarkeit betrifft, ist es sehr verbreitet, in *Prüfungsarbeiten* kurz auf die Notwendigkeit eines Strafantrags einzugehen. Dies gilt aber nur für Delikte, deren Verfolgung einen Strafantrag tatsächlich voraussetzt. Enthält in diesem Fall der Bearbeitervermerk – wie in der Regel – den Zusatz „Gegebenenfalls erforderliche Strafanträge sind gestellt.", ist unter Nennung der einschlägigen Vorschrift (zB § 230 Abs. 1 Satz 1, § 247, § 248a StGB) in einem Satz festzuhalten, dass der erforderliche Strafantrag vorliegt. Fehlt ein entsprechender Hinweis im Bearbeitervermerk, ist im Gutachten – wiederum unter Anführung der relevanten Norm – zu bemerken, dass es für die Strafverfolgung eines solchen Antrags bedürfe. Handelt es sich hingegen bei einem Straftatbestand nicht um ein Antragsdelikt, bleibt die Entbehrlichkeit eines Strafantrags unerwähnt.[6]

---

[4] *Krey/Esser* Rn. 237.
[5] *Krey/Esser* Rn. 237.
[6] *Rengier* AT § 12 Rn. 20 f.

§ 8. Irrtumslehre

A. Grundlagen

Unter einem Irrtum ist das *Auseinanderfallen von Vorstellung und Wirklichkeit* zu 1
verstehen. Solche Fehlvorstellungen können unterschiedliche rechtlich relevante
Punkte betreffen und lassen sich demzufolge nach verschiedenen Kriterien ordnen.

Zum einen ist zu unterscheiden, ob sich der Irrtum auf *Tatsachen oder* (darauf 2
beruhende rechtliche) *Wertungen* bezieht. Diese Differenzierung ist vor allem für die
Abgrenzung von Tatumstandsirrtum und Verbotsirrtum sowie von Erlaubnistatumstandsirrtum und Erlaubnisirrtum von Bedeutung.

Zum anderen kann die Fehlvorstellung des Täters auf allen *Stufen des Deliktsaufbaus* 3
angesiedelt sein. Der Täter kann sich beispielsweise über das Vorliegen oder Fehlen
von tatbestandsbegründenden Tatsachen oder Wertungen irren, über die tatsächlichen
bzw. rechtlichen Voraussetzungen und Grenzen von Rechtfertigungsgründen, über
Umstände der Schuld oder über persönliche Strafausschließungsgründe und Strafverfolgungsvoraussetzungen.

Schließlich kann danach differenziert werden, ob der Täter auf der Grundlage seiner 4
(Fehl-)Vorstellung *strafbar oder straflos* wäre. So ist einerseits denkbar, dass der Täter
zwar sämtliche objektiven Voraussetzungen der Strafbarkeit erfüllt, seine subjektive
Vorstellung aber dem nicht entspricht, zB aufgrund seiner Unkenntnis von Tatumständen oder aufgrund irriger Annahme eines tatsächlich nicht gegebenen Erlaubnistatbestandes. Andererseits kann der Täter objektiv an sich straflos sein, während er
bei Zugrundelegung seines Bewusstseinsinhalts strafbar wäre. Ein solcher sog. umgekehrter Irrtum liegt etwa vor, wenn der Täter sich fälschlicherweise vorstellt, tatsächlich nicht gegebene Tatbestandsmerkmale zu erfüllen, oder er nicht um das Bestehen
einer Rechtfertigungslage weiß.

Zu beachten bleibt, dass – wie etwa der Vorsatz (→ § 4 Rn. 94), das Unrechtsbewusst- 5
sein (→ Rn. 33) oder die Beteiligung (→ § 9 Rn. 69) – auch Irrtümer *teilbar* sind, dh
von Straftatbestand zu Straftatbestand gesondert beurteilt werden müssen.

Beispiel: A, der über dem Hinterhof eines Modegeschäfts wohnt, wirft im Dämmerlicht einen 6
Stein auf eine vermeintliche Schaufensterpuppe, bei der es sich in Wahrheit um die Modedesignerin M handelt.

In Bezug auf das durch den Steinwurf objektiv tatbestandlich verwirklichte Körperverletzungs-
delikt zum Nachteil der M unterliegt der A einem vorsatzausschließenden Tatumstandsirrtum
gemäß § 16 Abs. 1 Satz 1 StGB (→ Rn. 9 ff.). Bezüglich der von ihm gewollten Sachbeschädigung an der Schaufensterpuppe liegt hingegen ein umgekehrter Tatumstandsirrtum vor, der seine
Strafbarkeit wegen eines untauglichen Versuchs begründet (→ § 10 Rn. 23 ff.).

Trotz der Vielgestaltigkeit von Fehlvorstellungen des Täters gibt es nur wenige 7
diesbezügliche gesetzliche Regelungen. Im Wesentlichen beruht die *Irrtumslehre* auf
den beiden Vorschriften über den Tatumstandsirrtum in § 16 Abs. 1 StGB und über
den Verbotsirrtum in § 17 StGB.[1] Demzufolge ist die Behandlung von Irrtümern
nicht selten umstritten, wie exemplarisch die kontroverse Diskussion um den Erlaubnistatumstandsirrtum belegt (→ Rn. 40 ff.).

---

[1] *Kindhäuser* AT § 26 Rn. 2.

8 Wegen der zahlreichen Meinungsstreite wird die Irrtumslehre auch gerne in *Prüfungen* aufgegriffen. Im Folgenden werden die grundlegenden strafrechtlichen Irrtümer dargestellt. Besondere Formen der Irrtümer werden erst in demjenigen Zusammenhang behandelt, in dem sie auftreten (zum untauglichen Versuch → § 10 Rn. 23 ff., zu Irrtümern beim unechten Unterlassungsdelikt → § 11 Rn. 73 ff. und zu Irrtümern bei mehreren Tatbeteiligten → § 9 Rn. 58 ff.). Einen Überblick über die Irrtumslehre in der ersten großen Fallgruppe, dass der Täter auf der Grundlage seiner Fehlvorstellung straflos wäre, soll vorab folgendes Schema gewähren (ergänzend → § 10 Rn. 27):

	tatsächliche Umstände	**rechtliche Bewertung**
Tatbestand	Tatumstandsirrtum (→ Rn. 10 ff.): Vorsatz scheidet gemäß § 16 Abs. 1 Satz 1 StGB aus; Fahrlässigkeitsstrafbarkeit bleibt unberührt (§ 16 Abs. 1 Satz 2 StGB) *Sonderfall:* irrige Annahme privilegierender Tatumstände (§ 16 Abs. 2 StGB; → Rn. 18 f.) ggf. *Abgrenzung* zum unbeachtlichen Objektirrtum erforderlich (→ Rn. 20 ff.)	Verbotsirrtum (→ Rn. 32 ff.): bei Unvermeidbarkeit Wegfall der Schuld (§ 17 Satz 1 StGB), ansonsten fakultative Strafmilderung (§ 17 Satz 2 iVm § 49 Abs. 1 StGB) ggf. *Abgrenzung* zum unbeachtlichen Subsumtionsirrtum erforderlich (→ Rn. 16)
Rechtfertigungsgründe	Erlaubnistatumstandsirrtum (→ Rn. 40 ff.): nach herrschender rechtsfolgenverweisender eingeschränkte Schuldtheorie gilt § 16 Abs. 1 Satz 1 StGB analog; Fahrlässigkeitsstrafbarkeit bleibt unberührt	Erlaubnisirrtum (indirekter Verbotsirrtum; → Rn. 53 ff.): bei Unvermeidbarkeit Wegfall der Schuld (§ 17 Satz 1 StGB), ansonsten fakultative Strafmilderung (§ 17 Satz 2 iVm § 49 Abs. 1 StGB)
Entschuldigungsgründe	§ 35 Abs. 2 StGB (beim entschuldigenden Notstand; → Rn. 60 f.), ansonsten analoge Anwendung (→ Rn. 62)	unbeachtlich (→ Rn. 63 f.)
persönliche Strafausschließungsgründe	nach hM objektive Sachlage entscheidend (→ Rn. 65 f.)	unbeachtlich (→ Rn. 67 f.)
Strafverfolgungsvoraussetzungen	objektive Sachlage entscheidend (→ Rn. 69)	unbeachtlich (→ Rn. 69)

Übersicht: Täter wäre auf Grundlage seiner Fehlvorstellung straflos

B. Tatumstandsirrtum

9 **§ 16 StGB Irrtum über Tatumstände**

(1) ¹Wer bei Begehung der Tat einen Umstand nicht kennt, der zum gesetzlichen Tatbestand gehört, handelt nicht vorsätzlich. ²Die Strafbarkeit wegen fahrlässiger Begehung bleibt unberührt.

(2) Wer bei Begehung der Tat irrig Umstände annimmt, welche den Tatbestand eines milderen Gesetzes verwirklichen würden, kann wegen vorsätzlicher Begehung nur nach dem milderen Gesetz bestraft werden.

Ausgewählte Entscheidung: BGH NStZ 1998, 294 (error in persona bei mittelbarer Individualisierung des Tatopfers).

Ausgewählte Studienliteratur: *Heuchemer* Zur funktionalen Revision der Lehre vom konkreten Vorsatz: Methodische und dogmatische Überlegungen zur aberratio ictus, JA 2005, 275; *Hinderer* Tatumstandsirrtum oder Verbotsirrtum?, JA 2009, 864; *Neumann* Der Verbotsirrtum (§ 17 StGB), JuS 1993, 793; *Rönnau/Faust/Fehling* Durchblick: Der Irrtum und seine Rechtsfolgen, JuS 2004, 667; *Schreiber* Grundfälle zu „error in objecto" und „aberatio ictus" im Strafrecht, JuS 1985, 873.

I. Grundlagen

Gemäß § 15 StGB ist nur vorsätzliches Handeln strafbar, es sei denn, das Gesetz stellt 10 ausdrücklich auch fahrlässiges Handeln unter Strafe. Vorsatz ist der Wille zur Verwirklichung eines gesetzlich festgeschriebenen Tatbestandes in Kenntnis aller objektiven Tatumstände (→ § 4 Rn. 67). Irrt sich der Täter über einen Umstand, der zum gesetzlichen Tatbestand gehört (sog. Tatumstandsirrtum), so handelt er bezüglich dieses Tatbestandes *nicht vorsätzlich* (§ 16 Abs. 1 Satz 1 StGB). Ob der Irrtum auf bloßem Nichtwissen oder auf einer aktiven Fehlvorstellung beruht, ist unerheblich.[2]

Die mögliche Differenzierung von Fehlvorstellungen des Täters danach, ob sie sich 11 auf tatsächliche Umstände oder darauf beruhende Wertungen beziehen (→ Rn. 2), und die gesetzlich vorgegebene Unterscheidung von Tatumstands- und Verbotsirrtümern in §§ 16, 17 StGB dürfen nicht dazu verleiten, jeglichen Irrtum über Wertungen ausnahmslos als Verbotsirrtum einzuordnen. Vielmehr lassen sich *Tatsachen und Wertungen* nicht strikt trennen, wie schon die Darstellung der deskriptiven und normativen Tatbestandsmerkmale (→ § 4 Rn. 73 ff.) belegt. Zu den Umständen, die zum gesetzlichen Tatbestand gehören, zählen mitunter somit gerade auch Wertungen.[3]

Bei den *deskriptiven Tatbestandsmerkmalen* genügt es für den Vorsatz, ihren natür- 12 lichen Sinngehalt zu erfassen (→ § 4 Rn. 73). Da dies allein durch die Wahrnehmung des jeweiligen Objekts als tatsächlichen Umstand geschieht, zieht hier jede Fehlvorstellung einen vorsatzausschließenden Tatumstandsirrtum nach sich.[4]

Wer wie im obigen Beispiel (→ Rn. 6) verkennt, dass es sich bei der anvisierten vermeintlichen 13 Schaufensterpuppe um einen Menschen handelt, unterliegt einem Fehler bei der Wahrnehmung des Tatobjekts als Menschen und somit einem vorsatzausschließenden Tatumstandsirrtum in Bezug auf die objektiv verwirklichte Körperverletzung.

Hingegen erweist sich die Behandlung von Irrtümern über *normative Tatbestands-* 14 *merkmale* (zB „fremd" im Sinne des § 242 StGB) im Einzelfall als schwierig (→ § 4 Rn. 74). Denn der Täter kann sich hier nicht nur über tatsächliche Umstände irren, sondern auch über deren ergänzende Bewertung, aus der sich erst das Vorliegen des jeweiligen Merkmals ergibt.

Bei einem Irrtum über die *tatsächlichen Umstände* liegt stets ein *Tatumstandsirrtum* 15 im Sinne des § 16 Abs. 1 Satz 1 StGB vor.[5] In Betracht kommt allenfalls – soweit strafbar – das jeweilige Fahrlässigkeitsdelikt (§ 16 Abs. 1 Satz 2 StGB). Es gilt insoweit also nichts anderes als bei den deskriptiven Tatbestandsmerkmalen.

---

[2] *Kühl* AT § 13 Rn. 7 f.
[3] *Rengier* AT § 15 Rn. 8.
[4] *Kindhäuser* AT § 27 Rn. 23; *Wessels/Beulke/Satzger* Rn. 242.
[5] *Krey/Esser* Rn. 415.

Beispiel: A tritt nach einem langen Abend in der Gaststätte den Heimweg an. Er trägt dabei den Mantel des X, den er zuvor in der Garderobe der Gaststätte angezogen hat, in dem Glauben, seinen eigenen, ähnlich aussehenden Mantel mitzunehmen.

A hat mit dem Mantel des X zwar eine fremde bewegliche Sache weggenommen. Eine Strafbarkeit wegen (vorsätzlichen) Diebstahls scheitert aber an der fehlenden Kenntnis der Fremdheit des Mantels, da A davon ausging, seinen eigenen und somit keinen im Sinne des § 242 StGB fremden Mantel zu nehmen. Der fahrlässige Diebstahl ist nicht unter Strafe gestellt.

16 Bei einer Fehlvorstellung über die auf den tatsächlichen Umständen beruhende *Bewertung*, ist dagegen nicht jede Einzelheit der (etwa gerade bei rechtlichen Fragen mitunter komplexen) Wertung von Bedeutung. Um über das Vorliegen des Tatbestandsmerkmals zu entscheiden, reicht es nach hM vielmehr aus, dass dem Täter die sog. *Parallelwertung in der Laiensphäre* gelingt (→ § 4 Rn. 74).[6] Ist dies nicht der Fall, unterliegt der Täter einem vorsatzausschließenden Tatumstandsirrtum. Nimmt der Täter hingegen die erforderliche Parallelwertung erfolgreich vor, sind gleichwohl bestehende Irrtümer über die Wertung ein auf Tatbestandsebene unbeachtlicher Subsumtionsirrtum. Unter Umständen kommt außerdem ein Verbotsirrtum in Betracht, wenn dem Täter aufgrund seiner irrigen Vorstellung zugleich das nötige Unrechtsbewusstsein fehlt.[7]

Beispiele:
– A beschädigt aus Frust vorsätzlich den neuen Pkw, den er unter Eigentumsvorbehalt gekauft hat. Er ist dabei der Ansicht, schon mit Übergabe des Pkw und vor Zahlung der letzten Rate dessen Eigentümer geworden zu sein.
Der Vorsatz des A bzgl. der objektiv begangenen Sachbeschädigung gemäß § 303 StGB scheitert an dem fehlenden Bewusstsein um die Fremdheit des Pkw infolge einer misslungenen Parallelwertung in der Laiensphäre. Mangels Fahrlässigkeitsstrafandrohung bei der Sachbeschädigung bleibt A straflos. Unberührt bleiben zivilrechtliche Ansprüche.
– Gast G kratzt in einer Kneipe Merkstriche des Wirts auf seinem Pappbierdeckel weg, um weniger Getränke bezahlen zu müssen. Ihm ist nicht bewusst, dass der Bierdeckel mit Merkstrichen eine „Urkunde" im Sinne von § 267 StGB darstellt.
Da sich G der Bedeutung der Merkstriche auf dem Bierdeckel für die anschließende Rechnung bewusst ist und ihm somit die Parallelwertung in der Laiensphäre gelingt, ist seine Fehlvorstellung ein unbeachtlicher Subsumtionsirrtum, der den Vorsatz bzgl. der Urkundenfälschung unberührt lässt.[8] Ein in Betracht kommender Verbotsirrtum wäre jedenfalls vermeidbar (→ Rn. 35 f.).

17 Zu den Tatumständen gehören nicht nur die gesetzlichen Tatbestandsmerkmale, sondern sämtliche (auch ungeschriebene) Elemente des objektiven Tatbestandes. Daher kann auch der *Kausalverlauf* als ungeschriebenes Tatbestandsmerkmal (→ § 4 Rn. 24) Gegenstand eines Tatumstandsirrtums sein. Für den insoweit erforderlichen Vorsatz genügt es, sich den Kausalverlauf in seinen Hauptzügen vorzustellen. Ein Irrtum über den Kausalverlauf ist somit nur dann gegeben, wenn der tatsächliche Kausalverlauf vom vorgestellten *wesentlich abweicht*. Eine wesentliche Abweichung liegt vor, wenn sich der Kausalverlauf nicht mehr in den Grenzen des nach allgemeiner Lebenserfahrung Voraussehbaren hält. Halten sich die Abweichungen hingegen noch in diesen Grenzen und rechtfertigen keine andere Bewertung der Tat, bleibt der Vorsatz bestehen (→ § 4 Rn. 45).

18 Eine Sonderregelung enthält § 16 Abs. 2 StGB für die irrige Annahme von Umständen, die anstelle des tatsächlich gegebenen Tatbestandes den Tatbestand eines milderen Gesetzes verwirklichten. Die *irrige Annahme privilegierender Umstände* bei

---

[6] BGHSt 3, 248 (255); 4, 347 (352); *Krey/Esser* Rn. 415; *Stratenwerth/Kuhlen* § 8 Rn. 71; *Wessels/Beulke/Satzger* Rn. 243.
[7] Vgl. *Kindhäuser* AT § 27 Rn. 38; *Wessels/Beulke/Satzger* Rn. 455.
[8] *Krey/Esser* Rn. 416 f.; *Kudlich* PdW AT Fall 53.

Begehung der Tat führt demnach dazu, dass der Täter nur wegen vorsätzlicher Begehung des milderen Gesetzes bestraft werden kann.

Beispiel: A tötet den B, weil er glaubt, der B habe dies ernstlich von ihm verlangt.

19

A verwirklicht objektiv den Tatbestand des Grunddelikts (hL) des § 212 Abs. 1 StGB. Das Privilegierungsmerkmal des ausdrücklichen und ernsthaften Tötungsverlangens, das zur Anwendung des milderen Strafrahmens des § 216 StGB an sich erforderlich ist, liegt objektiv zwar nicht vor. Wegen § 16 Abs. 2 StGB ist A aufgrund seiner Fehlvorstellung gleichwohl nur aus § 216 StGB zu bestrafen.

II. Sonderfälle: error in persona vel obiecto und aberratio ictus

Der Vorsatz muss sich gemäß § 16 Abs. 1 Satz 1 StGB lediglich auf Umstände erstrecken, die zum gesetzlichen Tatbestand gehören. Fehlvorstellungen über andere Bezugspunkte sind hingegen unbeachtlich. Diese Grundsätze gelten beispielsweise für Irrtümer über die Identität oder sonstige Eigenschaften des menschlichen oder gegenständlichen Tatobjekts (sog. *Identitätsirrtum* oder auch *error in persona vel obiecto*). Solche Irrtümer sind demzufolge nur erheblich, soweit sie dazu führen, dass bei Zugrundelegung der Fehlvorstellung des Täters der objektive Tatbestand entfiele.[9]

20

Wirft der Täter in dem Eingangsbeispiel (→ Rn. 6) einen Stein auf die Modedesignerin M, weil er sie irrigerweise für eine Schaufensterpuppe hält, ist sein Identitätsirrtum (Sache statt Person) für die Verwirklichung des Tatbestandes der Körperverletzung beachtlich und schließt somit den Vorsatz diesbezüglich aus. Hätte er hingegen den Stein auf die M geworfen, weil er sie für seine geschiedene Ehefrau F gehalten hat, hätte er selbst in diesem Fall den Tatbestand der Körperverletzung verwirklicht. Sein Identitätsirrtum (Person F statt Person M) ist in diesem Fall unbeachtlich, da der Körperverletzungstatbestand nicht voraussetzt, eine bestimmte, individualisierte Person zu verletzen, sondern nur eine andere (beliebige) Person.

21

Ob ein Identitätsirrtum beachtlich ist, hängt somit davon ab, ob das tatsächliche und das vorgestellte Tatobjekt nach dem jeweiligen Tatbestand als gleichwertig anzusehen sind, ob beide also dem Tatbestandsmerkmal entsprechen. Ist dies nicht der Fall, ist der Identitätsirrtum ein vorsatzausschließender Tatumstandsirrtum. Bei *tatbestandlicher Gleichwertigkeit* von tatsächlichem und vorgestelltem Tatobjekt handelt es sich hingegen um einen *unbeachtlichen Motivirrtum*, der den Vorsatz nicht entfallen lässt.[10] Ob das Opfer unmittelbar optisch wahrgenommen (zB Schuss auf das Opfer) oder nur mittelbar individualisiert wird (zB durch ein zur Sprengfalle umfunktioniertes Fahrzeug), ist unerheblich.[11]

22

Beispiel: A will den B töten und versteckt sich zu diesem Zweck nachts in der Nähe dessen Wohnung. Als sich eine Person nähert, die in der Dunkelheit dem B ähnlich sieht, gibt A ohne zu zögern einen tödlichen Schuss auf diese Person ab. Es handelt sich hierbei aber nicht um den B, sondern um dessen Nachbarn C.

23

A ist sich nur über die Identität seines Opfers im Unklaren, nicht jedoch darüber, dass er – wie es § 212 StGB lediglich erfordert – „einen Menschen tötet". Der Identitätsirrtum des A ist somit wegen der Gleichwertigkeit der Tatobjekte ein unbeachtlicher Motivirrtum, der den Vorsatz unberührt lässt. A handelt somit vorsätzlich in Bezug auf das von ihm begangene Tötungsdelikt.

Von dem error in persona vel obiecto als bloßem Identitätsirrtum ist eine weitere Fallkonstellation zu unterscheiden, bei welcher der Täter im Ergebnis ebenfalls ein

24

---

[9] *Kindhäuser* AT § 27 Rn. 40 ff.; *Wessels/Beulke/Satzger* Rn. 247.
[10] *Jäger* AT Rn. 92; *Kindhäuser* AT § 27 Rn. 41 f.; *Krey/Esser* Rn. 431 ff.; *Rengier* AT § 15 Rn. 22; *Wessels/Beulke/Satzger* Rn. 249; *Zieschang* Rn. 143.
[11] BGH NStZ 1998, 294 (295).

anderes Tatobjekt trifft als er es sich vorstellt: die sog. *aberratio ictus* („Abirrung des Schlags, Wurfs bzw. Stoßes"). Hiermit wird die Situation beschrieben, dass der Täter ein bestimmtes Tatobjekt anvisiert, sein Angriff aber das anvisierte Ziel verfehlt und ein anderes Tatobjekt trifft. Während bei dem Identitätsirrtum (error in persona vel obiecto) der Täter also dasjenige Objekt trifft, das er anvisiert, und lediglich über dessen Identität irrt, tritt bei einem Fehlgehen der Tat (aberratio ictus) der Taterfolg an einem anderen als dem anvisierten Objekt ein.[12]

25 **Beispiel:** A, der über dem Hinterhof eines Modegeschäfts wohnt, wirft im Dämmerlicht einen Stein auf die Modedesignerin M. Sein Wurf verfehlt jedoch das Ziel und a) trifft die Passantin P bzw. b) durchbricht die Schaufensterscheibe des Modegeschäfts.

26 Die Lösung derartiger Fälle ist nicht unumstritten. Zum Teil wird die aberratio ictus wie der error in persona vel obiecto behandelt. Maßgeblich soll demnach wiederum die tatbestandliche Gleichwertigkeit von anvisiertem und tatsächlich getroffenem Objekt sein (daher auch *Gleichwertigkeitstheorie*). Sei sie zu bejahen, wirke sich das Fehlgehen der Tat nicht aus und bleibe eine vollendete Tat anzunehmen. Bei tatbestandlicher Ungleichwertigkeit liege indessen in Bezug auf das tatsächlich getroffene Objekt kein Verletzungsvorsatz vor, so dass insoweit allenfalls wegen Fahrlässigkeit bestraft werden könne (sofern unter Strafe gestellt); zum Nachteil des anvisierten Tatobjekts komme zudem ein Versuch in Betracht (sofern wiederum strafbar).[13]

27 Die hM hält dem entgegen, dass es auf die Gleichwertigkeit der Objekte in diesem Fall nicht ankommen könne. Schließlich habe der Täter seinen Vorsatz schon auf dasjenige Tatobjekt konkretisiert, das er anvisiert habe (daher auch *Konkretisierungstheorie*).[14] Wenn er nunmehr ein anderes Objekt treffe, weiche der tatsächliche Kausalverlauf von dem vorgestellten so wesentlich ab, dass er einem vorsatzausschließenden Tatumstandsirrtum über den Kausalverlauf unterliege. Der Täter könne daher in Bezug auf das versehentlich getroffene Objekt allenfalls wegen Fahrlässigkeit belangt werden (sofern strafbar). Bezüglich des anvisierten Objekts stehe zudem eine Strafbarkeit wegen Versuchs (sofern strafbar) im Raum. Dies gelte selbst dann, wenn anvisiertes und getroffenes Objekt gleichwertig seien.[15]

28 Im obigen Beispiel (→ Rn. 25) ist A in der *Variante a)* nach der Gleichwertigkeitstheorie strafbar wegen vollendeter Körperverletzung zum Nachteil der Passantin P, weil es sich bei der anvisierten M und der tatsächlich getroffenen P um gleichwertige Tatopfer handelt. Nach der herrschenden Konkretisierungstheorie ist A strafbar wegen versuchter Körperverletzung zum Nachteil der anvisierten M in Tateinheit mit fahrlässiger Körperverletzung zum Nachteil der tatsächlich getroffenen Passantin P.

29 Zu demselben Ergebnis gelangen beide Auffassungen hingegen in der *Variante b)* des Beispiels. Hier ist A unstreitig strafbar wegen versuchter Körperverletzung zum Nachteil der anvisierten Modedesignerin M. Bezüglich der tatsächlich getroffenen Schaufensterscheibe kommt mangels Vorsatzes nur eine Fahrlässigkeitsstrafbarkeit in Betracht; die fahrlässige Sachbeschädigung ist aber nicht unter Strafe gestellt.

30 Keine aberratio ictus ist allerdings gegeben, wenn der Täter das Fehlgehen seiner Tat in seinen *Vorsatz* aufnimmt. Eine solche Konstellation liegt etwa vor, wenn anvisiertes

---

[12] *Kindhäuser* AT § 27 Rn. 53; *Kühl* AT § 13 Rn. 29; *Wessels/Beulke/Satzger* Rn. 250.
[13] NK-StGB/*Puppe* § 16 Rn. 96; siehe hierzu *Krey/Esser* Rn. 436; *Kühl* AT § 13 Rn. 35.
[14] BGHSt 34, 53 (54 f.); *Jäger* AT Rn. 90; *Kindhäuser* AT § 27 Rn. 57; *Krey/Esser* Rn. 437; *Rengier* AT § 15 Rn. 34; *Wessels/Beulke/Satzger* Rn. 250, 253; *Zieschang* Rn. 154.
[15] *Rengier* AT § 15 Rn. 34 f.; *Zieschang* Rn. 155.

und tatsächlich getroffenes Opfer eng nebeneinander stehen und der Täter daher bedingt vorsätzlich davon ausgeht, ggf. das falsche Opfer zu treffen. In diesem Fall handelt er mit dolus cumulativus oder dolus alternativus bezüglich aller möglichen Erfolge (→ § 4 Rn. 95 ff.).[16]

Beispiel: A ertappt seine Ehefrau X und seinen besten Freund Y in eindeutiger Position auf dem Schlafsofa. Er versucht, Y von hinten mit voller Wucht mit einem Beil auf den Kopf zu schlagen, verfehlt aber knapp und trifft stattdessen die darunter liegende X tödlich am Kopf. Dies nimmt er billigend in Kauf.

Strafbarkeit des A wegen vollendeten Tötungsdelikts zum Nachteil der X, da A auch in Bezug auf das versehentlich getroffene Objekt mit Verletzungsvorsatz gehandelt hat.[17]

C. Verbotsirrtum

---

§ 17 StGB Verbotsirrtum   31

[1]Fehlt dem Täter bei Begehung der Tat die Einsicht, Unrecht zu tun, so handelt er ohne Schuld, wenn er diesen Irrtum nicht vermeiden konnte. [2]Konnte der Täter den Irrtum vermeiden, so kann die Strafe nach § 49 Abs. 1 gemildert werden.

Ein selbstständiges Element der Schuld ist das *Unrechtsbewusstsein*. Es setzt bei   32
Begehung der Tat die *Einsicht des Täters* voraus, gegen die durch das verbindliche Recht gesetzte Werteordnung zu verstoßen. Dabei genügt nach hM die Vorstellung, eine Vorschrift des Zivil- oder öffentlichen Rechts zu missachten.[18]

Soweit das teilbare, dh für jeden Straftatbestand gesondert zu untersuchende Un-   33
rechtsbewusstsein fehlt, befindet sich der Täter gemäß § 17 StGB in einem *Verbotsirrtum*. Aus welchem Grund dem Täter das notwendige Unrechtsbewusstsein fehlt, ist unerheblich. Denkbar ist, dass er die Verbotsnorm selbst bereits nicht kennt. Ebenso kann der Täter zwar um die einschlägige Verbotsvorschrift wissen, sie aber falsch interpretieren und daher sein Handeln weder darunter subsumieren noch als Unrecht begreifen. In *Abgrenzung zum Tatumstandsirrtum* ist sich der Täter zwar in der Regel sämtlicher (vornehmlich tatsächlicher) Umstände seines Verhaltens bewusst, verkennt jedoch dessen Bewertung durch die Rechtsordnung.[19]

Die *Rechtsfolgen* des fehlenden Unrechtsbewusstseins ergeben sich aus § 17 StGB.   34
Fehlt dem Täter die Einsicht, Unrecht zu tun, so handelt er nach dessen Satz 1 schuldlos, wenn dieser Irrtum für ihn unvermeidbar war. Konnte er den Verbotsirrtum vermeiden, bleibt seine Schuld indessen bestehen. Für den Schuldvorwurf ist also keine aktuelle Unrechtseinsicht erforderlich, sondern genügt das potentielle Unrechtsbewusstsein.[20] Die Strafe kann jedoch gemäß § 17 Satz 2 iVm § 49 Abs. 1 StGB gemildert werden (fakultativer Strafmilderungsgrund).

---

[16] *Kindhäuser* AT § 27 Rn. 59; *Rengier* AT § 15 Rn. 29; *Wessels/Beulke/Satzger* Rn. 251.
[17] BGH NStZ 2009, 210 (211).
[18] BGHSt 52, 227 (240); *Krey/Esser* Rn. 714; *Rengier* AT § 31 Rn. 5; aA MüKoStGB/*Joecks* § 17 Rn. 15 f.; NK-StGB/*Neumann* § 17 Rn. 21: Bewusstsein der Sanktionierbarkeit erforderlich.
[19] *Kühl* AT § 13 Rn. 50; *Wessels/Beulke/Satzger* Rn. 456.
[20] *Kindhäuser* AT § 28 Rn. 11.

35 Da der Verbotsirrtum auf der Schuldebene angesiedelt ist, sind zur Beurteilung der
    Vermeidbarkeit vor allem die persönlichen Fähigkeiten und Einsichten des Täters
    heranzuziehen. *Vermeidbar* ist ein fehlendes Unrechtsbewusstsein daher dann,
    wenn der Täter aufgrund seiner sozialen Stellung, nach seinen individuellen Fähig-
    keiten, bei dem ihm zumutbaren Einsatz aller seiner geistigen Erkenntniskräfte
    und seiner sittlichen Wertvorstellungen zur Unrechtseinsicht hätte gelangen kön-
    nen.[21]

36 Führt diese häufig als „Gewissensanspannung" bezeichnete Prüfung zwar nicht zur
    Unrechtseinsicht, aber zu Zweifeln an der Rechtmäßigkeit seines Verhaltens, trifft
    den Täter eine *Erkundigungspflicht.* Sie besteht darin, dass der Täter seinen Bedenken
    durch Einholung von Rechtsrat bei einer zuständigen, sachkundigen und unvoreinge-
    nommenen Person (zB bei Rechtsanwälten oder Behörden) nachzugehen und seine
    Zweifel zu zerstreuen hat.[22] Die Anforderungen an die Unvermeidbarkeit sind des-
    halb hoch. Zumindest bei Vorschriften des sog. Kernstrafrechts, dh bei den Straftat-
    beständen des StGB (→ § 1 Rn. 3), geht die Rechtsprechung in der Regel von einem
    vermeidbaren Verbotsirrtum aus.[23]

D. Irrtümer über Rechtfertigungsgründe

Ausgewählte Entscheidungen: BGH NStZ 2012, 272 („Hells Angels"); NStZ 2014, 30 (Schwitzkasten).

Ausgewählte Studienliteratur: *Gasa* Die Behandlung des Irrtums über rechtfertigende Umstände
im Gutachten – Typische Fehler, JuS 2005, 890; *Kelker* Erlaubnistatumstands- und Erlaubnisirrtum – eine systematische Erörterung, Jura 2006, 591.

I. Grundlagen

37 Nicht gesetzlich geregelt sind Irrtümer auf der Ebene der Rechtswidrigkeit. Von
    Bedeutung sind vor allem Konstellationen, bei denen der Täter zwar objektiv
    rechtswidrig gehandelt hat, er sich aber *infolge seiner Fehlvorstellung für gerecht-*
    fertigt hält.

38 Irrtümer über Rechtfertigungsgründe, aufgrund derer der Täter sein Verhalten für
    erlaubt erachtet, lassen sich wiederum danach unterscheiden, ob sie sich auf tatsäch-
    liche Umstände oder auf rechtliche Wertungen beziehen.
    – Hält der Täter irrigerweise *tatsächliche Umstände* für gegeben, die im Falle ihres
      Vorliegens die sachlichen Voraussetzungen eines Rechtfertigungsgrundes (eines
      Erlaubnistatbestandes) erfüllten, befindet sich der Täter in einem sog. *Erlaubnistat-*
      umstandsirrtum (→ Rn. 40 ff.).
    – Geht der Täter dagegen infolge einer *rechtlichen Fehlwertung* davon aus, dass sein
      Verhalten gerechtfertigt sei, unterliegt er einem sog. *Erlaubnisirrtum* (→ Rn. 53 ff.).

39 Auch bei der Prüfungsstufe der Rechtswidrigkeit ist denkbar, dass der Täter objektiv
    zwar nicht strafbar ist, dh die objektiven Voraussetzungen eines Rechtfertigungs-
    grundes erfüllt, er subjektiv aber hiervon nichts weiß und infolge seines Irrtums (über
    tatsächliche oder rechtliche Umstände) irrigerweise davon ausgeht, nicht gerechtfer-

---

[21] BGHSt 4, 1 (5); *Kindhäuser* AT § 28 Rn. 14 f.; *Wessels/Beulke/Satzger* Rn. 466.
[22] BGHSt 9, 164 (172); *Kindhäuser* AT § 28 Rn. 16; *Wessels/Beulke/Satzger* Rn. 466.
[23] *Kühl* AT § 13 Rn. 49, 51a; *Roxin* AT I § 21 Rn. 58; *Wessels/Beulke/Satzger* Rn. 466.

tigt zu sein. Das Hauptbeispiel für einen solchen *umgekehrten Irrtum* auf Rechtswidrigkeitsebene bildet das *Fehlen des subjektiven Rechtfertigungselements* (→ § 5 Rn. 55 ff.).

II. Erlaubnistatumstandsirrtum

Ein Erlaubnistatumstandsirrtum liegt vor, wenn der Täter objektiv zwar nicht gerechtfertigt ist, er sich aber Umstände vorstellt, die im Falle ihres Vorliegens die objektiven Voraussetzungen eines Rechtfertigungsgrundes erfüllten.[24] Wie der Erlaubnistatumstandsirrtum zu behandeln ist, gehört mangels gesetzlicher Regelung zu den *umstrittensten Fragestellungen* im Allgemeinen Teil. Im Wesentlichen werden hierzu vier Ansichten vertreten. **40**

Beispiel: Eines Abends geht B wild gestikulierend im Park auf den A zu, um ihn um Feuer zu bitten. A interpretiert die Gesten des B fälschlicherweise als Angriff und schlägt ihn daher nieder. **41**

1. Lehre von den negativen Tatbestandsmerkmalen

Nach der Lehre von den negativen Tatbestandsmerkmalen handelt es sich bei den Voraussetzungen von Rechtfertigungsgründen um *negativ formulierte Tatbestandsmerkmale*. Ein Irrtum über das Vorliegen eines solchen Merkmals sei daher ein Tatumstandsirrtum, so dass in *direkter Anwendung des § 16 Abs. 1 Satz 1 StGB* der Tatbestandsvorsatz entfiele. Dieser Ansicht liegt ein zweistufiger Deliktsaufbau zugrunde, wobei sich die erste Stufe (der sog. Gesamtunrechtstatbestand) aus den positiven Tatbestandsmerkmalen der jeweiligen Strafvorschrift einerseits sowie dem Fehlen von Rechtfertigungsgründen als negativen Tatbestandsmerkmalen andererseits zusammensetzt.[25] **42**

Ein solcher zweistufiger Aufbau aus (Gesamtunrechts-)Tatbestand und Schuld bleibt allerdings abzulehnen, da er der *eigenständigen Bedeutung der Rechtswidrigkeit* nicht gerecht wird, die im dreistufigen Deliktsaufbau (→ § 4 Rn. 1) zum Ausdruck kommt. Durch die Verschmelzung von Tatbestandsmäßigkeit und Rechtswidrigkeit zu einem Gesamtunrechtstatbestand wird der Wertunterschied vernachlässigt, der zwischen einer von vornherein tatbestandslosen Handlung (zB dem Erschlagen einer Mücke) und einem tatbestandsgemäßen Verhalten besteht, das geschützte Rechtsgüter beeinträchtigt und erst durch einen besonderen Rechtfertigungsgrund gedeckt wird (zB die Tötung eines Menschen in Notwehr). In § 32 Abs. 1 und § 34 Satz 1 StGB gibt das Gesetz mit der Formulierung „handelt nicht rechtswidrig" zudem ausdrücklich zu erkennen, dass die Merkmale der Rechtfertigungsgründe keine (negativen) Tatbestandsmerkmale sein sollen.[26] **43**

2. Vorsatztheorie

Nach der früher verbreiteten Vorsatztheorie ist das *Unrechtsbewusstsein Teil des Vorsatzes*. Fehlt dem Täter infolge der irrigen Annahme eines Sachverhalts, der ihn tatsächlich rechtfertigte, die Unrechtseinsicht, unterliegt er demzufolge einem vor- **44**

---

[24] *Heinrich* AT Rn. 1123; *Kindhäuser* AT § 29 Rn. 11; *Krey/Esser* Rn. 731; *Wessels/Beulke/Satzger* Rn. 467.
[25] *Kindhäuser* AT § 29 Rn. 20 f.
[26] *Wessels/Beulke/Satzger* Rn. 126; *Zieschang* Rn. 353.

satzausschließenden Tatumstandsirrtum. Auch hiernach ist auf den Erlaubnistatumstandsirrtum *§ 16 Abs. 1 Satz 1 StGB unmittelbar* anwendbar.[27]

45 Die Vorsatztheorie ist jedoch nicht mit § 17 StGB vereinbar, der das Unrechtsbewusstsein ausdrücklich als Element der Schuld einordnet. In Prüfungsarbeiten dürfte es daher mittlerweile in der Regel entbehrlich sein, auf diese Ansicht bei der Behandlung von Erlaubnistatumstandsirrtümern einzugehen.[28]

3. Strenge Schuldtheorie

46 Nach der strengen Schuldtheorie, die auch in § 17 StGB zum Ausdruck kommt, bezieht sich der Vorsatz nur auf den objektiven Tatbestand, nicht hingegen auf die Rechtswidrigkeit. Fehlvorstellungen, welche die Rechtswidrigkeit betreffen, können daher nur im Rahmen des (fehlenden) *Unrechtsbewusstseins* berücksichtigt werden. Hierbei handelt es sich aber gemäß § 17 StGB um ein selbstständiges Element der Schuld, so dass diesbezügliche Irrtümer allein dort von Bedeutung sind. Mangels vorgesehener gesetzlicher Ausnahmen ist somit von einem *Verbotsirrtum* auszugehen. Demzufolge schließt der Erlaubnistatumstandsirrtum nur im Falle seiner Unvermeidbarkeit die Strafbarkeit wegen eines vorsätzlichen Delikts mangels Schuld aus.[29]

47 Diesem – dogmatisch konsequenten – Ansatz wird entgegengehalten, dass sich der einem Erlaubnistatumstandsirrtum unterliegende Täter an sich *rechtstreu verhalten* will. Ihm könne daher keine rechtsfeindliche Gesinnung vorgeworfen werden, sondern allenfalls Nachlässigkeit, die ihn irrig eine Rechtfertigungslage annehmen lasse. Den Täter bei Vermeidbarkeit seines Irrtums wegen einer vorsätzlichen Tat zu bestrafen, wird daher überwiegend für unbillig gehalten.[30]

4. Eingeschränkte Schuldtheorien

48 Um zu berücksichtigen, dass sich der Täter, der sich in einer Rechtfertigungslage zu befinden glaubt, rechtstreu verhalten will, wird nach der eingeschränkten Schuldtheorie der Erlaubnistatumstandsirrtum wie ein Tatumstandsirrtum (*§ 16 Abs. 1 Satz 1 StGB analog*) behandelt. Uneinigkeit besteht darüber, ob bei einer solchen Fehlvorstellung bereits der Tatbestandsvorsatz[31], das *Vorsatzunrecht* auf der Ebene der Rechtswidrigkeit[32] oder lediglich die *Vorsatzschuld* im Rahmen der Schuld (→ § 1 Rn. 31) entfallen soll.[33] Für die letztgenannte Variante spricht vornehmlich, dass ansonsten mangels vorsätzlich begangener bzw. mangels rechtswidriger Haupttat keine Teilnahme an der Tat mehr möglich wäre. Dadurch entstünde eine Strafbarkeitslücke für bösgläubige Anstifter und Gehilfen.[34]

49 Wie die anderen beiden Ansätze nimmt die herrschende Lösung über die Vorsatzschuld den Erlaubnistatumstandsirrtum aus dem Anwendungsbereich des § 17 StGB

---

[27] Modifiziert heute noch vertreten von *Otto* AT § 15 Rn. 5 ff.; siehe hierzu *Kindhäuser* AT § 29 Rn. 14 f.; *Wessels/Beulke/Satzger* Rn. 463 ff.

[28] *Kindhäuser* AT § 29 Rn. 14.

[29] *Zieschang* Rn. 359; siehe hierzu *Rengier* AT § 30 Rn. 11 ff.; *Wessels/Beulke/Satzger* Rn. 469.

[30] BGHSt 3, 105 (107); *Gropp* AT § 13 Rn. 203 ff.; *Kindhäuser* AT § 29 Rn. 17 f.; *Kühl* AT § 13 Rn. 72; *Rengier* AT § 30 Rn. 14; *Wessels/Beulke/Satzger* Rn. 469 und 471.

[31] BGHSt 3, 105 (107); *Kühl* AT § 13 Rn. 73.

[32] So BeckOK StGB/*Kudlich* § 16 Rn. 24; *Frister* AT Kap. 14 Rn. 30; *Jäger* AT Rn. 218.

[33] So BGH NStZ 2012, 272 (273); *Heinrich* AT Rn. 1133; *Jescheck/Weigend* § 41 IV 1d; *Krey/Esser* Rn. 745; *Rengier* AT § 30 Rn. 20; *Wessels/Beulke/Satzger* Rn. 478 f.

[34] *Fischer* § 16 Rn. 22; *Heinrich* AT Rn. 1133; *Krey/Esser* Rn. 745; *Wessels/Beulke/Satzger* Rn. 477.

heraus (daher *eingeschränkte Schuldtheorie*), um ihn in seinen Rechtsfolgen dem Tatumstandsirrtum gleichzustellen (daher *rechtsfolgenverweisende* eingeschränkte Schuldtheorie). Es entfällt demnach analog § 16 Abs. 1 Satz 1 StGB lediglich die Vorsatzschuld, während der Tatbestandsvorsatz unberührt bleibt; Vorsatz und Fahrlässigkeit haben insoweit eine Doppelfunktion auf Tatbestands- und Schuldebene.[35] Beruht der Erlaubnistatumstandsirrtum auf Fahrlässigkeit, wird der Täter aber wegen fahrlässiger Begehung der Tat bestraft, soweit sie im konkreten Fall mit Strafe bedroht ist.[36]

Beispiele (ergänzend zu → Rn. 41):
– Im sog. „Hells Angels"-Fall (→ § 5 Rn. 40) ging der BGH von einem Erlaubnistatumstandsirrtum des angeklagten Mitglieds des gleichnamigen Motorradclubs in Bezug auf die Tötung des die Haustür gerade aufbrechenden Polizeibeamten aus. Sein Irrtum beruhte nach BGH ebenso wenig auf Fahrlässigkeit, da er einen Irrtum über die Identität und Absicht der Angreifer nicht hätte vermeiden können, die Polizeibeamten sich vor allem auch nicht nach Einschalten der Beleuchtung im Haus zu erkennen gaben.[37]
– Die Bekannten A und S verbringen den Abend in der Wohnung des A mit Wodka mit Eistee. Als A kurz vor 22 Uhr zu Bett gehen will, bietet er (BAK von 2,02‰) dem erheblich betrunkenen S (BAK von 2,76‰) an, auf seiner Couch zu übernachten. S will den Abend noch nicht enden lassen, zieht den A zunächst auf die Couch zurück und versucht anschließend, auf den A einzuschlagen. Nachdem A den S von seinen Angriffen nicht durch eindringliches Zureden abzubringen weiß, gelingt es ihm, den S in den Schwitzkasten zu nehmen und auf diese Weise zu Boden zu bringen. Ihm ist dabei bewusst, dass es durch ein Abdrücken beider Halsschlagadern zu einer tödlich verlaufenden Sauerstoffunterversorgung des Gehirns kommen kann. Obwohl sich S nach ungefähr einer Minute nicht mehr wehrt, hält S ihn weiter fest im Würgegriff, weil er sich nicht sicher ist, ob S nur simuliert. S verstirbt an den Folgen der Aufrechterhaltung des Griffs und kann durch den von A herbeigerufenen Notarzt nicht mehr reanimiert werden.
Auch in diesem Fall ging der BGH von einem Erlaubnistatumstandsirrtum des A aus, weil dieser unzutreffend von einer noch andauernden Notwehrsituation infolge eines möglichen erneuten Angriffs des S bei dessen Loslassen ausgegangen war. Eine Strafbarkeit wegen fahrlässiger Tötung sei jedoch nicht ausgeschlossen. Hierbei bliebe zu berücksichtigen, dass A um die Gefährlichkeit seines Würgegriffs wusste.[38]

5. Hinweise für Prüfungsarbeiten

Der Erlaubnistatumstandsirrtum ist im Prüfungsaufbau schwierig zu verorten, da die 50 unterschiedlichen Theorien *unterschiedliche Ebenen der Deliktsprüfung* betreffen. Um dies zu verdeutlichen, bietet es sich an, die einzelnen Auffassungen jeweils dort anzusprechen, wo sie sich auswirken. Demnach wäre die irrige Annahme von tatsächlichen Umständen, deren Vorliegen einen Rechtfertigungsgrund begründete, zunächst im Rahmen des subjektiven Tatbestandes zu erörtern und hier zu fragen, ob – unter Anwendung der Vorsatztheorie bzw. der Lehre von den negativen Tatbestandsmerkmalen – der Vorsatz des Täters entfällt. Da diese Theorien jedoch kaum noch vertreten werden, empfiehlt es sich, sie nur kurz darzustellen und mit knapper Begründung abzulehnen (→ Rn. 45 zur Vorsatztheorie); wer der Lehre von den negativen Tatbestandsmerkmalen folgt, dürfte ohnehin in der gesamten Klausur nicht den dreistufigen Deliktsaufbau anwenden. Auf der Ebene der Rechtswidrigkeit wäre schließlich die eingeschränkte Schuldtheorie in der Variante anzusprechen, die das Vorsatzunrecht verneint. Wird auch diese Auffassung abgelehnt, ist schließlich im Rahmen

---

[35] *Wessels/Beulke/Satzger* Rn. 478; zur Kritik *Jäger* AT Rn. 215; *Kindhäuser* AT § 29 Rn. 23.
[36] *Wessels/Beulke/Satzger* Rn. 478.
[37] BGH NStZ 2012, 272 (274).
[38] BGH NStZ 2014, 30 (31).

der Schuld auf die strenge Schuldtheorie sowie die rechtsfolgenverweisende eingeschränkte Schuldtheorie einzugehen und mit eingehender Begründung eine Entscheidung zwischen diesen Theorien zu treffen.[39]

51 Verbreitet ist allerdings auch, den gesamten Meinungsstreit um den Erlaubnistatumstandsirrtum auf derjenigen Prüfungsebene *vollständig zu erörtern*, auf der er sich nach der Auffassung des Bearbeiters auswirkt (zB bei der Rechtswidrigkeit, wenn der Lösung über das Vorsatzunrecht gefolgt wird, bzw. bei der Schuld, wenn das Entfallen der Vorsatzschuld als vorzugswürdiger Weg angesehen wird). Dieser Aufbau hat den Vorteil, sich in der Klausur am einfachsten umsetzen zu lassen, da die Darstellung der einzelnen Theorien nicht auseinandergerissen wird.[40]

52 Bevor sich das Gutachten mit den Rechtsfolgen des Erlaubnistatumstandsirrtums auseinandersetzt, ist aber – unabhängig vom gewählten Prüfungsaufbau – zunächst gründlich zu untersuchen, ob überhaupt ein *Erlaubnistatumstandsirrtum* vorliegt. Dies setzt voraus, dass der Täter tatsächlich gerechtfertigt wäre, wenn seine Vorstellung mit der Wirklichkeit übereinstimmte. Es bedarf also einer Prüfung der *hypothetischen Rechtfertigung* des Täters, der dessen Fehlvorstellung zugrunde gelegt wird. Handelte der Täter selbst in diesem Falle rechtswidrig, ist kein Erlaubnistatumstandsirrtum gegeben, so dass sich auch der Meinungsstreit um seine Behandlung erübrigt.[41]

III. Erlaubnisirrtum

1. Grundlagen

53 In einem Erlaubnisirrtum befindet sich, wer objektiv nicht die Voraussetzungen eines Rechtfertigungsgrundes erfüllt, sich aber gleichwohl aufgrund einer *rechtlichen Fehlwertung* für gerechtfertigt hält. Anders als beim Erlaubnistatumstandsirrtum unterliegt der Täter somit keinem Irrtum über tatsächliche Umstände, sondern einer Fehlvorstellung über die rechtliche Bewertung der (in der Regel zutreffend erkannten) Sachlage.[42]

54 Der Erlaubnisirrtum kann zum einen darauf beruhen, dass der Täter glaubt, sich auf einen Rechtfertigungsgrund berufen zu können, den die Rechtsordnung indessen überhaupt nicht kennt (sog. *Erlaubnisnormirrtum*). Zum anderen ist denkbar, dass der Täter zwar einen anerkannten Rechtfertigungsgrund heranzieht, dessen Grenzen er aber zu seinen Gunsten überdehnt (sog. *Erlaubnisgrenzirrtum*).[43]

55 **Beispiele:**
- *Erlaubnisnormirrtum*: Lehrer L verabreicht dem andauernd den Unterricht störenden Schüler S eine schallende Ohrfeige. Er ist dabei der Ansicht, dass auch Lehrern ein eigenständiges Züchtigungsrecht zusteht (→ § 5 Rn. 108).
- *Erlaubnisgrenzirrtum*: Eines Abends greift B im Park den A an. A zieht seinen Revolver und schießt den B nieder, obwohl er sich bewusst ist, dass die Zeit für einen Warnschuss noch gereicht hätte. A ist der Ansicht, sich gegen jeglichen Angriff sogleich mit tödlicher Gewalt wehren zu dürfen.

---

[39] Siehe etwa die Klausurlösung in *Valerius* Klausur 8, S. 133 ff.

[40] So etwa die Klausurlösungen in *Beulke* Klausurenkurs I Fall 7 Rn. 255 ff.; *Hilgendorf* Klausurenkurs I Fall 7 Rn. 16 ff.; vgl. auch *Rengier* AT § 30 Rn. 9.

[41] *Rengier* AT § 30 Rn. 5 f.

[42] *Wessels/Beulke/Satzger* Rn. 483.

[43] *Heinrich* AT Rn. 1142; *Jäger* AT Rn. 211; *Wessels/Beulke/Satzger* Rn. 458.

Bei dem Erlaubnisirrtum handelt es sich um einen *indirekten Verbotsirrtum*, so dass   56
die Vorschrift des § 17 StGB einschlägig ist. Hiervon wie beim Erlaubnistatumstandsirrtum abzurücken, besteht kein Anlass. Denn wer sein Verhalten abweichend von
der Rechtsordnung als rechtmäßig beurteilt, ist nicht in gleichem Maße schützenswert
wie der einem Erlaubnistatumstandsirrtum unterliegende Täter, der mit seinem Verhalten die gesetzlich vorgesehenen Einschränkungen an ein rechtmäßiges Verhalten
einhalten will.[44] Es bleibt daher bei den Rechtsfolgen des § 17 StGB, wonach die
Schuld (und somit auch die Strafbarkeit) nur entfällt, wenn der Erlaubnisirrtum
unvermeidbar war (§ 17 Satz 1 StGB). Ansonsten kann nach § 17 Satz 2 iVm § 49
Abs. 1 StGB die Strafe allenfalls gemildert werden.

2. Doppelirrtum

Ein Erlaubnisirrtum beinhaltet eine Fehlvorstellung des Täters über die rechtliche   57
Bewertung seines Tuns. Den tatsächlichen Geschehensablauf erkennt er in der Regel
hingegen – anders als beim Erlaubnistatumstandsirrtum – zutreffend (→ Rn. 53).
Allerdings ist es auch denkbar, dass der Täter sich sowohl über tatsächliche Umstände
als auch über rechtliche Wertungen auf Rechtfertigungsebene irrt. Er befindet sich
dann in einem sog. Doppelirrtum, indem er gewissermaßen einem Erlaubnistat-
umstands- und einem Erlaubnisirrtum zugleich unterliegt.[45]

Beispiel: Eines Abends geht B wild gestikulierend im Park auf den A zu, um ihn um Feuer zu   58
bitten. A interpretiert die Gesten des B aber fälschlicherweise als Angriff (Irrtum über tatsächliche Umstände). Er zieht daher seinen Revolver und schießt den B nieder, obwohl er sich
bewusst ist, dass die Zeit für einen Warnschuss noch gereicht hätte. Denn A ist der Ansicht, sich
gegen jeglichen Angriff sogleich mit tödlicher Gewalt wehren zu dürfen (Irrtum über die rechtliche Wertung).

Ein solcher Doppelirrtum ist allein nach den Regeln des *Verbotsirrtums* (§ 17 StGB)   59
zu behandeln. Die Schuld des Täters entfällt also nur dann, wenn sich der Verbotsirrtum als unvermeidbar erweist (§ 17 Satz 1 StGB). Zwar irrt sich der Täter auch
über tatsächliche Umstände, so dass die Anwendung der Grundsätze zum Erlaubnistatumstandsirrtum erwogen werden könnte. Jedoch liegt ein Erlaubnistatumstandsirrtum nur dann vor, wenn der Täter sich Umstände vorstellte, bei deren
Vorliegen er tatsächlich gerechtfertigt wäre (→ Rn. 40). Dies scheidet aber wegen der
Überschreitung der Rechtfertigungsgrenzen, die der Täter infolge seines zweiten Irrtums nur für eingehalten glaubt, gerade aus. Im Grunde befindet sich der Täter somit
ausschließlich in einem einzigen Erlaubnisirrtum. Auf die für den Täter günstigeren,
weil häufig zum Wegfall der Vorsatzstrafbarkeit führenden Regeln des Erlaubnistat-
bestandsirrtums zu verweisen, erscheint zudem deswegen nicht angebracht, weil
dadurch ein Täter in einem Doppelirrtum besser stünde als derjenige, bei dem
zumindest die tatsächlichen Voraussetzungen eines Rechtfertigungsgrundes vorliegen.
Die zusätzliche Fehlvorstellung des Täters sollte aber keine Privilegierung nach sich
ziehen.[46]

---

[44] *Wessels/Beulke/Satzger* Rn. 483.
[45] *Heinrich* AT Rn. 1148; *Krey/Esser* Rn. 746; *Kühl* AT § 13 Rn. 80; *Wessels/Beulke/Satzger*
Rn. 485.
[46] *Jäger* AT Rn. 219; *Krey/Esser* Rn. 746; *Kudlich* PdW AT Fall 152; *Kühl* AT § 13 Rn. 80;
Wessels/Beulke/Satzger Rn. 485.

E. Sonstige Irrtümer

I. Irrtum über Entschuldigungsgründe

60 Wer bei Begehung der Tat irrig *tatsächliche Umstände* annimmt, bei deren Vorliegen die Voraussetzungen des *entschuldigenden Notstands* gegeben wären, wird gemäß § 35 Abs. 2 Satz 1 StGB nicht bestraft, wenn der Irrtum sich als unvermeidbar erweist. Konnte der Täter hingegen seine Fehlvorstellung vermeiden, ist die Strafe gemäß § 35 Abs. 2 Satz 2 iVm § 49 Abs. 1 StGB obligatorisch zu mildern (→ § 6 Rn. 50).

61 **Beispiel:** Der Segeltörn von A und B endet in einem Schiffbruch. A und B retten sich gerade noch auf eine schwimmende Planke, die auf Dauer aber nur eine Person trägt. A stößt daher den Nichtschwimmer B von der Planke, der sogleich ertrinkt. Dabei übersieht A, dass sich die Küstenwache bereits nähert und sowohl ihn als auch den B gerettet hätte.

62 Bei *anderen* anerkannten *Entschuldigungsgründen* wird die Vorschrift des § 35 Abs. 2 StGB analog angewandt.[47]

63 Unbeachtlich ist hingegen eine *rechtliche Fehlvorstellung* des Täters über die Existenz oder die rechtlichen Grenzen eines Entschuldigungsgrundes.[48]

64 **Beispiel:** Der chronisch klamme A glaubt, dass der Diebstahl von Nahrungsmitteln bei Hunger entschuldigt sei. Er nimmt daher beim Selbstbedienungsbäcker ein Brötchen mit ohne es zu bezahlen.

II. Irrtum über persönliche Strafausschließungsgründe

65 Die *irrige Annahme* strafausschließender *tatsächlicher Umstände* ist nach hM unbeachtlich, weil es diesbezüglich nur auf die objektive Lage ankomme.[49] Eine zunehmend vertretene Mindermeinung stellt demgegenüber auf das Vorstellungsbild des Täters ab, sofern der jeweilige Strafausschließungsgrund dem notstandsähnlichen Motivationsdruck Rechnung trägt.[50]

66 **Beispiel:** A begeht eine Strafvereitelung zugunsten seiner vermeintlichen Verlobten V. Das Verlöbnis ist aber unwirksam, weil V – was sie A verschwiegen hat – noch mit einem anderen Mann verheiratet ist.

A ist strafbar wegen Strafvereitelung gemäß § 258 StGB. Auf den persönlichen Strafausschließungsgrund des § 258 Abs. 6 StGB kann sich A nach hM nicht berufen, weil es sich bei V in Wahrheit nicht um eine Angehörige im Sinne des § 11 Abs. 1 Nr. 1 StGB handelt. Nach aA kommt es bei § 258 Abs. 6 StGB nur auf die (ggf. irrtumsbedingte) tatsächliche Motivation des Täters an, so dass vorliegend auch für A das Angehörigenprivileg der Vorschrift greift.

67 Unstreitig unbeachtlich ist hingegen der *Irrtum über Existenz oder rechtliche Grenzen* eines persönlichen Strafausschließungsgrundes.[51]

---

[47] *Heinrich* AT Rn. 1155; *Kindhäuser* AT § 28 Rn. 17; *Kühl* AT § 13 Rn. 84; *Wessels/Beulke/Satzger* Rn. 489.

[48] *Heinrich* AT Rn. 1157; *Kindhäuser* AT § 28 Rn. 19; *Rengier* AT § 32 Rn. 3; *Wessels/Beulke/Satzger* Rn. 490.

[49] BGHSt 23, 281 (282); *Otto* AT § 20 Rn. 4; *Zieschang* Rn. 394.

[50] *Heinrich* AT Rn. 1163; *Rengier* AT § 32 Rn. 6; *Wessels/Beulke/Satzger* Rn. 499; weiter gehend *Kindhäuser* AT § 26 Rn. 17: generell analoge Anwendung des § 16 Abs. 2 StGB.

[51] *Heinrich* AT Rn. 1166.

Beispiel: A begeht eine Strafvereitelung zugunsten seines Freundes F. Er glaubt dabei, das **68**
Angehörigenprivileg des § 258 Abs. 6 StGB greife auch beim Handeln zugunsten enger Freunde
ein.

III. Irrtum über Strafverfolgungsvoraussetzungen

Fehlvorstellungen über Strafverfolgungsvoraussetzungen (zB über das Erfordernis **69**
eines Strafantrags) sind *unbeachtlich*. Entscheidend ist hier die tatsächliche Lage.[52]

---

[52] BGHSt 18, 123 (125); *Wessels/Beulke/Satzger* Rn. 502; *Zieschang* Rn. 394.

§ 9. Täterschaft und Teilnahme

A. Grundlagen

Ausgewählte Entscheidungen: BGH NStZ 2006, 94 (Mittäterschaft und Beihilfe bei schwerem Raub); NStZ 2008, 273 (Tatherrschaft des Beteiligten an einem Tötungsdelikt).

Ausgewählte Studienliteratur: *Rengier* Täterschaft und Teilnahme – Unverändert aktuelle Streitpunkte, JuS 2010, 281; *Rönnau* Grundwissen – Strafrecht: Mittäterschaft in Abgrenzung zur Beihilfe, JuS 2007, 514.

I. Beteiligungsformen

Nicht selten wirken mehrere Personen an der Begehung eines Delikts mit, bei der ihr Beitrag zur Tat mannigfaltige Formen annehmen kann (zB die Anheuerung eines Auftragskillers, dessen Freund bei der Ausübung der Tat das Opfer in eine tödliche Falle lockt). Die in Art und Qualität verschiedenen Arten der Tatbeteiligung können auch strafrechtlich von Bedeutung sein. So sind nach der Legaldefinition in § 28 Abs. 2 StGB als *Beteiligte* an einer vorsätzlich begangenen Tat *Täter* und *Teilnehmer* zu unterscheiden (sog. dualistisches Beteiligungssystem), die in den §§ 25 ff. StGB in weitere Beteiligungsformen unterteilt werden.[1] **1**

Täter im Sinne des § 25 StGB ist, wer durch eigenes oder zurechenbares Fremdverhalten sämtliche Merkmale einer Straftat verwirklicht: **2**
– Während *unmittelbarer Täter* ist, wer die Straftat selbst begeht (§ 25 Abs. 1 Var. 1 StGB),
– verwirklicht der *mittelbare Täter* die Tat „durch einen anderen" (§ 25 Abs. 1 Var. 2 StGB) und
– begehen *Mittäter* die Tat „gemeinschaftlich" (§ 25 Abs. 2 StGB).

Gesetzlich nicht geregelt ist die sog. *Nebentäterschaft*. Hier führen wie bei der Mittäterschaft mehrere Personen einen tatbestandlichen Erfolg herbei. Dabei handeln sie allerdings unabhängig voneinander, also ohne bewusstes und gewolltes Zusammenwirken (→ Rn. 70). Der Begriff der Nebentäterschaft bezeichnet somit nur die Konstellation, dass mehrere unmittelbare Täter im Sinne des § 25 Abs. 1 Var. 1 StGB zusammentreffen, ohne dass dies Besonderheiten für die rechtliche Bewertung nach sich zöge. Bei Vorsatztaten ist eine Nebentäterschaft eher selten der Fall, bei Fahrlässigkeittaten kommt sie dagegen häufiger vor.[2] **3**

Die schwächere der beiden Beteiligungsformen ist die *Teilnahme*. Während der Täter eine eigene Tat begeht, wirkt der Teilnehmer lediglich an einer fremden Tat mit. Seine Strafbarkeit knüpft daher akzessorisch an diese Tat an. Nach einer weiteren Legaldefinition in § 28 Abs. 1 StGB werden Teilnehmer in Anstifter und Gehilfen untergliedert. **4**

---

[1] *Heinrich* AT Rn. 1174; *Krey/Esser* Rn. 783; *Rengier* AT § 40 Rn. 1; *Wessels/Beulke/Satzger* Rn. 505.
[2] *Krey/Esser* Rn. 982; *Rengier* AT § 42 Rn. 3 ff.; *Wessels/Beulke/Satzger* Rn. 525.

– *Anstifter* ist gemäß § 26 StGB, wer vorsätzlich einen anderen zu dessen vorsätzlich begangener rechtswidriger Tat bestimmt.
– Leistet jemand einem anderen zu dessen vorsätzlich begangener rechtswidriger Tat Hilfe, ist er gemäß § 27 Abs. 1 StGB als *Gehilfe* zu bestrafen.

5   Die Unterscheidung zwischen Täterschaft und Teilnahme ist nur bei Vorsatzdelikten von Bedeutung. Bei *Fahrlässigkeitstaten* ist hingegen jeder, der sorgfaltswidrig zur Verwirklichung des gesetzlichen Tatbestandes beiträgt, als Täter zu betrachten. Dieses sog. *Einheitstäterprinzip* gilt auch im Recht der Ordnungswidrigkeiten (§ 14 OWiG).[3]

II. Abgrenzung von Täterschaft und Teilnahme

1. Grundlagen

6   Die Abgrenzung von Täterschaft und Teilnahme bei Vorsatztaten ist vor allem dann problematisch (und prüfungsrelevant), wenn sich die in Betracht kommenden Beteiligungsformen äußerlich ähneln. So wirken sowohl Mittäter als auch Gehilfen neben einem anderen bei der Ausführung einer Straftat mit, während es mittelbare Täter und Anstifter jeweils auszeichnet, bei der eigentlichen Tat im Hintergrund zu stehen. In Prüfungsarbeiten wird daher häufig entweder zwischen *Mittäterschaft und Beihilfe* oder zwischen *mittelbarer Täterschaft und Anstiftung* abzugrenzen sein.[4]

7   **Beispiele:**
– B verprügelt den C. A steht dabei, klatscht Beifall und gibt dem C gelegentlich einen „kleinen Stoß" zusätzlich. Mittäterschaft von A und B oder Beihilfe des A zur Tat des B?
– A beauftragt den nahezu krankhaft aggressiven B damit, den C zu verprügeln. So geschieht es. Ist A mittelbarer Täter oder Anstifter?

2. Tatherrschaftslehre und subjektive Theorie

8   Nach welchen Kriterien Täter und Teilnehmer voneinander abzugrenzen sind, wird uneinig behandelt. Vertreten werden vor allem objektive und subjektive Ansätze. Je nach Ansicht ist also entweder das *äußere Tatgeschehen* oder die *innere Willensrichtung* des Täters entscheidend.[5]

9   Nach der im früheren Schrifttum herrschenden *formal-objektiven Theorie* war Täter, wer die tatbestandliche Ausführungshandlung zumindest teilweise selbst verwirklicht. Diese Ansicht gilt als überholt, weil sie nur auf den äußeren Vollzug der Ausführungshandlung abstellt. Selbst bei einem für die Mittäterschaft typischen arbeitsteiligen Vorgehen wäre daher stets erforderlich, dass beide Beteiligte zumindest einen Teil der tatbestandlichen Handlung in eigener Person vornehmen. Eine solche Sichtweise lässt sich ebenso wenig mit der Figur der mittelbaren Täterschaft in Einklang bringen.[6]

10 Nach der in der Literatur herrschenden *Tatherrschaftslehre* stellt die Tatherrschaft das entscheidende Kriterium für die Abgrenzung von Täterschaft und Teilnahme dar. Tatherrschaft lässt sich als die finale Steuerung des tatbestandsmäßigen Geschehens beschreiben oder mit anderen Worten als das vom Vorsatz umfasste „In-den-Händen-Halten" des tatbestandsmäßigen Geschehensablaufs.[7]

---

[3] *Heinrich* AT Rn. 1177; *Kindhäuser* AT § 38 Rn. 3; *Wessels/Beulke/Satzger* Rn. 506.
[4] *Kühl* AT § 20 Rn. 18; *Wessels/Beulke/Satzger* Rn. 510.
[5] *Kühl* AT § 20 Rn. 20; *Rengier* AT § 41 Rn. 3.
[6] *Heinrich* AT Rn. 1204; *Kühl* AT § 20 Rn. 24; *Rengier* AT § 41 Rn. 5; *Wessels/Beulke/Satzger* Rn. 511.
[7] *Heinrich* AT Rn. 1206; *Krey/Esser* Rn. 829; *Kühl* AT § 20 Rn. 26; *Rengier* AT § 41 Rn. 11; *Wessels/Beulke/Satzger* Rn. 512.

Als *Täter* ist danach anzusehen, wer die Tatbestandsverwirklichung nach seinem **11** Willen wissentlich hemmen oder ablaufen lassen kann und somit als *Zentralgestalt* des Tatgeschehens erscheint. Als *Teilnehmer* sind hingegen diejenigen Beteiligten zu qualifizieren, die nur als *Randfiguren* auftreten, das Geschehen mangels besonderer Tatbeiträge also nicht lenken, sondern lediglich eine fremde Tat veranlassen oder fördern.[8]

Dem *unmittelbaren Täter* kommt Tatherrschaft im Sinne von Handlungsherrschaft zu. Der **12** *mittelbare Täter* hält den Geschehensablauf durch Wissens- oder Willensherrschaft in seinen Händen. Der einzelne *Mittäter* schließlich hat aufgrund des arbeitsteiligen Vorgehens die funktionale Tatherrschaft inne.[9]

Die Rechtsprechung folgt der *subjektiven Theorie*, die Täterschaft und Teilnahme **13** nach der Willensrichtung des Handelnden abgrenzt. Der Beteiligtenwille ist dabei „in wertender Betrachtung" zu ermitteln, wobei sämtliche Umstände, die von der Vorstellung des Beteiligten umfasst sind, zu berücksichtigen sind. Maßgebliche Kriterien sind vor allem der Grad des eigenen Interesses am Taterfolg, der Umfang der Tatbeteiligung und die Tatherrschaft oder wenigstens der Wille zur Tatherrschaft.[10]

Täter ist hiernach, wer seinen Tatbeitrag mit Täterwillen *(animus auctoris)* erbringt, **14** die Tat also als eigene will. Als *Teilnehmer* ist hingegen zu behandeln, wer lediglich mit Teilnahmewillen *(animus socii)* zur Tat beiträgt, die Tat demzufolge als fremde (veranlassen oder fördern) will.[11]

Nach der früher in der Rechtsprechung vertretenen *extrem-subjektiven Theorie* war der Wille **15** des Beteiligten derart maßgeblich, dass sogar bei eigenhändiger Tatausführung lediglich eine Strafbarkeit als Teilnehmer in Betracht kommen konnte.[12] Diese Ansicht ist aber mit § 25 Abs. 1 Var. 1 StGB nicht mehr vereinbar. Darüber hinaus bleibt dieser Auffassung – wie auch grundsätzlich der subjektiven Theorie – entgegenzuhalten, dass sich die subjektive Einstellung des Täters häufig nicht ermitteln oder nachweisen lässt und deren Bewertung Raum für Beliebigkeit und Willkür eröffnet.[13]

3. Hinweise für Prüfungsarbeiten

Die Diskussion zwischen subjektiver Theorie und Tatherrschaftslehre gehört zu den **16** „klassischen" Meinungsstreiten, die in einer Prüfungsarbeit angesprochen werden müssen, sofern eine ausführlichere Abgrenzung von Täterschaft und Teilnahme nahe liegt. Die *Bedeutung* dieses Meinungsstreits ist indessen nur gering, da beide Ansätze in der Regel zu denselben Ergebnissen gelangen. Dies liegt nicht zuletzt daran, dass die Rechtsprechung zur Bewertung einer Beteiligungsform zumindest unter anderem ebenso wie das Schrifttum auf die Tatherrschaft abstellt und sich dadurch Tatherrschaftslehre und subjektive Theorie angenähert haben.[14]

---

[8] *Heinrich* AT Rn. 1206; *Kindhäuser* AT § 38 Rn. 42 ff.; *Kühl* AT § 20 Rn. 28; *Rengier* AT § 41 Rn. 11; *Wessels/Beulke/Satzger* Rn. 513.

[9] *Kühl* AT § 20 Rn. 27; *Rengier* AT § 41 Rn. 13; *Wessels/Beulke/Satzger* Rn. 512.

[10] BGHSt 36, 363 (367); 37, 289 (291); 38, 315 (319); BGH NStZ 2006, 94; 2008, 273 (275); siehe hierzu auch *Jäger* AT Rn. 227 mN: „normative Kombinationstheorie des BGH"; *Kindhäuser* AT § 38 Rn. 41; *Kühl* AT § 20 Rn. 31 f.; *Wessels/Beulke/Satzger* Rn. 516.

[11] Vgl. nur BGHSt 16, 12 (13 f.); siehe hierzu auch *Kindhäuser* AT § 38 Rn. 39; *Kühl* AT § 20 Rn. 30; *Wessels/Beulke/Satzger* Rn. 515.

[12] Siehe RGSt 74, 84 (Badewannenfall) und BGHSt 18, 87 (Staschynskijfall); hierzu auch *Kühl* AT § 20 Rn. 22.

[13] *Heinrich* AT Rn. 1205; *Kühl* AT § 20 Rn. 23; *Stratenwerth/Kuhlen* § 12 Rn. 13; *Wessels/Beulke/Satzger* Rn. 515; *Zieschang* Rn. 656.

[14] *Rengier* AT § 41 Rn. 16; *Wessels/Beulke/Satzger* Rn. 518.

17 Im Folgenden werden die einzelnen Beteiligungsformen in der Reihenfolge dargestellt, in der sie in Prüfungsarbeiten anzusprechen sind. Hierfür gilt die Aufbauregel, dass *Täterschaft* immer *vor Teilnahme* (oder allgemein: stets die stärkere Beteiligungsform zuerst) geprüft wird. Dies betrifft nicht nur die mögliche Beteiligung ein und derselben Person an ein und demselben Delikt, sondern auch die Reihenfolge, in der mehrere Beteiligte in Bezug auf ein und dieselbe Straftat untersucht werden. Die Falllösung beginnt also immer mit dem *Tatnächsten*, dh mit demjenigen, der die tatbestandliche Ausführungshandlung zumindest teilweise selbst verwirklicht ("*Täter vor Teilnehmer*").

B. Täterschaft

18 **§ 25 StGB Täterschaft**

(1) Als Täter wird bestraft, wer die Straftat selbst oder durch einen anderen begeht.

(2) Begehen mehrere die Straftat gemeinschaftlich, so wird jeder als Täter bestraft (Mittäter).

Ausgewählte Entscheidungen: BGHSt 32, 38 (Sirius-Fall); BGH GA 1986, 508 ("Du zuerst"-Fall); BGHSt 35, 347 (Katzenkönig-Fall); 40, 218 und 45, 270 (mittelbare Täterschaft bei der Tötung von Flüchtlingen durch Grenzsoldaten der DDR); NStZ 2008, 273 (Mittäterschaft nur durch Erbringen einer Vorbereitungshandlung); NStZ 2008, 280 (sukzessive Mittäterschaft); NStZ 2010, 33 (sukzessive Mittäterschaft); NStZ 2012, 89 (Aufgabe der Interessentheorie); NStZ 2013, 104 (Mittäterschaft nur durch Erbringen einer Vorbereitungshandlung).

Ausgewählte Studienliteratur: *Geppert* Die Mittäterschaft (§ 25 Abs. 2 StGB), Jura 2011, 30; *Koch* Grundfälle zur mittelbaren Täterschaft, § 25 I Alt. 2 StGB, JuS 2008, 399, 496; *Kretschmer* Mittelbare Täterschaft – Irrtümer über die tatherrschaftsbegründende Situation, Jura 2003, 535; *Murmann* Grundwissen zur mittelbaren Täterschaft (§ 25 I 2. Alt. StGB), JA 2008, 321; *Roxin* Die Mittäterschaft im Strafrecht, JA 1979, 519.

I. Unmittelbare Täterschaft (§ 25 Abs. 1 Var. 1 StGB)

19 Nach § 25 Abs. 1 Var. 1 StGB wird als *(Allein-)*Täter bestraft, wer eine Straftat selbst begeht (unmittelbare Täterschaft), also sämtliche Tatbestandsmerkmale in eigener Person erfüllt. Dies schließt nicht aus, dass mehrere Personen unabhängig voneinander, dh ohne Mittäter nach § 25 Abs. 2 StGB zu sein, für denselben Eintritt als (Allein-)Täter verantwortlich sind; in diesem Fall ist auch von Nebentäterschaft die Rede (→ Rn. 3).

20 Möglicher (unmittelbarer, mittelbarer oder Mit-)Täter ist aber stets nur, wer den jeweiligen Straftatbestand überhaupt erfüllen kann (sog. Intraneus). Stellt eine Strafvorschrift bestimmte *Anforderungen an die Person des Handelnden*, kommt ein Außenstehender (sog. Extraneus), der die jeweiligen Voraussetzungen nicht in eigener Person erfüllt, daher von vornherein nicht als Täter in Betracht. Er kann lediglich wegen Teilnahme (Anstiftung oder Beihilfe) bestraft werden (→ § 1 Rn. 55).[15]

21 Bei den sog. *Sonderdelikten* muss der Täter einer bestimmten Personengruppe angehören, dh eine besondere Subjekteigenschaft aufweisen. Tauglicher Täter des § 203 StGB ist etwa nur, wer

---

[15] *Krey/Esser* Rn. 231; *Wessels/Beulke/Satzger* Rn. 519.

einen der dort aufgelisteten Berufe (zB „Arzt" oder „Rechtsanwalt") ausübt. Die Amtsdelikte der §§ 331 ff. StGB kann nur ein „Amtsträger" oder „ein für den öffentlichen Dienst besonders Verpflichteter" (siehe hierzu § 11 Abs. 1 Nr. 2 und 4 StGB) begehen.[16]

Die sog. *eigenhändigen Delikte* setzen die persönliche Vornahme der tatbestandlichen Handlung **22** voraus. § 323a StGB kann beispielsweise nur verwirklichen, wer sich selbst in den Zustand des Rausches versetzt und eine rechtswidrige Tat begeht, deretwegen er nicht bestraft werden kann. Ein weiteres Beispiel für eigenhändige Delikte sind die Aussagedelikte der §§ 153 ff. StGB.[17]

Schließlich stellen die sog. *Pflichtdelikte* besondere Anforderungen an den Täter. Als Tatsubjekt **23** kommt hiernach nur in Betracht, wer die jeweilige tatbestandsspezifische Sonderpflicht verletzt, die unter anderem § 142 StGB (Unfallbeteiligter) und § 266 StGB (Vermögensbetreuungspflicht) voraussetzen.[18]

Beispiel: A hört beim Ausrangieren ein Schleifgeräusch und bittet Beifahrer B deswegen nachzusehen. Obwohl B den Schaden an der Tür des neben ihm geparkten Wagens sieht, erklärt er A, dass alles in Ordnung sei. A fährt davon.

A verwirklicht zwar den objektiven Tatbestand einer „Unfallflucht" (amtliche Überschrift: Unerlaubtes Entfernen vom Unfallort) nach § 142 Abs. 1 Nr. 2 StGB, handelt aber ohne Vorsatz und ist somit straflos.

B selbst scheidet von vornherein als Täter des § 142 StGB aus, weil er kein Unfallbeteiligter im Sinne des § 142 Abs. 5 StGB ist. Mangels vorsätzlicher rechtswidriger Haupttat ist B auch nicht als Teilnehmer zu belangen und somit straflos.

II. Mittelbare Täterschaft (§ 25 Abs. 1 Var. 2 StGB)

1. Grundlagen

Mittelbarer Täter ist, wer die Tat „durch einen anderen" verwirklicht (§ 25 Abs. 1 **24** Var. 2 StGB). Der mittelbare Täter (oder auch Hintermann) lässt also einen anderen, der ihm aus tatsächlichen oder rechtlichen Gründen unterlegen ist, als *menschliches Werkzeug* für sich handeln. Dieser Unterlegenheit des Tatmittlers (oder auch Vordermannes) entspricht die Überlegenheit des mittelbaren Täters, die sich als *Wissens- oder Willensherrschaft* (oder auch Irrtums- oder Nötigungsherrschaft) beschreiben lässt und die Zurechnung der Tathandlungen des Werkzeugs rechtfertigt.[19]

Charakteristisch für die Überlegenheit des mittelbaren Täters ist ein *Strafbarkeits-* **25** *mangel* des Tatmittlers. So kann er bereits den objektiven Tatbestand nicht verwirklichen oder auch subjektiv tatbestandslos, gerechtfertigt oder nicht schuldhaft bzw. entschuldigt handeln.[20]

Das Strafbarkeitsdefizit des Tatmittlers ist indessen nach hM zwar häufige Begleit- **26** erscheinung der mittelbaren Täterschaft, aber nicht zwingend erforderlich, um den Hintermann als Täter zu erfassen. Vielmehr ist in Ausnahmekonstellationen die notwendige täterschaftsbegründende Überlegenheit des Hintermannes selbst dann gegeben, wenn der Vordermann voll deliktisch handelt und für sein Verhalten (ebenso) als Täter strafrechtlich zur Verantwortung gezogen werden kann. In diesem Fall agiert der Hintermann gewissermaßen als „*Täter hinter dem Täter*".[21]

---

[16] *Kindhäuser* AT § 38 Rn. 51; *Krey/Esser* Rn. 227; *Kühl* AT § 20 Rn. 13; *Wessels/Beulke/Satzger* Rn. 520.

[17] *Krey/Esser* Rn. 230; *Kühl* AT § 20 Rn. 16; *Wessels/Beulke/Satzger* Rn. 521.

[18] *Kühl* AT § 20 Rn. 14; *Wessels/Beulke/Satzger* Rn. 522.

[19] *Kühl* AT § 20 Rn. 38 ff.; *Wessels/Beulke/Satzger* Rn. 535 f.

[20] *Kindhäuser* AT § 39 Rn. 7; *Rengier* AT § 43 Rn. 2.

[21] BGHSt 40, 218 (236 f.); 45, 270 (296); *Kühl* AT § 20 Rn. 72; *Roxin* AT II § 25 Rn. 105 ff.; *Wessels/Beulke/Satzger* Rn. 541; ablehnend *Kindhäuser* AT § 39 Rn. 36; *Krey/Esser* Rn. 936.

2. Strafbarkeitsmangel des Tatmittlers

27 Schon an der *objektiven Tatbestandsverwirklichung* des Tatmittlers fehlt es in den Fällen, in denen eine Person als *„Werkzeug gegen sich selbst"* eingesetzt wird, sich also zB aufgrund der Überlegenheit des Hintermannes und dessen Beeinflussung selbst tötet oder verletzt. Da die einschlägigen Normen der §§ 211 ff. und §§ 223 ff. StGB die Tötung oder Verletzung eines (anderen) Menschen oder einer anderen Person voraussetzen und ein eigener Straftatbestand der Selbsttötung oder der Selbstverletzung nicht existiert, handelt der Vordermann in diesen Fällen bereits objektiv tatbestandslos.[22]

28 Umstritten ist, unter welchen Voraussetzungen Akte der Selbstschädigung durch den Vordermann dem Hintermann als dessen täterschaftlich begangenes Werk *zugerechnet* werden können. Wäre eine Täterschaft des Hintermannes abzulehnen, käme nur eine Teilnahme in Betracht, die aber mangels Haupttat des Vordermannes nicht von den §§ 26, 27 StGB erfasst wäre. Es gilt also die (strafbare) Fremdschädigung in mittelbarer Täterschaft von der (in der Regel straflosen) Anstiftung zur Selbstschädigung abzugrenzen.[23]

29 Einige Stimmen im Schrifttum ziehen zur Abgrenzung die Regeln strafrechtlicher Verantwortlichkeit für eigenes Verhalten heran und wenden diese auf den sich selbst Schädigenden an. Wer einen anderen zur Selbstschädigung veranlasst, ist demnach mittelbarer Täter, wenn sich der Vordermann in einem Tatumstandsirrtum gemäß § 16 Abs. 1 Satz 1 StGB, im Stadium fehlender Verantwortlichkeit nach § 3 JGG oder der Schuldunfähigkeit gemäß §§ 19, 20 StGB oder in einer entschuldigenden Notstandslage gemäß § 35 Abs. 1 StGB befindet. Mittelbare Täterschaft beginnt demnach erst dann, wenn der strafrechtliche Verantwortungsbereich des Vordermannes endet, er gewissermaßen als „Täter seiner Selbstschädigung" exkulpiert wäre (sog. *Exkulpationslösung*).[24]

30 Nach hL wird der Vordermann hingegen eher als „Opfer seiner Selbstschädigung" betrachtet. Mittelbare Täterschaft des Hintermannes ist demnach schon dann anzunehmen, wenn die in der Selbstschädigung zum Ausdruck kommende Willensäußerung des Vordermannes nicht die Voraussetzungen einer rechtfertigenden Einwilligung erfüllt (sog. *Einwilligungslösung*). Für die Begründung mittelbarer Täterschaft genügt somit bereits, dass es an einer eigenverantwortlichen Selbstschädigung des Vordermannes fehlt, weil er zB unter Zwang handelt oder wesentlichen Willensmängeln unterliegt.[25]

31 Nach der Rechtsprechung entscheiden schließlich *Art und Tragweite des Irrtums*, die unter Berücksichtigung der Gesamtumstände des jeweiligen Einzelfalls zu bestimmen sind. Eine mittelbare Täterschaft kraft überlegenen Wissens liegt auf jeden Fall dann vor, wenn dem Getäuschten gegenüber verschleiert wird, dass er sich das Leben nimmt.[26]

Beispiele:
– A gewinnt das Vertrauen der X und spiegelt ihr vor, ein Bewohner des Sterns Sirius zu sein. Als wertvoller Mensch dürfe X nach dem völligen Zerfall ihres Körpers mit ihrer Seele auf Sirius weiterleben, müsse sich aber geistig und philosophisch weiterentwickeln. Nachdem A

---

[22] *Kindhäuser* AT § 39 Rn. 44 f.; *Kühl* AT § 20 Rn. 46; *Rengier* AT § 43 Rn. 8.
[23] *Kühl* AT § 20 Rn. 46.
[24] *Jäger* AT Rn. 247.
[25] *Kindhäuser* AT § 39 Rn. 49; *Krey/Esser* Rn. 913; *Otto* AT § 21 Rn. 103; *Wessels/Beulke/Satzger* Rn. 539.
[26] BGHSt 32, 38 (42).

der X 30.000 DM für angebliche Meditationen eines Mönchs und den Abschluss einer Lebensversicherung über 250.000 DM mit ihm als Begünstigten ablistete, sollte X ihr jetziges Leben dadurch beenden, dass sie sich in eine Badewanne setzt und einen eingeschalteten Fön in das Badewasser fallen lässt. X kommt dem nach, verspürt aber nur ein Kribbeln am Körper, als sie den Fön eintaucht.

Nach hL und Rspr[27] ist A strafbar wegen versuchten Mordes in mittelbarer Täterschaft, da er X durch die Vorspiegelung, in einem neuen Körper weiterzuleben, dazu brachte, sich (vergeblich) durch einen Stromschlag von seinem alten Körper zu trennen.

– F täuscht ihrem Ehemann M vor, gemeinsam mit ihm aus dem Leben scheiden zu wollen. F mischt dazu Gift, das M zuerst zu sich nimmt. Wie von vornherein geplant, lehnt F es aber anschließend ab, sich zu vergiften. M stirbt.

Nach hL und Rspr[28] hat sich F wegen Mordes in mittelbarer Täterschaft strafbar gemacht. Zwar wusste M bei der Einnahme des Gifts um dessen tödliche Wirkung. Der Irrtum über das Motiv eines gemeinsamen Suizids ist aber derart wesentlich, dass er sowohl nach der Einwilligungslösung als auch nach der Rspr eine Irrtumsherrschaft des Hintermannes und somit mittelbare Täterschaft begründet.

Im *Schrifttum* wird großenteils mittelbare Täterschaft in jeder Situation angenommen, in welcher der Vordermann selbst den letzten für seine Schädigung erforderlichen Akt vornimmt, mag sein Beitrag auch noch so gering sein. Dies gilt unter anderem für diejenigen Fälle, in denen der Hintermann dem Vordermann eine *Falle* stellt, die erst durch dessen Mitwirkungsakt (zB die Detonation einer Autobombe durch Herumdrehen des Zündschlüssels oder das Trinken eines vergifteten Getränks) ausgelöst wird.[29]   **32**

Nach der *Rechtsprechung* sind solche untergeordneten Beiträge hingegen als bloßer Kausalfaktor zu begreifen. Der Hintermann handelt danach als unmittelbarer Täter, so dass es eines Rückgriffs auf die Zurechnungsregel des § 25 Abs. 1 Var. 2 StGB nicht bedarf. Allerdings hat der BGH anerkannt, dass die Fallgruppe „Tatmittler gegen sich selbst" eine der mittelbaren Täterschaft verwandte Struktur aufweist.[30]   **33**

Das Verantwortungsdefizit des Vordermannes kann auch dadurch begründet sein, dass ihm die bei Sonderdelikten tatbestandlich vorausgesetzte Täterqualität fehlt. Eine eigene Täterschaft des Handelnden scheitert in diesen Fällen selbst dann, wenn er über das Geschehen völlig im Bilde ist und keiner Fehlvorstellung über den Sinn seines Tuns unterliegt. Auch eine Strafbarkeit des Hintermannes, der in eigener Person die notwendige Täterqualität erfüllt, erweist sich als fraglich. Eine eigene Täterschaft scheint zumindest auf den ersten Blick an der fehlenden Tathandlung zu scheitern; eine Strafbarkeit als Teilnehmer kommt mangels vorsätzlich begangener rechtswidriger Haupttat des Vordermannes ebenso wenig in Betracht. Ob und ggf. wie dieses unbillige Ergebnis bei dem Einsatz eines sog. *qualifikationslos-dolosen Werkzeugs* vermieden werden kann, ist umstritten.   **34**

Überwiegend nimmt das Schrifttum auch beim qualifikationslos-dolosen Werkzeug eine mittelbare Täterschaft des nicht selbst handelnden Hintermannes an. Dies wird teilweise damit begründet, dass bei Pflichtdelikten jede *Verletzung der tatbestandsspezifischen Sonderpflicht* für eine Täterschaft ausreiche und es auf eine Tatherrschaft nicht ankomme.[31] Nach aA beherrsche der Hintermann rechtlich das Geschehen, da er als Adressat des Sonderdelikts allein in der Lage sei, den jeweiligen Tatbestand (ggf. mit Hilfe eines Außenstehenden) zu verwirklichen. Bei *normativer Betrachtung* lasse sich daher durchaus eine Täterschaft annehmen.[32]   **35**

---

[27] Siehe hierzu BGHSt 32, 38 (42 f.).
[28] Siehe hierzu BGH GA 1986, 508 (508 f.).
[29] *Kindhäuser* AT § 39 Rn. 44 f.; *Wessels/Beulke/Satzger* Rn. 539a.
[30] BGHSt 43, 177 (180).
[31] Schönke/Schröder/*Heine/Weißer* Vor §§ 25 ff. Rn. 82; *Kindhäuser* AT § 39 Rn. 17 ff.; *Roxin* AT II § 25 Rn. 275.
[32] *Lackner/Kühl* § 25 Rn. 4; *Rengier* AT § 43 Rn. 18.

36 Diesen vom Ergebnis her sicherlich begrüßenswerten Auffassungen bleibt entgegenzuhalten, das Kriterium der Tatherrschaft völlig aufzugeben bzw. die danach erforderliche tatsächliche durch eine rechtliche Überlegenheit des Hintermannes zu ersetzen. Daher ist es vorzugswürdig, eine *Tatherrschaft* des Hintermannes bei dem Einsatz eines qualifikationslos-dolosen Werkzeugs *abzulehnen* und zur Schließung von
Strafbarkeitslücken auf den Gesetzgeber zu verweisen.[33]

37 **Beispiel:** Der insolvente Einzelkaufmann K bittet seinen Bruder B, Wertgegenstände aus seiner
Wohnung beiseite zu schaffen und bei sich aufzubewahren.
B ist mangels eigener Zahlungsunfähigkeit kein tauglicher Täter des § 283 Abs. 1 Nr. 1 StGB
und handelt als qualifikationslos-doloses Werkzeug. Nach hL ist aber K mittelbarer Täter des
Bankrotttatbestandes und somit strafbar gemäß §§ 283 Abs. 1 Nr. 1, 25 Abs. 1 Var. 2 StGB.
Hierzu leistet B Beihilfe. Nach aA können weder B noch K nach § 283 StGB belangt werden.

38 *Subjektiv tatbestandslos* handelt zunächst ein Tatmittler, der infolge seines unterlegenen Wissens nicht um sämtliche Tatumstände weiß und daher *keinen Vorsatz* hat.[34]
Exemplarisch kann auf einen Vordermann verwiesen werden, der auf Bitte eines
anderen einen Gegenstand für diesen wegnimmt und dabei verkennt, dadurch das
Eigentum eines Dritten zu beeinträchtigen.

39 **Beispiel:** Hotelgast H deutet auf einen im Foyer des Hotels stehenden Koffer und bittet den
Gepäckträger G, ihm „seinen" Koffer zum Taxi zu tragen. Tatsächlich handelt es sich um den
Koffer eines anderen Hotelgasts.
Durch die Wegnahme der für ihn fremden beweglichen Sache verwirklicht G den objektiven
Tatbestand des Diebstahls gemäß § 242 StGB. Dass er von dem Eigentum des H anstatt eines
anderen Hotelgasts ausgeht, ist zwar ein unbeachtlicher error in obiecto (→ § 8 Rn. 20 ff.),
der den Vorsatz in Bezug auf das Tatobjekt „fremde bewegliche Sache" nicht ausschließt. Allerdings
nimmt G wegen der Bitte des vermeintlichen Eigentümers H nicht an, den Gewahrsam eines
anderen an dem Koffer zu brechen, so dass ihm der Vorsatz bzgl. der Tathandlung der Wegnahme fehlt. Mangels Fahrlässigkeitsstrafbarkeit beim Diebstahl bleibt G somit straflos.
H begeht hingegen einen Diebstahl in mittelbarer Täterschaft gemäß §§ 242 Abs. 1, 25 Abs. 1
Var. 2 StGB.

40 Der subjektive Tatbestand kann beim Tatmittler auch daran scheitern, dass er bei
einem Delikt mit überschießender Innentendenz nicht die notwendigen besonderen
subjektiven Tatbestandsmerkmale erfüllt. Die Behandlung des sog. *absichtslos-dolosen
Werkzeugs*, das zwar wissentlich und willentlich den objektiven Tatbestand eines
Delikts verwirklicht und somit vorsätzlich handelt, nicht jedoch das erforderliche
Absichtsmerkmal aufweist, ist ebenso umstritten.

41 Nach einer Ansicht genügt die fehlende Absicht nicht, um die Werkzeugqualität des
Vordermannes zu bejahen. Bei der überschießenden Innentendenz eines Delikts, wie
zB des § 242 StGB, handele es sich um eine tatbestandliche Besonderheit, die keinen
Aufschluss über die Tatherrschaft zulasse. Die Entscheidungsmacht des Vordermannes müsste vielmehr *tatsächlich* eingeschränkt sein.[35]

42 Die wohl herrschende Gegenauffassung verweist darauf, dass eine Strafbarkeit des
Vordermannes wegen des fehlenden Absichtsmerkmals nach dem jeweiligen Delikt
ausscheidet und somit ein Strafbarkeitsdefizit besteht. Nutzt der Hintermann dieses
Defizit bewusst aus und kontrolliert dadurch das Geschehen, komme – vergleichbar
dem Einsatz eines qualifikationslos-dolosen Werkzeugs (→ Rn. 35) – bei normativer
Betrachtung eine mittelbare Täterschaft in Betracht.[36]

---

[33] *Otto* AT § 21 Rn. 94; *Stratenwerth/Kuhlen* § 12 Rn. 40.
[34] *Kühl* AT § 20 Rn. 52; *Rengier* AT § 43 Rn. 12.
[35] *Kindhäuser* AT § 39 Rn. 20 ff.; *Krey/Esser* Rn. 921; siehe auch *Kühl* AT § 20 Rn. 54 ff.
[36] *Kudlich* PdW AT Fall 267; *Rengier* AT § 43 Rn. 22; *Wessels/Beulke/Satzger* Rn. 537.

Beispiel: Auf Bitte des B nimmt A ein Buch aus dem Regal seines Mitbewohners M, um es dem **43**
B zu geben. A geht davon aus, dass sich B das Buch nur leihen und in wenigen Tagen dem M
unversehrt zurückgeben will. Stattdessen will B das Buch auf Dauer für sich behalten.
Eine Strafbarkeit des A wegen Diebstahls gemäß § 242 Abs. 1 StGB scheidet aus. Zwar fehlt
ihm nicht der Vorsatz in Bezug auf die Wegnahme des Buches des M als fremde bewegliche
Sache. Allerdings handelt er ohne die erforderliche (Dritt-)Zueignungsabsicht, da er davon
ausgeht, dass B das Buch dem M zurückgeben wird, und ihm somit der nötige Enteignungs-
vorsatz fehlt.
Nach wohl herrschender Ansicht begeht aber B einen Diebstahl in mittelbarer Täterschaft
gemäß §§ 242 Abs. 1, 25 Abs. 1 Var. 2 StGB.

Ein Beispiel für einen *rechtmäßig* handelnden Vordermann stellt ein Polizist dar, der **44**
eine fälschlicherweise einer Straftat beschuldigte Person festnimmt und abführt. Ist
die hier tatbestandlich verwirklichte Freiheitsberaubung gemäß § 239 Abs. 1 StGB
nach den Erlaubnisnormen der §§ 127 Abs. 2, 112 StPO aufgrund dringenden Tat-
verdachts gerechtfertigt, kommt derjenige, der die falsche Anzeige aufgegeben hat, als
mittelbarer Täter in Betracht.[37]

Bedient sich jemand der Hilfe eines zehnjährigen Kindes, um sich die im Garten **45**
liegenden Sportgeräte des Nachbarn zu verschaffen, handelt das Kind wegen § 19
StGB *ohne Schuld*. Auch hier kommt eine mittelbare Täterschaft in Betracht.[38]

Allerdings besitzt bei dem Einsatz schuldlos handelnder Personen die Abgrenzung zwischen **46**
mittelbarer Täterschaft und Anstiftung besondere Relevanz. Denn die Anstiftung setzt wegen
des Grundsatzes der *limitierten Akzessorietät* (→ Rn. 107 ff.) keine schuldhafte, sondern nur eine
vorsätzlich begangene rechtswidrige Haupttat voraus. Den Ausschlag gibt nach der Tatherrschaftslehre, ob die Wissens- oder Willensherrschaft des Hintermannes die Handlungsherrschaft
des Vordermannes überlagert.[39]

3. „Täter hinter dem Täter"

Auch ohne einen Strafbarkeitsmangel des Vordermannes kann der Einfluss des Hin- **47**
termannes auf die Tat so erheblich sein, dass er selbst gegenüber dem voll deliktisch
handelnden Vordermann ausnahmsweise als Zentralfigur des Geschehens und somit
als „Täter hinter dem Täter" erscheint (→ Rn. 26). Die damit einhergehende Unterlegenheit des Vordermannes kann nach hM insbesondere auf der *Organisationsherrschaft* des Hintermannes beruhen, die es ihm trotz fehlender Wissens- und Willensherrschaft erlaubt, als „Schreibtischtäter" das Tatgeschehen nach Belieben zu lenken
und zu kontrollieren.[40]

Die Kriterien für die Organisationsherrschaft sind im Einzelnen zwar umstritten.[41] Weitgehend **48**
unstreitige Beispiele für eine Organisationsherrschaft sind aber der *Missbrauch staatlicher
Machtbefugnisse* (zB bei Verbrechen unter dem NS-Regime sowie bei den sog. Mauerschützen-
Fällen an der innerdeutschen Grenze zu Zeiten der DDR[42]) sowie *mafiaähnliche Organisations-
strukturen*.[43] Die Rechtsprechung neigt zudem in letzter Zeit dazu, den Gedanken der Organisationsherrschaft auf wirtschaftliche Unternehmen anzuwenden.[44]

---

[37] *Kühl* AT § 20 Rn. 57 f.; *Rengier* AT § 43 Rn. 23 f.
[38] *Kühl* AT § 20 Rn. 66 f.; *Rengier* AT § 43 Rn. 27 ff.
[39] *Rengier* AT § 43 Rn. 36; *Wessels/Beulke/Satzger* Rn. 538.
[40] *Rengier* AT § 43 Rn. 61; *Wessels/Beulke/Satzger* Rn. 541.
[41] Siehe hierzu *Heinrich* AT Rn. 1255; *Rengier* AT § 43 Rn. 62.
[42] BGHSt 40, 218 (232 ff.); 45, 270 (296 ff.).
[43] *Heinrich* AT Rn. 1255; *Wessels/Beulke/Satzger* Rn. 541; einschränkend *Jäger* AT Rn. 249.
[44] Siehe etwa BGH NStZ 1998, 568; 2008, 89 (90); *Wessels/Beulke/Satzger* Rn. 541; kritisch
Kühl AT § 20 Rn. 73c; *Rengier* AT § 43 Rn. 69.

49 Außerdem wird beim sog. *graduellen Tatumstandsirrtum* eine mittelbare Täterschaft des Hintermannes trotz eines voll deliktisch handelnden Vordermannes angenommen. Hier irrt der Vordermann zwar nicht über das Vorliegen von Tatumständen als solchen, weswegen sein Vorsatz gemäß § 16 Abs. 1 Satz 1 StGB nicht entfällt. Allerdings unterliegt er einer Fehlvorstellung über das Ausmaß an Unrecht, das seine Tat hervorruft. Je nachdem, wie erheblich die Vorstellung des Vordermannes von dem tatsächlichen Handlungssinn seiner Tat abweicht, kann in diesen Fällen der Hintermann als mittelbarer Täter zu bestrafen sein.[45]

50 **Beispiel:** A veranlasst den B dazu, eine wertvolle chinesische Vase des X zu zertrümmern, indem er ihm vorspiegelt, es handele sich dabei lediglich um eine billige Imitation.
A ist als mittelbarer Täter einer Sachbeschädigung gemäß §§ 303 Abs. 1, 25 Abs. 1 Var. 2 StGB zu bestrafen. Zwar hat sich B ebenso wegen Sachbeschädigung durch Zerstörung der Vase strafbar gemacht. Dies steht der Täterschaft des A indessen nicht entgegen, da dem B die wahre Bedeutung seines Handelns verborgen bleibt und A aufgrund seiner Kenntnis des tatsächlichen Werts der zerstörten Vase für die „Unrechtssteigerung" als Täter zur Verantwortung gezogen werden kann.

51 Voll deliktisch handelt der Vordermann des Weiteren, wenn er sich in einem *vermeidbaren Verbotsirrtum* befindet, der dem Gericht gemäß § 17 Satz 2 StGB lediglich die Möglichkeit einer Strafmilderung eröffnet. Mangels Strafbarkeitsdefizits des Vordermannes soll nach einer Ansicht ausschließlich die Ausnutzung eines unvermeidbaren Verbotsirrtums zur mittelbaren Täterschaft des Hintermannes führen, weil nur dann der Vordermann gemäß § 17 Satz 1 StGB ohne Schuld (und somit straflos) handelt.[46] Nach hM kann dagegen auch die Verursachung eines vermeidbaren Verbotsirrtums die Tatherrschaft begründen. Denn in diesem Fall fehlt es dem Vordermann ebenso wie beim unvermeidbaren Verbotsirrtum an der aktuellen Unrechtseinsicht, was der Hintermann für seine Zwecke planvoll lenkend ausnutzt. Das Verantwortungsprinzip steht demzufolge der Annahme mittelbarer Täterschaft nicht entgegen.[47]

52 **Beispiel (Katzenkönigfall[48]):** A und B leben in einem von Mystizismus, Scheinerkenntnis und Irrglauben geprägten neurotischen Beziehungsgeflecht zusammen. Der A gelingt es, den B glauben zu lassen, dass ein „Katzenkönig" die Welt bedrohe und Millionen von Menschen töten werde, wenn ihm nicht ein menschliches Opfer in Gestalt der C dargebracht werde. B tötet daraufhin die C in dem Glauben, dadurch Millionen von Menschen zu retten.

4. Subjektiver Tatbestand

53 Nach allgemeinen Grundsätzen muss der Vorsatz des mittelbaren Täters zunächst die Verwirklichung sämtlicher *objektiver Tatbestandsmerkmale* der jeweiligen Strafvorschrift umfassen. Zudem muss sich der Vorsatz auf die eigene *Wissens- oder Willensherrschaft* als Teil des objektiven Tatbestandes erstrecken.[49]

54 Legt der Tatmittler ein tatbestandliches Verhalten an den Tag, das ihm der mittelbare Täter nicht zugedacht hat, begeht das Werkzeug einen *Exzess*. Sofern es sich hierbei nicht um unwesentliche Abweichungen handelt, begründet dies einen vorsatzaus-

---

[45] Schönke/Schröder/*Heine/Weißer* § 25 Rn. 22; *Jäger* AT Rn. 246; *Kühl* AT § 20 Rn. 75; aA *Kindhäuser* AT § 39 Rn. 14 ff.; *Krey/Esser* Rn. 938; *Kudlich* PdW AT Fall 274; *Rengier* AT § 43 Rn. 49.

[46] *Krey/Esser* Rn. 927; *Stratenwerth/Kuhlen* § 12 Rn. 53 ff.

[47] BGHSt 35, 347 (352 ff.); *Heinrich* AT Rn. 1260; *Jäger* AT Rn. 241; *Kindhäuser* AT § 39 Rn. 33 ff.; *Rengier* AT § 43 Rn. 42.

[48] BGHSt 35, 347.

[49] *Rengier* AT § 43 Rn. 76.

schließenden Tatumstandsirrtum des Hintermannes gemäß § 16 Abs. 1 Satz 1 StGB.[50]

Umstritten ist, wie sich ein *error in persona vel obiecto* des Tatmittlers auf die **55** Strafbarkeit des mittelbaren Täters auswirkt (zu den Folgen eines Identitätsirrtums unter Mittätern → Rn. 78 f. sowie des Täters auf den Anstifter → Rn. 140 ff.). Nach wohl hM bedeutet es rechtlich keinen Unterschied, ob sich der Täter eines mechanischen Werkzeugs bedient und das Ziel verfehlt oder ob die Tat aufgrund eines Irrtums eines menschlichen Werkzeugs fehlgeht. Demzufolge führt ein error in persona vel obiecto des Tatmittlers beim mittelbaren Täter stets zu einer *aberratio ictus*.[51]

Nach der im Vordringen befindlichen *Individualisierungslösung* ist hingegen maß- **56** geblich, ob der mittelbare Täter das von ihm gewünschte Opfer bzw. Objekt gegenüber dem Tatmittler hinreichend konkretisiert hat. Überlässt der Hintermann die Individualisierung in einem gewissen Rahmen (zB infolge ungenügender Beschreibung des Opfers) dem Tatmittler, muss er sich einen Auswahlfehler des instruktionsgemäß handelnden Werkzeugs als eigenen zurechnen lassen, so dass der Identitätsirrtum des Tatmittlers auch für den mittelbaren Täter unbeachtlich ist. Bei einer von den Vorgaben des Hintermannes abweichenden Ausführung der Tat durch den Tatmittler oder bei einer wesentlichen Kausalabweichung ist es hingegen gerechtfertigt, ein Fehlgehen der Tat des mittelbaren Täters im Sinne einer aberratio ictus anzunehmen.[52]

Beispiel: A bekommt zufällig mit, dass der Hotelgast X auf dem Nachttisch in Zimmer 2 seine **57** Brieftasche liegengelassen hat. A bittet die ahnungslose Reinigungskraft R, ihm „seine" Brieftasche aus Zimmer 2 zu holen. R verwechselt jedoch unbemerkt die Zimmertüren und holt für A aus Zimmer 3 die ebenfalls auf dem Nachttisch liegende Brieftasche des Y.
Der error in obiecto der R schließt zwar nicht deren Vorsatz bzgl. des Tatobjekts der fremden beweglichen Sache aus. Da R aber jedenfalls davon ausgeht, mit dem Einverständnis des Gewahrsamsinhabers der Brieftasche auf Zimmer 3 zu handeln, fehlt ihr der Vorsatz bzgl. der Wegnahme im Sinne des § 242 StGB. Eine Strafbarkeit wegen vorsätzlich begangenen Diebstahls scheidet daher aus. Der fahrlässige Diebstahl ist nicht unter Strafe gestellt (→ Rn. 39).
A hat hier infolge seines in R hervorgerufenen Irrtums über den Gewahrsam an der Brieftasche die Wissensherrschaft und kommt somit als mittelbarer Täter in Betracht. Fraglich ist, wie sich der error in obiecto der R auf ihn auswirkt. Nach der wohl hM führt der Identitätsirrtum der R zu einer aberratio ictus des A. Er ist daher strafbar wegen versuchten Diebstahls in mittelbarer Täterschaft zum Nachteil des an sich von ihm ausgewählten Opfers X. Der fahrlässige Diebstahl (hier zum Nachteil des tatsächlich bestohlenen Opfers Y) steht nicht unter Strafe. Zu demselben Ergebnis gelangt hier die Individualisierungslösung, da die Vorgaben des A ausreichend konkretisiert waren und die Tat nur infolge der fehlerhaften Umsetzung des „menschlichen Werkzeugs" R fehlging.

Eine *Fehlvorstellung über die eigene Tatherrschaft* ist möglich, wenn der Hintermann **58** seinen Einfluss auf den Vordermann falsch einschätzt und sich somit über die Art seiner Beteiligung irrt. Denkbar ist insoweit zum einen, dass dem Hintermann tatsächlich die für eine mittelbare Täterschaft notwendige Wissens- oder Willensherrschaft zukommt, er sich aber *irrigerweise* lediglich *als Anstifter betrachtet*, weil er etwa den Strafbarkeitsmangel des Vordermannes nicht erkennt. In diesen Fällen scheidet unstreitig eine Strafbarkeit des Hintermannes als mittelbarer Täter mangels Vorsatzes bzgl. der objektiv vorliegenden Tatherrschaft aus.

---

[50] *Rengier* AT § 43 Rn. 71.
[51] *Baumann/Weber/Mitsch* § 21 Rn. 15; *Heinrich* AT Rn. 1267; *Jescheck/Weigend* § 62 III 2; *Kühl* § 20 Rn. 89a.
[52] *Kindhäuser* AT § 39 Rn. 79 ff.; *Rengier* AT § 43 Rn. 74; *Wessels/Beulke/Satzger* Rn. 550.

59 Umstritten ist allerdings sodann, ob der Hintermann wegen *vollendeter Anstiftung* zur Haupttat belangt werden kann. Ein Teil der Literatur nimmt dies sogar dann an, wenn es infolge des Strafbarkeitsmangels des Vordermannes an einer vorsätzlichen oder rechtswidrigen Haupttat fehlt. Auf diese Weise werde berücksichtigt, dass die (objektiv gegebene) Täterschaft im Verhältnis zur (objektiv nicht vorliegenden) Teilnahme die wertmäßig schwerere Beteiligungsform darstellt.[53]

60 Dem hält die hM allerdings zu Recht entgegen, dass die fehlende Bezugstat für die Anstiftung nicht durch den Verweis auf die objektiv erfüllten Voraussetzungen der mittelbaren Täterschaft ersetzt werden kann. Dies bedeute eine Missachtung des Wortlauts des § 26 StGB und somit einen Verstoß gegen Art. 103 Abs. 2 GG. In Betracht kommt somit letztlich nur eine *versuchte Anstiftung*, die jedoch nur bei Verbrechen strafbar ist.[54]

61 **Beispiel:** Jagdaufseher A zeigt dem zum Abschuss eines Hirsches berechtigten Jäger J ein Wild im Nachbarrevier. Hierbei geht er davon aus, dass J erkennt, dass sich das Tier noch im Nachbarrevier befindet. J dagegen meint, die Schussfreigabe erfolge, weil das Tier in seinem Jagdrevier stehe und erschießt das Wild.
Eine Strafbarkeit des J wegen Jagdwilderei gemäß § 292 Abs. 1 StGB scheitert an dem fehlenden Vorsatz bzgl. der Verletzung eines fremden Jagdrechts.
Ebenso ist jedoch A straflos. Eine Jagdwilderei in mittelbarer Täterschaft scheidet mangels Täterwillens bzw. Tatherrschaftsbewusstseins aus. Für die (vollendete) Anstiftung zur Jagdwilderei fehlt es nach hM an der vorsätzlich begangenen und rechtswidrigen Haupttat. Die versuchte Anstiftung zur Jagdwilderei ist nicht strafbar, weil es sich bei dem Delikt um kein Verbrechen handelt.

62 Im umgekehrten Fall, dass sich jemand *irrigerweise als mittelbarer Täter ansieht*, indessen nur die objektiven Voraussetzungen einer Anstiftung erfüllt, scheitert eine Strafbarkeit als mittelbarer Täter bereits an der objektiv fehlenden Wissens- oder Willensherrschaft. Das Vorstellungsbild des Hintermannes begründet aber eine Strafbarkeit wegen versuchter mittelbarer Täterschaft.

63 Umstritten ist sodann wiederum, ob eine vollendete (objektiv vorliegende) Anstiftung des Hintermannes vorliegt. Dies bejaht die herrschende *Anstiftungslösung*, da der Teilnahmewillen als Minus im qualitativ schwerer wiegenden Willen zur eigenen (mittelbaren) Täterschaft enthalten sei. Ansonsten bleibe zudem unberücksichtigt, dass der Hintermann an der vollendeten Rechtsgutsverletzung mitgewirkt habe.[55]

64 Die *Versuchslösung* lehnt diesen Ansatz wiederum unter Verweis auf den Wortlaut des § 26 StGB ab und sieht hierin einen Verstoß gegen Art. 103 Abs. 2 GG. Wer einen anderen zu dessen unvorsätzlich begangener Tat bestimmen wolle, wolle gerade keine vorsätzliche rechtswidrige Tat und könne somit nicht Anstifter sein.[56]

65 **Beispiel:** Jagdaufseher A zeigt dem zum Abschuss eines Hirsches berechtigten Jäger J ein Wild im Nachbarrevier. Hierbei geht er davon aus, dass J glaubt, dass sich das Tier im eigenen Revier befindet. Tatsächlich durchschaut J den A, erlegt das Tier aber trotzdem.
J ist strafbar wegen Jagdwilderei gemäß § 292 Abs. 1 StGB.

Eine Jagdwilderei des A in mittelbarer Täterschaft scheitert an der objektiv fehlenden Tatherrschaft, da J den A durchschaut und somit keinen Strafbarkeitsmangel aufweist. Der Versuch des Vergehens der Jagdwilderei in mittelbarer Täterschaft kann mangels ausdrücklicher Straf-

---

[53] *Jescheck/Weigend* § 62 III 1; *Kühl* AT § 20 Rn. 85.
[54] *Kindhäuser* AT § 39 Rn. 75; *Rengier* AT § 43 Rn. 78; *Wessels/Beulke/Satzger* Rn. 548.
[55] *Kindhäuser* AT § 39 Rn. 70; *Kühl* AT § 20 Rn. 83; *Wessels/Beulke/Satzger* Rn. 549.
[56] *Gropp* AT § 10 Rn. 161; *Rengier* AT § 43 Rn. 82.

androhung nicht geahndet werden. Nach der herrschenden Anstiftungslösung ist A allerdings strafbar wegen (vollendeter) Anstiftung zur Jagdwilderei gemäß §§ 292 Abs. 1, 26 StGB. Nach der Versuchslösung kommt dies nicht in Betracht, was vorliegend zur Straflosigkeit des A führt.

5. Hinweise für Prüfungsarbeiten

Da die Prüfung stets mit dem Tatnächsten zu beginnen ist, wird zuerst – sofern der **66** Bearbeitervermerk danach fragt – die *Strafbarkeit des tatnäheren Werkzeugs* untersucht. Zumeist wird die Strafbarkeit des Vordermannes an einem Strafbarkeitsmangel scheitern, der nach den jeweiligen allgemeinen Grundsätzen bei dem dazugehörigen Prüfungspunkt zu diskutieren ist. Auf Grundzüge zur (Abgrenzung von) Täterschaft und Teilnahme wird hierbei noch nicht eingegangen.

Anschließend ist die *Strafbarkeit des tatentfernteren mittelbaren Täters* zu prüfen. **67** Hier sind bei der Tathandlung die Voraussetzungen der mittelbaren Täterschaft gemäß § 25 Abs. 1 Var. 2 StGB (Wissens- oder Willensherrschaft) zu erörtern, unter denen dem Hintermann die Handlungen des Vordermannes zuzurechnen sind. Ggf. ist unter Heranziehung des Meinungsstreits zwischen subjektiver Theorie und Tatherrschaftslehre näher auf die Abgrenzung der mittelbaren Täterschaft zur Anstiftung einzugehen.

Prüfungsschema: Mittelbare Täterschaft **68**

A. Strafbarkeit des Tatnächsten (sofern der Bearbeitervermerk nach dessen Strafbarkeit fragt)
B. Strafbarkeit des Hintermannes als mittelbarer Täter
  I. Tatbestand
    1. Objektiver Tatbestand (nach der Prüfungsfolge des jeweiligen Delikts)
    – deliktsspezifische äußere Merkmale
    – bei der Tathandlung: Zurechnung der fremden Handlung
      – Feststellung, dass der Hintermann die Tathandlung nicht selbst (vollständig) begangen hat
      – Prüfung, ob ihm die Tathandlung des tatnächsten Beteiligten gemäß § 25 Abs. 1 Var. 2 StGB zugerechnet werden kann
      ggf. Abgrenzung zwischen mittelbarer Täterschaft und Anstiftung unter Darlegung des Meinungsstreits zwischen subjektiver Theorie und Tatherrschaftslehre
    2. Subjektiver Tatbestand
    – Tatbestandsvorsatz (nach Tatherrschaftslehre einschließlich des Tatherrschaftsbewusstseins)
    – deliktsspezifische subjektive Tatbestandsmerkmale
    3. ggf. Tatbestandsverschiebung gemäß § 28 Abs. 2 StGB (→ Rn. 160 ff.)
  II. Rechtswidrigkeit
  III. Schuld

Eine (von einem konkreten Straftatbestand losgelöste) *Vorabprüfung* der Abgrenzung **69** zwischen Täterschaft und Teilnahme ist hier wie auch in sämtlichen anderen Abgrenzungsfällen strikt *unzulässig*. Da die Beteiligungsformen teilbar sind, bleiben sie vielmehr für jeden Straftatbestand getrennt zu untersuchen.

III. Mittäterschaft (§ 25 Abs. 2 StGB)

1. Grundlagen

70 Mittäterschaft im Sinne des § 25 Abs. 2 StGB ist die gemeinschaftliche Verwirklichung eines Straftatbestandes durch bewusstes und gewolltes Zusammenwirken. Voraussetzungen der Mittäterschaft sind demnach ein *gemeinsamer Tatplan* und eine *gemeinsame Tatausführung*.[57]

71 Charakteristisch für Mittäter sind eine arbeitsteilige Vorgehensweise und eine funktionale Rollenverteilung. Da sich ihre einzelnen Tatbeiträge zu einem einheitlichen Ganzen vervollständigen, müssen sie sich ihre Beiträge grundsätzlich *wechselseitig zurechnen* lassen, sofern sie sich im Rahmen des mittäterschaftlichen Einvernehmens bewegen.[58]

72 Eine Zurechnung kommt allerdings nur bei *objektiven Tatbeiträgen* in Betracht. Persönliche Merkmale wie eine spezielle Subjektqualität sowie Voraussetzungen des subjektiven Tatbestandes (zB Vorsatz, Absichten oder Motive) muss jeder Mittäter in eigener Person erfüllen.[59]

2. Gemeinsamer Tatplan

73 Ein gemeinsamer Tatplan liegt vor, wenn die Beteiligten über ihren allgemeinen Deliktsvorsatz hinaus den gemeinsamen Tatentschluss fassen, die Tat (zB durch die Aufteilung der einzelnen Tatbeiträge) *gemeinschaftlich zu verwirklichen*. Für die erforderliche Willensübereinstimmung genügt eine stillschweigende Vereinbarung durch gegenseitigen Blickkontakt oder Handzeichen. Einer ausdrücklichen Abrede bedarf es nicht.[60]

74 Nach einer im Vordringen befindlichen Meinung ist auch *fahrlässige Mittäterschaft* möglich, indem sich mehrere Personen bewusst und gewollt zusammenschließen, um gemeinschaftlich eine sorgfaltspflichtwidrige Handlung zu begehen (zB wenn A und B in der Silvesternacht Knallkörper in die Menschenmenge werfen und dabei vergebens darauf vertrauen, dass niemand verletzt wird).[61] Entsprechende Fälle lassen sich aber zumeist ohnehin als fahrlässige Nebentäterschaft behandeln.[62]

75 Das notwendige gegenseitige Einvernehmen kann unstreitig (ausdrücklich oder stillschweigend) auch noch während der Tatbestandsverwirklichung hergestellt werden (sog. *sukzessive Mittäterschaft*). Ebenso besteht Einigkeit darüber, dass nach Beendigung der Tat insoweit Mittäterschaft nicht mehr begründet werden kann und eine Zurechnung bereits vollständig abgeschlossener Ereignisse ausscheidet.[63]

76 Umstritten ist hingegen, ob ein gemeinsamer Tatentschluss *zwischen Vollendung und Beendigung* der Tat gefasst werden kann. Nach hA ist dies etwa dadurch möglich, dass jemand in Kenntnis und Billigung des bisherigen Tatgeschehens in eine bereits begonnene Ausführungshandlung eintritt und selbst einen für die Tatbestandsver-

---

[57] *Rengier* AT § 44 Rn. 2; *Wessels/Beulke/Satzger* Rn. 526; *Zieschang* Rn. 645.
[58] *Kindhäuser* AT § 40 Rn. 2; *Kühl* AT § 20 Rn. 98 ff.; *Rengier* AT § 44 Rn. 3; *Wessels/Beulke/Satzger* Rn. 526.
[59] *Wessels/Beulke/Satzger* Rn. 530.
[60] *Heinrich* AT Rn. 1223; *Kühl* AT § 20 Rn. 104; *Rengier* AT § 44 Rn. 11.
[61] *Rengier* AT § 53 Rn. 3; *Wessels/Beulke/Satzger* Rn. 507; siehe hierzu auch *Kühl* AT § 20 Rn. 116a ff.; *Otto* AT § 21 Rn. 114 ff.
[62] *Rengier* AT § 53 Rn. 3.
[63] *Wessels/Beulke/Satzger* Rn. 527.

wirklichung ursächlichen Beitrag leistet.[64] Eine lediglich einseitige nachträgliche Billigung genügt hingegen nicht.[65]

Beispiele:
– A und B wollen den X niederschlagen, um dessen Fahrzeug zu entwenden. Absprachegemäß verwickelt A den X in ein Gespräch, während B sich von hinten heranschleicht. Plötzlich entschließt sich aber B, den X mit seinem Fahrtenmesser zu töten, und sticht daher mehrmals auf den X ein. B fordert den A auf, mit ihm den tödlich verwundeten X zu verstecken, wobei A dem B nach anfänglichem Zögern hilft. Anschließend fahren sie mit dem Auto des wenig später versterbenden X davon.
A ist Mittäter eines Raubes mit Todesfolge und zugleich Gehilfe des B bei dessen Mord zum Nachteil des X.[66]
– A und B überfallen den X und fordern ihn auf, sein Bargeld auszuhändigen und seinen Tresor zu öffnen. Dabei verabreicht B dem X absprachegemäß mit einem Messer mehrere Schnitte in den Hals. Nachdem X kleine Summen an Bargeld herausgibt, sich aber weigert, den Tresor zu öffnen, treten A und B die Flucht an. B entschließt sich nun, den X zu töten und versetzt ihm einen gezielten tödlichen Stich in die linke Brustseite. A und B verlassen den Tatort, ohne weiter nach Bargeld zu suchen.
In diesem Fall ist eine gemeinschaftliche räuberische Erpressung mit Todesfolge durch A zu verneinen. Der Entschluss zur Flucht stellt eine Zäsur dar. Der tödliche Stich durch B war nicht verabredet und wird auch nicht genutzt, um weiter nach Vermögenswerten zu suchen. Es handelt sich somit um einen Mittäterexzess.[67]

Ist eine Handlung weder vom gemeinsamen Tatentschluss gedeckt noch wird hierüber **77** während der Tat ein gegenseitiges Einvernehmen hergestellt, liegt ein *Exzess* des jeweiligen Mittäters vor. Bezüglich im Exzess eines Mittäters begangener Taten oder verwirklichter Tatbestandsmerkmale fehlt den anderen Beteiligten der Vorsatz. Vom Vorsatz erfasst sind lediglich unwesentliche Abweichungen, mit denen nach den Umständen des Falles gewöhnlich zu rechnen ist und die keine andere Bewertung der Tat rechtfertigen.[68]

Grundsätzlich in keinem beachtlichen Exzess befindet sich ein Mittäter, dem bei der **78** Ausführung der gemeinsamen Tat ein *error in persona vel obiecto* (→ § 8 Rn. 20 ff.) unterläuft. Entscheidend ist nach hM lediglich, ob der gemeinsame Tatplan das jeweilige Verhalten umfasst und somit auch die Verwechslungsgefahr für den handelnden Mittäter begründet. In diesem Fall müssen sich die anderen Mittäter die Tathandlung sogar dann zurechnen lassen, wenn sie selbst Opfer des Identitätsirrtums werden.[69]

Beispiel: A und B wollen eine Bank ausrauben und vereinbaren unter anderem, während ihrer **79** Flucht auf etwaige Verfolger zu schießen, um sicher zu entkommen. Als A und B nach dem Überfall aus der Bank stürmen, stolpert B, fällt zurück und versucht wieder aufzuschließen. A hat dies nicht bemerkt und glaubt verfolgt zu werden, schießt mit Tötungsvorsatz hinter sich und trifft den B, der die Schussverletzung aber überlebt.

Nach hM ist der *error in persona*, dem der A bei der Ausführung des gemeinsamen Tatplans unterliegt, auch für den B *unbeachtlich*. B muss sich also das Verhalten des A zurechnen lassen und ist insoweit demzufolge ebenso wie A wegen eines versuchten gemeinschaftlichen Tötungsdelikts strafbar.

---

[64] BGHSt 54, 69 (129); BGH NStZ 2008, 280 (281); aA *Heinrich* AT Rn. 1237; *Kindhäuser* AT § 40 Rn. 10 ff.; *Krey/Esser* Rn. 967; *Kühl* AT § 20 Rn. 127; *Roxin* AT II § 25 Rn. 221.
[65] BGH NStZ 1999, 510 (510).
[66] Siehe hierzu BGH NStZ 2008, 280 (281).
[67] Siehe hierzu BGH NStZ 2010, 33 (34).
[68] *Kindhäuser* AT § 40 Rn. 19 f.; *Kühl* AT § 20 Rn. 118; *Rengier* AT § 44 Rn. 23; *Wessels/Beulke/Satzger* Rn. 531.
[69] *Heinrich* AT Rn. 1240; *Kindhäuser* AT § 40 Rn. 21 f.; *Krey/Esser* Rn. 951; *Rengier* AT § 44 Rn. 32; aA *Jäger* AT Rn. 226.

Bezüglich der zugleich verwirklichten gefährlichen Körperverletzung bleibt allerdings zu beachten, dass die *Selbstverletzung tatbestandlich nicht erfasst* ist.[70] Während A durch die Verletzung des B als für ihn andere Person wegen vollendeter gemeinschaftlicher gefährlicher Körperverletzung gemäß §§ 224 Abs. 1 (Nr. 2 Var. 1), 25 Abs. 2 StGB haftet, ist B für die ihm zuzurechnende Verletzungshandlung des A daher nur wegen versuchter gefährlicher Körperverletzung in Mittäterschaft gemäß §§ 224 Abs. 1 (Nr. 2 Var. 1), 22, 25 Abs. 2 StGB strafbar.

3. Gemeinsame Tatausführung

80　Eine mittäterschaftsbegründende gemeinsame Tatausführung setzt voraus, dass jeder Beteiligte einen die Tatbestandsverwirklichung fördernden *wesentlichen Tatbeitrag* entsprechend dem gemeinsamen Tatplan leistet.[71]

81　Ob eine *Mitwirkung lediglich im Vorbereitungsstadium* für eine gemeinschaftliche Tatbegehung ausreicht, ist fraglich. Nach der Rechtsprechung, die gemäß der von ihr vertretenen subjektiven Theorie (→ Rn. 13 f.) entscheidend auf die Willensrichtung des jeweiligen Beteiligten abstellt, genügt auch eine Vorbereitungshandlung, sofern der Beteiligte die dadurch unterstützte Tat als eigene will.[72]

82　In der Literatur ergibt sich hingegen ein nicht einheitliches Bild. Die sog. *strenge Tatherrschaftslehre* verlangt grundsätzlich eine Mitherrschaft auch während der Tatbestandsausführung, für die zumindest ein Kontakt mit den Beteiligten am Tatort erforderlich sei. Ansonsten könne nicht von einer gemeinsamen Tatbegehung gesprochen werden.[73]

83　Dies führte allerdings dazu, den wesentlich mitgestaltenden Hintermann nicht als Mittäter erfassen zu können, wenn er sich etwa zum Zwecke eines Alibis während der Tatbegehung an einen öffentlichen Ort begibt und jeglichen Kontakt zu seinen Komplizen meidet. Daher lässt die herrschende *gemäßigte Tatherrschaftslehre* in Ausnahmefällen einen Tatbeitrag nur im Vorbereitungsstadium für die Begründung von Mittäterschaft genügen. Allerdings müsse das „Minus" bei der Tatbestandsverwirklichung durch ein „Plus" bei der Deliktsvorbereitung, also durch einen gewichtigen Tatbeitrag im Vorbereitungsstadium, ausgeglichen werden.[74]

84　**Beispiele:**
  – Bandenchef B entwirft einen detaillierten Tatplan, damit seine Komplizen C und D gemeinsam in eine Bank einbrechen und den Tresor ausrauben können. Während des Einbruchs besucht B eine Theateraufführung, um sich ein Alibi für die Tatzeit zu verschaffen.
  – Nach der strengen Tatherrschaftslehre scheidet B als Mittäter der während des Einbruchs verwirklichten Delikte aus, da er keinen Beitrag im Ausführungsstadium leistet. Sowohl nach der Rechtsprechung als auch nach der hL kann hingegen auf den entscheidenden Beitrag des B in der Vorbereitungsphase verwiesen werden, um ihn als Mittäter anzusehen.
  – B verschafft dem A durch eine abgesprochene Täuschung Zugang zur Wohnung des X, den A sodann tötet, was dem B bewusst war.
  Nach BGH liegt hier eine Mittäterschaft des B an dem durch A ausgeführten Tötungsdelikt nahe. Jedenfalls hat er einen wesentlichen Tatbeitrag erbracht, indem dem A Zugang zu der Wohnung des X verschafft hat.[75]
  – A nimmt in Umsetzung eines gemeinsamen Tatplans mit B und C unter einem falschen Namen telefonisch mit X Kontakt auf, trifft sich mit ihm und bringt ihn schließlich am späten Abend mit ihrem Fahrzeug zu dem abgelegenen Tatort. Dort steigt X aus, während A den

---

[70] *Krey/Esser* Rn. 952; *Rengier* AT § 44 Rn. 33.
[71] BGH NStZ 2008, 273 (275); *Kühl* AT § 20 Rn. 107.
[72] BGHSt 39, 381 (386); siehe hierzu auch *Heinrich* AT Rn. 1229; *Rengier* AT § 41 Rn. 21.
[73] *Roxin* AT II § 25 Rn. 198 ff.; *Zieschang* Rn. 656.
[74] *Heinrich* AT Rn. 1228; *Kühl* AT § 20 Rn. 111; *Rengier* AT § 41 Rn. 19; *Wessels/Beulke/Satzger* Rn. 528 f.
[75] Siehe hierzu BGH NStZ 2008, 273 (275).

Tatort verlässt. B und C nötigen hingegen den X unter Anwendung von Drohungen mit gegenwärtiger Gefahr für dessen Leib und Leben zur Übergabe von 9.000 €, ohne hierauf einen Anspruch zu haben.

In diesem Fall zeigte sich der BGH skeptisch, ob der Beitrag von A bereits Mittäterschaft an der räuberischen Erpressung durch B und C begründet. Sich wissentlich und willentlich an der Drohkulisse zu beteiligen, lässt angesichts des untergeordneten Tatbeitrags der A die erforderliche Gesamtbetrachtung zur Abgrenzung von Täterschaft und Teilnahme jedenfalls nicht entfallen.[76]

4. Hinweise für Prüfungsarbeiten

Auch wenn Personen als Mittäter auftreten, ist ihre Strafbarkeit *grundsätzlich getrennt* zu untersuchen. In diesem Fall ist nach allgemeinen Grundsätzen mit dem *Tatnächsten* zu beginnen und dessen Strafbarkeit nach dem Prüfungsschema des Alleintäters zu erörtern, bevor anschließend die Strafbarkeit des tatentfernteren Beteiligten angesprochen wird. Die getrennte Prüfung empfiehlt sich vor allem dann, wenn einer der Beteiligten den gesamten Tatbestand allein verwirklicht. In diesem Fall wird bei dem Tatnächsten noch nicht auf die Grundzüge zur (Abgrenzung von) Täterschaft und Teilnahme eingegangen.   **85**

Die Voraussetzungen der Mittäterschaft gemäß § 25 Abs. 2 StGB werden vielmehr erst angesprochen, wenn ein Merkmal nicht in eigener Person verwirklicht wird und es daher zur Tatbestandsverwirklichung dessen Zurechnung bedarf. In der Regel sind die Voraussetzungen der Mittäterschaft somit bei der Tathandlung des *tatentfernteren Beteiligten* zu prüfen; ggf. ist insoweit näher auf die Abgrenzung der Mittäterschaft zur Beihilfe einzugehen.   **86**

Prüfungsschema: Mittäterschaft (getrennter Aufbau)   **87**

A. Strafbarkeit des Tatnächsten (sofern der Bearbeitervermerk nach dessen Strafbarkeit fragt)
B. Strafbarkeit des weiteren Beteiligten als Mittäter
  I. Tatbestand
    1. Objektiver Tatbestand (nach der Prüfungsfolge des jeweiligen Delikts)
      – deliktsspezifische äußere Merkmale
      – bei der Tathandlung: Zurechnung der fremden Handlung
        – Feststellung, dass der weitere Beteiligte die Tathandlung nicht selbst (vollständig) begangen hat
        – Prüfung, ob ihm die Tathandlung des tatnächsten Beteiligten gemäß § 25 Abs. 2 StGB zugerechnet werden kann
        ggf. Abgrenzung zwischen Mittäterschaft und Beihilfe unter Darlegung des Meinungsstreits zwischen subjektiver Theorie und Tatherrschaftslehre
    2. Subjektiver Tatbestand
      – Tatbestandsvorsatz (nach Tatherrschaftslehre einschließlich des Tatherrschaftsbewusstseins)
      – deliktsspezifische subjektive Tatbestandsmerkmale
    3. ggf. Tatbestandsverschiebung gemäß § 28 Abs. 2 StGB (→ Rn. 160 ff.)
  II. Rechtswidrigkeit
  III. Schuld

---

[76] Siehe hierzu BGH NStZ 2013, 104.

88 Sofern die Beteiligten wie eine Gesamtperson („wie ein Mann") gemeinsam handeln (zB wenn A und B gemeinsam auf den C einschlagen) oder insbesondere die Arbeitsteilung so fortgeschritten ist, dass jeder Beteiligte nur einzelne Teile des Tatbestandes verwirklicht, ist eine *gemeinsame Prüfung* sämtlicher Mittäter zulässig. Auch in diesem Fall sind die Voraussetzungen der Mittäterschaft bei der Tathandlung anzusprechen.

---

89   **Prüfungsschema: Mittäterschaft (gemeinsamer Aufbau)**

Strafbarkeit der Beteiligten als Mittäter
  I. Tatbestand
   1. Objektiver Tatbestand (nach der Prüfungsfolge des jeweiligen Delikts)
     – deliktsspezifische äußere Merkmale
     – bei der Tathandlung: Zurechnung der fremden Handlung
       – Feststellung, dass die Beteiligten die Tathandlung jeweils nicht selbst (vollständig) begangen haben
       – Prüfung, ob ihnen die Tathandlung gemäß § 25 Abs. 2 StGB wechselseitig zugerechnet werden kann
        ggf. Abgrenzung zwischen Mittäterschaft und Beihilfe unter Darlegung des Meinungsstreits zwischen subjektiver Theorie und Tatherrschaftslehre
   2. Subjektiver Tatbestand
     – Tatbestandsvorsatz (nach Tatherrschaftslehre einschließlich des Tatherrschaftsbewusstseins)
     – deliktsspezifische subjektive Tatbestandsmerkmale
   3. ggf. Tatbestandsverschiebung gemäß § 28 Abs. 2 StGB (→ Rn. 160 ff.)
  II. Rechtswidrigkeit
  III. Schuld

---

90 Eine abstrakte, dh vom jeweiligen Delikt und Tatbestandsmerkmal unabhängige *Vorabprüfung* dieser Grundzüge ist – wie auch schon bei der mittelbaren Täterschaft (→ Rn. 69) – jeweils *unzulässig* und unbedingt zu vermeiden.

IV. Handeln für einen anderen (§ 14 StGB)

91 **§ 14 StGB Handeln für einen anderen**

(1) Handelt jemand

1. als vertretungsberechtigtes Organ einer juristischen Person oder als Mitglied eines solchen Organs,

2. als vertretungsberechtigter Gesellschafter einer rechtsfähigen Personengesellschaft oder

3. als gesetzlicher Vertreter eines anderen,

so ist ein Gesetz, nach dem besondere persönliche Eigenschaften, Verhältnisse oder Umstände (besondere persönliche Merkmale) die Strafbarkeit begründen, auch auf den Vertreter anzuwenden, wenn diese Merkmale zwar nicht bei ihm, aber bei dem Vertretenen vorliegen.

(2) ¹Ist jemand von dem Inhaber eines Betriebs oder einem sonst dazu Befugten

1. beauftragt, den Betrieb ganz oder zum Teil zu leiten, oder

2. ausdrücklich beauftragt, in eigener Verantwortung Aufgaben wahrzunehmen, die dem Inhaber des Betriebs obliegen,

und handelt er auf Grund dieses Auftrags, so ist ein Gesetz, nach dem besondere persönliche Merkmale die Strafbarkeit begründen, auch auf den Beauftragten anzuwenden, wenn diese Merkmale zwar nicht bei ihm, aber bei dem Inhaber des Betriebs vorliegen. ²Dem Betrieb im Sinne des Satzes 1 steht das Unternehmen gleich. ³Handelt jemand auf Grund eines entsprechenden Auftrags für eine Stelle, die Aufgaben der öffentlichen Verwaltung wahrnimmt, so ist Satz 1 sinngemäß anzuwenden.

(3) Die Absätze 1 und 2 sind auch dann anzuwenden, wenn die Rechtshandlung, welche die Vertretungsbefugnis oder das Auftragsverhältnis begründen sollte, unwirksam ist.

1. Grundlagen

§ 14 StGB regelt die sog. *Organ- und Vertreterhaftung.* Sie ist von Bedeutung für **92** Straftatbestände, die besondere persönliche Merkmale enthalten. Wer diese Merkmale nicht in eigener Person erfüllt, scheidet grundsätzlich als sog. Extraneus als Täter von vornherein aus und haftet allenfalls als Teilnehmer (→ Rn. 20 und § 1 Rn. 55), selbst wenn er für einen anderen handelt, bei dem diese Merkmale vorliegen. Die Vorschrift des § 14 StGB ermöglicht es aber, einen Außenstehenden als Täter zu erfassen, indem die Strafvorschrift mit den besonderen persönlichen Merkmalen des von ihm Vertretenen auf ihn anzuwenden ist.

Wesentliche *Bedeutung* besitzt die Norm im Wirtschaftsleben, in dem Organe oder **93** Vertreter für juristische Personen und rechtsfähige Personengesellschaften tätig werden. Da das deutsche Strafrecht keine Verbandsstrafbarkeit kennt (→ § 1 Rn. 37 und § 4 Rn. 11), entstünden ohne die Regelung des § 14 StGB *Strafbarkeitslücken:* Während das Wirtschaftsunternehmen mangels Handlungs- und Schuldfähigkeit von vornherein strafrechtlich nicht belangt werden kann, weisen die handlungsfähigen Organe und Vertreter, die für das Unternehmen auftreten, nicht die notwendigen persönlichen Merkmale auf.

Beispiel: Nach § 283 Abs. 1 Nr. 1 StGB wird unter anderem bestraft, wer bei drohender **94** Zahlungsunfähigkeit Vermögensbestandteile beiseite schafft. Transferiert der Geschäftsführer einer entsprechend illiquiden GmbH deren Geld auf ein anderes Konto, wären ohne § 14 StGB weder die GmbH noch der Gesellschafter strafbar, da die Zahlungsunfähigkeit gerade nicht dem Geschäftsführer, sondern der GmbH droht. Wegen § 14 Abs. 1 Nr. 1 StGB kann der Bankrott-tatbestand aber auf den Geschäftsführer angewendet werden.

Sollte ein Fall der Organ- und Vertreterhaftung Gegenstand einer *Prüfungsarbeit* sein, **95** genügt in der Regel die saubere Arbeit mit dem Gesetzeswortlaut. Bei der Strafbarkeit des handelnden Vertreters bzw. Organs ist wie üblich der Tatbestand des einschlägigen Delikts zu erörtern. Weist hierbei der Handelnde das erforderliche besondere persönliche Merkmal nicht in eigener Person auf, ist an dieser Stelle zu untersuchen, ob das Merkmal beim Vertretenen bzw. Auftraggeber vorliegt und auch die sonstigen Voraussetzungen des § 14 StGB erfüllt sind.

2. Anwendungsbereich

96   § 14 StGB regelt in seinem Abs. 1 zunächst die strafrechtliche Verantwortlichkeit des
        handelnden *Vertreters*. Vertretungsberechtigte Organe einer juristischen Person oder
        Mitglieder solcher Organe gemäß Nr. 1 sind etwa Geschäftsführer einer GmbH
        sowie Vorstandsmitglieder von Vereinen und Aktiengesellschaften.[77] Nr. 2 erfasst
        vertretungsberechtigte Gesellschafter rechtsfähiger Personengesellschaften, zB die
        Gesellschafter einer offenen Handelsgesellschaft (oHG; vgl. § 125 Abs. 1 HGB) und
        Komplementäre einer Kommanditgesellschaft (KG; vgl. §§ 161 Abs. 2, 125 Abs. 1
        HGB).[78] Nr. 3 betrifft gesetzliche Vertreter eines anderen, beispielsweise die Eltern
        des Kindes (§§ 1626, 1629 BGB) und Parteien kraft Amtes wie den Testamentsvoll-
        strecker (§§ 2205 ff. BGB) und den Insolvenzverwalter (§ 80 Abs. 1 InsO).[79]

97   § 14 Abs. 1 StGB setzt jeweils ein Handeln *„als"* Organ, Gesellschafter oder Vertreter voraus.
        Darin kommt zum Ausdruck, dass eine Zurechnung der besonderen persönlichen Merkmale
        lediglich in Betracht kommt, wenn der Vertreter just in dieser Eigenschaft – und nicht etwa nur
        bei Gelegenheit – für die jeweilige juristische Person oder rechtsfähige Personengesellschaft tätig
        wird.[80]

98   Nach wie vor umstritten ist allerdings, wann der erforderliche *Vertretungsbezug* im Einzelnen
        vorliegt. Die Rechtsprechung stellte lange Zeit darauf ab, ob der Handelnde zumindest auch im
        Interesse des Vertretenen tätig wurde (sog. *Interessentheorie*). Nur dann handelte er „als" Ver-
        treter der juristischen Person bzw. rechtsfähigen Personengesellschaft. Verfolge er hingegen
        ausschließlich eigennützige Interessen, sollte § 14 StGB keine Anwendung finden.[81] Schafft etwa
        wie im obigen Beispiel (→ Rn. 94) der Geschäftsführer einer GmbH deren Vermögen nur für
        sich selbst beiseite, wäre er nach dieser Ansicht nicht wegen § 283 StGB zu belangen.

99   Das Schrifttum stellt hingegen überwiegend auf objektive Kriterien ab. Nach der *Funktions-
        theorie* ist entscheidend, ob das Handeln des Vertreters in einem objektiv-funktionalen Zusam-
        menhang mit seinem Aufgaben- und Pflichtenkreis steht. Bei rechtsgeschäftlichem Handeln sei
        dies der Fall, wenn der Vertreter im Namen des Vertretenen auftrete, bei tatsächlichem Handeln
        komme es darauf an, ob das Verhalten des Vertreters als Wahrnehmung von Angelegenheiten
        des Vertretenen erscheine.[82]

100   Nach dem *Zurechnungsmodell* kommt es schließlich darauf an, ob der Vertreter mit seinem
        Handeln Pflichten für den Vertretenen erfüllt.[83] Diesem Ansatz hat sich mittlerweile auch der
        BGH im Wesentlichen angeschlossen, nachdem auf Anfrage des Dritten Strafsenats[84] die ande-
        ren Senate ihre entgegenstehende frühere Rechtsprechung aufgegeben hatten. Danach ist maß-
        geblich, ob der Täter im Geschäftskreis des Vertretenen tätig geworden ist. Dies sei bei rechts-
        geschäftlichem Handeln insbesondere anzunehmen, wenn der Vertreter im Namen des Ver-
        tretenen handele oder diesen jedenfalls im Außenverhältnis die Rechtswirkungen des Geschäfts
        unmittelbar träfen. Bei faktischem Handeln agiere jemand „als" Vertreter, wenn er mit Zustim-
        mung des Vertretenen tätig werde.[85]

101   § 14 Abs. 2 StGB erfasst *beauftragte Personen*, die einen Betrieb oder ein Unternehmen
        ganz oder zum Teil leiten (Nr. 1) oder ausdrücklich zur eigenverantwortlichen
        Wahrnehmung von Aufgaben beauftragt wurden, die dem Inhaber des Betriebs
        obliegen (Nr. 2). Dem Vertreterbezug in Abs. 1 entspricht die Notwendigkeit, „auf
        Grund" des erteilten Auftrags zu handeln.[86]

---

[77] Schönke/Schröder/*Perron* § 14 Rn. 16 f.; *Wittig* § 6 Rn. 86.
[78] Schönke/Schröder/*Perron* § 14 Rn. 23; *Wittig* § 6 Rn. 89.
[79] *Fischer* § 14 Rn. 3; Schönke/Schröder/*Perron* § 14 Rn. 24.
[80] *Wittig* § 6 Rn. 100.
[81] BGHSt 28, 371 (373 f.); 30, 127 (128 f.); 34, 221 (223 f.).
[82] Schönke/Schröder/*Perron* § 14 Rn. 26.
[83] MüKoStGB/*Radtke* § 14 Rn. 66 f.
[84] BGH NStZ 2012, 89; siehe schon BGH NJW 2009, 2225.
[85] BGH NStZ 2012, 89 (92); siehe schon BGH NJW 2009, 2225 (2228).
[86] *Lackner/Kühl* § 14 Rn. 8; *Wittig* § 6 Rn. 100.

Wie schon in den Fällen des Abs. 1 kommt es bei Abs. 2 gemäß § 14 Abs. 3 StGB   102
nicht darauf an, ob die jeweilige Vertretungsbefugnis oder das Auftragsverhältnis
wirksam begründet wurde. Den Ausschlag gibt vielmehr, ob der Vertreter oder
Beauftragte *faktisch* im Einverständnis des Vertretenen bzw. Betriebsinhabers tätig
wird.[87]

3. Besondere persönliche Merkmale

§ 14 StGB gestattet nur die Zurechnung *besonderer persönlicher Merkmale*, die in   103
Abs. 1 als „besondere persönliche Eigenschaften, Verhältnisse oder Umstände" legaldefiniert werden.

Die durch das jeweilige besondere persönliche Merkmal beschriebene Sonderstellung   104
muss *übertragbar* sein. Eine Haftung des Vertreters wäre nicht angebracht, wenn die
mit der Person oder dem Status des Vertretenen einhergehenden Aufgaben und
Funktionen überhaupt nicht durch einen Vertreter erfüllt werden können. Insoweit
ist der Begriff des besonderen persönlichen Merkmals enger als in § 28 StGB, dessen
Verweisung auf § 14 Abs. 1 StGB somit missverständlich ist.[88]

Der geschäftsführende Gesellschafter wird zwar dadurch, dass er für eine juristische Person   105
handelt, nicht selbst zum *Arbeitgeber*. Er kann jedoch die Aufgaben und Funktionen eines
Arbeitgebers für die juristische Person übernehmen, so dass es sich hierbei um ein besonderes
persönliches Merkmal im Sinne des § 14 StGB handelt.

Nicht übertragbar – und daher kein besonderes persönliches Merkmal im Sinne des § 14 StGB,   106
nach hM aber im Sinne des § 28 StGB (→ Rn. 162) – ist dagegen die Eigenschaft als *Amtsträger*.[89]

C. Teilnahme

Ausgewählte Entscheidungen: BGHSt 19, 339 (Aufstiftung); 37, 214 (Strafbarkeit des Anstifters
bei einem error in persona des Haupttäters); 46, 107 (neutrale Beihilfe zur Steuerhinterziehung
durch einen Bankmitarbeiter); NStZ-RR 1996, 1 (Umstiftung).

Ausgewählte Studienliteratur: *Bock* Grundwissen zur Anstiftung (§ 26 StGB), JA 2007, 599;
Deiters Straflosigkeit des agent provocateurs?, JuS 2006, 302; *Koch/Wirth* Grundfälle zur Anstiftung, JuS 2010, 203; *Krüger* Zum Bestimmen im Sinne von §§ 26, 30 StGB, JA 2008, 492;
Otto Besondere persönliche Merkmale im Sinne des § 28 StGB, Jura 2004, 469; *Satzger* Teil-
nehmerstrafbarkeit und „Doppelvorsatz", Jura 2008, 514; *Seher* Grundfälle zur Beihilfe, JuS
2009, 793; *Valerius* Besondere persönliche Merkmale, Jura 2013, 15.

I. Grundlagen

1. Grundsatz der limitierten Akzessorietät

Die Teilnahme zeichnet sich dadurch aus, in ihrer Strafbarkeit grundsätzlich an   107
denjenigen Straftatbestand anzuknüpfen, den der Haupttäter verwirklicht. Diese
Abhängigkeit von der Haupttat (sog. Akzessorietät) beschränkt sich gemäß §§ 26, 27
StGB aber darauf, dass es sich insoweit um eine vorsätzlich begangene und rechts-

---

[87] *Fischer* § 14 Rn. 18; *Wittig* § 6 Rn. 99.
[88] *Fischer* § 14 Rn. 2; Schönke/Schröder/*Perron* § 14 Rn. 8; *Kühl* AT § 20 Rn. 165b.
[89] *Kühl* AT § 20 Rn. 165b.

widrige Tat handeln muss. Schuldhaft muss die Haupttat nicht begangen werden *(Grundsatz der limitierten Akzessorietät)*.[90] Dies ergibt sich ebenso aus § 29 StGB, wonach jeder Beteiligte ohne Rücksicht auf die Schuld des anderen nur nach seiner eigenen Schuld bestraft wird.[91]

108 Aus § 29 StGB folgt zudem, dass jeder etwaige spezielle Schuldmerkmale in eigener Person erfüllen muss.[92] *Spezielle Schuldmerkmale* charakterisieren nicht das Handlungsunrecht, sondern unmittelbar und ausschließlich den Gesinnungsunwert einer Tat. Als Beispiele hierfür werden unter anderem das Mordmerkmal der niedrigen Beweggründe (§ 211 Abs. 2 Gr. 1 Var. 4 StGB) und die Rücksichtslosigkeit in § 315c Abs. 1 Nr. 2 StGB angeführt.

109 An einer Haupttat können sich mehrere Personen als Teilnehmer derart beteiligen, dass ihre Beiträge als Anstiftung und Beihilfe aufeinander aufbauen. In solchen Fällen der sog. *Kettenteilnahme* entscheidet stets das schwächste Glied der Kette zwischen dem Täter und dem jeweiligen Beteiligten darüber, welche Beteiligungsform dieser verwirklicht.[93]

– Als *Anstifter zur Haupttat* ist demnach nur strafbar, wer einen anderen dazu bestimmt, seinerseits einen Dritten zur Begehung einer Straftat anzustiften („Anstiftung zur Anstiftung" oder „Kettenanstiftung"; die Bezeichnungen dürfen nicht darüber hinwegtäuschen, dass der Teilnehmer immer nur wegen Teilnahme an der Haupttat, nicht hingegen wegen Teilnahme an einer anderen Teilnahme zu bestrafen ist).

– In sämtlichen anderen Kombinationen hingegen bleibt es bei der Strafbarkeit wegen *Beihilfe zur Haupttat*. Dies gilt für denjenigen, der einem anderen bei der Förderung der Haupttat Hilfe leistet („Beihilfe zur Beihilfe"), einem anderen die Anstiftung des Haupttäters erleichtert („Beihilfe zur Anstiftung") oder einen anderen zur Beihilfe bestimmt („Anstiftung zur Beihilfe").

Beispiele:
– A stiftet seinen Bruder B an, für ihn den Auftragskiller K anzuheuern, um den Erzfeind X zu töten. So geschieht es.
K ist wegen vollendeten Tötungsdelikts (aufgrund der in der Regel anzunehmenden Entlohnung jedenfalls wegen Mordes aus Habgier, darüber hinaus bei verdecktem Vorgehen zumeist aus Heimtücke) strafbar. Sowohl A und B sind Anstifter zum Tötungsdelikt.
– Auftragskiller K will sich für sein Attentat auf X eine besondere Schusswaffe von seinem in alles eingeweihten Freund F ausleihen. F hat zunächst Bedenken, gibt dem Verlangen des K aber nach, weil seine Ehefrau E den F darum ausdrücklich bittet, da sie den X nicht leiden kann.
F und E sind jeweils Gehilfen zum Tötungsdelikt des K.

110 Nicht strafbar ist grundsätzlich die *notwendige Teilnahme*. Sie liegt vor, wenn ein Tatbestand schon begrifflich die Mitwirkung mehrerer Personen voraussetzt (zB §§ 174 ff. StGB). Steht dabei eine dieser Personen auf der Opferseite, so bleibt sie straflos, sofern sie das Maß der tatbestandlich vorausgesetzten und somit notwendigen Teilnahme nicht überschreitet oder die Strafnorm gerade ihrem Schutz dient.[94]

---

[90] *Kindhäuser* AT § 38 Rn. 19; *Krey/Esser* Rn. 995; *Kühl* AT § 20 Rn. 135 f.; *Rengier* AT § 45 Rn. 1; *Wessels/Beulke/Satzger* Rn. 553.
[91] Siehe hierzu *Kindhäuser* AT § 38 Rn. 17 f.
[92] Vgl. nur *Wessels/Beulke/Satzger* Rn. 422 ff.
[93] *Kindhäuser* AT § 38 Rn. 5; *Krey/Esser* Rn. 1098.
[94] *Kindhäuser* AT § 38 Rn. 7; *Krey/Esser* Rn. 1031; *Kühl* AT § 20 Rn. 133a; *Rengier* AT § 45 Rn. 7; *Wessels/Beulke/Satzger* Rn. 587.

2. Hinweise für Prüfungsarbeiten

Aus der Akzessorietät der Teilnahme ergibt sich die grundlegende Aufbauregel **111** *„Täter vor Teilnehmer"* (→ Rn. 17). Nur wenn zuvor die Bezugstat erörtert wird – soweit der Bearbeitervermerk freilich nach der Strafbarkeit des Haupttäters fragt –, lassen sich unübersichtliche Inzidentprüfungen bei der Teilnahme vermeiden.

Bei der Strafbarkeit des einzelnen Beteiligten folgt aus der Nähe der einzelnen **112** Beteiligungsformen zur Tat die allgemeine Prüfungsreihenfolge *„Täterschaft vor Teilnahme"* (→ Rn. 17). Sofern eine Beteiligung als unmittelbarer, mittelbarer oder Mittäter in Betracht kommt, bleibt dies zuerst anzusprechen, bevor auf Anstiftung oder Beihilfe eingegangen wird. In unproblematischen Fällen kann sogleich die Teilnahme erörtert werden.

Wird zunächst eine Täterschaft des Teilnehmers erwogen, ergibt sich in der Regel aus **113** der hierbei vorgenommenen Abgrenzung zwischen Täterschaft und Teilnahme (typischerweise zwischen Mittäterschaft und Beihilfe einerseits und mittelbarer Täterschaft und Anstiftung andererseits; → Rn. 6), welche der beiden Teilnahmeformen einschlägig ist. In Zweifelsfällen ist die Anstiftung als stärkere Form der Teilnahme vor der Beihilfe zu prüfen. Während sich die Strafe für Anstifter grundsätzlich nach dem Strafrahmen der Haupttat richtet („Anstifter wird gleich einem Täter bestraft"), sieht § 27 Abs. 2 StGB für den Gehilfen eine obligatorische Milderung nach § 49 Abs. 1 StGB vor.

§ 26 und § 27 Abs. 1 StGB setzen beide einen bestimmten *Teilnehmerbeitrag* (Be- **114** stimmen bzw. Hilfeleisten) zu einer vorsätzlich begangenen rechtswidrigen *(Haupt-) Tat* voraus. In diesen beiden Punkten erschöpft sich der objektive Tatbestand der Teilnahme.

Auf diese zwei Voraussetzungen muss sich nach allgemeinen Grundsätzen (→ § 4 **115** Rn. 63) auch der Teilnahmevorsatz im subjektiven Tatbestand beziehen, der demzufolge als *doppelter Teilnehmervorsatz* bezeichnet wird. Hierbei ist zu beachten, dass sich der Vorsatz des Teilnehmers auf die Vollendung der initiierten bzw. unterstützten Haupttat erstrecken muss, selbst wenn diese nicht über das (im jeweiligen Fall strafbare und somit für die Teilnahme anknüpfungsfähige) Versuchsstadium hinausgekommen ist (→ Rn. 136 ff. und 159).

Prüfungsschema: Teilnahme **116**

A. Strafbarkeit des Haupttäters (sofern der Bearbeitervermerk nach dessen Strafbarkeit fragt)
B. ggf. Strafbarkeit des weiteren Beteiligten als Mittäter bzw. mittelbarer Täter (sofern Abgrenzung zur Beihilfe bzw. Anstiftung problematisch)
C. Strafbarkeit des weiteren Beteiligten als Teilnehmer
   I. Tatbestand
     1. Objektiver Tatbestand
       a) vorsätzlich begangene rechtswidrige Haupttat
       b) Teilnehmerbeitrag (Bestimmen bei § 26 StGB bzw. Hilfeleisten bei § 27 StGB)
     2. Subjektiver Tatbestand (sog. doppelter Teilnehmervorsatz)
       a) Vorsatz in Bezug auf die Vollendung der Haupttat
       b) Vorsatz in Bezug auf den eigenen Teilnehmerbeitrag
   II. Rechtswidrigkeit
   III. Schuld

II. Anstiftung (§ 26 StGB)

117 **§ 26 StGB Anstiftung**

Als Anstifter wird gleich einem Täter bestraft, wer vorsätzlich einen anderen zu dessen vorsätzlich begangener rechtswidriger Tat bestimmt hat.

1. Objektiver Tatbestand

a) Vorsätzlich begangene rechtswidrige Haupttat

118 Anknüpfungspunkt für die Anstiftungshandlung ist die vorsätzlich und rechtswidrig, wegen des *Grundsatzes der limitierten Akzessorietät* (→ Rn. 107 ff.) nicht notwendigerweise schuldhaft begangene Haupttat. In der Klausur genügt es hier in der Regel, auf die bereits erfolgte Prüfung der Haupttat in der Person des Täters zu verweisen.

119 Die Haupttat muss nicht vollendet sein. Es reicht aus, dass sie in das strafbare Versuchsstadium eingetreten ist; dies ist allerdings ebenso erforderlich, dh eine im Vorfeld der Tat begangene Teilnahme ist erst dann strafbar, sobald die Haupttat in ein strafbares Stadium gelangt. Auch die *Teilnahme an einer versuchten Haupttat* ist somit strafbar. Hiervon zu unterscheiden ist die *versuchte Teilnahme* an einer (unter Umständen überhaupt nicht begangenen) Haupttat. Insoweit ist nur die versuchte Anstiftung bei Verbrechen gemäß § 30 Abs. 1 StGB unter Strafe gestellt (→ § 10 Rn. 117 ff.). Ansonsten ist die versuchte Anstiftung wie generell die versuchte Beihilfe straflos.[95]

120 **Beispiele:**
– B gibt dem A einen Dietrich, damit er in das Haus des X einbrechen und wertvolle Gegenstände entwenden kann. A bricht aber den Dietrich im Schloss der Haustür des X ab und geht unverrichteter Dinge nach Hause.
B ist strafbar wegen Beihilfe zum versuchten Wohnungseinbruchdiebstahl gemäß §§ 244 Abs. 1 Nr. 3, Abs. 2, 22, 27 StGB.
– B hat erfahren, dass A in das Haus des X einbrechen und wertvolle Gegenstände entwenden will. Um dem A das Betreten des Hauses zu erleichtern, schickt B ihm ungefragt einen Dietrich zu, der aufgrund von Verzögerungen im Postlauf allerdings erst nach dem erfolgreichen Einbruch des A bei diesem eintrifft.
B hat hier erfolglos versucht, die Haupttat des A zu unterstützen. Eine vollendete Beihilfe scheitert daher bereits im objektiven Tatbestand an der fehlenden Hilfeleistung. Die vorliegende versuchte Beihilfe zum (vollendeten) Wohnungseinbruchdiebstahl ist straflos.

b) Bestimmen

121 Bestimmen im Sinne des § 26 StGB bedeutet das (zumindest mitursächliche) *Hervorrufen des Tatentschlusses*.[96] Auf welche Weise dies im Einzelnen geschieht, ist unerheblich. Mögliche Einwirkungshandlungen sind unter anderem Bitten und Wünsche, Überredungen und Versprechen (zB einer Belohnung), Täuschungen und Drohungen.[97]

122 Strittig ist, ob das Bestimmen irgendeinen besonderen kommunikativen Kontakt erfordert. Nach der sog. *Verursachungstheorie* soll wegen des Wortlauts des § 26

---

[95] *Jäger* AT Rn. 283; *Rengier* AT § 45 Rn. 17 f.; *Wessels/Beulke/Satzger* Rn. 561.
[96] BGHSt 9, 370 (379); *Jäger* AT Rn. 256; *Kindhäuser* AT § 41 Rn. 5; *Kühl* AT § 20 Rn. 169; *Rengier* AT § 45 Rn. 24; *Wessels/Beulke/Satzger* Rn. 568.
[97] *Rengier* AT § 45 Rn. 25 f.

StGB bereits bloße Kausalität genügen. Der Anstifterbeitrag muss demnach für den Tatentschluss des Täters lediglich ursächlich sein.[98]

Dem wird entgegengehalten, dass der Anstifter „gleich einem Täter" bestraft werde   123
und es daher höherer Anforderungen an die Einwirkung des Anstifters bedürfe. Die herrschende *Kommunikationstheorie* verlangt deshalb, über den Wortlaut des § 26 StGB hinaus, eine Willensbeeinflussung im Wege des offenen geistigen Kontakts.[99] Zum Teil wird sogar ein Unrechtspakt zwischen Täter und Teilnehmer dergestalt gefordert, dass der Angestiftete dem Anstifter die Tatausführung verspricht und sich ihm unterordnet.[100]

Von Bedeutung ist dieser Streit, wenn eine *zur Tat provozierende Situation* geschaffen wird,   124
ohne auf sonstige Weise auf den künftigen Täter einzuwirken (zB durch das wortlose Abstellen einer Graffiti-Spraydose in einer Unterführung).[101] Nach den beiden letztgenannten Ansätzen reicht es nicht für ein Bestimmen aus, lediglich Anreize zur Tat zu schaffen.

Zur Tat bestimmt werden kann auch, wer bereits allgemein *zur Tat bereit* ist. Die   125
bloße Tatgeneigtheit (zB eines Auftragsmörders, der auf seine Belohnung wartet) erleichtert nur die Anstiftung zur konkreten Tat, schließt sie aber nicht aus.[102]

Nicht mehr von einem Hervorrufen des Tatentschlusses kann indessen gesprochen   126
werden, wenn der Täter schon vor der entsprechenden Einwirkung fest *zur Tat entschlossen* ist (sog. *omnimodo facturus*: „wer in jedem Fall handeln wird"). Eine Anstiftung nach § 26 StGB scheidet demzufolge aus. In Betracht kommt jedoch eine Strafbarkeit wegen versuchter Anstiftung nach § 30 Abs. 1 StGB bei Verbrechen oder wegen psychischer Beihilfe nach § 27 StGB durch Bestärkung des Tatentschlusses des omnimodo facturus.[103]

Problematisch ist allerdings, wenn ein omnimodo facturus zu einer *Änderung der Tat*   127
bestimmt wird. Hier lassen sich drei Fallgruppen unterscheiden: Zum einen ist denkbar, den bereits zur Tat Entschlossenen zur Begehung einer völlig anderen Tat zu veranlassen, die sich etwa gegen ein anderes Rechtsgut oder gegen eine andere Person richtet. Bei einer solchen *Umstiftung* liegt eine Anstiftung zur neuen Tat vor, die der Angestiftete zuvor gerade nicht begehen wollte. Eine Einwirkung auf den zur Tat Entschlossenen, die nur den Wechsel von Tatmodalitäten hervorruft, stellt hingegen lediglich eine Beihilfe dar.[104]

Zum anderen sind Änderungen der Haupttat möglich, indem der Täter entweder zuvor   128
ein Grunddelikt begehen wollte und sich aufgrund der Einwirkungshandlung zur Verwirklichung eines Qualifikationstatbestandes entschließt (sog. Aufstiftung) oder er umgekehrt dazu veranlasst wird, statt einer schwerer wiegenden Tat ein darin enthaltenes, geringeres Delikt zu begehen (sog. Abstiftung). Die *Aufstiftung* (oder auch Über-

---

[98] BGHSt 45, 373 (374); *Kindhäuser* AT § 41 Rn. 9 f.
[99] *Jäger* AT Rn. 256; *Kudlich* PdW AT Fall 293; *Rengier* AT § 45 Rn. 30; *Wessels/Beulke/Satzger* Rn. 568.
[100] *Puppe* GA 1984, 101 (113); NStZ 2006, 424 (425 f.); ablehnend *Jäger* AT Rn. 256; *Kühl* AT § 20 Rn. 173.
[101] Siehe hierzu *Otto* AT § 22 Rn. 35; *Rengier* AT § 45 Rn. 27 ff.; *Wessels/Beulke/Satzger* Rn. 568.
[102] BGHSt 45, 373 (374); *Kindhäuser* AT § 41 Rn. 11; *Krey/Esser* Rn. 1042 f.; *Kühl* AT § 20 Rn. 179; *Wessels/Beulke/Satzger* Rn. 569.
[103] *Heinrich* AT Rn. 1294 f.; *Kindhäuser* AT § 41 Rn. 11; *Kühl* AT § 20 Rn. 177; *Rengier* AT § 45 Rn. 33 f.; *Wessels/Beulke/Satzger* Rn. 569.
[104] BGH NStZ-RR 1996, 1 zur Veranlassung eines vom Tatort mit einem Pkw Fliehenden, sein Fahrtziel zu ändern; *Heinrich* AT Rn. 1296; *Kindhäuser* AT § 41 Rn. 12; *Rengier* AT § 45 Rn. 42; *Wessels/Beulke/Satzger* Rn. 571.

stiftung) stellt nach hM eine Anstiftung zur gesamten Tat, also *zum schwereren Delikt* dar. Schließlich beinhalte die Qualifikation gegenüber dem Grunddelikt nicht nur eine quantitative, sondern auch eine qualitative Erhöhung des begangenen Unrechts.[105]

129 Nach anderer Auffassung ist in den Fällen der Aufstiftung nur ein Bestimmen in Bezug auf das zusätzlich hervorgerufene erhöhte Unrecht gegeben. Diese „Differenz" kann lediglich dann erfasst werden, wenn sie einen *eigenständigen Straftatbestand* mit eigener Schutzrichtung verwirklicht. Ansonsten liegt allenfalls eine psychische Beihilfe zum Tatganzen vor.[106]

130 **Beispiele:**
 – T will aus der Wohnung der Frau F Geld entwenden und zuvor, um unerkannt zu bleiben, die F mit bloßen Händen niederschlagen. A rät dem T dazu, einen Knüppel mitzunehmen, damit F auf jeden Fall bewusstlos werde. T führt die Tat daraufhin mit dem Knüppel aus.
 Nach hM[107] hat sich A wegen Anstiftung zum schweren Raub strafbar gemacht (§§ 250 Abs. 1 Nr. 1 lit. a) Var. 2, Abs. 2 Nr. 1 Var. 2, 26 StGB). Nach aA kann die Aufstiftung nicht als Anstiftung erfasst werden, weil allein der Gebrauch eines gefährlichen Werkzeugs zur Durchführung eines Raubes keinen Straftatbestand verwirklicht. A ist daher nur strafbar wegen (psychischer) Beihilfe zum schweren Raub (§§ 250 Abs. 1 Nr. 1 lit. a) Var. 2, Abs. 2 Nr. 1 Var. 2, 27 StGB), so dass seine Strafe gemäß § 27 Abs. 2 StGB zwingend zu mildern ist.
 – A überredet den bereits zur einfachen Körperverletzung (§ 223 StGB) entschlossenen T dazu, einen Baseballschläger mitzunehmen (§ 224 Abs. 1 Nr. 2 Var. 2 StGB).
 Nach hM ist A strafbar wegen Anstiftung zur gefährlichen Körperverletzung (§§ 224 Abs. 1 Nr. 2 Var. 2, 26 StGB), nach aA hingegen wegen (psychischer) Beihilfe zur gefährlichen Körperverletzung (§§ 224 Abs. 1 Nr. 2 Var. 2, 27 StGB).

131 Die *Abstiftung* von einem schwereren zu einem geringeren Delikt lässt sich hingegen nicht als Anstiftung erfassen, da der Täter auch schon vorher (unter anderem) zur Verwirklichung des weniger schwer wiegenden Tatbestandes entschlossen war. In Betracht kommt hier nur eine psychische Beihilfe zum geringeren Delikt. Insoweit stehen aber Zurechnungserwägungen der Risikoverringerung oder ein rechtfertigender Notstand gemäß § 34 StGB einer Teilnahmestrafbarkeit entgegen. Ansonsten würde derjenige bestraft, der durch aktives Eingreifen das Unrecht der Haupttat mindert, während der insoweit Untätige straflos bliebe.[108]

2. Subjektiver Tatbestand

132 Der subjektive Tatbestand der Anstiftung verlangt einen Vorsatz, der sowohl auf die Teilnahmehandlung des Bestimmens als auch auf die Vollendung der Haupttat gerichtet ist (*doppelter Anstiftervorsatz*; → Rn. 115).

133 Der Anstifter muss nicht alle Einzelheiten der (zum Zeitpunkt der Anstiftung noch zukünftigen) *Haupttat* kennen. Es genügt vielmehr, die Tat in ihren wesentlichen Merkmalen (zB Täter und Angriffsrichtung, nicht aber Zeit, Ort und sonstige Umstände der Tat) und somit als konkret-individualisierbares Geschehen zu erfassen.[109]

134 **Beispiel:** Wer einen Auftragskiller anheuert, um eine andere Person töten zu lassen, nimmt auch ohne weitere Absprache gewöhnlich in seinen Vorsatz auf, dass der Auftragskiller die Tötung

[105] BGHSt 19, 339 (340 f.); *Jäger* AT Rn. 257; *Rengier* AT § 45 Rn. 38; *Wessels/Beulke/ Satzger* Rn. 571.
[106] Schönke/Schröder/*Heine/Weißer* § 26 Rn. 8; MüKoStGB/*Joecks* § 26 Rn. 41; *Kindhäuser* AT § 41 Rn. 14; *Kühl* AT § 20 Rn. 183.
[107] Siehe hierzu BGHSt 19, 339 (340 f.).
[108] *Heinrich* AT Rn. 1297; *Kühl* AT § 20 Rn. 185; *Rengier* AT § 45 Rn. 43; siehe hierzu auch *Kudlich* PdW AT Fall 296.
[109] *Kindhäuser* AT § 41 Rn. 23; *Rengier* AT § 45 Rn. 50; *Wessels/Beulke/Satzger* Rn. 572.

heimtückisch im Sinne des § 211 StGB vornimmt und schon aus diesem Grund einen Mord begeht.[110]

Geht der Haupttäter über die Vorstellung des Anstifters hinaus, liegt ein *Exzess* vor, **135** so dass die Haupttat insoweit nicht vom Anstiftervorsatz erfasst ist. Da allerdings der Haupttäter die Ausführung der Tat in seinen Händen hält, bleiben unwesentliche Abweichungen (zB einzelne Tatmodalitäten wie Ort und Zeit der Tat) unerheblich.[111]

Ein eigener Rechtsgutsangriff des Teilnehmers, der dessen Bestrafung erst rechtfertigt, **136** ist nur anzunehmen, wenn es dem Teilnehmer auf die tatbestandliche Gefährdung oder Verletzung des durch die Haupttat betroffenen Rechtsguts ankommt. Sein Vorsatz muss sich daher auf die *Vollendung der Haupttat* richten.[112]

Wer nur einen Versuch der Haupttat herbeiführen will, handelt ohne den notwendigen **137** Anstiftervorsatz. Dies gilt vor allem für einen Lockspitzel der Strafverfolgungsbehörden (sog. *agent provocateur*), der das jeweilige Schutzgut überhaupt nicht verletzen möchte.[113]

Beispiel: Um den Auftragsmörder K zu überführen, heuert Lockspitzel L ihn dazu an, den Z zu **138** töten. Zu diesem Zweck übergibt L dem K ein mit Platzpatronen geladenes Gewehr. Nachdem K den Z anvisiert und abdrückt, verhaftet L den K.
K ist wegen versuchten Mordes zum Nachteil des Z strafbar. Die von ihm nicht erkannte Untauglichkeit des Tatmittels schließt seine Versuchsstrafbarkeit nicht aus (→ § 10 Rn. 24). L bleibt hingegen straflos, da er um die Untauglichkeit des Versuchs weiß und somit keinen Vorsatz bezüglich der Vollendung der Haupttat hat.

Um den Ermittlungsbedürfnissen der Strafverfolgungsbehörden gerecht zu werden, **139** soll nach zunehmend vertretener Ansicht der Anstiftervorsatz sogar dann fehlen, wenn der Lockspitzel es zwar zur formellen Vollendung, nicht aber zur für die Rechtsgutsbeeinträchtigung entscheidenden materiellen Beendigung der Tat kommen lassen will.[114] Dies ist vor allem für Delikte mit einer längeren Beendigungsphase von Bedeutung (zB Diebstahl).

Umstritten ist, wie sich ein für den Haupttäter unbeachtlicher *error in persona vel* **140** *obiecto* auf den Vorsatz des Anstifters auswirkt.[115] Nach hL zieht der error in persona vel obiecto des Täters eine *aberratio ictus des Anstifters* nach sich. Jedenfalls bei der Verletzung höchstpersönlicher Rechtsgüter bedeute der Identitätsirrtum nämlich eine wesentliche Abweichung zwischen dem vorgestellten und tatsächlichen Kausalverlauf. Zudem wäre der Anstifter für sämtliche weitere Angriffshandlungen verantwortlich, die der Angestiftete nach Erkennen seines Irrtums vornimmt, um die eigentlich gewollte Tat noch zu Ende zu bringen (sog. Blutbad-Argument). Mangels Vorsatzes in Bezug auf die Haupttat scheidet somit eine Strafbarkeit wegen vollendeter Anstiftung aus. In Betracht kommen nur versuchte Anstiftung zur geplanten Tat (soweit strafbar) sowie Fahrlässigkeitsstrafbarkeit bezüglich der tatsächlich hervorgerufenen Tat (soweit gesetzlich angeordnet); insoweit stellt die misslungene Anstiftung eine relevante Sorgfaltspflichtverletzung dar.[116]

---

[110] BGHSt 50, 1 (6 f.).
[111] *Kindhäuser* AT § 41 Rn. 24; *Kühl* AT § 20 Rn. 200; *Wessels/Beulke/Satzger* Rn. 575.
[112] *Kindhäuser* AT § 41 Rn. 25; *Kühl* AT § 20 Rn. 201; *Rengier* AT § 45 Rn. 65.
[113] Siehe hierzu *Heinrich* AT Rn. 1312 ff.; *Kindhäuser* AT § 41 Rn. 26; *Krey/Esser* Rn. 1058; *Kühl* AT § 20 Rn. 201 ff.; *Wessels/Beulke/Satzger* Rn. 573.
[114] *Jäger* AT Rn. 259; *Krey/Esser* Rn. 1061 ff.; *Rengier* AT § 45 Rn. 71; *Wessels/Beulke/Satzger* Rn. 573; weiter *Heinrich* AT Rn. 1315.
[115] Dazu schon das preußische Obertribunal im Fall „Rose-Rosahl", vgl. GA 7 (1859), 332; *Baumann/Weber/Mitsch* § 30 Rn. 85 ff.

141 Eine andere Auffassung hält dem die Befürchtung von Strafbarkeitslücken entgegen, da die versuchte Anstiftung nur bei Verbrechen geahndet werden könne und auch fahrlässiges Handeln ausdrücklich mit Strafe bedroht sein müsse. Außerdem lasse der Identitätsirrtum den Vorsatz des Angestifteten unberührt, so dass er ebenso wenig den Anstifter entlasten könne. Der für den Täter unwesentliche error in persona sei somit für den Vorsatz des Anstifters gleichfalls stets *unbeachtlich*.[117]

142 Die Rechtsprechung stellt maßgeblich darauf ab, ob die Personenverwechslung eine *wesentliche Abweichung des Kausalverlaufs* bedeutet oder ob sie sich noch innerhalb der Grenzen des nach allgemeiner Lebenserfahrung Vorhersehbaren bewegt. Vor allem wenn der Anstifter dem Täter die Individualisierung des Opfers überlässt, verdient die Tat hiernach trotz der Verwechslung keine andere Bewertung, so dass es bei der Strafbarkeit wegen vollendeter Anstiftung bleibt. Beschreibt der Anstifter hingegen das Opfer und dessen üblichen Aufenthaltsort etc. ausführlich oder gibt er dem Haupttäter ein Foto und übernimmt er dadurch selbst die Individualisierung, ist der Irrtum des Haupttäters, der gleichwohl einer Personenverwechslung unterliegt, üblicherweise nicht mehr vorhersehbar. In diesen Fällen stehen nur eine Strafbarkeit wegen versuchter Anstiftung zur geplanten Tat sowie Fahrlässigkeit in Bezug auf den durch die tatsächlich begangene Haupttat herbeigeführten Erfolg im Raum.[118]

143 Zu denselben differenzierten Ergebnissen gelangt im Wesentlichen die im Schrifttum zunehmend vertretene *Individualisierungslösung*. Sie zieht als entscheidendes Kriterium heran, ob der Anstifter dem Täter die Individualisierung überlassen oder Verwechslungsrisiken ausgeschlossen hat.[119]

144 **Beispiel:** A bittet M, den ihm verhassten X auf dessen Nachhauseweg aus einem Versteck heraus zu erschießen. Zu diesem Zweck beschreibt A dem M detailliert das Aussehen des X. M legt sich auf die Lauer, verwechselt aber den Y mit dem X, da sie sich beide sehr ähnlich sind und denselben Nachhauseweg haben, und erschießt den Y.

M ist strafbar wegen Mordes zumindest aus Heimtücke. Dass er X und Y verwechselt und somit einem error in persona unterliegt, stellt für ihn einen unbeachtlichen Motivirrtum dar, da er sich im Klaren darüber ist, einen Menschen gemäß § 212 StGB zu töten.

Nach hL wirkt sich der Identitätsirrtum des Täters M für den Anstifter A als aberratio ictus aus. A ist daher strafbar wegen versuchter Anstiftung zum Mord zum Nachteil des X gemäß §§ 211, 30 Abs. 1 StGB sowie wegen fahrlässiger Tötung zum Nachteil des Y gemäß § 222 StGB.

Nach aA ist der error in persona sowohl für den Täter als auch für den Anstifter unbeachtlich. A wäre demnach strafbar wegen vollendeter Anstiftung zum Mord gemäß §§ 211, 26 StGB zum Nachteil des tatsächlich getöteten Y.

Zu demselben Ergebnis dürften im vorliegenden Fall die Rechtsprechung und die Individualisierungslösung gelangen. Zwar hat A die Zielperson detailliert beschrieben. Hält sich aber der angestiftete M an diese Beschreibung und vermag somit die Individualisierung des Opfers durch den Anstifter A die geschehene Verwechslung nicht auszuschließen, bewegt sich der Identitätsirrtum im Rahmen des nach allgemeiner Lebenserfahrung Vorhersehbaren und lässt somit den Anstiftervorsatz unberührt.

---

[116] *Heinrich* AT Rn. 1311; *Jäger* AT Rn. 262; *Roxin* AT II § 26 Rn. 119 f.
[117] Siehe hierzu *Kühl* AT § 20 Rn. 208.
[118] BGHSt 37, 214 (218 f.); vgl. auch *Zieschang* Rn. 746.
[119] *Kindhäuser* AT § 41 Rn. 37 ff.; *Kudlich* PdW AT Fall 300; *Rengier* AT § 45 Rn. 58; *Wessels/Beulke/Satzger* Rn. 579.

III. Beihilfe (§ 27 StGB)

§ 27 StGB Beihilfe 145

(1) Als Gehilfe wird bestraft, wer vorsätzlich einem anderen zu dessen vorsätzlich begangener rechtswidriger Tat Hilfe geleistet hat.

(2) ¹Die Strafe für den Gehilfen richtet sich nach der Strafdrohung für den Täter. ²Sie ist nach § 49 Abs. 1 zu mildern.

1. Objektiver Tatbestand

a) Vorsätzlich begangene rechtswidrige Haupttat

Zum Erfordernis der vorsätzlichen und rechtswidrigen Haupttat bei der Beihilfe 146 gelten die Ausführungen zur Anstiftung (→ Rn. 118 f.) entsprechend. Insbesondere ist auch Beihilfe zum (strafbaren) Versuch einer Straftat möglich. Versuchte Beihilfe ist hingegen nicht strafbar.

b) Hilfeleisten

Der Teilnahmebeitrag des Hilfeleistens kann aus jedem Ermöglichen, Erleichtern oder 147 *Fördern der Haupttat* bestehen.[120] Die Unterstützung kann durch Rat oder Tat, dh sowohl psychisch als auch physisch erfolgen. Beispiele für die *psychische Beihilfe* sind Hinweise für die Tatbegehung und das Bestärken des Tatentschlusses, für die *physische* Beihilfe das Zurverfügungstellen von Hilfsmitteln und „Schmiere stehen".[121]

Umstritten ist, ob der Gehilfenbeitrag für den Erfolg der Haupttat *kausal* im Sinne 148 der condicio-sine-qua-non-Formel sein muss. Die Rechtsprechung verzichtet auf einen solchen Ursachenzusammenhang und lässt es genügen, wenn der Gehilfenbeitrag die *Begehung der Haupttat* objektiv fördert oder erleichtert. Schließlich spricht der Wortlaut des § 27 Abs. 1 StGB nur davon, dass Hilfe geleistet werden muss; auf einen „Erfolg" der Hilfeleistung kommt es nicht an.[122]

Hieran wird kritisiert, die vom Gesetzgeber vorgesehene Straflosigkeit der versuchten 149 Beihilfe (→ Rn. 146) zu umgehen. Eine Bestrafung wegen Teilnahme sei daher lediglich dann möglich, wenn die Gehilfenhandlung den *Erfolg* in irgendeiner Weise zumindest *mitverursacht*.[123]

Einen Mittelweg beschreitet die *Risikoerhöhungslehre*. Hiernach kommt eine Beihilfe 150 nur dann in Betracht, wenn der Gehilfenbeitrag zumindest das Risiko für das durch die Haupttat gefährdete Rechtsgut erhöht. Dadurch sollen zwar Handlungen, welche die Haupttat in keiner Weise fördern, nicht von § 27 StGB erfasst werden. Denn der Täter habe in diesem Fall zwar etwas im Sinne des § 27 Abs. 1 StGB „geleistet", jedoch keine „Hilfe". Das Merkmal des Hilfeleistens sei aber zu bejahen, sobald der Beitrag die Erfolgschancen der Tat kausal steigere, indem er die Tatbestandsverwirklichung ermögliche, erleichtere, intensiviere oder absichere.[124]

---

[120] *Heinrich* AT Rn. 1320.
[121] *Heinrich* AT Rn. 1322; *Kindhäuser* AT § 42 Rn. 3 ff.; *Kühl* AT § 20 Rn. 223 ff.; *Rengier* AT § 45 Rn. 84 ff.; *Wessels/Beulke/Satzger* Rn. 581.
[122] BGHSt 46, 107 (109); BGH NStZ 2007, 230 (232); *Wessels/Beulke/Satzger* Rn. 582.
[123] *Heinrich* AT Rn. 1326; *Jäger* AT Rn. 266; *Roxin* AT II § 26 Rn. 184.
[124] *Kindhäuser* AT § 42 Rn. 11; *Otto* AT § 22 Rn. 53; *Stratenwerth/Kuhlen* § 12 Rn. 158.

151 Der Gehilfenbeitrag kann bereits im *Vorbereitungsstadium* der Haupttat erbracht werden (zB durch Besorgen der Waffe für die später verübte Tat). Strafbar wird der Gehilfe wegen der Akzessorietät der Teilnahme (→ Rn. 107) in diesem Fall aber erst dann, wenn die Haupttat in das strafbare Versuchsstadium oder zur Vollendung gelangt.[125]

152 Ebenso ist es nach hA möglich, zwischen Vollendung und Beendigung der Haupttat noch Hilfe zu leisten (sog. *sukzessive Beihilfe*; zur sukzessiven Mittäterschaft → Rn. 75 f.).[126] Die dann mitunter notwendige Abgrenzung zur Begünstigung gemäß § 257 StGB soll sich nach hM nach dem Willen des Helfers richten. Möchte er den erfolgreichen Abschluss der Haupttat fördern, ist Beihilfe gegeben; will er die Entziehung des durch die Vortat erlangten Vorteils verhindern, begeht er eine Begünstigung.[127]

153 *Ausgeschlossen* ist eine Beihilfe *nach Beendigung* der Haupttat, da durch einen solchen Beitrag (zB Gewährung eines Alibis vor Gericht) die Tat keinesfalls mehr gefördert werden kann.[128] Allerdings bleibt zu beachten, dass ggf. bereits die vorherige Zusage einer solchen Förderung eine psychische Beihilfe beinhaltet (zB Versprechen vor der Tatbegehung, ein Alibi vor Gericht zu gewähren).

154 Kontrovers diskutiert wird, ob und ggf. unter welchen Voraussetzungen „neutrale", vornehmlich *berufstypische Verhaltensweisen* als Gehilfenhandlungen einzuordnen sind. Gemeint sind hiermit sozialadäquate, für sich genommen ungefährliche Handlungen, die im konkreten Fall jedoch eine Straftat fördern.[129]

155 **Beispiele:**
– Taxifahrer T fährt den A zum Juweliergeschäft. A begeht dort einen Raubüberfall.
– Verkäufer V verkauft dem A ein Messer. A tötet damit einen Menschen.
– Bankkaufmann B richtet dem A ein Konto bei einem ausländischen Kreditinstitut ein. A transferiert sein Vermögen auf dieses Konto, um Steuern zu hinterziehen (§ 370 AO).[130]

156 Liegen in diesen Konstellationen Anhaltspunkte vor, die einen bedingten Vorsatz des Handelnden zu einer ausreichend konkretisierten Haupttat begründen (zB wenn der Fahrgast des Taxifahrers im soeben genannten Beispiel eine Strumpfmaske in seiner Hand trägt oder der Bankkunde auffällige Fragen zum ausländischen Bankgeheimnis stellt), wäre er nach allgemeinen Grundsätzen wegen Beihilfe zu der späteren Haupttat zu bestrafen. Ein solches Ergebnis bleibt aber nach weitgehend einhelliger Auffassung nicht zuletzt im Hinblick auf die *Berufsfreiheit* aus Art. 12 Abs. 1 GG zu vermeiden.[131] Umstritten ist jedoch, wie und in welchem Umfang die an sich gegebene Strafbarkeit eingeschränkt werden soll.

157 Zum Teil werden solche neutralen Handlungen generell als straflos bewertet. Denn ein Verhalten, das sich vollständig innerhalb der Rechtsordnung bewege und *sozialadäquat* sei, dürfe nicht mit Strafe geahndet werden. Deswegen sei bereits der objektive Tatbestand mangels objektiver Zurechenbarkeit des Erfolges zu verneinen,

---

[125] BGHSt 46, 107 (115); *Kühl* AT § 20 Rn. 232.
[126] BGHSt 6, 248 (251); 19, 323 (325); *Krey/Esser* Rn. 1088; aA *Heinrich* AT Rn. 1324; *Kudlich* PdW AT Fall 306; *Kühl* AT § 20 Rn. 236.
[127] BGHSt 4, 132 (133); *Rengier* BT I § 20 Rn. 18.
[128] BGH NStZ 2000, 31; NJW 2008, 1460 (1461).
[129] Siehe hierzu *Heinrich* AT Rn. 1330 ff.; *Kindhäuser* AT § 42 Rn. 15 ff.; *Krey/Esser* Rn. 1082 ff.; *Kudlich* PdW AT Fall 307; *Kühl* AT § 20 Rn. 222a ff.; *Rengier* AT § 45 Rn. 101 ff.; *Wessels/Beulke/Satzger* Rn. 582a.
[130] Siehe hierzu etwa BGHSt 46, 107.
[131] AA *Heinrich* AT Rn. 1331 mwN.

da der Handelnde das erlaubte Risiko noch nicht überschritten und daher keine rechtlich relevante Gefahr geschaffen habe.[132]

Die hM verortet die Lösung hingegen im subjektiven Tatbestand. Nur wenn der **158** Handelnde ein hinreichendes Wissen über die Haupttat habe, sei sein berufstypisches oder sonst neutrales Verhalten nicht mehr als alltägliche und sozialadäquate Tätigkeit anzusehen. Dies ist zum einen anzunehmen, wenn er zumindest sicher um die Haupttat weiß, also bezüglich deren Vollendung jedenfalls *dolus directus zweiten Grades* aufweist. Zum anderen genüge für eine Strafbarkeit wegen Beihilfe auch der bedingte Vorsatz bezüglich der Haupttat, wenn der *Täter* aufgrund konkreter Anhaltspunkte *objektiv erkennbar tatgeneigt* ist.[133]

2. Subjektiver Tatbestand

Wie bei der Anstiftung besteht der subjektive Tatbestand der Beihilfe in dem *doppel-* **159** *ten* Teilnahme-, hier *Gehilfenvorsatz.* Er muss sich außer auf den eigenen Teilnahmebeitrag des Hilfeleistens auf die Vollendung der unterstützten Haupttat beziehen. Da jedoch der Gehilfe in der Regel weniger Einfluss auf den Ablauf der Haupttat hat als der Anstifter, sind die Anforderungen an die Konkretisierung der Haupttat geringer. Es genügt bereits, den wesentlichen Unrechtsgehalt der Haupttat zu erfassen.[134]

IV. Besondere persönliche Merkmale gemäß § 28 StGB

§ 28 StGB Besondere persönliche Merkmale **160**

(1) Fehlen besondere persönliche Merkmale (§ 14 Abs. 1), welche die Strafbarkeit des Täters begründen, beim Teilnehmer (Anstifter oder Gehilfe), so ist dessen Strafe nach § 49 Abs. 1 zu mildern.

(2) Bestimmt das Gesetz, daß besondere persönliche Merkmale die Strafe schärfen, mildern oder ausschließen, so gilt das nur für den Beteiligten (Täter oder Teilnehmer), bei dem sie vorliegen.

Ausgewählte Entscheidung: BGHSt 41, 1 (zur Unterscheidung zwischen täterbezogenen und tatbezogenen Merkmalen).
Ausgewählte Studienliteratur: Engländer Die Teilnahme an Mord und Totschlag, JA 2004, 410; *Geppert* Die Akzessorietät der Teilnahme (§ 28 StGB) und die Mordmerkmale, Jura 2008, 34; *Valerius* Besondere persönliche Merkmale, Jura 2013, 15.

Für die Strafbarkeit der Teilnahme reicht es wegen deren Akzessorietät (→ Rn. 107) **161** grundsätzlich aus, dass der Teilnehmer *Vorsatz bezüglich* der unrechtsbegründenden Tatbestandsmerkmale der *Haupttat* aufweist. Dies erscheint jedoch dann unangebracht, wenn die einschlägigen Straftatbestände besondere persönliche Merkmale enthalten, die vor allem den jeweiligen Beteiligten (und nicht die Tat) charakterisieren. Aus diesem Grund bestimmt § 28 StGB, dass besondere persönliche Merkmale nur demjenigen Beteiligten zum Nachteil gereichen, der sie in eigener Person erfüllt.[135]

---

[132] *Wessels/Beulke/Satzger* Rn. 582a.
[133] BGHSt 46, 107 (112 f.); *Rengier* AT § 45 Rn. 109 ff.; einschränkend *Jäger* AT Rn. 271.
[134] *Heinrich* AT Rn. 1337; *Kindhäuser* AT § 42 Rn. 29 f.; *Wessels/Beulke/Satzger* Rn. 584; siehe auch BGHSt 46, 107 (109).
[135] BeckOK StGB/*Kudlich* § 28 Rn. 1; *Kühl* AT § 20 Rn. 148; zur Abgrenzung von täterbezogenen und tatbezogenen Merkmalen statt vieler BGHSt 41, 1 (2 ff.).

162 Besondere persönliche Merkmale im Sinne des § 28 StGB sind vor allem die *Mordmerkmale der ersten* (Motive) *und dritten Gruppe* (Absichten) des § 211 StGB, außerdem unter anderem die Eigenschaft als „Amtsträger" bei den Amtsdelikten sowie nach hM die Garantenstellung bei unechten Unterlassungsdelikten.[136]

163 Keine besonderen persönlichen Merkmale sind hingegen die *Mordmerkmale der zweiten Gruppe*. Bei diesen und sonstigen tatbezogenen Merkmalen ist § 28 StGB nicht anwendbar, sondern gelten für die Teilnahme die allgemeinen Grundsätze zur Akzessorietät. Demnach genügt beispielsweise für die Teilnahme an einem Heimtückemord die bloße Kenntnis, dass der Täter das tatbezogene Mordmerkmal verwirklicht, also heimtückisch einen Menschen getötet hat.[137]

164 § 28 *Abs. 1* StGB gilt nur für besondere persönliche Merkmale, welche die Strafbarkeit des Täters *begründen*. Erfüllt der Teilnehmer diese Merkmale nicht in eigener Person, ist seine Strafe zwingend nach § 49 Abs. 1 StGB zu mildern. Es kommt zu einer *Strafrahmenverschiebung*. Der Strafrahmen der Teilnahme knüpft daher nicht mehr an den Strafrahmen der Haupttat an, so dass § 28 Abs. 1 StGB insoweit die Akzessorietät lockert.[138]

165 **Beispiel:** Beamter B begeht eine Falschbeurkundung im Amt (§ 348 StGB). Nichtbeamter N hilft ihm dabei.

B ist strafbar gemäß § 348 Abs. 1 StGB, N wegen Beihilfe zur Falschbeurkundung im Amt nach §§ 348 Abs. 1, 27 StGB. Da es sich bei der Amtsträgereigenschaft des B aber ein strafbegründendes (die Falschbeurkundung als solche bildet keinen Straftatbestand) besonderes persönliches Merkmal handelt, wird die Strafe des N nach § 28 Abs. 1 iVm § 49 Abs. 1 StGB gemildert. Anstelle von Freiheitsstrafe von bis zu fünf Jahren oder Geldstrafe (bis zu 360 Tagessätzen; siehe § 40 Abs. 1 Satz 2 StGB) erwarten den N gemäß § 49 Abs. 1 Nr. 2 StGB also höchstens Freiheitsstrafe bis zu drei Jahren und neun Monaten oder Geldstrafe (bis zu 270 Tagessätzen).

166 Zu beachten ist, dass § 28 Abs. 1 StGB *nur* eine Bestimmung *zugunsten des Teilnehmers* beinhaltet. Der umgekehrte Fall, bei dem zwar nicht der Täter, aber der Teilnehmer ein strafbegründendes Merkmal in eigener Person aufweist, ist nicht geregelt.

167 § 28 *Abs. 2* StGB unterscheidet sich in drei Gesichtspunkten von Absatz 1.[139]

– Zum einen ist § 28 Abs. 2 StGB nur anwendbar auf besondere persönliche Merkmale, welche die *Strafe schärfen*, mildern oder ausschließen.

– Diese strafmodifizierenden Merkmale gelten zudem allein für den Beteiligten, bei dem sie vorliegen. Dadurch ordnet die Vorschrift nicht nur eine Strafrahmen-, sondern eine *Tatbestandsverschiebung* an. Es ändert sich also bereits der Schuldspruch und nicht lediglich die Rechtsfolge. Die Akzessorietät der Teilnahme wird dadurch nicht nur gelockert, sondern sogar durchbrochen.

– Indem § 28 Abs. 2 StGB allgemein von dem Beteiligten spricht, gilt diese Verschiebung schließlich sowohl für Täter als auch für Teilnehmer sowie *zugunsten wie zulasten des jeweiligen Beteiligten*.

168 **Beispiele:**
– Zivilist Z stiftet den Polizeibeamten P dazu an, bei einer Verkehrskontrolle den Autofahrer A zu verprügeln.
P begeht eine Körperverletzung im Amt gemäß § 340 Abs. 1 StGB. Seine Amtsträgereigenschaft stellt hier ein strafschärfendes besonderes persönliches Merkmal dar, da die Körperverletzung als solche das Grunddelikt des § 223 Abs. 1 StGB verwirklicht.
Für den Anstifter Z gilt das Merkmal der Amtsträgereigenschaft, das er als Zivilist nicht in eigener Person erfüllt, gemäß § 28 Abs. 2 StGB nicht. Wegen der vorgesehenen Tatbestands-

---

[136] *Krey/Esser* Rn. 1017; *Wessels/Beulke/Satzger* Rn. 558.
[137] *Krey/Esser* Rn. 1018; *Wessels/Beulke/Satzger* Rn. 558.
[138] *Heinrich* AT Rn. 1355; *Kindhäuser* AT § 38 Rn. 23; *Kühl* AT § 20 Rn. 149 f.
[139] *Heinrich* AT Rn. 1357; *Kühl* AT § 20 Rn. 151 ff.

verschiebung bleibt er nur wegen Anstiftung zur Körperverletzung gemäß §§ 223 Abs. 1, 26 StGB zu bestrafen.
– Polizeibeamter P stiftet bei einer Verkehrskontrolle den Zivilisten Z an, dessen Beifahrer B eine heftige Ohrfeige zu verabreichen.
Zivilist Z ist wegen (einfacher) Körperverletzung gemäß § 223 Abs. 1 StGB strafbar. Eine Strafbarkeit des Z wegen des Qualifikationstatbestandes des § 340 Abs. 1 StGB scheidet aus, weil er kein Amtsträger ist; insoweit muss auf § 28 Abs. 2 StGB noch nicht eingegangen werden.
Der Polizeibeamte P weist dagegen das besondere persönliche Merkmal der Amtsträgereigenschaft in eigener Person auf, so dass es gemäß § 28 Abs. 2 StGB für ihn „gilt". Aufgrund dieser Tatbestandsverschiebung zu seinen Lasten ist P wegen Anstiftung zur Körperverletzung im Amt gemäß §§ 340 Abs. 1, 26 StGB strafbar, obwohl die Haupttat nur eine (einfache) Körperverletzung war.

Die beiden Absätze des § 28 StGB haben wegen ihrer unterschiedlichen Rechtsfolgen verschiedene Prüfungsorte. § 28 *Abs. 1* StGB enthält wegen der angeordneten Strafrahmenverschiebung eine Strafzumessungsregel und ist daher erst *nach der Schuld* anzusprechen. § 28 *Abs. 2* StGB verschiebt hingegen bereits den Tatbestand, aus dem der Teilnehmer zu bestrafen ist, und muss deshalb schon im Tatbestand erörtert werden. Üblich ist eine Prüfung als *Tatbestandsannex* hinter dem objektiven und subjektiven Tatbestand. **169**

Große Klausurbedeutung besitzt § 28 StGB vor allem im Zusammenhang mit den *Tötungsdelikten*. Dies liegt maßgeblich daran, dass Rechtsprechung und Literatur ein unterschiedliches systematisches Verständnis vom Verhältnis der §§ 211 ff. StGB haben. So betrachtet die *Rechtsprechung* Mord und Totschlag als eigenständige Tatbestände, weshalb die besonderen persönlichen (Mord-)Merkmale der ersten und dritten Gruppe des § 211 StGB die Strafbarkeit des Täters begründen. Anwendbar ist bei Divergenzen zwischen den Beteiligten demzufolge *§ 28 Abs. 1 StGB*.[140] **170**

Nach einhellig vertretener Auffassung im *Schrifttum* stellt indessen Mord einen Qualifikationstatbestand gegenüber dem Grunddelikt des Totschlags dar. Die Mordmerkmale der ersten und dritten Gruppe schärfen demzufolge die Strafe, so dass bei diesbezüglichen Unterschieden zwischen den Beteiligten *§ 28 Abs. 2 StGB* einschlägig ist.[141] **171**

Die Rechtsprechung steht insbesondere vor dem Problem, dass § 28 Abs. 1 StGB nur zugunsten des Teilnehmers gilt (→ Rn. 166). Dem Teilnehmer an einem Mord eine Strafmilderung zuteil werden zu lassen, erweist sich jedoch als unbillig, wenn er selbst ein (anderes) besonderes persönliches Mordmerkmal in eigener Person erfüllt. Die Rechtsprechung hat daher die Figur der sog. *gekreuzten Mordmerkmale* entwickelt. Hiernach versagt die Rechtsprechung dem Teilnehmer an einem Mord die an sich zu gewährende Strafmilderung, wenn er zwar ein anderes täterbezogenes Mordmerkmal als der Täter aufweist, die Mordmerkmale von Teilnehmer und Täter aber artgleich sind.[142] **172**

Beispiel: B tötet den O aus unbegründeter Eifersucht. A hat den B zu dieser Tat angestiftet, weil er es auf das Erbe des O abgesehen hat. **173**

B tötet den O aus dem Mordmerkmal der niedrigen Beweggründe und ist somit strafbar wegen Mordes gemäß § 211 StGB.

A weist das Mordmerkmal des B in eigener Person nicht auf. Nach der Literatur führt dies gemäß § 28 Abs. 2 StGB zunächst zu einer Tatbestandsverschiebung zu seinen Gunsten, so dass A an sich wegen Anstiftung zum Totschlag zu bestrafen wäre. Allerdings handelt A seinerseits aus Habgier und verwirklicht somit auch in seiner Person ein (anderes) besonderes persönliches Mordmerkmal. Dies wird durch eine erneute Tatbestandsverschiebung über § 28 Abs. 2 StGB berücksichtigt, diesmal zulasten des A, weswegen es letztlich bei seiner Strafbarkeit nach §§ 211,

---

[140] BGHSt 1, 368 (369 ff.); 22, 375 (377 ff.); 50, 1 (5 ff.); siehe hierzu auch *Heinrich* AT Rn. 1359; *Wessels/Beulke/Satzger* Rn. 556.
[141] *Heinrich* AT Rn. 1359; *Wessels/Beulke/Satzger* Rn. 557.
[142] BGHSt 23, 39 (40); 50, 1 (9 f.).

26 StGB bleibt. Die doppelte Anwendung des § 28 Abs. 2 StGB führt aber genau genommen dazu, dass er nicht wegen Anstiftung zum Mord aus niedrigen Beweggründen (des B), sondern wegen Anstiftung zum Mord aus Habgier (des A) bestraft wird.

Nach der Rechtsprechung ist A jedenfalls strafbar wegen Anstiftung zum Mord gemäß §§ 211, 26 StGB, da § 28 Abs. 1 StGB keine Tatbestandsverschiebung zulässt. Dem A müsste aber eine Strafmilderung nach § 49 Abs. 1 StGB gewährt werden, weil er das besondere persönliche Mordmerkmal der niedrigen Beweggründe des B nicht in eigener Person aufweist. Dass A mit der Habgier selbst ein besonderes persönliches Mordmerkmal erfüllt, kann über § 28 Abs. 1 StGB an sich nicht berücksichtigt werden, da die Vorschrift nur zugunsten des Teilnehmers gilt. Die Rechtsprechung wendet in solchen Fällen der gekreuzten Mordmerkmale gleichwohl aus Billigkeitsgründen die in § 28 Abs. 1 StGB gesetzlich vorgesehene Strafmilderung nicht an.

§ 10. Versuch

A. Grundlagen

Ausgewählte Entscheidungen: BGH NJW 1952, 514 (Pfeffertüten-Fall); BGHSt 26, 201 (Klingelfall I); 30, 363 (unmittelbares Ansetzen bei mittelbarer Täterschaft); 39, 236 (vermeintliche Mittäterschaft); 40, 299 (Münzhändler-Fall); 43, 177 (Bayerwaldbärwurz-Fall); 56, 170 (zur Abgrenzung von Vorbereitungshandlungen und Versuch beim sog. Skimming); BGH NStZ 2012, 447 (Klingelfall II); NStZ 2013, 579 (Klingelfall mit Vorbehalt); NStZ 2014, 447 (unmittelbares Ansetzen bei der Tatbestandsverwirklichung unmittelbar vorgelagerten Handlungen).

Ausgewählte Studienliteratur: *Bosch* Unmittelbares Ansetzen zum Versuch, Jura 2011, 909; *Valerius* Untauglicher Versuch und Wahndelikt, JA 2010, 113; *Zopfs* Vermeintliche Mittäterschaft und Versuchsbeginn, Jura 1996, 19.

I. Strafgrund

Der Versuch einer Straftat zeichnet sich dadurch aus, dass der Täter die Vollendung 1
der Tat bzw. die Herbeiführung des tatbestandlichen Erfolges erstrebt (vollständige subjektive Tatseite), aber nicht erreicht (Defizit auf der objektiven Tatseite). Es mangelt somit an dem *Erfolgsunrecht*, aus dessen Zusammenwirken mit dem Handlungsunrecht sich gewöhnlich die Strafwürdigkeit eines Verhaltens ergibt. Auch wenn der tatbestandliche Erfolg ausbleibt, kann jedoch das verbleibende *Handlungsunrecht* die Verhängung von Strafe angemessen erscheinen lassen.

Zur Begründung der Strafwürdigkeit des Versuchs im Einzelnen gibt es zahlreiche 2
Ansätze.[1] Hierbei dominieren nicht zuletzt wegen § 22 StGB, der auch die Vorstellung des Täters von der Tat betont, dualistische Ansätze, die objektive wie subjektive Kriterien heranziehen. Nach der *gemischt subjektiv-objektiven Theorie* ist die im Versuch liegende Betätigung des rechtsfeindlichen Willens zu bestrafen, um das Rechtsbewusstsein der Allgemeinheit zu stärken und den Rechtsfrieden zu wahren.[2]

II. Stufen der Deliktsverwirklichung

Eine Straftat durchläuft üblicherweise verschiedene Verwirklichungsstufen. Zunächst 3
fasst der Täter den *Entschluss*, eine Tat zu begehen (zB einen anderen Menschen zu töten). Bleibt der Täter im Anschluss aber gänzlich untätig, kann ihm gegenüber kein strafrechtlicher Vorwurf erhoben werden. Bloße negative Gedanken erfasst das (Tat-)Strafrecht (→ § 1 Rn. 42) nicht, solange sie sich nicht in Handlungen manifestieren.[3]

Die nächste Stufe ist erreicht, wenn der Täter mit konkreten Vorbereitungen für die 4
Tat beginnt. Auch solche *Vorbereitungshandlungen* sind grundsätzlich noch straflos. Allerdings hat der Gesetzgeber besonders gefährliche Vorbereitungshandlungen ausdrücklich unter Strafe gestellt (zB Versuch der Beteiligung an einem Verbrechen

---

[1] Zusammenfassend *Kindhäuser* AT § 30 Rn. 5 ff.
[2] *Rengier* AT § 33 Rn. 4; *Wessels/Beulke/Satzger* Rn. 594.
[3] *Kindhäuser* AT § 31 Rn. 1; *Wessels/Beulke/Satzger* Rn. 590.

gemäß § 30 StGB, Vorbereitung eines hochverräterischen Unternehmens gemäß § 83 StGB oder die Bildung krimineller oder terroristischer Vereinigungen gemäß §§ 129, 129a StGB).[4]

5   In allen anderen Fällen werden erst spätere Stadien der Tat mit Strafandrohungen versehen. Bei Verbrechen sowie bei Vergehen, die dies ausdrücklich anordnen, setzt die Strafbarkeit mit dem *Versuchsstadium* ein. Dieses Stadium ist erreicht, wenn der zur Tat entschlossene Täter unmittelbar zu deren Verwirklichung ansetzt (§ 22 StGB; → Rn. 29 ff.).

6   Werden nach Versuchsbeginn alle Tatbestandsmerkmale erfüllt, ist die Tat grundsätzlich (formell) *vollendet.* Allerdings führt der Eintritt eines tatbestandlichen Erfolges nicht zwingend zur Vollendung des jeweiligen Delikts, da dieser dem Handelnden auch rechtlich zuzurechnen sein muss. Eine Strafbarkeit wegen vollendeten Delikts kann also trotz tatsächlicher Herbeiführung des Erfolges mangels rechtlicher Zurechenbarkeit ausscheiden. In diesem Fall bleibt es allenfalls bei einer Strafbarkeit wegen Versuchs.[5]

7   **Beispiel:** A schießt mit Tötungsvorsatz auf B, fügt ihm aber nur eine leichte Schulterverletzung zu. B wird wegen der Wunde im Krankenhaus behandelt. Der ihm angelegte Verband wird jedoch entgegen den Regeln ärztlicher Kunst einige Wochen nicht gewechselt. B erleidet eine Blutvergiftung und verstirbt.
A hat zwar kausal durch seinen Schuss den tatbestandlichen Erfolg des § 212 StGB (Tod eines Menschen) herbeigeführt. Der Erfolg ist dem A indessen nicht zurechenbar, da das eigenverantwortliche Dazwischentreten des Krankenhauspersonals die Zurechnung ausschließt und daher nach hL bereits der objektive Tatbestand zu verneinen ist (→ § 4 Rn. 61 f.). Eine Strafbarkeit wegen vollendeter Tat scheidet jedenfalls aus. Allerdings hat sich A durch den Schuss auf B wegen versuchten Totschlags gemäß §§ 212 Abs. 1, 22 StGB strafbar gemacht.

8   Mit der Vollendung als formeller Verwirklichung sämtlicher Tatbestandsmerkmale ist das Tatgeschehen nicht immer umfassend abgeschlossen, da die Beeinträchtigung des Rechtsgutes nach der Vollendung andauern oder erst ihr endgültiges Ende finden kann. In derartigen Fällen ist zwischen (formeller) Vollendung und (materieller) *Beendigung* der Tat zu unterscheiden. Der Zeitpunkt der Beendigung ist unter anderem relevant für die sukzessive Mittäterschaft (→ § 9 Rn. 75 f.) bzw. Beihilfe (→ § 9 Rn. 152) sowie für den Verjährungsbeginn der Tat (§ 78a Satz 1 StGB).[6]

9   Der Diebstahl gemäß § 242 StGB ist mit der vorsätzlichen und von der Absicht rechtswidriger Zueignung getragenen Wegnahme einer fremden beweglichen Sache vollendet (zB wenn A in einem Supermarkt eine Packung Kaugummi einsteckt). Beendet ist die Tat jedoch erst, wenn der Täter den Gewahrsam an der Sache sichert (zB wenn A den Supermarkt mit der eingesteckten Packung Kaugummi verlässt).

10   Die verschiedenen Stufen der Deliktsverwirklichung illustriert das folgende
Beispiel: A möchte den Millionär M um ein wertvolles Gemälde erleichtern (Fassen des Tatentschlusses). Zu diesem Zweck kauft er sich Einbruchswerkzeug und beobachtet über mehrere Tage hinweg den M, um dessen Gewohnheiten zu erkunden (Vorbereitung). Kurze Zeit später bricht A in Umsetzung seines Tatplans durch ein Fenster in das Haus des M ein und betritt dessen Galerie (Versuch; vorliegend zugleich der Beginn der Strafbarkeit). Nachdem A das Gemälde in seinem Wagen verstaut hat (Vollendung), fährt er zufrieden in seinen Unterschlupf (Beendigung).

---

[4] *Kindhäuser* AT § 31 Rn. 1; *Wessels/Beulke/Satzger* Rn. 590; siehe etwa zur Abgrenzung von Vorbereitungshandlungen und Versuch beim sog. Skimming BGHSt 56, 170 (171).
[5] *Krey/Esser* Rn. 1195; *Kühl* AT § 15 Rn. 10; *Wessels/Beulke/Satzger* Rn. 596.
[6] *Kühl* AT § 14 Rn. 17; *Wessels/Beulke/Satzger* Rn. 591.

III. Hinweise für Prüfungsarbeiten

Im Folgenden werden die einzelnen Voraussetzungen der Strafbarkeit des Versuchs 11
dargestellt. Bei dem Prüfungsschema des Versuchs gilt es vor allem zu beachten, dass
anders als beim vorsätzlichen vollendeten Begehungsdelikt der „subjektive Tatbestand" vor dem „objektiven Tatbestand" angesprochen wird. Gebräuchlich sind
insoweit die Bezeichnungen „Tatentschluss" (statt „subjektiver Tatbestand") sowie
„Unmittelbares Ansetzen" (statt „objektiver Tatbestand", der beim Versuch ohnehin
naturgemäß nicht oder nur teilweise verwirklicht ist).

Prüfungsschema: Versuch 12

   I. Vorprüfung
  II. Tatentschluss
 III. Unmittelbares Ansetzen (§ 22 StGB)
 IV. Rechtswidrigkeit
  V. Schuld
 VI. Kein Rücktritt gemäß § 24 StGB

B. Vorprüfung

---

§ 23 StGB Strafbarkeit des Versuchs 13

(1) Der Versuch eines Verbrechens ist stets strafbar, der Versuch eines Vergehens
nur dann, wenn das Gesetz es ausdrücklich bestimmt.

(2) Der Versuch kann milder bestraft werden als die vollendete Tat (§ 49 Abs. 1).

(3) Hat der Täter aus grobem Unverstand verkannt, daß der Versuch nach der
Art des Gegenstandes, an dem, oder des Mittels, mit dem die Tat begangen
werden sollte, überhaupt nicht zur Vollendung führen konnte, so kann das
Gericht von Strafe absehen oder die Strafe nach seinem Ermessen mildern (§ 49
Abs. 2).

---

§ 12 StGB Verbrechen und Vergehen

(1) Verbrechen sind rechtswidrige Taten, die im Mindestmaß mit Freiheitsstrafe
von einem Jahr oder darüber bedroht sind.

(2) Vergehen sind rechtswidrige Taten, die im Mindestmaß mit einer geringeren
Freiheitsstrafe oder die mit Geldstrafe bedroht sind.

(3) Schärfungen oder Milderungen, die nach den Vorschriften des Allgemeinen
Teils oder für besonders schwere oder minder schwere Fälle vorgesehen sind,
bleiben für die Einteilung außer Betracht.

Offensichtlich kommt eine Versuchsstrafbarkeit nur in Betracht, wenn zum einen die 14
Tat nicht vollendet und zum anderen der Versuch überhaupt strafbar ist. Diese beiden

Punkte werden üblicherweise in einer sog. Vorprüfung ausdrücklich angesprochen. Es handelt sich dabei schlichtweg um *logische Vorfragen*, die zu Beginn einer Versuchsprüfung „abgehakt" werden müssen. Sofern sich hier nicht ausnahmsweise Probleme verbergen, genügt es daher, in jeweils einem kurzen Satz die Nichtvollendung der Tat sowie die Strafbarkeit des Versuchs festzuhalten.

15 Die (dem Täter vorwerfbare) *Vollendung der Tat* kann sowohl an tatsächlichen als auch an rechtlichen Gründen scheitern. Bleibt der Taterfolg des in Rede stehenden Delikts aus, ist die Tat bereits *aus tatsächlichen Gründen* nicht vollendet. Fehlt es an anderen Tatbestandsmerkmalen wie vornehmlich der Zurechenbarkeit, ist die Tat *aus rechtlichen Gründen* als nicht vollendet zu bewerten (siehe das obige Beispiel → Rn. 7).

16 Im zweiten Schritt der Vorprüfung ist nach der *Strafbarkeit des Versuchs* zu fragen. Gemäß § 23 Abs. 1 StGB ist der Versuch eines Verbrechens stets strafbar (Var. 1), der Versuch eines Vergehens hingegen nur dann, wenn das Gesetz dies ausdrücklich anordnet (Var. 2). Eine solche Bestimmung „Der Versuch ist strafbar." findet sich häufig im Gesetz, unter anderem in § 223 Abs. 2 und § 224 Abs. 2 StGB.

17 Der Begriff des *Verbrechens* ist in § 12 Abs. 1 StGB legaldefiniert. Es handelt sich hiernach um Delikte, die im Mindestmaß mit zumindest einem Jahr Freiheitsstrafe bedroht sind. *Vergehen* sind hingegen (alle übrigen) Taten, die im Mindestmaß mit einer geringeren Freiheitsstrafe oder Geldstrafe bedroht sind (§ 12 Abs. 2 StGB).

18 In *Prüfungsarbeiten* ist es unerlässlich, die einschlägigen Normen zu zitieren. Bei Verbrechen ist daher auf §§ 23 Abs. 1 Var. 1, 12 Abs. 1 StGB zu verweisen, bei Vergehen auf §§ 23 Abs. 1 Var. 2, 12 Abs. 2 StGB sowie die jeweilige Vorschrift, welche die Strafbarkeit des Versuchs eines Vergehens anordnet (zB die erwähnten § 223 Abs. 2 oder § 224 Abs. 2 StGB).

C. Tatentschluss

I. Grundlagen

19 Jeder strafbare Versuch setzt einen auf die Verwirklichung eines bestimmten gesetzlichen Tatbestandes gerichteten Tatentschluss voraus. Er entspricht dem subjektiven Tatbestand beim vollendeten vorsätzlichen Begehungsdelikt (→ § 4 Rn. 63 f.) und besteht demzufolge aus dem *Vorsatz* hinsichtlich aller Merkmale des objektiven Tatbestandes, wobei dolus eventualis grundsätzlich genügt. Hinzu treten die *sonstigen subjektiven Tatbestandsmerkmale* (zB den Absichten in § 242 Abs. 1, § 253 Abs. 1, § 263 Abs. 1 StGB).[7]

20 Dass nicht zu prüfen ist, ob einzelne Merkmale eines Tatbestandes tatsächlich vorliegen, sondern nur, ob der Täter Vorsatz hinsichtlich dieser Merkmale hatte, muss in *Prüfungsarbeiten* durch die Formulierung zum Ausdruck gebracht werden. Bei einer versuchten Körperverletzung ist etwa nicht zu untersuchen, ob es zu einer körperlichen Misshandlung oder zu einer Gesundheitsschädigung des Opfers kam, sondern ob der Täter das Opfer körperlich misshandeln oder dessen Gesundheit schädigen wollte. Die Sicht des Täters einzunehmen, darf freilich nicht zu einer oberflächlichen Prüfung verleiten. Vielmehr sind die jeweiligen Tatbestandsmerkmale wie üblich zu definieren und bleibt sodann zu fragen, ob sich die Vorstellung des Täters vom Geschehen unter diese Definitionen subsumieren lässt.

---

[7] *Kindhäuser* AT § 31 Rn. 4 f.; *Kühl* AT § 15 Rn. 23; *Wessels/Beulke/Satzger* Rn. 598.

Dem bereits endgültig gefassten Tatentschluss steht nicht entgegen, die Ausführung   21
der Tat an eine äußere Bedingung zu knüpfen, dh an den Eintritt eines bestimmten
Ereignisses, auf den der Täter keinen Einfluss hat (sog. *Tatentschluss auf bewusst
unsicherer Tatsachengrundlage*). Hiervon zu unterscheiden – und für den Tatentschluss nicht genügend – ist ein innerer Vorbehalt des lediglich tatgeneigten Täters,
der sich noch nicht endgültig zur Tatbegehung entschlossen hat.[8]

Beispiel: A will in das Haus seines Nachbarn N einbrechen, um nach Wertgegenständen zu   22
suchen. Er möchte die Tat aber nur ausführen, wenn N nicht zu Hause ist. Um dies herauszu-
finden, klingelt er an der Haustür des N.

- Ist A fest entschlossen, den Einbruch sogleich zu verüben, sofern niemand auf das Klingeln
  antwortet, weist er bereits den erforderlichen Tatentschluss zur Begehung eines Wohnungs-
  einbruchdiebstahls gemäß § 244 Abs. 1 Nr. 3 StGB auf. Es ist sodann zu untersuchen, ob
  er zum Versuch des Diebstahls schon mit dem Klingeln unmittelbar gemäß § 22 StGB
  ansetzt.
- Will sich A hingegen noch näher umsehen, wenn niemand die Haustür öffnet, um sich dann
  erst zu entscheiden, ob er in das Haus des N einbricht, ist er lediglich zur Begehung der Tat
  geneigt. Der notwendige Tatentschluss ist in diesem Fall noch nicht gegeben.

II. Untauglicher Versuch und Wahndelikt

Wenn ein Tatentschluss sich aus tatsächlichen oder rechtlichen Gründen nicht reali-   23
sieren lässt, also nicht geeignet ist, einen gesetzlichen Tatbestand zu verwirklichen,
liegt ein sog. *untauglicher Versuch* vor. In Betracht kommt eine Untauglichkeit des
Subjekts (also des Täters, zB bei unwirksamer Ernennung zum Beamten und somit
fehlender Amtsträgereigenschaft), des Tatobjekts (zB Tötungsversuch an einer Leiche) oder des Tatmittels (zB Versuch, mit Platzpatronen jemanden aus der Ferne zu
erschießen).[9]

Der untaugliche Versuch stellt einen *umgekehrten Tatumstandsirrtum* dar, da der   24
Täter ein tatsächlich nicht vorliegendes Merkmal des objektiven Tatbestandes für
gegeben hält (→ § 8 Rn. 6). Allerdings hat der Täter durch sein Handeln seinen
rechtsfeindlichen Willen bereits betätigt und somit Handlungsunrecht begangen, so
dass der untaugliche Versuch *grundsätzlich strafbar* ist (→ § 5 Rn. 56). Dies lässt sich
ebenso § 23 Abs. 3 StGB entnehmen, der (lediglich) für den aus grobem Unverstand
nicht als untauglich erkannten Versuch die Möglichkeit vorsieht, von Strafe abzusehen oder die Strafe zu mildern.[10]

Grober Unverstand im Sinne des § 23 Abs. 3 StGB liegt vor, wenn der Täter Ursa-   25
chenzusammenhänge annimmt, die nach allgemeiner Auffassung völlig abwegig sind.
Abzustellen ist insoweit nicht auf eine fachkundige Person, sondern auf einen Menschen mit durchschnittlichem Erfahrungswissen.[11] Ein Paradebeispiel stellt das Unter-
fangen dar, mit einer Schreckschusspistole ein Flugzeug abzuschießen.

Als Unterfall des grob unverständigen Versuchs wird in der Regel der sog. *aber-*   26
gläubische Versuch anzusehen sein. Hierbei bemüht der Handelnde ein Tatmittel, das
außerhalb der menschlichen Beherrschbarkeit liegt. So ist der Versuch, einen anderen

---

[8] *Jäger* AT Rn. 287; *Rengier* AT § 34 Rn. 7 ff.
[9] *Kindhäuser* AT § 30 Rn. 13; *Rengier* AT § 35 Rn. 2 ff.; *Wessels/Beulke/Satzger* Rn. 619.
[10] *Krey/Esser* Rn. 1246 ff.; *Rengier* AT § 35 Rn. 1.
[11] BGHSt 41, 94 (95); *Heinrich* AT Rn. 675; *Kindhäuser* AT § 30 Rn. 15; *Krey/Esser*
Rn. 1255; *Kühl* AT § 15 Rn. 92; *Wessels/Beulke/Satzger* Rn. 620.

Menschen zu verhexen oder tot zu beten, nach § 23 Abs. 3 StGB zu beurteilen (str).[12]

27   Im Unterschied zum untauglichen Versuch erkennt der Handelnde beim *Wahndelikt* in tatsächlicher Hinsicht zutreffend, was er tut, hält dies aber infolge irriger rechtlicher Wertung für strafbar. Diese Fehlvorstellung kann beispielsweise darauf beruhen, dass eine Strafnorm falsch ausgelegt (umgekehrter Subsumtionsirrtum) bzw. ein Rechtfertigungsgrund übersehen wird oder die vermeintliche Norm nur in der Einbildung des Handelnden existiert (umgekehrter Verbotsirrtum). Da allein das Gesetz die Grenzen der Strafbarkeit bestimmt, genügt eine bloße rechtliche Fehlvorstellung nicht, um strafbar zu werden. Das Wahndelikt ist somit *straflos*.[13] Mit der Abgrenzung des (ggf. strafbaren) untauglichen Versuchs vom (straflosen) Wahndelikt ist zugleich die zweite große Fallgruppe der Irrtumslehre angesprochen, in welcher der Täter auf der Grundlage seiner Fehlvorstellung strafbar wäre (ergänzend → § 8 Rn. 8):

	tatsächliche Umstände	**rechtliche Bewertung**
Tatbestand	ggf. strafbarer untauglicher Versuch (umgekehrter Tatumstandsirrtum) (→ Rn. 23 ff.) *Sonderfall*: fehlende Kenntnis privilegierender Tatumstände (Privilegierung entfällt)	straloses Wahndelikt (umgekehrter Verbotsirrtum) (→ Rn. 27 f.)
Rechtfertigungsgründe	Fehlen des subjektiven Rechtfertigungselements (umgekehrter Erlaubnistatumstandsirrtum): nach wohl hA vollendete Tat, nach aA analoge Anwendung der Versuchsregeln (→ § 5 Rn. 55 ff.)	straloses Wahndelikt (umgekehrter Erlaubnisirrtum) (→ Rn. 27 f.)
Entschuldigungsgründe	mangels seelischer Zwangslage keine Entschuldigung der Tat	wegen bestehender seelischer Zwangslage Entschuldigung der Tat (kein Schuldvorwurf)
persönliche Strafausschließungsgründe	nach hM entfällt die Straflosigkeit mangels notstandsähnlicher Konfliktlage	unbeachtlich
Strafverfolgungsvoraussetzungen	unbeachtlich	unbeachtlich

Übersicht: Täter wäre auf Grundlage seiner Fehlvorstellung strafbar

28   **Beispiele:**
   – Vater V schreibt seinem Sohn S eine Entschuldigung für die Schule, obwohl S überhaupt nicht krank ist. V geht dabei irrigerweise davon aus, durch seine inhaltliche Lüge den Tatbestand der Urkundenfälschung gemäß § 267 Abs. 1 StGB zu verwirklichen.
   – A verteidigt sich in Notwehr gegen einen Dieb, glaubt aber fälschlicherweise, die Grenzen des § 32 StGB überschritten zu haben, weil Notwehr nur zur Verteidigung von Leib und Leben zulässig sei.
   – Ehemann M betrügt seine Ehefrau F in der Annahme, dass Ehebruch (noch) strafbar sei.

---

[12] *Fischer* § 23 Rn. 9; *Otto* AT § 18 Rn. 63; *Stratenwerth/Kuhlen* § 11 Rn. 61; aA *Jäger* AT Rn. 289; *Roxin* AT II § 29 Rn. 373: generelle Straflosigkeit; *Kindhäuser* AT § 30 Rn. 16; *Wessels/Beulke/Satzger* Rn. 620: kein Tatentschluss.
[13] *Kindhäuser* AT § 30 Rn. 23 ff.; *Krey/Esser* Rn. 1253; *Wessels/Beulke/Satzger* Rn. 621 f.

D. Unmittelbares Ansetzen (§ 22 StGB)

§ 22 StGB Begriffsbestimmung   29

Eine Straftat versucht, wer nach seiner Vorstellung von der Tat zur Verwirklichung des Tatbestandes unmittelbar ansetzt.

I. Grundlagen

Außer dem Tatentschluss des Täters erfordert die Versuchsstrafbarkeit ein *unmittel-*   30
bares Ansetzen zur Verwirklichung des Tatbestandes (§ 22 StGB). Die Tat muss also
das bloße Vorbereitungsstadium verlassen haben (→ Rn. 5).[14]

Um den maßgeblichen Zeitpunkt des unmittelbaren Ansetzens zu bestimmen, gibt es viele   31
unterschiedliche Ansätze.[15] Dabei ist vor allem umstritten, ob sich die Beurteilung nach den
tatsächlichen Gegebenheiten oder nach den Vorstellungen des Täters richtet. Nach der *formal-
objektiven Theorie* ist die Grenze überschritten, wenn mit der tatbestandsmäßigen Handlung
tatsächlich begonnen wird; nach der *materiell-objektiven Theorie* beginnt der Versuch mit der
unmittelbaren Gefährdung des geschützten Rechtsguts. Die *rein subjektive Theorie* sieht hingegen nur die Vorstellungen des Täters als maßgebliches Kriterium an. Ein unmittelbares
Ansetzen liegt demnach vor, wenn der Täter glaubt, mit der Tatbestandsverwirklichung zu
beginnen.

Nach der herrschenden *gemischt subjektiv-objektiven Theorie*, die auch in § 22 StGB   32
zum Ausdruck kommt, kann weder allein auf objektive noch ausschließlich auf
subjektive Kriterien abgestellt werden. Danach gibt zwar für den Versuchsbeginn die
unmittelbare Gefährdung des geschützten Rechtsguts den Ausschlag, die nach einem
objektiven Maßstab zu beurteilen ist. Ob eine solche Situation eingetreten ist, bestimmt sich allerdings auf der Grundlage der (nicht notwendigerweise zutreffenden)
Vorstellung des Täters.[16]

Beispiel: Visiert A mit seinem (unerkannt ungeladenen) Gewehr den B an, um ihn aus der Ferne   33
zu erschießen, ist das Rechtsgut Leben des B objektiv niemals in Gefahr. Gleichwohl begeht A
mit dem Anlegen des Gewehrs auf B ein versuchtes Tötungsdelikt. Grundlage für die objektive
Bewertung ist nämlich die subjektive Vorstellung des A, dass sein Gewehr geladen sei. Wäre dies
der Fall, wäre bei der sodann vorzunehmenden objektiven Beurteilung der B unmittelbar
gefährdet.

Unter Berücksichtigung der notwendigen subjektiven und objektiven Elemente   34
kann das unmittelbare Ansetzen wie folgt definiert werden: Unmittelbar setzt zur
Tat an, wer *subjektiv* die Schwelle zum „Jetzt geht es los" überschreitet und *objektiv*
Handlungen vornimmt, die in ungestörtem Fortgang unmittelbar in die Tatbestands-
verwirklichung einmünden bzw. in einem unmittelbaren räumlichen und zeitlichen
Zusammenhang mit ihr stehen.[17] Ob ein solcher unmittelbarer Zusammenhang

---

[14] *Wessels/Beulke/Satzger* Rn. 599.
[15] Zusammenfassend *Kindhäuser* AT § 31 Rn. 11; *Wessels/Beulke/Satzger* Rn. 599.
[16] BGHSt 30, 363 (364); 43, 177 (182); *Kindhäuser* AT § 31 Rn. 10; *Kühl* AT § 15 Rn. 45;
Wessels/Beulke/Satzger Rn. 601.
[17] BGHSt 48, 34 (35 f.); BGH NStZ 1993, 133 (133); *Rengier* AT § 34 Rn. 22; *Wessels/Beulke/
Satzger* Rn. 601; *Zieschang* Rn. 494 f.

besteht, kann ergänzend danach entschieden werden, ob es noch weiterer wesentlicher Zwischenakte zwischen dem Verhalten des Täters und der Tatbestandsverwirklichung bedarf (so die sog. Zwischenaktstheorie), das tatbestandlich geschützte Rechtsgut bereits konkret gefährdet wird (so die sog. Gefährdungstheorie) bzw. ob der Täter bereits in die Sphäre des Opfers eingedrungen ist (so die sog. Sphärentheorie).[18]

35 Häufig ist ein unmittelbares Ansetzen jedenfalls dann zu bejahen, wenn der Täter schon einen Teil des Tatbestandes in dem Entschluss verwirklicht hat, sämtliche Tatbestandsmerkmale zu erfüllen (vgl. die sog. *Teilverwirklichungslehre*).[19] Ansonsten entscheidet sich nach den jeweiligen Umständen des Einzelfalls, ob bereits unmittelbar zur Tat angesetzt wurde. Die nicht unbedingt trennscharfe Abgrenzung zwischen Vorbereitungs- und Versuchsstadium wurde für viele Konstellationen bereits konkretisiert.

36 **Beispiele:**
– Wer einen anderen Menschen erschießen will, setzt mit dem *Anlegen der Schusswaffe* und dem Zielen auf das Opfer unmittelbar zur Tötung an, nicht erst mit der Abgabe des tödlichen Schusses.[20]

37 – Gehen der Tötung *weitere Handlungen voraus* (zB das Betäuben, Fesseln, Würgen oder Verprügeln des Opfers), beginnt der Versuch bereits mit diesen einzelnen Tätigkeitsakten, sofern sie nach der Vorstellung des Täters mit der anschließenden Tötung untrennbar verbunden sind und einen einheitlichen Geschehensablauf bilden.[21] Ein wesentliches Abgrenzungskriterium ist nach BGH das aus der Sicht des Täters erreichte Maß konkreter Gefährdung des geschützten Rechtsguts. Auch die Dichte des Tatplans kann für die Abgrenzung zwischen Vorbereitungs- und Versuchsstadium von Bedeutung sein.[22]

38 – Ähnlich beginnt der Versuch einer Straftat schon mit der *Überwindung des letzten Hindernisses*, das der Täter beseitigen muss, um unmittelbar danach die Tat zu begehen. So überschreitet die Schwelle zum Versuch, wer an der Haustür des Opfers klingelt, um es sogleich nach dem Öffnen der Haustür zu töten oder zu überfallen (sog. *Klingelfälle*).[23] Etwas anderes kann gelten, wenn die Ausführung der Tat unter einem Vorbehalt steht, die Tat nur bei Vorliegen bestimmter Bedingungen durchzuführen.[24]

39 – Lauert der Täter dem Opfer in einem *Hinterhalt* auf, setzte er jedenfalls nach der früheren Rechtsprechung unmittelbar zur Tat an, wenn sich nach seiner Vorstellung das Opfer dem Hinterhalt nähert und somit in den unmittelbaren Gefahrenbereich gelangt. Exemplarisch bleibt hier der sog. *Pfeffertütenfall* des BGH anzuführen, in dem die Täter unweit einer Straßenbahnhaltestelle mit einer Tüte Pfeffer warteten, um ihn einem Geldboten in die Augen zu streuen und diesem Lohngelder zu entreißen. Nach BGH setzten die Täter bereits zu dem Zeitpunkt unmittelbar zur Tat an, in dem sich das Opfer nach ihrer Vorstellung gewiss nähern sollte, obwohl es noch zunächst identifiziert werden musste.[25]

40 – Erfordert die Tatbestandsverwirklichung nach der Vorstellung des Täters einen abschließenden, wenngleich noch ungewissen *Mitwirkungsakt des Opfers* (zB das Trinken vergifteten Kräuterschnapses durch ggf. wiederkehrende Einbrecher im sog. *Bayerwaldbärwurz-Fall*),

---

[18] *Kindhäuser* AT § 31 Rn. 13 ff.; *Rengier* AT § 34 Rn. 24; *Wessels/Beulke/Satzger* Rn. 600.

[19] Siehe hierzu *Jäger* AT Rn. 302; *Krey/Esser* Rn. 1218; *Rengier* AT § 34 Rn. 29.

[20] BGH NStZ 1993, 133 (134); *Kindhäuser* AT § 31 Rn. 12; *Rengier* AT § 34 Rn. 34; *Wessels/Beulke/Satzger* Rn. 603.

[21] *Wessels/Beulke/Satzger* Rn. 603.

[22] Siehe etwa den Fall von BGH NStZ 2014, 447, in dem der Täter das Opfer durch wiederholtes anhaltendes Würgen quälen und sodann töten wollte.

[23] BGHSt 26, 201 (202 ff.); BGH NStZ 2012, 85; *Rengier* AT § 34 Rn. 35 f.; siehe hierzu auch *Kindhäuser* AT § 31 Rn. 12; *Wessels/Beulke/Satzger* Rn. 609.

[24] Siehe BGH NStZ 2013, 579: Der beabsichtigte Überfall auf das Opfer sollte nicht durchgeführt werden, wenn ein Kind anwesend ist.

[25] BGH NJW 1952, 514 (515); kritisch *Jäger* AT Rn. 301; *Rengier* AT § 34 Rn. 37; siehe hierzu auch *Wessels/Beulke/Satzger* Rn. 603.

so beginnt der Versuch nach BGH jedenfalls dann, wenn sich das Opfer derart in den Wirkungskreis des Tatmittels begibt, dass sein Verhalten nach dem Tatplan bei ungestörtem Fortgang unmittelbar in die Tatbestandsverwirklichung münden kann. Steht hingegen für den Täter fest, dass Opfer werde erscheinen und sein für den Taterfolg eingeplantes Verhalten bewirken, so liegt eine unmittelbare Gefährdung bereits mit Abschluss der Handlung des Täters (zB das Stellen des vergifteten Kräuterschnapses in den Flur, um die wiederkehrenden Einbrecher zu töten) vor.[26] Nach hL setzt der Täter unmittelbar zur Tat gemäß § 22 StGB an, wenn er die Herrschaft über den Geschehensablauf aus der Hand gibt.[27]

II. Sonderfälle

1. Unmittelbares Ansetzen bei Mittäterschaft

Sind an einer Tat mehrere Personen mittäterschaftlich beteiligt, kommen verschiedene Anknüpfungspunkte für das unmittelbare Ansetzen in Betracht. Zum einen könnte das Verhalten jedes Mittäters isoliert daraufhin überprüft werden, ob es seine Versuchsstrafbarkeit auslöst. Denkbar wäre zum anderen eine einheitliche Betrachtung sämtlicher Mittäter.   **41**

Beispiel: A durchforstet, einem vorher mit B verabredeten Tatplan entsprechend, die Villa des O nach dem im Arbeitszimmer vermuteten Safe. B wartet währenddessen im Fluchtfahrzeug vor dem Haus. Gerade als B per Funkgerät von der erfolgreichen Suche des A erfährt und aus dem Auto steigt, um dem A beim Tragen des Safes zu helfen, trifft die von einem Nachbarn informierte Polizei ein und verhaftet A und B.   **42**

Nach der sog. *Einzellösung* bestimmt sich das unmittelbare Ansetzen für jeden Mittäter getrennt. Maßgeblich ist demnach, ob der einzelne Mittäter nach seiner Vorstellung von der Tat zu seinem eigenen Tatbeitrag ansetzt.[28] Diese Konstruktion widerspricht allerdings der Natur der Mittäterschaft, die sich gerade durch arbeitsteiliges Vorgehen auszeichnet und daher die wechselseitige Zurechnung von Tatbeiträgen vorsieht. Außerdem entschieden bei der Einzellösung Zufälle wie etwa die Aufgabenverteilung nach dem gemeinsamen Tatplan darüber, ob ein Mittäter bereits unmittelbar zur Tat ansetzt und somit in das (strafbare) Versuchsstadium gelangt oder nicht.[29]   **43**

Bei der von der Einzellösung vorgenommenen getrennten Betrachtung hätte A in dem obigen Beispiel (→ Rn. 42) spätestens in dem Zeitpunkt unmittelbar zum Diebstahl angesetzt, als er das Arbeitszimmer des O nach dessen Safe durchsuchte. B hätte hingegen auf der Grundlage des gemeinsamen Tatplans erst dann unmittelbar zur Tat angesetzt, wenn er dem A beim Tragen des Safes behilflich gewesen wäre. Da dies unterblieb, befand sich B noch im Vorbereitungsstadium der Tat. Demzufolge wäre nur A wegen versuchten Diebstahls zu bestrafen, während B straffrei bliebe.   **44**

Vorzugswürdig erscheint daher, alle Mittäter einheitlich ins Versuchsstadium eintreten zu lassen. Nach der herrschenden *Gesamtlösung* ist dementsprechend ein unmittelbares Ansetzen aller Mittäter anzunehmen, sobald nur einer von ihnen im Rahmen des gemeinsamen Tatentschlusses die Grenze zum Versuch überschreitet. Schließlich werden jedem Mittäter infolge des bewussten und gewollten Zusammenwirkens nicht nur der eigene Tatbeitrag, sondern auch die Beiträge der   **45**

---

[26] BGHSt 43, 177 (181); kritisch *Jäger* AT Rn. 307.
[27] *Jäger* AT Rn. 305; *Rengier* AT § 34 Rn. 51; *Wessels/Beulke/Satzger* Rn. 603.
[28] *Roxin* AT II § 29 Rn. 297 ff.
[29] *Kindhäuser* AT § 40 Rn. 14; *Wessels/Beulke/Satzger* Rn. 611.

übrigen Täter zum Zwecke der Verwirklichung des gemeinsamen Tatplans zugerechnet.[30]

46 Im obigen Beispiel (→ Rn. 42) setzen A und B demnach allesamt zu demjenigen Zeitpunkt an, in
dem der erste von ihnen aufgrund des gemeinsamen Tatplans die Schwelle zum Versuch überschreitet. Dies ist vorliegend mit dem Betreten der Villa durch A, spätestens mit dessen Suche
nach dem Safe im Arbeitszimmer zu bejahen. Gleichfalls setzt B in diesem Augenblick unmittelbar gemäß § 22 StGB zum Diebstahl an, auch wenn er den ihm zugedachten Beitrag zur
Tatausführung noch nicht erbracht hat. A und B sind somit beide wegen versuchten Diebstahls
strafbar.

47 Problematisch ist, ob § 25 Abs. 2 StGB eine Zurechnung von Tatbeiträgen bei bloß
vermeintlicher Mittäterschaft ermöglicht. In diesen Fällen geht jemand irrigerweise
davon aus, mit einem anderen gemeinschaftlich zu handeln, während in Wahrheit ein
gemeinsamer Tatplan überhaupt nicht besteht bzw. die andere Person sich davon
losgesagt hat.[31]

48 **Beispiel (sog. Münzhändlerfall[32]):** A lässt den B glauben, dass der Münzhändler M mit einem
Einbruch in sein Geschäft einverstanden sei, um einen Versicherungsbetrug zu begehen. In
Wirklichkeit weiß M von nichts und gibt, nachdem B den M überfallen hat, eine Schadens-
anzeige bei seiner Versicherung auf.

Ohne auf Einzelheiten aus dem Besonderen Teil einzugehen, bleibt festzuhalten, dass eine
Strafbarkeit des B weitgehend ausscheidet. Insbesondere verwirklicht B durch seinen Überfall
keinen Raub, weil er annimmt, M sei mit der Wegnahme der entwendeten Gegenstände einverstanden. Er wäre lediglich wegen Versicherungsmissbrauchs gemäß § 265 StGB strafbar, weil
er durch den Überfall gegen Diebstahl versicherte Sachen beiseite schafft, um dem M als Dritten
Leistungen aus der Versicherung zu verschaffen. Zum Zeitpunkt der Entscheidung des BGH
schied aber auch diese Möglichkeit aus, weil die Norm damals noch enger gefasst war.

Fraglich ist, ob dem B allein wegen seiner Annahme, Mittäter des M zu sein, dessen Schadens-
anzeige als Tathandlung eines versuchten Betruges zugerechnet und er demzufolge gemäß
§§ 263 Abs. 1, 25 Abs. 2, 263 Abs. 2, 22 StGB bestraft werden kann. Der von B selbst
begangene Überfall stellte nämlich lediglich eine Vorbereitungshandlung für den beabsichtigten
Betrug zum Nachteil der Versicherung dar, zu dem erst mit der Schadensmeldung unmittelbar
angesetzt würde.

49 Nach Auffassung des BGH in dem konkreten Fall[33] muss sich der lediglich vermeintliche Mittäter die Tatbeiträge seines mutmaßlichen Komplizen zurechnen lassen.
Schließlich entscheide gemäß § 22 StGB die *Vorstellung des Täters* und sei demnach
auch der untaugliche Versuch strafbar. Die Zurechnung gemäß § 25 Abs. 2 StGB
betreffe nur objektive Tatbeiträge, die hier auch tatsächlich erbracht wurden.[34]

50 Die wohl herrschende Gegenansicht verweist demgegenüber zu Recht darauf, dass
eine *wechselseitige Zurechnung* von Tatbeiträgen *nur bei tatsächlich bestehender Mittäterschaft* möglich ist. Von einem Ansetzen zur Tatbestandsverwirklichung des vermeintlichen Komplizen kann nicht gesprochen werden, wenn dieser ohne Tatentschluss handelt. Wenn nicht bereits die böse Gesinnung strafbegründend wirken soll,

---

[30] BGHSt 36, 249 (250); 39, 236 (237 f.); *Kindhäuser* AT § 40 Rn. 14; *Krey/Esser* Rn. 1241;
Kudlich PdW AT Fall 228; *Kühl* AT § 20 Rn. 123; *Rengier* AT § 36 Rn. 20; *Wessels/Beulke/
Satzger* Rn. 611.

[31] Siehe hierzu *Rengier* AT § 36 Rn. 24 ff.; *Zieschang* Rn. 516 ff.

[32] BGHSt 40, 299.

[33] Siehe aber BGHSt 39, 236 (237 f.) zu einem Fall, in dem ein lediglich vermeintlicher
Mittäter an der Haustür klingelte, um scheinbar absprachegemäß zu einem gemeinsamen Über-
fall auf die Bewohner des Hauses anzusetzen, in Wahrheit aber der eingeweihten Polizei das
Zeichen zum Zugriff gab.

[34] BGHSt 40, 299 (302); ebenso aus dem Schrifttum *Fischer* § 22 Rn. 23a; *Heinrich* AT
Rn. 744.

genügt die bloße Vorstellung des vermeintlichen Mittäters nicht für die Zurechnung fremder Handlungen.[35]

2. Unmittelbares Ansetzen bei mittelbarer Täterschaft

Auch in den Fällen der mittelbaren Täterschaft sind zumindest zwei Personen betei- 51
ligt, so dass ebenfalls verschiedene Zeitpunkte für das unmittelbare Ansetzen der Beteiligten in Betracht kommen. Die unterschiedlichen Auffassungen lassen sich zunächst wiederum danach unterscheiden, ob alle Beteiligten zu ein und demselben Zeitpunkt zur Tat ansetzen oder sich der Versuchsbeginn für mittelbaren Täter und Tatmittler gesondert bestimmt.

Beispiel: Arzt A will seinen regelmäßig wiederkehrenden Patienten P töten, weil dieser sich 52
ständig verfolgt fühlt und das Personal daher andauernd beschimpft und belästigt. Zu diesem Zweck übergibt A der Krankenschwester K im Stationszimmer eine Spritze mit einem tödlichen Wirkstoff, wobei er behauptet, dass es sich dabei um ein Medikament handele, das dem P alsbald verabreicht werden müsse. Während die nichts ahnende K mit der Spritze sogleich in das Krankenzimmer des P geht, um die Spritze zu verabreichen, flüchtet P in einem akuten Anfall von Verfolgungswahn durch das Fenster aus dem Krankenhaus.

Nach der *Gesamtlösung* bilden mittelbarer Täter und Tatmittler eine Einheit. Auch 53
der mittelbare Täter überschreitet daher erst dann die Schwelle zum Versuch, wenn sein Werkzeug unmittelbar zur Tat ansetzt. Der mittelbare Täter setzt also zu demselben Zeitpunkt an, zu dem der Anstifter wegen der Akzessorietät der Teilnahme strafbar wird (→ § 9 Rn. 119).[36] Eine solche gemeinsame Betrachtung hätte aber zur Folge, den Beginn der Strafbarkeit des mittelbaren Täters weit nach hinten zu verlagern. Dies erscheint unangebracht, weil anders als bei der Mittäterschaft nur der Hintermann die Tatherrschaft innehat.[37]

Im obigen Beispiel (→ Rn. 52) hätte K unmittelbar zur Tötung des P angesetzt, wenn sie ihm das 54
Medikament zu verabreichen begonnen hätte. Gleiches gälte nach der Gesamtlösung für den A. Da die K aufgrund der zwischenzeitlichen Flucht des P die Spritze nicht einmal ansetzen konnte, hätte demnach ebenso wenig der A die Schwelle zum Versuch überschritten.

Überwiegend wird daher bei der mittelbaren Täterschaft befürwortet, das unmittel- 55
bare Ansetzen für Hintermann und Vordermann getrennt zu beurteilen. Während der Tatmittler nach den allgemeinen Grundsätzen zu § 22 StGB unmittelbar zur Tat ansetzt, ist für den mittelbaren Täter allerdings umstritten, wann er die Versuchsschwelle überschreitet. Teilweise wird vertreten, dass er bereits mit Abschluss der Einwirkungshandlung auf das Werkzeug unmittelbar zur Tat ansetzt (sog. *weite Einzellösung*). Dadurch würde der mittelbare Täter zu demselben Zeitpunkt ansetzen, zu dem die Strafbarkeit wegen versuchter Anstiftung begründet würde.[38] Dies vermag allerdings nicht durchweg zu überzeugen, da zum Zeitpunkt des Abschlusses der Einwirkungshandlung noch keinerlei Gefahr für das Rechtsgut ersichtlich sein muss.[39]

Im obigen Beispiel (→ Rn. 52) wäre nach der weiten Einzellösung bereits die Übergabe der 56
Spritze mit den entsprechenden Instruktionen von A an K als unmittelbares Ansetzen des A zu

---

[35] BGHSt 39, 236 (238); *Frister* AT Kap. 29 Rn. 14; *Jäger* AT Rn. 308, 310; *Kindhäuser* AT § 40 Rn. 18; *Krey/Esser* Rn. 1242; *Kudlich* PdW AT Fall 230; *Kühl* AT § 20 Rn. 123a; *Rengier* AT § 36 Rn. 27; *Wessels/Beulke/Satzger* Rn. 612; *Zieschang* Rn. 520.
[36] *Krey/Esser* Rn. 1238 f.
[37] *Rengier* AT § 36 Rn. 6; *Wessels/Beulke/Satzger* Rn. 614.
[38] *Fischer* § 22 Rn. 26 f.; *Baumann/Weber/Mitsch* § 29 Rn. 155.
[39] *Kindhäuser* AT § 39 Rn. 57; *Rengier* AT § 36 Rn. 8.

werten. Er hätte sich demnach schon zum Zeitpunkt des Geschehens im Stationszimmer wegen eines versuchten Tötungsdelikts strafbar gemacht.

57 Nach der vermittelnden und vorzugswürdigen hM *(modifizierte Einzellösung)* bestimmt sich das unmittelbare Ansetzen daher auch für den mittelbaren Täter nach den allgemeinen Grundsätzen zu § 22 StGB. Danach ist vor allem maßgeblich, wann die Tatbestandsverwirklichung so nahe rückt, dass das geschützte Rechtsgut unmittelbar gefährdet ist. Dies ist zumindest dann der Fall, wenn der mittelbare Täter das Werkzeug aus seinem Herrschaftsbereich entlässt und die Tat alsbald, dh in unmittelbarem Anschluss begangen werden soll. Wird nach der Vorstellung des mittelbaren Täters der Tatmittler erst nach einer gewissen Zeitspanne oder zu einem bestimmten späteren Zeitpunkt tätig oder muss er noch wesentliche Vorbereitungshandlungen treffen, beginnt der Versuch des mittelbaren Täters dagegen erst dann, wenn der Tatmittler unmittelbar zur Tatausführung ansetzt.[40] Nach aA innerhalb der modifizierten Einzellösung setzt der mittelbare Täter generell bereits zum Versuch an, sobald er den Geschehensablauf aus der Hand gibt.[41]

58 Auch nach der hM setzt A im obigen Beispiel (→ Rn. 52) bereits zur Tötung des P an, als er K die Spritze mit der Anweisung der baldigen Verabreichung übergibt. Hätte indessen A die K etwa damit beauftragt, dem P am nächsten Morgen das Medikament zu verabreichen, hätte er wegen der dazwischen liegenden erheblichen Zeitspanne erst dann zur Tötung angesetzt, wenn K dem P die Spritze gegeben und sie ihrerseits die Schwelle zum Versuch überschritten hätte.

3. Unmittelbares Ansetzen bei Qualifikationen und Regelbeispielen

59 Bei *Qualifikationen* bestehen zunächst keine Besonderheiten beim unmittelbaren Ansetzen. Es gelten auch hier die allgemeinen Grundsätze zu § 22 StGB. Allerdings bedeutet die Verwirklichung eines Qualifikationsmerkmals (zB das Bei-sich-Führen einer Waffe im Sinne des § 244 Abs. 1 Nr. 1 lit. a StGB) noch nicht zwingend, die Schwelle zum Versuch des Grunddelikts (zB § 242 StGB) zu überschreiten. Dies ist aber erforderlich, um ebenso zum darauf aufbauenden Qualifikationstatbestand unmittelbar anzusetzen. Die Verwirklichung eines Qualifikationsmerkmals muss also stets zugleich ein unmittelbares Ansetzen zum Grundtatbestand beinhalten (zB zur Wegnahme der fremden beweglichen Sache).[42]

60 Bei *Regelbeispielen* ist zu berücksichtigen, dass es sich nicht um Tatbestände bzw. Tatbestandsmerkmale, sondern um Strafzumessungsregeln handelt (→ § 7 Rn. 3 ff.). Der *Versuch* des Regelbeispiels ist daher begrifflich nicht möglich.[43] Es wird aber diskutiert, ob bereits das „unmittelbare Ansetzen" zur Verwirklichung eines Regelbeispiels sich in der Schwere des Unrechtsgehalts mit dessen Vollverwirklichung vergleichen lässt und somit ein besonders schwerer Fall angenommen werden kann. Weil diese Frage von einiger strafrechtsdogmatischer Komplexität ist, werden Regelbeispiele in Prüfungsarbeiten häufig im Zusammenhang mit der „Strafbarkeit des Versuchs" erörtert.[44]

61 Ansonsten ist bei Regelbeispielen ähnlich wie bei Qualifikationen (→ Rn. 59) zu beachten, dass der Beginn der Verwirklichung eines Regelbeispiels zwar häufig, aber nicht notwendigerweise ein *unmittelbares Ansetzen* zum Grunddelikt nach sich

---

[40] BGHSt 30, 363 (365); 40, 257 (269); *Wessels/Beulke/Satzger* Rn. 614.
[41] *Jäger* AT Rn. 304; *Rengier* AT § 36 Rn. 14.
[42] *Kindhäuser* AT § 39 Rn. 56; *Kühl* AT § 15 Rn. 50; *Rengier* AT § 34 Rn. 60; *Wessels/Beulke/Satzger* Rn. 607; *Zieschang* Rn. 502.
[43] *Kühl* AT § 15 Rn. 53; *Zieschang* Rn. 504.
[44] Siehe hierzu *Zieschang* Rn. 503 ff.

zieht.[45] Bricht etwa der Dieb am Vorabend der eigentlichen Tat das Schloss an der Hintertür desjenigen Geschäftsgebäudes auf, das er am Abend darauf nach Wertsachen durchsuchen möchte, setzt er erst am zweiten Abend unmittelbar zum Diebstahl (in einem besonders schweren Fall nach § 243 Abs. 1 Satz 2 Nr. 1 StGB) an.

E. Rücktritt vom Versuch

§ 24 StGB Rücktritt 62

(1) [1]Wegen Versuchs wird nicht bestraft, wer freiwillig die weitere Ausführung der Tat aufgibt oder deren Vollendung verhindert. [2]Wird die Tat ohne Zutun des Zurücktretenden nicht vollendet, so wird er straflos, wenn er sich freiwillig und ernsthaft bemüht, die Vollendung zu verhindern.

(2) [1]Sind an der Tat mehrere beteiligt, so wird wegen Versuchs nicht bestraft, wer freiwillig die Vollendung verhindert. [2]Jedoch genügt zu seiner Straflosigkeit sein freiwilliges und ernsthaftes Bemühen, die Vollendung der Tat zu verhindern, wenn sie ohne sein Zutun nicht vollendet oder unabhängig von seinem früheren Tatbeitrag begangen wird.

Ausgewählte Entscheidungen: BGHSt 31, 170 (Rücktritt vom unbeendeten Versuch); 39, 221 (Denkzettel-Fall); NStZ 2008, 508 (Rücktritt vom beendeten Versuch); NStZ 2009, 628 (Gesamtbetrachtungslehre); NStZ 2011, 454 (Freiwilligkeit des Rücktritts bei Furcht vor Entdeckung der Tat); NStZ 2014, 450 (Rücktritt bei Erreichen eines außertatbestandlichen Ziels).

Ausgewählte Studienliteratur: Beckemper Rücktritt vom Versuch trotz Zweckerreichung, JA 1999, 203; *Böse* Der Beginn des beendeten Versuchs: Die Entscheidung des BGH zur „Giftfalle", JA 1999, 342; *Fahl* Freiwilligkeit beim Rücktritt, JA 2003, 757; *Köbler/Selter* § 24 II StGB – Der Rücktritt bei mehreren Tatbeteiligten, JA 2012, 1; *Kudlich* Grundfälle zum Rücktritt vom Versuch, JuS 1999, 240, 349, 449.

I. Grundlagen

Der Rücktritt vom Versuch gemäß § 24 StGB stellt einen persönlichen *Strafauf-* 63 *hebungsgrund* dar. Wer freiwillig von dem Versuch einer Straftat zurücktritt, wird also nicht bestraft, obwohl sein Verhalten die Grenze zur Versuchsstrafbarkeit bereits überschritten hat. Als *persönlicher* Strafaufhebungsgrund wird der Rücktritt bezeichnet, weil er nur demjenigen zugute kommt, der dessen Voraussetzungen in eigener Person erfüllt.[46] Zu prüfen sind Strafaufhebungsgründe wie der Rücktritt nach der Schuld.

Die Begründung der Straffreiheit des Zurücktretenden ist im Einzelnen umstritten.[47] Unter 64 anderem wird vorgetragen, dass derjenige, der aus freien Stücken zurück zur Legalität finde, eine gewisse Ungefährlichkeit zum Ausdruck bringe, die das Bedürfnis nach Strafe entfallen lasse. Der Zurücktretende nehme somit seinem Verhalten die Strafwürdigkeit *(Verdienstlichkeitstheorie).* Nach anderer Auffassung errichten die Rücktrittsregeln dem Täter eine „goldene Brücke" zurück zur Legalität, um den vom Strafrecht gewährten Rechtsgüterschutz zu stärken. Denn wenn ein

---

[45] *Kudlich* PdW AT Fall 224; *Kühl* AT § 15 Rn. 54; *Wessels/Beulke/Satzger* Rn. 607.
[46] *Kindhäuser* AT § 32 Rn. 1; *Krey/Esser* Rn. 1263; *Rengier* AT § 37 Rn. 1 f.
[47] Zusammenfassend *Jäger* AT Rn. 311; *Kindhäuser* AT § 32 Rn. 3; *Krey/Esser* Rn. 1256 ff.; *Rengier* AT § 37 Rn. 5 ff.; *Wessels/Beulke/Satzger* Rn. 626.

Täter von einem Versuch strafbefreiend zurücktreten könne, steige die Wahrscheinlichkeit, dass er von seiner Tat und der Verletzung von Rechtsgütern ablasse. Ohne eine Rücktrittsmöglichkeit könnte der Täter hingegen die Tat in dem Bewusstsein vollenden, ohnehin bestraft zu werden und dann zumindest den strafrechtlichen Erfolg zu erreichen *(kriminalpolitische Theorie)*.

65 Möglich ist ein Rücktritt immer nur von einer versuchten, nicht von einer bereits vollendeten Straftat. Zwar sieht das Gesetz in Ausnahmefällen auch für vollendete Taten eine Strafaufhebung oder zumindest Strafmilderung vor, wenn sich der Täter bemüht, die Auswirkungen seines Tuns zu verhindern oder abzuschwächen. Derartiges Verhalten stellt jedoch keinen Rücktritt dar, sondern wird vom Gesetz als „*tätige Reue*" bezeichnet (siehe zB § 306e StGB).[48]

66 Der Rücktritt ist *teilbar*, dh für jede Tat gesondert zu behandeln. Tritt der Täter von dem Versuch einer Tat strafbefreiend zurück, bleibt die Strafbarkeit wegen einer zugleich verwirklichten anderen Tat bestehen (sog. *qualifizierter Versuch*).[49]

67 **Beispiel:** A will Gegenstände aus der Wohnung des B stehlen. Zu diesem Zweck bricht er die Wohnungstür auf, lässt dann aber nach wenigen Schritten im Wohnungsflur von seinem Vorhaben ab und geht nach Hause.

Zwar ist A von dem versuchten Wohnungseinbruchdiebstahl (§§ 244 Abs. 1 Nr. 3, Abs. 2, 22 StGB) strafbefreiend zurückgetreten. Er bleibt jedoch strafbar wegen der bereits vollendeten Sachbeschädigung an der Wohnungstür (§ 303 Abs. 1 StGB) sowie wegen des ebenfalls schon vollendeten Hausfriedensbruchs (§ 123 Abs. 1 StGB).

68 § 24 StGB regelt verschiedene *Konstellationen* des Rücktritts.
– Zunächst ist zwischen dem Rücktritt des Alleintäters gemäß § 24 Abs. 1 StGB und dem Rücktritt eines von mehreren Tatbeteiligten gemäß § 24 Abs. 2 StGB zu unterscheiden.
– Beim Rücktritt des Alleintäters gemäß § 24 Abs. 1 StGB ist wiederum zwischen dem unbeendeten und dem beendeten Versuch zu differenzieren. In den Fällen des unbeendeten Versuchs greift Satz 1 Var. 1 ein, beim beendeten Versuch sind Satz 1 Var. 2 und Satz 2 einschlägig.
– § 24 Abs. 2 StGB hingegen stellt bei mehreren Tatbeteiligten unterschiedliche Voraussetzungen an den Rücktritt von der nicht vollendeten Tat (Satz 1 bzw. Satz 2 Var. 1) bzw. von der vollendeten Tat (Satz 2 Var. 2).

69 Allen Rücktrittsvarianten des § 24 StGB ist zum einen gemein, bei einem *fehlgeschlagenen Versuch* (→ Rn. 71 ff.) von vornherein ausgeschlossen zu sein, weil hier der Täter nicht mehr aus freien Stücken in die Legalität zurückkehrt. Zudem müssen die jeweiligen Voraussetzungen an den Rücktritt *freiwillig* (→ Rn. 108 ff.) erbracht werden, damit dem Täter ein persönlicher Strafaufhebungsgrund zugestanden werden kann.

---

70 | **Prüfungsschema: Rücktritt vom Versuch**

1. Kein fehlgeschlagener Versuch
2. Rücktrittsvoraussetzungen
   a) bei einem Beteiligten (§ 24 Abs. 1 StGB): unbeendeter (Satz 1 Var. 1) oder beendeter Versuch (Satz 1 Var. 2 bzw. Satz 2)
   b) bei mehreren Beteiligten (§ 24 Abs. 2 StGB): nicht vollendete (Satz 1 bzw. Satz 2 Var. 1) oder vollendete Tat (Satz 2 Var. 2)
3. Freiwilligkeit

---

[48] *Kindhäuser* AT § 32 Rn. 4; *Rengier* AT § 39 Rn. 1; *Wessels/Beulke/Satzger* Rn. 654.
[49] *Kindhäuser* AT § 32 Rn. 34; *Krey/Esser* Rn. 1298; *Wessels/Beulke/Satzger* Rn. 653.

II. Kein fehlgeschlagener Versuch

Ein fehlgeschlagener Versuch *schließt* einen *Rücktritt* von vornherein *aus* und ist 71 demzufolge in Prüfungsarbeiten vorab, dh noch vor den einzelnen Voraussetzungen der einschlägigen Rücktrittskonstellation anzusprechen. Dass ein Rücktritt bei einem Fehlschlag ausscheidet, lässt sich dem Gesetz zwar nicht entnehmen. Die von der hM anerkannte Rechtsfolge lässt sich aber damit begründen, dass ein Täter, der davon ausgeht, seinen ursprünglichen Tatplan nicht mehr verwirklichen zu können, sich lediglich mit (vermeintlichen) äußeren Umständen abfindet. Er kehrt daher gerade nicht, wie dies der persönliche Strafaufhebungsgrund des Rücktritts verlangt (→ Rn. 64), bewusst und gewollt in die Legalität zurück.[50]

Fehlgeschlagen ist ein Versuch, wenn der Täter nach seiner Vorstellung die Tat mit 72 den ihm zur Verfügung stehenden Mitteln nicht oder zumindest nicht mehr ohne zeitlich relevante Zäsur vollenden kann.[51] Ein Fehlschlag liegt also nicht bereits darin, dass der Täter die Vorstellung hat, er müsse von seinem Tatplan abweichen, um den Erfolg herbeizuführen.[52]

Ebenso kommt ein fehlgeschlagener Versuch in Betracht, wenn der Täter den gewoll- 73 ten tatbestandlichen Erfolg zwar noch erreichen kann, dies aber *sinnlos* geworden ist und der Täter dies auch erkennt.[53]

Beispiel: A dringt in das Haus des O ein, um dessen Tresor zu knacken und auszuräumen. Als 74 er den Tresor aufbricht, ist seine Enttäuschung allerdings groß, weil a) der Tresor völlig leer ist bzw. b) sich im Tresor nur wenige Cents Kleingeld befinden.

Ein fehlgeschlagener Diebstahlsversuch ist hier jedenfalls in der Variante a) gegeben, in welcher der aufgebrochene Tresor völlig leer ist und A die geplante Tat daher überhaupt nicht mehr vollenden kann.

Nicht anders ist es aber zu beurteilen, wenn sich in der Variante b) in dem Tresor nur wenige Cents Kleingeld befinden, die A enttäuscht liegen lässt. Zwar ist es dem A hier noch möglich, den tatbestandlichen Erfolg durch Wegnahme des Tresorinhalts herbeizuführen. Dies erscheint aber angesichts des ursprünglichen Vorhabens des A sinnlos, so dass auch in diesem Fall von einem Fehlschlag auszugehen ist, der den Rücktritt ausschließt.

Maßgeblich ist jeweils die *Sicht des Täters.* Daher liegt ein Fehlschlag auch dann vor, 75 wenn zwar tatsächlich Mittel zur Vollendung der Tat zur Verfügung stehen, der Täter diese aber nicht kennt oder nicht einzusetzen vermag.[54]

Beispiel: A schießt aus größerer Distanz mit Tötungsvorsatz auf den B, verfehlt ihn jedoch. Auf 76 einen weiteren möglichen Schuss auf den nunmehr weglaufenden B verzichtet der A, weil er irrigerweise davon ausgeht, keine Munition mehr zu haben. In Wahrheit befindet sich noch eine Patrone in seiner Waffe.

Aus seiner maßgeblichen Sicht war es dem A aufgrund der vermeintlich leergeschossenen Waffe nicht mehr möglich, die Tat mit den ihm zur Verfügung stehenden Mitteln (angesichts der Entfernung zu B wohl nur ein weiterer Einsatz der Schusswaffe) zu vollenden. Ein Rücktritt vom versuchten Tötungsdelikt ist somit ausgeschlossen. Dass dem A objektiv noch ein weiterer Schuss möglich war, bleibt unbeachtlich.

Erschöpft sich die versuchte Tatbestandsverwirklichung des Täters in einem einzigen 77 Handlungsakt, kann mit den dargestellten Grundsätzen ohne Weiteres beantwortet werden, ob der Versuch fehlgeschlagen ist oder nicht. Probleme ergeben sich indes-

---

[50] *Rengier* AT § 37 Rn. 15; aus der Rspr. etwa BGH NStZ 2015, 26.
[51] BGHSt 39, 221 (228); *Rengier* AT § 37 Rn. 15; *Wessels/Beulke/Satzger* Rn. 628.
[52] BGH NStZ-RR 2012, 239 (240).
[53] *Kindhäuser* AT § 32 Rn. 6; *Rengier* AT § 37 Rn. 22; *Wessels/Beulke/Satzger* Rn. 628.
[54] *Kindhäuser* AT § 32 Rn. 7; *Kühl* AT § 16 Rn. 11; *Rengier* AT § 37 Rn. 17.

sen, wenn der Täter *mehrere Handlungsakte* vornimmt, um den tatbestandlichen
Erfolg zu erreichen.

78   **Beispiel:** A schießt aus kurzer Entfernung mit Tötungsvorsatz auf B, verfehlt ihn jedoch. Da A
keine Munition mehr hat, zieht er daraufhin sein Messer und sticht auf B ein, wobei die Klinge
abbricht. Daraufhin zückt A seinen Totschläger, um den B zu erschlagen. In diesem Moment
besinnt sich A eines Besseren und nimmt von weiteren Angriffshandlungen Abstand.

79   Nach früher verbreiteter Auffassung war bereits von einem fehlgeschlagenen Versuch
auszugehen, wenn der Täter einen (einzigen) auf den tatbestandlichen Erfolg abzie-
lenden Handlungsakt vollzogen hat und dieser erfolglos blieb. Ein Rücktritt vom
Versuch war demnach nur hinsichtlich der jeweiligen einzelnen Akte möglich (sog.
Einzelaktstheorie).[55]

80   Diese Ansicht führte indes dazu, einen einheitlichen Lebenssachverhalt künstlich
auseinanderzureißen. Zudem würde dem Täter sehr früh die Möglichkeit eines straf-
befreienden Rücktritts und damit ein Anreiz genommen, von der weiteren Tatbegehung abzulassen. Dies widerspricht aber dem Gedanken des Opferschutzes. Schließlich berücksichtigt die Einzelaktstheorie nicht, dass der Täter letztlich, wenngleich
erst nach einigen Teilhandlungen, zur Rechtsordnung zurückgekehrt ist.[56] Nach der
heute herrschenden *Gesamtbetrachtungslehre* kommt es somit nicht auf die einzelnen
Teilakte an, sondern ist ein zusammenhängendes Geschehen insgesamt zu betrachten.[57]

81   Im obigen Beispiel (→ Rn. 78) wäre der Versuch des A, den B zu töten, nach der
Einzelaktstheorie bereits mit dem fehlgehenden Schuss fehlgeschlagen und ein
Rücktritt somit ausgeschlossen. Dies schränkte allerdings die Rücktrittsmöglichkeiten des A unverhältnismäßig ein, der nach wie vor den Tod des B herbeiführen
kann. Nach der Gesamtbetrachtungslehre ist daher maßgeblich, dass die einzelnen
Teilhandlungen des A (Schuss, Messerstich, Zücken des Totschlägers) in unmittelbarem räumlichen und zeitlichen Zusammenhang stehen und einen einheitlichen
Lebenssachverhalt bilden. Somit war der Tötungsversuch des A noch nicht fehlgeschlagen und ist er durch das Ablassen von weiteren Handlungen strafbefreiend
hiervon zurückgetreten. A bleibt aber strafbar wegen der bereits vollendeten gefährlichen Körperverletzung durch den Messerstich gemäß §§ 223 Abs. 1, 224 Abs. 1
Nr. 2 Var. 2 StGB.

Weiteres Beispiel: Flieht ein Opfer, auf das der Täter auf einer Landstraße mehrere Schüsse
abgibt, in den angrenzenden Wald, bedeutet dies nach BGH[58] – auf der Grundlage der Gesamtbetrachtungslehre – noch nicht unbedingt, dass der Täter seinen Tötungsversuch als fehlgeschlagen ansieht. Er kann entweder davon ausgehen, das Opfer verfolgen und mit der verbleibenden
Munition töten zu können, oder auch mit der alsbaldigen Rückkehr des Opfers rechnen. Im
letzten Fall ist allerdings zu prüfen, ob die dann durch einen fortbestehenden Tötungsvorsatz
verbundenen Einzelakte in einem derart unmittelbaren räumlichen und zeitlichen Zusammenhang stehen, dass das gesamte Handeln des Täters auch für einen Dritten als einheitliches
zusammengehöriges Tun erscheint.

---

[55] Siehe hierzu *Kindhäuser* AT § 32 Rn. 14; *Kühl* AT § 16 Rn. 18; *Rengier* AT § 37 Rn. 43;
Wessels/Beulke/Satzger Rn. 629; so heute noch Schönke/Schröder/Eser/Bosch § 24 Rn. 21.
[56] *Jäger* AT Rn. 314; *Wessels/Beulke/Satzger* Rn. 629.
[57] *Kindhäuser* AT § 32 Rn. 13; *Kudlich* PdW AT Fall 237; *Rengier* AT § 37 Rn. 46 ff.; *Wes-
sels/Beulke/Satzger* Rn. 629; modifizierend *Jäger* AT Rn. 314.
[58] Siehe hierzu BGH NStZ 2009, 628 (628 f.).

III. Rücktritt des Alleintäters (§ 24 Abs. 1 StGB)

1. Abgrenzung zwischen unbeendetem und beendetem Versuch

Der *Rücktritt des Alleintäters* bestimmt sich nach § 24 Abs. 1 StGB. Hierbei lässt sich **82** den einzelnen Voraussetzungen die Unterscheidung zwischen unbeendetem und beendetem Versuch entnehmen: Die bloße Aufgabe (Satz 1 Var. 1) kann nur beim unbeendeten Versuch zur Strafaufhebung führen, während beim beendeten Versuch hierfür erforderlich ist, die Vollendung der Tat zu verhindern (Satz 1 Var. 2) oder sich zumindest freiwillig und ernsthaft darum zu bemühen (Satz 2).

Ein Versuch ist *unbeendet*, wenn der Täter glaubt, noch nicht alles getan zu haben, **83** was nach seiner Vorstellung zur Vollendung der Tat notwendig ist. *Beendet* ist hingegen der Versuch, wenn der Täter alles getan zu haben glaubt, was nach seiner Vorstellung genügt oder möglicherweise ausreicht, um die Tat zu vollenden. Gleiches gilt, wenn der Täter sich keine Vorstellungen über die Folgen seines Tuns macht.[59] Bei Zweifeln oder Gleichgültigkeit des Täters über die Erfolgstauglichkeit seiner Handlung ist also von einem beendeten Versuch auszugehen.[60]

Für die Abgrenzung von unbeendetem und beendetem Versuch ist wiederum die **84** *Sicht des Täters* maßgeblich. Unter welchen Voraussetzungen er strafbefreiend zurücktreten kann, bestimmt sich dadurch unter Umständen nach einer Fehlvorstellung des Täters über die Erfolgstauglichkeit seines bisherigen Tuns. Nur wenn es zur (dem Täter rechtlich zurechenbaren) Vollendung der Tat kommt, ist ein Rücktritt des Alleintäters auch bei einem Irrtum über die Beendetheit seines Versuchs ausgeschlossen, weil § 24 StGB hier von vornherein nicht anwendbar ist.[61]

Beispiel: A gibt mit Tötungsvorsatz einen Schuss auf B ab. B wird dadurch verletzt, aber nicht **85** unmittelbar tödlich getroffen.

– Geht A davon aus, dass die Verletzung des B nicht lebensgefährlich ist, liegt ein unbeendeter Versuch vor. A kann daher durch bloßen Verzicht auf einen weiteren Schuss oder sonstige Tötungshandlungen vom versuchten Tötungsdelikt strafbefreiend nach § 24 Abs. 1 Satz 1 Var. 1 StGB zurücktreten. Etwas anderes gilt nur, wenn B tatsächlich lebensgefährlich verletzt ist und infolge der Untätigkeit des A verstirbt; hier ermöglicht der subjektiv unbeendete Versuch nicht mehr den Rücktritt von der objektiv vollendeten Tat.
– Glaubt A dagegen oder schließt er es zumindest nicht aus, den B lebensgefährlich verletzt zu haben, handelt es sich um einen beendeten Versuch. Um strafbefreiend zurückzutreten, muss er die Anforderungen des § 24 Abs. 1 Satz 1 Var. 2 bzw. Satz 2 StGB erfüllen. Dies gilt auch dann, wenn B tatsächlich nicht lebensgefährlich verletzt und der subjektiv beendete Versuch in Wahrheit ein unbeendeter Versuch ist, der Taterfolg also auch bei Untätigkeit des A bereits ausbliebe. Da es in diesem Fall von vornherein nicht in Betracht kommt, die Vollendung der Tat zu verhindern (Satz 1 Var. 2), muss sich A freiwillig und ernsthaft darum bemühen (Satz 2), um von dem – aus seiner maßgeblichen Sicht – beendeten Versuch zurückzutreten.

Umstritten war lange Zeit, welcher *Zeitpunkt* bezüglich der Tätervorstellung von der **86** Tat den Ausschlag gibt. Nach der früher vertretenen *Tatplantheorie* kam es auf den Tatplan des Täters zu Beginn der Tat an. Sollte ein Tatbestand etwa mit bestimmten Ausführungshandlungen verwirklicht werden, war der Versuch mit Abschluss dieses Tuns beendet. Dies galt unabhängig davon, ob sich die Handlungen bei der Umset-

---

[59] BGH NStZ-RR 2012, 106; *Kudlich* PdW AT Fall 241.
[60] *Jäger* AT Rn. 316; *Kindhäuser* AT § 32 Rn. 8; *Rengier* AT § 37 Rn. 31 ff.; *Wessels/Beulke/Satzger* Rn. 631; vgl. auch BGH NStZ 2014, 143.
[61] *Wessels/Beulke/Satzger* Rn. 627.

zung tatsächlich als erfolgstauglich erwiesen oder ob der Täter deren fehlende Eig-
nung zur Tatbestandsverwirklichung nachträglich erkannte.[62]

87   An dieser Auffassung wurde zu Recht kritisiert, denjenigen Täter zu privilegieren,
der mehrere Handlungsmöglichkeiten in Erwägung zieht und dadurch in der Regel
eine höhere kriminelle Energie entfaltet.[63] Hätte der Täter etwa nur einen Schuss
geplant, um sein Opfer zu töten, bedeutete bereits die Abgabe dieses Schusses einen
beendeten Versuch. Hielte sich der Täter dagegen mehrere Optionen offen, um den
Tatbestand zu verwirklichen, wäre sein Versuch erst mit Wahrnehmung der letzten
Handlungsoption beendet. Daher legt die heute hM der Abgrenzung von unbeendetem und beendetem Versuch den sog. *Rücktrittshorizont* zugrunde. Entscheidend ist
demnach – nicht zuletzt wegen der nahe gerückten Möglichkeit des Erfolgseintritts
und des entsprechenden Gefahrbewusstseins – die Vorstellung des Täters zum Abschluss der letzten Ausführungshandlung. Ändert der Täter unmittelbar nach diesem
Zeitpunkt, aber noch im Rahmen eines einheitlichen Geschehens, seine Vorstellung,
ist dieser sog. *korrigierte Rücktrittshorizont* maßgeblich.[64] Unerheblich ist, ob der
Täter zunächst den Versuch für beendet und sodann für unbeendet hält oder ob er
umgekehrt bei einem ursprünglich für unbeendet erachteten Versuch erkennt, dass
dieser bereits beendet ist.

2. Rücktrittsvoraussetzungen beim unbeendeten Versuch

88   Für den Rücktritt vom unbeendeten Versuch muss der Täter gemäß § 24 Abs. 1
Satz 1 Var. 1 StGB die weitere Ausführung der Tat freiwillig aufgeben. *Aufgabe* der
Tat bedeutet, von der weiteren Umsetzung des Tatentschlusses Abstand zu nehmen.[65]
Demnach genügt es für den Rücktritt, wenn der Täter nicht weiterhandelt.

89   Das Untätigbleiben des Täters muss sich als eine *endgültige Aufgabe der konkreten
Tat* darstellen. Nicht erforderlich ist, den kriminellen Entschluss im Ganzen und
endgültig aufzugeben.[66]

90   Uneinheitlich behandelt wird, ob dem Täter auch dann ein strafbefreiender Rücktritt
zuzugestehen ist, wenn er nur von der Tatbestandsverwirklichung ablässt, weil er ein
außertatbestandliches Handlungsziel bereits erreicht hat.

91   **Beispiel:** A ist verärgert über B, mit dem seine Freundin ihn am letzten Wochenende betrogen
hat. A stattet dem B daher einen Besuch ab und sticht mit einem Messer zu, um ihm einen
Denkzettel zu verpassen. Dabei nimmt A den Tod des B billigend in Kauf. Die tatsächlich
zugefügte Stichwunde erweist sich jedoch nicht als lebensgefährlich, was A auch erkennt.
Obwohl dem A bewusst ist, den B durch weitere Stiche noch töten zu können, sieht er hiervon
ab, da ihm die verursachte Wunde als Denkzettel für den B genügt. B überlebt.

92   Teilweise wird vertreten, dass ein Rücktritt durch bloßes Untätigbleiben nicht mehr
möglich sei, wenn der Täter sein außertatbestandliches Handlungsziel (zB die Verabreichung eines „Denkzettels") erreicht habe und die Tat somit aus der Sicht des
Täters bereits vollendet sei. Es fehle hier an einer honorierbaren Verzichtsleistung des
Täters, der seine Rechtstreue durch sein Verhalten nicht unter Beweis stelle und somit
die Tat *nicht* im Sinne des § 24 Abs. 1 Satz 1 Var. 1 StGB *aufgebe*.[67]

---

[62] So noch BGHSt 22, 330 (331); siehe hierzu *Wessels/Beulke/Satzger* Rn. 632.
[63] *Kindhäuser* AT § 32 Rn. 12; *Rengier* AT § 37 Rn. 35.
[64] BGHSt 31, 170 (176); BGH NStZ 2014, 569; *Kindhäuser* AT § 32 Rn. 13; *Rengier* AT § 37
Rn. 36; *Wessels/Beulke/Satzger* Rn. 637.
[65] *Kindhäuser* AT § 32 Rn. 19; *Rengier* AT § 37 Rn. 81; *Wessels/Beulke/Satzger* Rn. 641.
[66] *Kindhäuser* AT § 32 Rn. 19; *Kühl* AT § 16 Rn. 43; *Rengier* AT § 37 Rn. 88; *Wessels/
Beulke/Satzger* Rn. 641; aA BGHSt 7, 296 (297); 35, 184 (187); BGH NStZ 2010, 384 (384).
[67] *Jäger* AT Rn. 318.

Demgegenüber verweisen Rechtsprechung und das herrschende Schrifttum zu Recht 93
darauf, dass der Wortlaut des § 24 Abs. 1 Satz 1 Var. 1 StGB von der „*Tat*", also von
dem gesetzlichen Tatbestand spricht. Ob der Täter außertatbestandliche Zwecke,
Motive oder Absichten erreicht bzw. „verwirklicht", ist irrelevant. Daher bleibt ein
Rücktritt von der Tat auch bei Erreichung außertatbestandlicher Ziele grundsätzlich
möglich. Gegen einen Ausschluss des Rücktritts streitet zudem das Interesse des nach
wie vor gefährdeten Opfers.[68]

Im obigen Beispiel (→ Rn. 91) kann A nach hM von dem versuchten Tötungsdelikt 94
zum Nachteil des B zurücktreten. Dass er von der Tötung des B lediglich absieht,
weil er ihm schon den gewünschten Denkzettel verpasst hat, ist unerheblich. Ebenso
wenig steht das Rücktrittsmotiv des A der Freiwilligkeit seiner Tataufgabe entgegen,
da die Beweggründe hierfür nicht sittlich bewertet werden (→ Rn. 111).
Bestehen bleibt aber die Strafbarkeit des A wegen gefährlicher Körperverletzung
durch den Messerstich gemäß §§ 223 Abs. 1, 224 Abs. 1 Nr. 2 Var. 2 StGB.

Weiteres Beispiel: A überfällt X in deren Wohnung, um Bargeld zu entwenden. Um einen
etwaigen Widerstand zu brechen, führt A einen Elektroschocker und einen Pfefferspray bei sich.
Als X den A bemerkt, drückt er ihr mit dem Elektroschocker mehrmals auf den Arm und
versucht – mangels eingeführten Sicherungsstifts vergeblich –, einen Stromschlag auszulösen.
Aus Furcht vor weiteren körperlichen Übergriffen weist F aber schon jetzt den A auf das Geld
in ihrer Handtasche hin, das A an sich nimmt, ohne auf den Pfefferspray zurückgreifen zu
müssen. Nach BGH ist A vom unbeendeten Versuch der gefährlichen Körperverletzung zurückgetreten. Dass A sein (in Bezug auf die Körperverletzung außertatbestandliches) Ziel, an das
Geld der X zu gelangen, bereits erreicht hat, steht einem Rücktritt nicht entgegen.[69]

3. Rücktrittsvoraussetzungen beim beendeten Versuch

a) Grundlagen

Der Rücktritt vom beendeten Versuch ist auf zweierlei Weise möglich. Zunächst ist 95
gemäß § 24 Abs. 1 Satz 1 Var. 2 StGB denkbar, dass der Täter selbst freiwillig die
Vollendung der Tat verhindert. Aber selbst wenn die Vollendung der Tat aus anderen
Gründen als einem hierfür kausalen Bemühen des Täters ausbleibt, ist ein Rücktritt
nicht ausgeschlossen. Vielmehr erlangt der Täter gemäß § 24 Abs. 1 Satz 2 StGB die
Strafbefreiung, wenn er sich freiwillig und *ernsthaft bemüht*, die Vollendung zu
verhindern. Können hingegen weder der Täter noch andere Umstände die Vollendung der Tat abwenden, ist ein Rücktritt ausgeschlossen (→ Rn. 84).

b) Rücktritt nach § 24 Abs. 1 Satz 1 Var. 2 StGB

Nach § 24 Abs. 1 Satz 1 Var. 2 StGB tritt vom beendeten Versuch zurück, wer 96
freiwillig die *Vollendung der Tat verhindert*. Hierzu muss der Täter bewusst und
gewollt eine zumindest mitursächliche Ursache dafür setzen, dass die Vollendung der
Tat ausbleibt, also eine Gegenaktivität zu dem in Gang gesetzten Kausalverlauf
entwickeln.[70]

Nicht unumstritten ist, welche Qualität dem Bemühen um die Erfolgsverhinderung 97
zukommen muss. Zum Teil wird eine Bestleistung des Täters im Sinne eines „*optima-
len Bemühens*" gefordert. Der nur „halbherzige" Rücktritt rechtfertige keine Strafaufhebung.[71]

[68] BGHSt 39, 221 (230 ff.); *Kindhäuser* AT § 32 Rn. 18; *Kudlich* PdW AT Fall 249; *Rengier*
AT § 37 Rn. 62; *Wessels/Beulke/Satzger* Rn. 635; kritisch *Kühl* AT § 16 Rn. 41.
[69] Siehe hierzu BGH NStZ 2014, 450.
[70] BGHSt 33, 295 (301); *Rengier* AT § 37 Rn. 111; *Wessels/Beulke/Satzger* Rn. 644.
[71] *Baumann/Weber/Mitsch* § 27 Rn. 28; *Puppe* NStZ 2003, 309 (309 f.).

98   Nach hA reicht jedoch *jede beliebige Handlung* des Täters aus, die wenigstens mit-
      ursächlich die Vollendung der Tat abwendet. Auch der Wortlaut der Vorschrift
      spricht lediglich davon, „die Vollendung zu verhindern", ohne an die hierzu ergriffe-
      nen Maßnahmen weitere Voraussetzungen zu stellen. Der Täter muss demnach nicht
      die optimale oder sicherste erfolgsverhindernde Möglichkeit wählen. Wird die Voll-
      endung der Tat aber gerade deshalb nicht oder nur durch andere Umstände ver-
      hindert, geht dies zulasten des Täters, der sich dann nicht auf § 24 Abs. 1 Satz 1
      Var. 2 StGB berufen kann.[72]

99   **Beispiel:** A schießt mit Tötungsvorsatz auf B und verletzt ihn dadurch lebensgefährlich, was A
      auch erkennt. Aus Mitleid verständigt A von seinem Mobiltelefon aus halbherzig einen Notarzt,
      ohne ihm den Ort des Geschehens genau zu beschreiben. Gleichwohl kommt der Notarzt
      rechtzeitig vorbei und rettet den B.

      A erkennt, dass B lebensgefährlich verletzt ist und demzufolge beim ununterbrochenen Fortlauf
      der Geschehnisse seinen Verletzungen erläge. Aus der maßgeblichen (hier auch zutreffenden) Sicht
      des A ist der Versuch damit beendet. Wegen der Verständigung des Notarztes kommt ein Rücktritt
      nach § 24 Abs. 1 Satz 1 Var. 2 StGB in Betracht. Wer hierfür ein optimales oder bestmögliches
      Rettungsbemühen verlangt, wird es als problematisch erachten, die nur ungenaue Beschreibung
      des Ortes des Geschehens für das Verhindern der Tötung des B ausreichen zu lassen. Nach hM
      genügt hingegen jede neue Kausalkette, die der Täter in Gang setzt und die für die Nichtvoll-
      endung der Tat mitursächlich wird. Demzufolge ist A strafbefreiend nach § 24 Abs. 1 Satz 1 Var. 2
      StGB von dem Versuch der Tötung des B zurückgetreten. Unberührt bleibt wiederum die
      Strafbarkeit wegen bereits vollendeter Delikte, insbesondere wegen Körperverletzungsdelikte.

c) Rücktritt nach § 24 Abs. 1 Satz 2 StGB

100   § 24 Abs. 1 Satz 2 StGB regelt die Anforderungen an den Rücktritt für den Fall, dass
      der Täter gerade *keinen* zumindest *mitursächlichen Umstand* für das Ausbleiben der
      Tatvollendung setzt. In diesem Fall verlangt der strafbefreiende Rücktritt ein freiwil-
      liges und ernsthaftes Bemühen des Täters, die Vollendung zu verhindern.

101   Anders als bei § 24 Abs. 1 Satz 1 Var. 2 StGB muss das *Verhinderungsbemühen* des
      Täters *ernsthaft* sein. Es genügt gerade keine beliebige Gegenaktivität. Vielmehr muss
      der Täter alles tun, was in seinen Kräften steht und nach seiner Überzeugung
      erforderlich ist, um die Vollendung der Tat zu verhindern.[73]

102   Zwar schließen diese gesteigerten Anforderungen nicht aus, sich der *Hilfe Dritter* zu
      bedienen. Stehen allerdings Menschenleben auf dem Spiel, muss der Zurücktretende
      sich um die bestmögliche Maßnahme für die Erfolgsabwendung bemühen. Überdies
      muss der Täter sich ggf. davon überzeugen, dass die benachrichtigten Dritten die
      notwendigen Rettungsmaßnahmen auch ergreifen.[74]

103   **Beispiel:** A schießt mit Tötungsvorsatz auf B und verletzt ihn dadurch lebensgefährlich, was A
      auch erkennt. A bereut die Tat und läuft sofort zur nächsten Telefonzelle und verständigt einen
      Krankenwagen. Unterdessen kommt zufällig ein Notarzt vorbei, der den B rettet.

      A hat aus seiner Sicht bereits alles getan, um den Tod des B herbeizuführen, so dass der Versuch
      beendet ist. Ein Rücktritt nach § 24 Abs. 1 Satz 1 Var. 2 StGB liegt nicht vor, weil A keinen
      mitursächlichen Beitrag für die Rettung des B setzt, der vielmehr von dem zufällig vorbeikom-
      menden Notarzt versorgt wird. Da der Tod des B somit ohne Zutun des A abgewendet wird,
      kommt nur ein Rücktritt nach § 24 Abs. 1 Satz 2 StGB in Betracht. Dessen Voraussetzungen sind
      gegeben, da A einen Krankenwagen ruft, um die notwendige Behandlung des B zu veranlassen.

---

[72] BGH NStZ 2006, 503 (505); 2008, 508 (509); *Kudlich* PdW AT Fall 243; *Rengier* AT § 37
Rn. 124; *Wessels/Beulke/Satzger* Rn. 644 f.
[73] *Rengier* AT § 37 Rn. 141; *Wessels/Beulke/Satzger* Rn. 647.
[74] BGHSt 33, 295 (302); BGH NStZ 2008, 329 (329); 2008, 508 (509); *Jäger* AT Rn. 320;
Wessels/Beulke/Satzger Rn. 647.

IV. Rücktritt bei mehreren Tatbeteiligten (§ 24 Abs. 2 StGB)

Sind mehrere an der versuchten Tat beteiligt, gilt für den Rücktritt § 24 Abs. 2 StGB. **104** Die *höheren Anforderungen* der Vorschrift für die Strafbefreiung sind dem Umstand geschuldet, dass von mehreren verübte Taten eine gesteigerte Gefährlichkeit aufweisen. Insbesondere kann der einzelne Beteiligte – anders als bei der Alleintäterschaft – gewöhnlich nicht ausschließen, dass die anderen Beteiligten auch ohne seine Mitwirkung den Taterfolg herbeiführen.[75]

Eine Ausnahme gilt für denjenigen, der eine Tat, an der Anstifter oder Gehilfen beteiligt sind, **105** allein und unabhängig von deren Beiträgen ausführt. Da er in diesem Fall trotz der Mitwirkung anderer Beteiligter das Tatgeschehen beherrscht und es *wie ein Alleintäter* in der Hand hält, richtet sich sein Rücktritt nach hM nach § 24 Abs. 1 StGB.[76] Die anderen Beteiligten können hingegen nur unter den Voraussetzungen des § 24 Abs. 2 StGB strafbefreiend zurücktreten.

Sofern die Tat *nicht vollendet* wird, gelten für den Rücktritt nach § 24 Abs. 2 StGB **106** im Grunde dieselben Anforderungen wie für den beendeten Versuch nach Absatz 1. Strafbefreiend tritt hiernach vom Versuch zurück, wer entweder selbst die Vollendung verhindert (§ 24 Abs. 2 Satz 1 StGB) oder, falls dies ohne sein Zutun geschieht, sich ernsthaft darum bemüht (§ 24 Abs. 2 Satz 2 Var. 1 StGB).

Das ernsthafte Bemühen, die Vollendung der Tat zu verhindern, kann gemäß § 24 **107** Abs. 2 Satz 2 Var. 2 StGB ebenso genügen, wenn sich die *Vollendung* nicht abwenden lässt. Dies setzt allerdings voraus, dass die Tat unabhängig von dem früheren Tatbeitrag des Zurücktretenden begangen wird.

V. Freiwilligkeit

Gemeinsame Voraussetzung sämtlicher Rücktrittsvarianten des § 24 StGB, sei es beim **108** unbeendeten oder beendeten Versuch des Alleintäters nach Absatz 1 oder bei der nicht vollendeten wie vollendeten Tat durch mehrere Tatbeteiligte nach Absatz 2, ist die Freiwilligkeit. Freiwillig tritt nach hM vom Versuch der Tat zurück, wer aus *autonomen Motiven* handelt, dh aus Beweggründen, die er aus eigener Überzeugung fasst und nicht fremdbestimmt sind. Ein Anstoß von außen (zB das Flehen des Opfers) steht der Freiwilligkeit nicht entgegen. Der Täter muss allerdings „Herr seiner Entschlüsse" bleiben, darf sich also nicht in einer äußeren oder inneren Zwangslage befinden.[77] Maßgebliche Beurteilungsgrundlage ist nicht die objektive Sachlage, sondern die Vorstellung des Täters.[78] Beispiele für autonome Rücktrittsgründe sind Gewissensbisse, Reue, Mitleid und Angst (etwa vor Strafe).

Heteronome Motive, dh fremdbestimmte Umstände, die vom Willen des Täters **109** unabhängig sind und sich für ihn als zwingendes Hindernis darstellen, schließen die Freiwilligkeit eines Rücktritts aus. Hierzu zählt vor allem die Entdeckung der Tat, sofern die weitere Tatbegehung ein unvertretbar hohes Risiko bedeutet.[79]

Die Furcht vor drohender Entdeckung der Tat steht der Annahme von Freiwilligkeit aber nur dann entgegen, wenn es dem Täter überhaupt auf die Heimlichkeit der Tat ankommt oder er

---

[75] *Rengier* AT § 38 Rn. 5; *Wessels/Beulke/Satzger* Rn. 648.
[76] *Rengier* AT § 37 Rn. 13; *Wessels/Beulke/Satzger* Rn. 649.
[77] *Kindhäuser* AT § 32 Rn. 22; *Krey/Esser* Rn. 1302; *Kühl* AT § 16 Rn. 55; *Rengier* AT § 37 Rn. 91; *Wessels/Beulke/Satzger* Rn. 651.
[78] BGH NStZ-RR 2014, 9 (10).
[79] BGH NStZ 2007, 265 (266); *Jäger* AT Rn. 319; *Kindhäuser* AT § 32 Rn. 22; *Krey/Esser* Rn. 1303; *Rengier* AT § 37 Rn. 103; *Wessels/Beulke/Satzger* Rn. 652.

aufgrund äußerer Veränderungen von einem wesentlich gesteigerten, für ihn nicht mehr hinnehmbaren Risiko der Tataufdeckung ausgeht. So hat der BGH[80] einen Rücktritt vom unbeendeten Totschlagsversuch in einer Wohnung durch Aufgabe der Tat nicht allein deswegen an fehlender Freiwilligkeit scheitern lassen, dass es im Haus plötzlich laut wurde, weil ein Hund im Treppenhaus bellte und anschließend eine Wohnungstür ins Schloss fiel. Den Täter veranlasste dies, sich von dem Opfer zusichern zu lassen, ihn nicht anzuzeigen, und sich vom Tatort zu entfernen.

110 Zur notwendigen Abgrenzung von autonomen und heteronomen Rücktrittsmotiven kann hilfsweise die sog. *Franksche Formel* (im Sinne einer Faustformel) herangezogen werden: Denkt sich der Täter „Ich will nicht, obwohl ich könnte", so handelt er in der Regel aus autonomen Motiven und demzufolge freiwillig. Denkt er sich hingegen „Ich kann nicht, obwohl ich wollte", ist gewöhnlich von einem heteronomen und somit unfreiwilligen Rücktritt auszugehen.[81]

111 Unerheblich ist nach hM die *ethische Qualität* des autonomen Rücktrittsgrundes. Der Freiwilligkeit steht es somit nicht entgegen, wenn die Motive, von der weiteren Ausführung der Tat abzusehen, sittlich missbilligenswert sind.[82]

112 **Beispiel:** A lässt von der ihm nach wie vor möglichen Vergewaltigung der B ab, weil sie ihm verspricht, sich ihm am Abend freiwillig hinzugeben.

Da A aus autonomen Motiven von dem Versuch der Vergewaltigung zurücktritt, kann er nach hM insoweit nicht bestraft werden.

F. Versuch der Beteiligung

113 **§ 30 StGB Versuch der Beteiligung**

(1) ¹Wer einen anderen zu bestimmen versucht, ein Verbrechen zu begehen oder zu ihm anzustiften, wird nach den Vorschriften über den Versuch des Verbrechens bestraft. ²Jedoch ist die Strafe nach § 49 Abs. 1 zu mildern. ³§ 23 Abs. 3 gilt entsprechend.

(2) Ebenso wird bestraft, wer sich bereit erklärt, wer das Erbieten eines anderen annimmt oder wer mit einem anderen verabredet, ein Verbrechen zu begehen oder zu ihm anzustiften.

§ 31 StGB Rücktritt vom Versuch der Beteiligung

(1) Nach § 30 wird nicht bestraft, wer freiwillig

1. den Versuch aufgibt, einen anderen zu einem Verbrechen zu bestimmen, und eine etwa bestehende Gefahr, daß der andere die Tat begeht, abwendet,

2. nachdem er sich zu einem Verbrechen bereit erklärt hatte, sein Vorhaben aufgibt oder,

---

[80] BGH NStZ 2011, 454 (455).
[81] *Heinrich* AT Rn. 810; *Wessels/Beulke/Satzger* Rn. 651; jeweils angelehnt an *Frank* § 46 Anm. II.
[82] BGHSt 35, 184 (186); *Krey/Esser* Rn. 1306; *Kühl* AT § 16 Rn. 55; *Rengier* AT § 37 Rn. 94 und 99; *Wessels/Beulke/Satzger* Rn. 651.

3. nachdem er ein Verbrechen verabredet oder das Erbieten eines anderen zu einem Verbrechen angenommen hatte, die Tat verhindert.

(2) Unterbleibt die Tat ohne Zutun des Zurücktretenden oder wird sie unabhängig von seinem früheren Verhalten begangen, so genügt zu seiner Straflosigkeit sein freiwilliges und ernsthaftes Bemühen, die Tat zu verhindern.

Ausgewählte Entscheidungen: BGHSt 53, 174 (Verbrechensbegriff beim Versuch der Beteiligung); BGH NJW 2013, 1106 (Tatentschluss bei versuchter Anstiftung).

Ausgewählte Studienliteratur: *Dessecker* Im Vorfeld eines Verbrechens: die Handlungsmodaliäten des § 30 StGB, JA 2005, 549; *Geppert* Die versuchte Anstiftung (§ 30 Abs. 1 StGB), Jura 1997, 546; *Hinderer* Versuch der Beteiligung, § 30 StGB, JuS 2011, 1072.

I. Grundlagen

Der Versuch des Täters, einen Straftatbestand zu verwirklichen, ist gemäß § 23 Abs. 1   **114** StGB nur strafbar, wenn es sich hierbei um ein Verbrechen handelt (§ 12 Abs. 1 StGB) oder wenn das Gesetz dies bei einem Vergehen (§ 12 Abs. 2 StGB) ausdrücklich bestimmt. Der *Versuch sonstiger Formen der Beteiligung* ist dagegen in den §§ 30, 31 StGB geregelt. Ebenso wie § 22 StGB ist § 30 StGB *kein eigenständiger Straftatbestand*. Die Strafbarkeit ergibt sich also niemals unmittelbar aus § 30 StGB, sondern jeweils nur in Verbindung mit dem jeweiligen Verbrechenstatbestand.

§ 30 StGB bestimmt *abschließend*, welche Versuche der Beteiligung strafbar sind. Im   **115** Einzelnen sind dies gemäß dessen Absatz 1 die versuchte Anstiftung – abzugrenzen von der (vollendeten) Anstiftung zum Versuch (→ § 9 Rn. 119) – sowie gemäß dessen Absatz 2 die Verbrechensverabredung und ähnliche Verhaltensweisen. Da die versuchte Beihilfe in § 30 StGB nicht erwähnt wird, bleibt sie straflos (→ § 9 Rn. 119). § 31 StGB enthält schließlich besondere Vorschriften zum Rücktritt vom Versuch der Beteiligung; § 24 StGB ist für die Beteiligungsversuche des § 30 StGB nicht anwendbar. Sollte später jedoch tatsächlich die Haupttat versucht und hiervon strafbefreiend (gemäß § 24 StGB) zurückgetreten werden, schließt dies auch eine Bestrafung nach § 30 StGB iVm der jeweiligen Haupttat aus.

Alle in § 30 StGB beschriebenen Handlungen haben gemeinsam, dass sie sich nicht in einer   **116** (vollendeten oder versuchten) Haupttat auswirken, eine solche Tat also entweder ausbleibt oder unabhängig von dem Versuch der Mitwirkung hieran begangen wird. Gleichwohl wird die Strafbarkeit auf solche Vorbereitungshandlungen ausgedehnt, um der besonderen *Gefährlichkeit der Beeinflussung dritter Personen* bzw. der Einbindung solcher Personen in den eigenen Tatentschluss Rechnung zu tragen. Oft ist es vornehmlich dem Anstifter oder demjenigen, der sich zu einem Verbrechen verabredet, nicht mehr möglich, die weitere Entwicklung zu kontrollieren. Deshalb sollen derartige Vorbereitungshandlungen möglichst früh strafrechtlich erfasst werden.[83]

II. Versuchte Anstiftung (§ 30 Abs. 1 StGB)

1. Grundlagen

Der Aufbau der versuchten Anstiftung gemäß § 30 Abs. 1 StGB entspricht weit-   **117** gehend dem Aufbau des Versuchs der täterschaftlichen Verwirklichung der Haupttat

---

[83] *Kindhäuser* AT § 43 Rn. 1; *Wessels/Beulke/Satzger* Rn. 563 f.

gemäß § 22 StGB. Anstatt auf die nicht vollendete Haupttat ist jeweils auf die nicht vollendete bzw. nicht geglückte Anstiftung abzustellen. Der Tatentschluss als Pendant zum subjektiven Tatbestand der vollendeten Beteiligung besteht aus dem dort notwendigen doppelten Anstiftervorsatz, der sich sowohl auf die Vollendung der Haupttat als auch auf die eigene Anstiftung beziehen muss (→ § 9 Rn. 132 ff.).

118

Prüfungsschema: Versuchte Anstiftung

   I. Vorprüfung
      1. Nichtvollendung der Anstiftung
      2. Strafbarkeit der versuchten Anstiftung
  II. Tatentschluss zur (Ketten-)Anstiftung
      1. Vorsatz hinsichtlich der Vollendung der (vorsätzlich begangenen rechtswidrigen) Haupttat
      2. Vorsatz hinsichtlich der eigenen Anstiftungshandlung
 III. Unmittelbares Ansetzen zur Anstiftung (vgl. § 22 StGB)
 IV. Rechtswidrigkeit
  V. Schuld
 VI. Kein Rücktritt gemäß § 31 Abs. 1 Nr. 1 oder § 31 Abs. 2 StGB

---

2. Vorprüfung

119 In der Vorprüfung ist zunächst (in der Regel in einem einzigen knappen Satz) festzuhalten, dass die *Anstiftung nicht vollendet* ist, also nicht zu einer strafbaren (ggf. nur versuchten) Haupttat geführt hat.

120 Ein möglicher Grund für eine misslungene Anstiftung ist, dass der Adressat der Anstiftungshandlung sich gegen das Ansinnen des Anstifters wendet (zB wenn B der Bitte des A, den C zu töten, schlicht nicht nachkommt). Ebenso ist denkbar, dass der Angestiftete zwar zunächst einen Tatentschluss fasst, später jedoch von diesem Tatentschluss wieder ablässt, bevor er in das strafbare Versuchsstadium eintritt. In diesem Fall ist die Anstiftung zwar zunächst in einem gewissen Sinne erfolgreich, bleibt aber *mangels strafbarer Haupttat* unvollendet.

121 Schließlich kann eine Anstiftung deswegen nicht zur Vollendung gelangen, weil der Adressat bereits fest zur Tat entschlossen ist *(omnimodo facturus)* und der Anstifter daher den Entschluss zur (später ggf. sogar durchgeführten) Haupttat nicht mehr hervorrufen kann.

122 In dem zweiten Schritt der Vorprüfung ist die *Strafbarkeit des Versuchs* (der Anstiftung) festzustellen. Dies setzt gemäß § 30 Abs. 1 StGB voraus, dass es sich bei der Haupttat, zu der angestiftet werden soll, um ein Verbrechen handelt. Wer einen anderen zu bestimmen versucht, ein Vergehen zu begehen (oder zu ihm anzustiften), bleibt hingegen straflos.

123 § 30 Abs. 1 StGB stellt klar, dass auch die versuchte *Kettenanstiftung*, dh die misslungene Anstiftung zur Anstiftung zu einem Verbrechen strafbar ist. Dies ergibt sich freilich schon nach allgemeinen Grundsätzen, da auch die Anstiftung zur Anstiftung zur Haupttat als Anstiftung zur Bezugstat zu begreifen ist (→ § 9 Rn. 109).

124 Ob es sich bei der angestrebten Haupttat um ein *Verbrechen* handelt, kann aus der Perspektive des Anstiftenden und des Erklärungsempfängers mitunter unterschiedlich zu bewerten sein. Wessen Blickwinkel entscheidet, ist vor allem in den Fällen des § 28 StGB relevant, wenn nicht alle Beteiligte in eigener Person ein besonderes persönliches Merkmal verwirklichen.

Insoweit ist lediglich weitgehend unstreitig, dass in den Fällen des *§ 28 Abs. 1 StGB* **125** auf die *Straftat des Haupttäters* abzustellen bleibt. Die in der Vorschrift angeordnete Strafrahmenverschiebung stellt nämlich lediglich eine Lockerung, aber keine Durchbrechung der Akzessorietät dar (→ § 9 Rn. 164).[84]

Umstritten ist indessen die Behandlung von Konstellationen des *§ 28 Abs. 2 StGB*. **126** Ein großer Teil des Schrifttums erachtet hier die *Sichtweise des Anstifters* als maßgeblich. Dafür spreche der Vergleich zur vollendeten Anstiftung, bei der die Strafbarkeit des Teilnehmers sich danach bestimmt, welche besonderen persönlichen Merkmale er selbst (und nicht der Haupttäter) in eigener Person erfüllt. Demzufolge müsse für den Versuch der Beteiligung gemäß § 30 Abs. 1 StGB erst recht den Ausschlag geben, welchen Charakter die Haupttat in der Person des Anstifters (ggf. nach einer Tatbestandsverschiebung gemäß § 28 Abs. 2 StGB) aufweise.[85]

Die hA stellt dagegen zutreffend auf die *Sichtweise des Angestifteten* ab. Denn aus **127** dem Wortlaut und dem Strafgrund des § 30 StGB ergibt sich, dass die Norm nicht den gefährlichen Anstifter, sondern die Vorbereitung besonders gefährlicher Straftaten erfassen will. Entscheidend ist somit der Blickwinkel des anzustiftenden Haupttäters, was zudem Widersprüche zur Behandlung der Fälle des § 28 Abs. 1 StGB vermeidet.[86]

Beispiel: Der todkranke O bittet seine Frau F ernstlich, ihn zu töten. Daraufhin ersucht F den Arzt A, dem O eine tödlich wirkende Spritze zu geben, ohne ihn aber von dem ernstlichen Tötungsverlangen des O in Kenntnis zu setzen. A weigert sich.

Die Motivation durch das ernstliche Tötungsverlangen des Sterbewilligen stellt ein strafmilderndes, besonderes persönliches Merkmal im Sinne des § 28 Abs. 2 StGB dar. Da der Arzt A hiervon nichts weiß, würde er bei tatsächlicher Ausführung der von F erbetenen Tat einen Totschlag oder Mord gemäß §§ 211, 212 StGB und somit ein Verbrechen begehen. F käme bei ihrer Beteiligung hieran aufgrund ihrer Motivation durch das Tötungsverlangen des O jedoch eine Tatbestandsverschiebung nach § 28 Abs. 2 StGB zugute, so dass sie wegen Anstiftung zur Tötung auf Verlangen gemäß §§ 216 Abs. 1, 26 StGB strafbar wäre. Bei § 216 StGB handelt es sich wegen des Mindestmaßes der Freiheitsstrafe von sechs Monaten um ein Vergehen.

Nach im Schrifttum verbreiteter Meinung bliebe F straflos, da in ihrer Person die Haupttat nur ein Vergehen wäre. Hingegen hat sich F nach hA wegen versuchter Anstiftung des A zu einem Tötungsdelikt strafbar gemacht, weil danach die Perspektive des anzustiftenden Haupttäters den Ausschlag gibt.

3. Tatentschluss

Für den als Tatentschluss zu prüfenden doppelten Anstiftervorsatz (→ Rn. 117) **128** genügt jeweils dolus eventualis. Bzgl. der Verwirklichung der Haupttat reicht es daher aus, dass der versuchte Anstifter es für möglich hält und billigend in Kauf nimmt, dass der Aufgeforderte die Aufforderung ernst nehmen und durch sie zur Tat bestimmt werden könnte. Er muss hingegen nicht davon ausgehen, dass der Anzustiftende ohne Weiteres bedingungslos zur Tat bereit ist.

Beispiel: Der in Untersuchungshaft sitzende A will den aus der Haft entlassenen Mitbeschuldigten D durch den Auftragskiller K töten lassen, um den D an einer Aussage in einem umfangreichen Betrugsverfahren zu hindern. Er hält daher seinen Rechtsanwalt B an, K für 10.000 €

---

[84] Schönke/Schröder/*Heine/Weißer* § 30 Rn. 11; *Wessels/Beulke/Satzger* Rn. 562.
[85] BeckOK StGB/*Beckemper* § 30 Rn. 4; Schönke/Schröder/*Heine/Weißer* § 30 Rn. 13; *Kühl* AT § 20 Rn. 247; *Wessels/Beulke/Satzger* Rn. 562.
[86] BGHSt 53, 174 (178); *Rengier* AT § 47 Rn. 15; differenzierend *Roxin* AT II § 28 Rn. 27 f.; *Stratenwerth/Kuhlen* § 12 Rn. 173.

mit der Ermordung des D zu beauftragen. Allerdings ist sich A nicht sicher, dass K den Auftrag annimmt. Zu einer Weiterleitung des Tötungsauftrags kommt es indes überhaupt nicht.

A ist strafbar wegen versuchter Anstiftung zum Mord gemäß §§ 211, 30 Abs. 1 StGB (zur Kettenanstiftung → Rn. 123). Die Unsicherheit des A, ob K den Auftrag annimmt, steht seinem bedingten Vorsatz in Bezug auf die Verwirklichung der wegen der Individualisierung des Tatopfers hinreichend bestimmten Haupttat nicht entgegen.[87]

4. Unmittelbares Ansetzen

129 Unmittelbar zur Anstiftung setzt an, wer zur Deliktsbegehung auffordert. Zum Teil wird insoweit vertreten, dass es auf den *Zugang der Anstiftungserklärung* beim Empfänger ankomme, da ohne dessen Kenntnisnahme keine Gefährdungslage begründet werde.[88]

130 Dem wird zu Recht entgegengehalten, dass § 30 Abs. 1 StGB ausdrücklich auf die Vorschriften über den Versuch des Verbrechens und somit auch auf § 22 StGB verweist. Dort ist aber anerkannt, dass zur Tat bereits unmittelbar ansetzt, wer den Geschehensablauf aus der Hand gibt. Demzufolge liegt ein unmittelbares Ansetzen zur versuchten Anstiftung schon in der *Abgabe der Anstiftungserklärung*, soweit sie bereits die notwendigen Informationen zur Durchführung der Tat enthält.[89]

5. Rücktritt gemäß § 31 Abs. 1 Nr. 1, Abs. 2 StGB

131 § 31 StGB enthält eine eigene Regelung für den Rücktritt vom Versuch der Beteiligung. Für den Rücktritt von der versuchten Anstiftung ist *§ 31 Abs. 1 Nr. 1 StGB* einschlägig, dessen Prüfung der des § 24 StGB ähnelt. Zunächst ist zu erörtern, ob der *Versuch fehlgeschlagen* und ein Rücktritt somit ausgeschlossen ist. Dies setzt voraus, dass der Täter der Ansicht ist, bei dem Anzustiftenden keinen Tatentschluss (mehr) hervorrufen zu können.[90] Ein solcher Fehlschlag liegt vor allem dann vor, wenn der Erklärungsempfänger das Ansinnen des Anstiftenden ausdrücklich zurückweist.

132 Auch § 31 Abs. 1 Nr. 1 StGB kann eine Unterscheidung zwischen unbeendetem und beendetem Versuch entnommen werden. *Unbeendet* ist der Versuch der Anstiftung, wenn der Anstiftende zum entscheidenden Zeitpunkt seiner Rücktrittsbemühungen davon ausgeht, beim Erklärungsempfänger noch keinen Tatentschluss hervorgerufen zu haben.[91] In diesem Fall reicht es aus, wenn der Anstifter freiwillig den Versuch aufgibt, den Anzustiftenden zu einem Verbrechen zu bestimmen. Hierfür genügt schlichtes Untätigbleiben.

133 *Beendet* ist die versuchte Anstiftung, wenn nach der wiederum maßgeblichen Perspektive des Anstiftenden beim Erklärungsempfänger bereits ein Tatentschluss hervorgerufen wurde und somit die Gefahr besteht, dass dieser die Tat begeht.[92] In diesem Fall muss der Anstifter freiwillig die Gefahr abwenden, wobei die Anforderungen hieran dem „Verhindern" in § 24 Abs. 1 Satz 1 StGB entsprechen. Es bedarf somit ernstlicher Bemühungen wie des Einwirkens auf den Angestifteten, von der Tat abzulassen, des Warnens des Opfers oder der Benachrichtigung der Polizei.

---

[87] Siehe hierzu BGH NJW 2013, 1106 (1106 f.).

[88] *Jescheck/Weigend* § 65 II 1; *Stratenwerth/Kuhlen* § 12 Rn. 175.

[89] *Kindhäuser* AT § 43 Rn. 7; *Krey/Esser* Rn. 1334d; *Kühl* AT § 20 Rn. 249; *Rengier* AT § 47 Rn. 21.

[90] *Rengier* AT § 47 Rn. 35.

[91] Schönke/Schröder/*Heine/Weißer* § 31 Rn. 3; *Kühl* AT § 20 Rn. 258; *Rengier* AT § 47 Rn. 36.

[92] Schönke/Schröder/*Heine/Weißer* § 31 Rn. 3; *Kühl* AT § 20 Rn. 258.

Zur allen Rücktrittsmöglichkeiten gemeinsamen Voraussetzung der *Freiwilligkeit* 134
gelten die Ausführungen zu § 24 StGB (→ Rn. 108 ff.) entsprechend.[93]

Sofern die Tat ohne Zutun des Zurücktretenden unterbleibt (zB bei einem objektiv 135
fehlgeschlagenen Versuch) oder unabhängig von seinem früheren Verhalten begangen
wird, ist ein Rücktritt unter den Voraussetzungen des *§ 31 Abs. 2 StGB* möglich.
Nach der § 24 Abs. 1 Satz 2 und Abs. 2 Satz 2 StGB angelehnten Regelung reicht in
diesen Fällen bereits ein freiwilliges und ernsthaftes Bemühen aus, die Tat zu verhindern. Dies setzt voraus, alle Kräfte anzuspannen, um den vermeintlich hervorgerufenen Tatentschluss und somit die Gefahr der Tatbegehung zu beseitigen.[94]

III. Vorbereitungshandlungen des § 30 Abs. 2 StGB

1. Grundlagen

Prüfungsschema: Vorbereitungshandlungen des § 30 Abs. 2 StGB   136

I. Tatbestand
  1. Objektiver Tatbestand
     a) Verbrechen als Bezugstat
     b) Vorbereitungshandlungen gemäß § 30 Abs. 2 StGB
  2. Subjektiver Tatbestand
     a) Vorsatz bzgl. Bezugstat
     b) Vorsatz bzgl. Vorbereitungshandlung
II. Rechtswidrigkeit
III. Schuld
IV. Kein Rücktritt gemäß § 31 Abs. 1 Nr. 2, Nr. 3 oder § 31 Abs. 2 StGB

---

2. Sich-Bereiterklären (§ 30 Abs. 2 Var. 1 StGB)

Nach § 30 Abs. 2 Var. 1 StGB wird bestraft, wer sich dazu bereit erklärt, ein Ver- 137
brechen zu begehen oder zu ihm anzustiften. Das Sich-Bereiterklären kann von sich
aus oder auch durch Annahme der Aufforderung eines anderen erklärt werden, muss
aber jeweils *ernst gemeint* sein.[95] Wer sich nach außen hin zur Tat bereit erklärt, sich
jedoch insgeheim vorbehält, die Tat nicht zu begehen, ist demzufolge nicht strafbar;
in der Praxis dürfte sich ein solcher Vorbehalt freilich schwer beweisen lassen.

3. Annahme des Erbietens (§ 30 Abs. 2 Var. 2 StGB)

Wer das Erbieten eines anderen annimmt, begeht gemäß § 30 Abs. 2 Var. 2 StGB 138
ebenfalls eine strafbare Vorbereitungshandlung. Auch die Annahme des Erbietens
muss *ernstlich* sein; unerheblich ist, ob das angenommene Erbieten selbst ernst
gemeint war. Der Unterschied zum Sich-Bereiterklären auf Aufforderung liegt darin,
dass die fragliche Tatbegehung bei der Annahme des Erbietens vom Anbietenden,
beim Sich-Bereiterklären hingegen vom Tatbereiten selbst herangetragen wird.

---

[93] *Kühl* AT § 20 Rn. 255.
[94] BGHSt 50, 142 (146 f.); *Lackner/Kühl* § 31 Rn. 3; *Rengier* AT § 47 Rn. 40.
[95] *Fischer* § 30 Rn. 10; *Krey/Esser* Rn. 1334e; *Wessels/Beulke/Satzger* Rn. 564.

4. Verabredung zum Verbrechen (§ 30 Abs. 2 Var. 3 StGB)

139   Die wichtigste Variante des § 30 Abs. 2 StGB ist die Verbrechensverabredung gemäß Var. 3. Eine solche Verabredung setzt eine *feste Übereinkunft* mindestens zweier Beteiligter voraus, gemeinschaftlich ein Verbrechen zu begehen oder zu ihm anzustiften.[96]

140   Bei der Verbrechensverabredung handelt es sich demnach um eine *Vorstufe zur mittäterschaftlichen Tatbegehung.* Daher reicht es nicht aus, wenn zwei Personen ein Verbrechen in der Rollenverteilung Täter und Teilnehmer verabreden, sondern müssen sie gleichrangige, jeweils täterschaftsbegründende Tatbeiträge vorsehen. Verabreden mehrere Personen ein Verbrechen, werden somit nur diejenigen nach § 30 Abs. 2 Var. 3 StGB iVm dem jeweiligen Verbrechenstatbestand bestraft, die eine täterschaftliche Rolle im geplanten Geschehensablauf einnehmen sollen. Die Zusage einer Gehilfenhandlung begründet noch keine Strafbarkeit.[97]

141   Der *Vorsatz* der Verabredenden muss auf die Vollendung des vereinbarten Verbrechens gerichtet sein. Dazu bedarf es einer Vorstellung, welche die geplante Tat in ihren wesentlichen Grundzügen konkretisiert.[98]

5. Rücktritt gemäß § 31 Abs. 1 Nr. 2, Nr. 3 oder § 31 Abs. 2 StGB

142   Für die Vorbereitungshandlungen des § 30 Abs. 2 StGB gelten zunächst die Rücktrittsregeln in § 31 Abs. 1 Nr. 2 und 3 StGB:

– Wer *sich* zu einem Verbrechen gemäß § 30 Abs. 2 Var. 1 StGB *bereit erklärt*, muss gemäß § 31 Abs. 1 Nr. 2 StGB sein Vorhaben aufgeben.

– Für die *Annahme des Erbietens* eines anderen im Sinne des § 30 Abs. 2 Var. 2 StGB und die *Verbrechensverabredung* nach § 30 Abs. 2 Var. 3 StGB ist § 31 Abs. 1 Nr. 3 StGB einschlägig, wonach die Tat verhindert werden muss.

143   Sofern ein Rücktritt nach § 31 Abs. 1 Nr. 2 oder Nr. 3 StGB nicht in Betracht kommt, ist auch bei den Vorbereitungshandlungen des § 30 Abs. 2 StGB die Rücktrittsregelung in *§ 31 Abs. 2 StGB* zu beachten (→ Rn. 135).

---

[96] *Krey/Esser* Rn. 1334g; *Rengier* AT § 47 Rn. 24; *Wessels/Beulke/Satzger* Rn. 564.
[97] *Kühl* AT § 20 Rn. 252; *Rengier* AT § 47 Rn. 24.
[98] BGH NStZ 2007, 697; *Kindhäuser* AT § 43 Rn. 20; *Rengier* AT § 47 Rn. 25.

§ 11. Unterlassungsdelikte

A. Grundlagen

Ausgewählte Entscheidungen: BGHSt 37, 106 (Lederspray-Fall); 48, 301 (Garantenstellung unter Ehegatten); 55, 191 (Behandlungsabbruch); 57, 42 (Garantenstellung von Betriebsinhabern und Vorgesetzten); NStZ 2003, 657 (Hepatitis-Fall); NJW 2010, 1087 (Bad Reichenhaller Eissporthalle).

Ausgewählte Studienliteratur: *Engländer* Kausalitätsprobleme beim unechten Unterlassungsdelikt – BGH NStZ 2000, 414, JuS 2001, 958; *Exner* Versuch und Rücktritt vom Versuch eines Unterlassensdelikts, Jura 2010, 276; *Kühl* Die strafrechtliche Garantenstellung – Eine Einführung mit Hinweisen zur Vertiefung, JuS 2007, 497; *Ransiek* Das unechte Unterlassungsdelikt, JuS 2010, 585; *Satzger* Die rechtfertigende Pflichtenkollision, Jura 2010, 753; *Sowada* Die Garantenstellung aus vorausgegangenem Tun (Ingerenz), Jura 2003, 236.

I. Echte und unechte Unterlassungsdelikte

Eine Tat kann nicht nur durch aktives Tun, sondern auch durch passives Verhalten,   2
also durch ein Unterlassen, begangen werden. Tun und Unterlassen stellen verschiedene *Handlungsmodalitäten* dar.

Die Unterlassungsdelikte werden in echte und unechte eingeteilt (→ § 1 Rn. 51).   3
Echte Unterlassungsdelikte sind Strafvorschriften aus dem Besonderen Teil, die ausdrücklich das Unterlassen einer bestimmten Tätigkeit unter Strafe stellen. Hingegen handelt es sich um ein *unechtes Unterlassungsdelikt*, wenn ein sonstiger Tatbestand, der keine Handlungsmodalität vorgibt, im konkreten Fall durch ein Nichtstun verwirklicht wird.

Während es für die Verwirklichung eines echten Unterlassungsdelikts genügt, die   4
gesetzlich geforderte Tätigkeit nicht vorzunehmen, ist der Untätige beim unechten Unterlassungsdelikt lediglich dann strafbar, wenn er die beiden *zusätzlichen Anforderungen des § 13 StGB* erfüllt:

– Danach ist zum einen wegen eines Unterlassens nur strafbar, wer „rechtlich dafür einzustehen hat, daß der Erfolg nicht eintritt", also ein sog. *Garant* für die Verhinderung der Tat ist (→ Rn. 33 ff.).

– Zum anderen setzt § 13 StGB voraus, dass „das Unterlassen der Verwirklichung des gesetzlichen Tatbestandes durch ein Tun entspricht" (sog. *Gleichstellungs- oder Entsprechensklausel*; → Rn. 70 ff.).

II. Struktur des unechten Unterlassungsdelikts

5 Der objektive Tatbestand des Unterlassungsdelikts ähnelt dem des Begehungsdelikts durch aktives Tun insofern, als es (bei Erfolgsdelikten) auch hier des Eintritts eines tatbestandsmäßigen Erfolges sowie einer hierfür ursächlichen Handlung des Täters bedarf. Besonderheiten ergeben sich jedoch dadurch, dass die Handlung des Täters in einem *Unterlassen* besteht, auf das die condicio-sine-qua-non-Formel in ihrer üblichen Form (Hinwegdenken einer Handlung; → § 4 Rn. 25) nicht angewendet werden kann. Es bleibt vielmehr zu fragen, ob bei Vornahme der (rechtlich gebotenen sowie dem Täter physisch möglichen) Rettungshandlung der Erfolg verhindert worden wäre (sog. *hypothetische oder Quasi-Kausalität*).

6 Außerdem sind zum Schluss des objektiven Tatbestandes – was in Prüfungsarbeiten indessen häufig vergessen wird – die beiden *Voraussetzungen des § 13 StGB* zu erörtern. Der Täter muss demnach eine Garantenstellung innehaben und sein Unterlassen muss einem aktiven Tun entsprechen.

7 Bei den sonstigen Prüfungsstufen ergeben sich im Aufbau keine Besonderheiten. Allerdings ist bei der Rechtswidrigkeit ggf. der besondere Rechtfertigungsgrund der *rechtfertigenden Pflichtenkollision* zu berücksichtigen. In der Schuld bleibt unter Umständen die *Unzumutbarkeit* der Vornahme der Rettungshandlung als normgemäßes Verhalten für den Täter anzusprechen.

---

8 **Prüfungsschema: Unechtes Unterlassungsdelikt**

I. Tatbestand
  1. Objektiver Tatbestand
     a) Eintritt des tatbestandlichen Erfolges
     b) Unterlassen, dh Nichtvornahme der rechtlich gebotenen Rettungshandlung trotz physisch-realer Möglichkeit
     c) Quasi-Kausalität des Unterlassens
     d) Garantenstellung gemäß § 13 StGB
     e) Entsprechensklausel nach § 13 Abs. 1 StGB a. E.
  2. Subjektiver Tatbestand
II. Rechtswidrigkeit
  ggf. rechtfertigende Pflichtenkollision
III. Schuld
  ggf. Unzumutbarkeit normgemäßen Verhaltens

B. Objektiver Tatbestand

I. Unterlassen der gebotenen Handlung

1. Abgrenzung von Tun und Unterlassen

Die Unterscheidung zwischen aktivem Tun und Unterlassen ist für den Handelnden **9** von erheblicher *Bedeutung*. Insbesondere haftet als Unterlassungstäter nur, wer die gemäß § 13 StGB notwendige Garantenstellung innehat. Ohne sie kommt nur eine Strafbarkeit durch aktives Tun in Betracht. Auch für den Garanten ist es aber günstiger, wenn sein Handeln als Unterlassen anstatt als aktives Tun bewertet wird, weil dann die Strafe nach § 13 Abs. 2 iVm § 49 Abs. 1 StGB gemildert werden kann. Für Prüfungsarbeiten ist vor allem der erstgenannte Aspekt von Bedeutung.

Die maßgeblichen Kriterien für die Abgrenzung von Tun und Unterlassen sind **10** umstritten.[1] In der Literatur wird zum Teil auf den *Energieeinsatz* abgestellt: Entfalte der Täter eine Aktivität gegen das jeweilige Rechtsgut, die kausal einen tatbestandlichen Erfolg herbeiführe, begründe dies ein aktives Tun; werde hingegen keine Energie aufgewendet, sei ein Unterlassen gegeben.[2] Dieses Kriterium eignet sich jedenfalls in einfach gelagerten Fällen für eine Abgrenzung. Dann ist es in einer Prüfung aber ohnehin nicht notwendig, aktives Tun und Unterlassen näher zu differenzieren, sondern kann sogleich mit der einschlägigen Handlungsmodalität begonnen werden.

In einigen (prüfungsrelevanten) Sachverhalten hilft das Kriterium des Energieeinsat- **11** zes indessen nicht weiter. Dies gilt vornehmlich für mehrdeutige Verhaltensweisen des Täters, die sich nicht nur in einem aktiven Energieeinsatz äußern, sondern zugleich ein Unterlassen beinhalten. Vor allem bei Fahrlässigkeitsdelikten ist die Abgrenzung von aktivem Tun und Unterlassen problematisch, da hier häufig eine Handlung unter Außerachtlassung der gebotenen Sorgfalt vorgenommen wird und somit typischerweise ein Unterlassungsmoment aufweist. Da ein Unterlassen mitunter wesentlich bedeutsamer sein kann als ein ebenfalls vorliegendes aktives Verhaltenselement, grenzt die hM aktives Tun und Unterlassen nicht nach naturalistischen Kriterien wie einem erbrachten Energieeinsatz ab. Vielmehr wird der jeweilige Einzelfall normativ betrachtet, wobei unter Berücksichtigung des sozialen Handlungssinns auf den *Schwerpunkt der strafrechtlichen Vorwerfbarkeit* abgestellt wird.[3]

Beispiele: **12**
– Die *Ausgabe nicht desinfizierter Ziegenhaare*, an deren Milzbranderreger Arbeiterinnen versterben, ist nach den vorstehenden Grundsätzen als aktives Tun zu bewerten. Der Schwerpunkt der strafrechtlichen Vorwerfbarkeit liegt hier auf der Ausgabe der Haare, nicht auf deren zuvor sorgfaltswidrig unterlassener Desinfektion.[4]
– Ähnlich stellt das *Radfahren ohne Licht*, das zu einem Zusammenstoß mit einem anderen Verkehrsteilnehmer führt, ein aktives Tun und nicht ein bloßes Unterlassen dar, das Licht einzuschalten.[5]

---

[1] Zusammenfassend *Jäger* AT Rn. 333.
[2] *Kindhäuser* AT § 35 Rn. 4; *Roxin* AT II § 31 Rn. 77 ff.
[3] BGHSt 6, 46 (59); BGH NStZ 2003, 657 (657); *Rengier* AT § 48 Rn. 10; *Wessels/Beulke/Satzger* Rn. 700; kritisch *Kindhäuser* AT § 35 Rn. 4.
[4] RGSt 63, 211; *Krey/Esser* Rn. 1110; *Rengier* AT § 48 Rn. 16; *Wessels/Beulke/Satzger* Rn. 700.
[5] RGSt 63, 392; *Krey/Esser* Rn. 1110; *Rengier* AT § 48 Rn. 16; *Wessels/Beulke/Satzger* Rn. 700.

– Wer sich als Chirurg pflichtwidrig nicht auf *Hepatitis* untersuchen lässt und dadurch nicht von seiner Erkrankung erfährt, begeht eine fahrlässige Körperverletzung durch aktives Tun, wenn er bei einer Operation einen Patienten infiziert.[6]

13 Bedeutsam ist die Abgrenzung von aktivem Tun und Unterlassen nicht zuletzt bei dem *Abbruch von Rettungshandlungen*. Wer in *fremde* Rettungshandlungen eingreift (zB einen Retter niederschlägt oder von dem Opfer zurückhält), handelt gewöhnlich durch aktives Tun. Ein Unterlassen kommt hier nur in Betracht, wenn eine eigene Mitwirkung erforderlich ist und nicht erbracht wird (zB bei der Weigerung, dem Rettungswilligen Gegenstände wie einen Erste-Hilfe-Koffer oder ein Seil auszuhändigen, die zur Rettung benötigt werden).[7] Im Grunde handelt es sich dann aber um einen eigenen Beitrag zur Rettung, dessen Bewertung sich nach den folgenden Überlegungen richtet.

14 Bricht der Täter *eigene* Rettungsbemühungen ab, die er selbst zunächst in Gang gesetzt hat, wird üblicherweise danach differenziert, ob die Bemühungen das Opfer bereits erreicht haben und ihm somit eine realisierbare Rettungsmöglichkeit eröffnet wurde. Ist dies der Fall, bedeutet der Abbruch der eigenen Rettungshandlung ein aktives Tun, ansonsten hingegen ein Unterlassen.[8]

15 **Beispiel:** B ist in einen Brunnen gefallen und droht zu ertrinken. A wirft ihm ein Seil zu, das B ergreift. In diesem Moment erkennt A den B als seinen Erzrivalen und zieht ruckartig das Seil zurück, so dass es dem B entgleitet und B schließlich im Brunnen ertrinkt.

Da B das Seil schon erreicht hatte und somit eine reelle Rettungschance bestand, ist das Zurückziehen des Seils durch A als aktives Tun zu beurteilen. Er wäre demzufolge wegen eines Tötungsdelikts strafbar.

Ein Unterlassen hätte dagegen vorgelegen, wenn A das Seil zurückgezogen hätte, bevor B sich daran festhalten konnte. Gleiches gilt natürlich, wenn A das Seil dem B überhaupt nicht zugeworfen hätte. In beiden Fällen setzte die Verurteilung wegen eines Tötungsdelikts (durch Unterlassen) eine Garantenstellung voraus, für die im Sachverhalt nichts ersichtlich ist. A würde daher nur wegen unterlassener Hilfeleistung gemäß § 323c StGB strafbar sein.

16 Die vorstehenden Grundsätze wurden im Schrifttum bislang auch auf Rettungsmaßnahmen übertragen, die mit Hilfe von technischen Geräten erbracht werden. Ein Paradebeispiel stellt insoweit der sog. *technische Behandlungsabbruch* lebenserhaltender Maßnahmen durch Abschalten einer Herz-Lungen-Maschine dar.

17 **Beispiel:** O liegt unumkehrbar im Sterben und wird nur noch durch eine Herz-Lungen-Maschine am Leben gehalten. Eine Möglichkeit, den O zu retten, besteht nicht. Die Herz-Lungen-Maschine wird abgeschaltet a) durch den betreuenden Arzt A bzw. b) durch den Neffen N.

Schaltet in der *Variante a)* der Arzt A die Maschine ab, stellt dies nach bisheriger Ansicht in der Literatur bei normativer Betrachtung und nach dem sozialen Handlungssinn einen Abbruch der weiteren Behandlung des schwerkranken O und damit ein Unterlassen weiterer (eigener) Rettungsbemühungen dar, auch wenn das Ausschalten aktiv erfolgt und mit einem Energieeinsatz verbunden ist.

Wer hingegen einen fremden, von Dritten in Gang gesetzten Rettungsverlauf unterbricht, greift bei normativer Betrachtung durch aktives Tun in das Geschehen ein. Schaltet in *Variante b)* der Neffe N die Apparatur ab, tötet er den O daher durch ein aktives Tun.[9]

---

[6] BGH NStZ 2003, 657 (657 f.); *Krey/Esser* Rn. 1110; *Rengier* AT § 48 Rn. 16; *Wessels/Beulke/Satzger* Rn. 700.

[7] *Kühl* AT § 18 Rn. 20; *Wessels/Beulke/Satzger* Rn. 701.

[8] *Kindhäuser* AT § 35 Rn. 12 f.; *Kühl* AT § 18 Rn. 21; weiter *Rengier* AT § 48 Rn. 23; *Wessels/Beulke/Satzger* Rn. 702.

[9] *Kühl* AT § 18 Rn. 17 f.; siehe hierzu auch *Krey/Esser* Rn. 1114 ff.; *Wessels/Beulke/Satzger* Rn. 703.

Der BGH hat sich aber zuletzt kritisch gegenüber dieser Abgrenzung geäußert und sie als **18** dogmatisch unzulässigen Kunstgriff bezeichnet. Ein solcher „Behandlungsabbruch" umfasse vielmehr in der Regel eine Vielzahl von aktiven und passiven Handlungen, deren Einordnung als aktives Tun oder Unterlassen problematisch sei und teilweise von bloßen Zufällen abhänge. So könne eine Behandlung etwa durch das schlichte Unterlassen weiterer Maßnahmen oder auch durch das aktive Entfernen einer Ernährungssonde beendet werden. Auf die strafrechtliche Beurteilung dürfe sich dies nicht auswirken, wenn ein Patient den Abbruch einer Behandlung verlangen könne.[10] Der BGH dürfte nunmehr daher auch in der *Variante a)* ein aktives Tun annehmen, das allerdings durch die (mutmaßliche) Einwilligung des O gerechtfertigt sein könnte.

2. Unterlassen

Gegenstand des Strafbarkeitsvorwurfs bei einem unechten Unterlassungsdelikt ist **19** nicht das Unterlassen einer beliebigen Handlung, sondern allein derjenigen Handlung, die *rechtlich geboten* ist, um die Tatbestandsverwirklichung zu verhindern.[11]

Zudem muss es dem Garanten überhaupt *möglich* sein, diese Handlung zu erbringen. **20** Dies ergibt sich bereits aus dem allgemeinen Rechtsgrundsatz „ultra posse nemo obligatur", wonach niemandem eine ihm unmögliche Leistung abverlangt werden darf.

Zusammengefasst lässt sich Unterlassen definieren als die Nichtvornahme der zur **21** Erfolgsabwendung rechtlich gebotenen Handlung trotz physisch-realer Handlungsmöglichkeit.[12]

Beispiel: Ertrinkt A in einem See, unterlässt es im Grunde die gesamte Menschheit, ihn zu retten. **22** Dass natürlich nicht jedermann für den Tod des A bestraft werden kann, beruht schon auf dem Fehlen eines tatbestandlichen Unterlassens, da es jedenfalls den Nichtanwesenden wegen der räumlichen Distanz physisch unmöglich ist, den A zu retten. Anwesenden Personen ist hingegen die Rettung des A nur unmöglich, wenn sie etwa nicht schwimmen und die rechtlich gebotene Handlung somit nicht erbringen können.

Allerdings bleibt in jedem Einzelfall zu beachten, dass die individuelle Unmöglichkeit einer bestimmten Rettungshandlung die Vornahme anderer Rettungshandlungen nicht ausschließt.[13] Wenn etwa der Nichtschwimmer B bemerkt, dass der A ertrinkt, kann er zwar den A nicht retten, indem er zu ihm hinausschwimmt. Ihm ist es aber möglich, einen Notruf abzusetzen oder andere Anwesende zu informieren, die ggf. schwimmen und den A retten können. In Prüfungsarbeiten gilt es daher das jeweilige Unterlassen genau zu bezeichnen, das den Anknüpfungspunkt für eine Strafbarkeit des Garanten bilden soll.

3. Unterlassen durch Tun (Omissio libera in causa)

Bei den Ausführungen zur Schuld des vorsätzlichen vollendeten Begehungsdelikts **23** wurde auf die Möglichkeit hingewiesen, sich vorsätzlich in einen schuldlosen Zustand zu versetzen, um in diesem Zustand eine Straftat zu begehen (sog. *actio libera in causa*; → § 6 Rn. 11 ff.). Ähnlich kann der Täter seine Handlungsunfähigkeit herbeiführen, so dass er in einem späteren Zeitpunkt, in dem er zu einer Handlung verpflichtet wäre, diese nicht mehr zu erbringen vermag (sog. *omissio libera in causa:* „in der Ursache freies Unterlassen"). Es stellt sich wiederum die Frage, ob der Täter trotz seiner Handlungsunfähigkeit im entscheidenden Zeitpunkt strafrechtlich zur Verant-

---

[10] BGHSt 55, 191 (201 ff.); ergänzend BGH NJW 2011, 161; siehe hierzu *Jäger* AT Rn. 335a ff.; *Krey/Esser* Rn. 1117 ff.; *Wessels/Beulke/Satzger* Rn. 705.
[11] *Kindhäuser* AT § 36 Rn. 9; *Kühl* AT § 18 Rn. 27; *Wessels/Beulke/Satzger* Rn. 708.
[12] *Wessels/Beulke/Satzger* Rn. 708; vgl. auch *Kühl* AT § 18 Rn. 27 ff.
[13] Siehe etwa *Kindhäuser* AT § 36 Rn. 9 f.

wortung gezogen werden kann und ob ihm dann ein aktives Tun oder ein Unterlassen vorzuwerfen bleibt.

24 **Beispiel:** A nimmt zu Beginn seiner Spätschicht in einer Fabrik Schlaftabletten ein. Als zu einem späteren Zeitpunkt Probleme an einem Fließband auftreten, schläft er bereits tief und fest. Er kann daher das Fließband nicht ausschalten, weswegen sich ein Mitarbeiter verletzt.

25 Als Anknüpfungspunkte für die Strafbarkeit kommen – ähnlich wie bei der actio libera in causa – die Untätigkeit im handlungsunfähigen Zustand sowie das Versetzen in diesen Zustand in Betracht. Auf den Zeitpunkt, in dem die *konkrete Handlungspflicht* entsteht, kann allerdings nicht abgestellt werden, da der Täter in diesem Augenblick handlungsunfähig ist. Insoweit kommt somit weder ein aktives Tun noch ein Unterlassen in Betracht.

26 Es ist aber möglich, den entscheidenden Zeitpunkt für die Anknüpfung einer Strafbarkeit auf das *Sichversetzen in den handlungsunfähigen Zustand* vorzuverlagern. Insofern steht in der Regel ein Fahrlässigkeitsvorwurf im Raum. Im obigen Beispiel nahm A etwa Schlaftabletten, obwohl er wusste, bei Problemen ggf. das Fließband anhalten zu müssen.

27 Fraglich ist sodann, ob dem Täter ein aktives Tun oder ein Unterlassen vorzuwerfen bleibt. Ein aktives Tun durch das Sichversetzen in den handlungsunfähigen Zustand anzunehmen (im obigen Beispiel durch die Einnahme von Schlaftabletten), liegt zwar nahe. Dabei würde aber nicht berücksichtigt, dass sogar derjenige, der trotz fortbestehender Handlungsfähigkeit seine Handlungspflichten nicht erfüllt, nur wegen Unterlassens zu bestrafen wäre. Daher ist es mit der hM in den Fallgestaltungen der omissio libera in causa vorzugswürdig, als Schwerpunkt der strafrechtlichen Vorwerfbarkeit das *Unterlassen der Aufrechterhaltung des handlungsfähigen Zustands* anzusehen.[14]

II. Hypothetische Kausalität

28 Beim *Begehungsdelikt* steht eine Handlung des Täters im Raum, die sich aus dem Geschehensablauf *hinweg denken* lässt. Entfiele dann der tatbestandliche Erfolg in seiner konkreten Gestalt, so ist nach der condicio-sine-qua-non-Formel die Handlung kausal für den Erfolg (→ § 4 Rn. 25).

29 Beim *Unterlassungsdelikt* fehlt es hingegen an einem solchen aktiven Tun, das wie beim Begehungsdelikt hinweggedacht werden kann. Der Täter setzt durch sein Untätigbleiben gerade keinen Kausalverlauf in Gang, an dessen Ende der tatbestandliche Erfolg eintritt. Um die „Kausalität" des Unterlassens für den Eintritt des tatbestandlichen Erfolges festzustellen, ist vielmehr zu fragen, ob bei Vornahme der rechtlich gebotenen Handlung der tatbestandliche Erfolg entfallen wäre. Die angezeigte Rettungshandlung muss also nicht hinweg-, sondern *hinzugedacht* werden. Bliebe dann der Erfolg aus, ist das Unterlassen des Täters für den Erfolg kausal. Da die Folgen einer tatsächlich nicht vorgenommenen Rettungshandlung und somit die Ursachenzusammenhänge eines rein hypothetischen Geschehensablaufs zu beurteilen sind, ist häufig die Rede von einer hypothetischen oder Quasi-Kausalität.[15]

---

[14] *Heinrich* AT Rn. 874; *Jäger* AT Rn. 336a; *Kindhäuser* AT § 35 Rn. 14; *Kudlich* PdW AT Fall 189; *Kühl* AT § 18 Rn. 22.

[15] *Kindhäuser* AT § 36 Rn. 14; *Krey/Esser* Rn. 1123; *Kühl* AT § 18 Rn. 35; *Wessels/Beulke/Satzger* Rn. 711.

Eine solche hypothetische Betrachtung ist indessen stets spekulativ und kann daher **30** nie mit absoluter Gewissheit vorgenommen werden. Deshalb genügt es für die Quasi-Kausalität, dass bei Hinzudenken der rechtlich erwarteten Rettungshandlung der Erfolg *mit an Sicherheit grenzender Wahrscheinlichkeit* entfallen wäre.[16]

Die condicio-sine-qua-non-Formel ist demzufolge für die Bestimmung der hypothe- **31** tischen Kausalität bei unechten Unterlassungsdelikten wie folgt zu *modifizieren*: Das Unterlassen des Täters ist kausal für den tatbestandlichen Erfolg, wenn die rechtlich gebotene Handlung nicht hinzugedacht werden kann, ohne dass der Erfolg in seiner konkreten Gestalt mit an Sicherheit grenzender Wahrscheinlichkeit entfiele.[17]

Beispiel: Diplomingenieur A unterlässt es sorgfaltspflichtwidrig, bei der Begutachtung einer Eissporthalle die Dachkonstruktion umfassend aus nächster Nähe zu betrachten, so dass ihm offene Fugen und weitere Schäden verborgen bleiben. Hätte er die Stadt als Auftraggeberin und Betreiberin der Halle darauf hingewiesen, hätte diese die Halle aber ebenso wenig geschlossen. Als das Dach unter einer Schneelast einstürzt, finden 15 Besucher den Tod.

Unter diesen Voraussetzungen fehlt die erforderliche (Quasi-)Kausalität, so dass eine Strafbarkeit des A wegen fahrlässiger Tötung durch Unterlassen (wegen mangelhafter Untersuchung) ausscheidet. Im Original stand der BGH den entsprechenden Feststellungen des Landgerichts aber skeptisch gegenüber. Darüber hinaus schloss der BGH ein Gefälligkeitsgutachten nicht aus, das A zum Fahrlässigkeitstäter durch aktives Tun wegen Abgabe des Gutachtens werden lassen könnte.[18]

Lässt sich der erforderliche Wahrscheinlichkeitsgrad für den hypothetischen Ursa- **32** chenzusammenhang nicht nachweisen, ist nach hM die Quasi-Kausalität unter Anwendung des Grundsatzes „in dubio pro reo" zu verneinen.[19] Stimmen im Schrifttum lassen es zwar für die Kausalität bei unechten Unterlassungsdelikten genügen, dass die rechtlich gebotene Handlung das Risiko des Erfolgseintritts vermindert hätte (sog. *Risikoverminderungslehre*).[20] Dem steht aber entgegen, dass durch den Verzicht auf den hypothetischen Kausalzusammenhang mit dem eingetretenen Erfolg Verletzungsdelikte unzulässigerweise in Gefährdungsdelikte umgewandelt würden.[21]

III. Garantenstellung

1. Grundlagen

Gemäß § 13 Abs. 1 StGB ist für ein Unterlassen nur verantwortlich, wer rechtlich **33** dafür einzustehen hat, dass der Erfolg nicht eintritt. Der Inhaber dieser *Rechtspflicht* zur Erfolgsabwendung wird als „Garant" bezeichnet, seine Handlungspflicht als „Garantenpflicht". Es muss sich hierbei um eine besondere Pflicht handeln. Durch echte Unterlassungsdelikte wie insbesondere durch § 323c StGB begründete allgemeine Rechtspflichten genügen nicht.[22]

Nach klassischem Verständnis kann sich eine Garantenstellung aus Gesetz, aus Ver- **34** trag, aus engen persönlichen Lebensbeziehungen und aus einem vorausgegangenen pflichtwidrigen, gefährdenden Tun (Ingerenz) ergeben. Wegen der Orientierung an bestimmten Rechtsquellen ist insoweit von der *Rechtsquellenlehre* die Rede.[23]

---

[16] *Jäger* AT Rn. 333; *Krey/Esser* Rn. 1123; *Rengier* AT § 49 Rn. 14.
[17] BGHSt 37, 106 (126 f.); *Rengier* AT § 49 Rn. 13; *Wessels/Beulke/Satzger* Rn. 711 f.
[18] BGH NJW 2010, 1087 (1090 ff.).
[19] BGH NJW 2010, 1087 (1091); *Rengier* AT § 49 Rn. 15.
[20] *Roxin* AT II § 31 Rn. 54 ff.; *Stratenwerth/Kuhlen* § 13 Rn. 52.
[21] *Rengier* AT § 49 Rn. 16; *Wessels/Beulke/Satzger* Rn. 713.
[22] *Kindhäuser* AT § 36 Rn. 49; *Rengier* AT § 50 Rn. 10.
[23] Siehe hierzu *Kühl* AT § 18 Rn. 43; *Rengier* AT § 50 Rn. 2.

35 Neben der formalen Anknüpfung an solche Rechtsquellen wird in der Rechtslehre versucht, die Garantenstellungen nach materiellen Kriterien, namentlich der Funktion der jeweiligen Garantenstellung (daher auch *Funktionenlehre*), zu unterscheiden. Differenziert wird zwischen Garantenstellungen, die eine Schutzfunktion für bestimmte Rechtsgüter begründen (sog. *Obhutspflichten*), und solchen, welche die Sicherung und Überwachung bestimmter (menschlicher oder gegenständlicher) Gefahrenquellen bezwecken (sog. *Sicherungspflichten*).[24]

36 Die Obhutspflichten beruhen darauf, dass der Täter fremde Rechtsgüter vor Gefahren bewahren muss, wenn er sie in seiner Obhut hat. Er muss sich also schützend vor das Rechtsgut stellen und wird daher als „*Beschützergarant*" bezeichnet.[25]

37 Kerngedanke der Sicherungspflichten ist hingegen, dass der Täter eine Gefahrenquelle geschaffen hat oder beherrscht und deswegen schädliche Auswirkungen zu verhindern hat. Anders als der Schutzgarant bewahrt er nicht ein bestimmtes Rechtsgut vor Gefahren, sondern überwacht Gefahren aus einer bestimmten Quelle, damit sich diese nicht realisieren. Die Rede ist deshalb auch von dem sog. *Überwachungsgaranten*.[26]

2. Beschützergaranten

a) Enge persönliche Lebensbeziehungen

38 Beschützergarantenstellungen ergeben sich vor allem aus engen persönlichen Lebensbeziehungen. Dazu zählt insbesondere die *familiäre Verbundenheit* zwischen Eheleuten (ergänzend → Rn. 42) bzw. von Eltern gegenüber ihren minderjährigen Kindern.[27]

39 Gewöhnlich sind die aus familiärer Verbundenheit resultierenden Obhutspflichten *gesetzlich geregelt*. So sind Eltern gegenüber ihren Kindern zur elterlichen Sorge verpflichtet (§ 1626 BGB), ist der Vormund für sein Mündel verantwortlich (§ 1793 BGB) und muss der Betreuer die Angelegenheiten des Betreuten zu dessen Wohl besorgen (§ 1901 Abs. 2 BGB). Ehegatten sind über § 1353 Abs. 1 BGB zu gegenseitiger Fürsorge verpflichtet, Lebenspartner über § 2 LPartG.

Beispiel: Eine werdende Mutter trifft als Garantin die Verpflichtung, vom Einsetzen der Geburtswehen an diejenigen Maßnahmen zu treffen, die erforderlich sind, um das Leben des Kindes zu erhalten. Sie muss daher bei der Geburt fremde (eventuell ärztliche) Hilfe jedenfalls dann in Anspruch nehmen, wenn sie im Hinblick auf bekannte Vorerkrankungen oder sonstige Risiken absehen kann, dass Gefahren für Leib oder Leben des Kindes entstehen können.[28]

40 Eine Beschützergarantenstellung aus familiärer Verbundenheit setzt nach im Vordringen befindlicher Ansicht aber nicht nur ein formelles familienrechtliches Band, sondern auch ein *tatsächliches Obhutsverhältnis* voraus, das auf die Gewährung von Beistand angelegt ist.[29]

41 Auf diese materielle Komponente ist vor allem bei sonstigen, bislang noch nicht genannten Verwandtschaftsverhältnissen zu achten, zB zwischen Verwandten gerader Linie oder Geschwis-

---

[24] *Kindhäuser* AT § 36 Rn. 52 ff.; *Rengier* AT § 50 Rn. 3 ff.; *Wessels/Beulke/Satzger* Rn. 716.
[25] *Heinrich* AT Rn. 926; *Jäger* AT Rn. 337; *Kindhäuser* AT § 36 Rn. 25 und 56; *Rengier* AT § 50 Rn. 4.
[26] *Heinrich* AT Rn. 927; *Jäger* AT Rn. 337; *Kindhäuser* AT § 36 Rn. 24 und 56; *Rengier* AT § 50 Rn. 6.
[27] *Kühl* AT § 18 Rn. 48 ff.; *Rengier* AT § 50 Rn. 18 und 13.
[28] BGH NStZ 2010, 214 (214 f.).
[29] *Rengier* AT § 50 Rn. 11.

tern. Bei Verwandten gerader Linie bedarf es zumindest eines intakten Verhältnisses in einer häuslichen Familiengemeinschaft,[30] bei Geschwistern wird zum Teil sogar das Zusammenleben in häuslicher Familiengemeinschaft als nicht ausreichend erachtet.[31]

Bei *Eheleuten* hat die Notwendigkeit eines materiellen Obhutsverhältnisses zur Folge, dass die **42** Beschützergarantenstellung trotz fortbestehender Ehe entfällt, wenn sich ein Ehegatte vom anderen in der ernsthaften Absicht trennt, die eheliche Lebensgemeinschaft nicht wiederherzustellen. Auf das für die zivilrechtliche Scheidung nach § 1565 Abs. 2 BGB grundsätzlich obligatorische Trennungsjahr kommt es nicht an.[32]

Über die natürliche oder familiär begründete Verbundenheit hinaus können aus **43** *ähnlichen engen persönlichen Lebensbeziehungen* Garantenstellungen abzuleiten sein.[33]

Anerkannt ist dies etwa zwischen Partnern einer nichtehelichen Lebensgemeinschaft. Ebenso **44** kann eine enge und von Vertrauen geprägte Freundschaft oder auch eine langjährige Hausgemeinschaft Obhutspflichten begründen. Entscheidend ist hierbei vornehmlich aber nicht das Zusammenleben (etwa in einer Wohngemeinschaft), sondern ein erkennbarer Wille zu einer wechselseitigen Schutzgemeinschaft als Vertrauenselement.[34] Bloße Bekanntschaften, einfache Wohn- oder Zechgemeinschaften erfüllen diese Voraussetzungen nicht.

Eine enge Beziehung in dem vorstehenden Sinne ist auch bei *Gefahrengemeinschaften* **45** anzunehmen, wenngleich beschränkt auf Beistand in denjenigen Gefahren, die mit der gemeinsamen Unternehmung typischerweise einhergehen.[35]

Bergkameraden verpflichten sich bei einer Gebirgstour stillschweigend zu gegenseitiger Für- **46** sorge auf der Reise und Rettung in der Not. Keine Obhutspflichten entstehen hingegen bei reinen Unglücks- und Schicksalsgemeinschaften, zB nach einem Schiffbruch oder einer Naturkatastrophe.[36]

Gerade bei engen persönlichen Lebensbeziehungen stellt sich die Frage, ob der Beschützergarant **47** verpflichtet ist, den Suizid eines anderen zu verhindern, der unter seiner Obhut steht. Die aktive Teilnahme an einem Suizid ist mangels vorsätzlicher rechtswidriger Haupttat straflos. Demzufolge kann auch die bloße Möglichkeit, den Tod des Suizidenten zu verhindern, keine Täterschaft begründen. Dennoch nimmt der BGH teilweise eine Strafbarkeit an, wenn der Beschützergarant die Tatherrschaft über das Geschehen innehat.[37]

b) Freiwillige Übernahme

Obhutspflichten können auch freiwillig übernommen werden. Für die wirksame **48** Übernahme kommt es nicht darauf an, dass zwischen den Beteiligten ein (wirksamer) Vertrag geschlossen wird. Entscheidend ist die *faktische Übernahme*.[38]

Eine Obhutspflicht entsteht etwa durch Ausübung der Badeaufsicht in einem Schwimmbad, **49** Babysitting oder durch das Behandlungsverhältnis, das ein Arzt gegenüber seinem Patienten eingeht.[39] Nach dem BGH besteht ebenso eine Beschützergarantenstellung des Bereitschafts-

---

[30] *Rengier* AT § 50 Rn. 14.
[31] LG Kiel NStZ 2004, 157 (159); kritisch *Rengier* AT § 50 Rn. 16.
[32] BGHSt 48, 301 (305); *Kühl* AT § 18 Rn. 58; *Rengier* AT § 50 Rn. 21; *Wessels/Beulke/Satzger* Rn. 718.
[33] *Rengier* AT § 50 Rn. 25; *Wessels/Beulke/Satzger* Rn. 719.
[34] *Heinrich* AT Rn. 935; *Kühl* AT § 18 Rn. 61 f.
[35] *Heinrich* AT Rn. 937; *Jäger* AT Rn. 341; *Kühl* AT § 18 Rn. 67; *Rengier* AT § 50 Rn. 26 f.; *Wessels/Beulke/Satzger* Rn. 719.
[36] *Heinrich* AT Rn. 938; *Kühl* AT § 18 Rn. 67.
[37] BGHSt 13, 162 (166); 32, 367 (373 ff.); aA *Jäger* AT Rn. 350; *Kühl* AT § 18 Rn. 60; *Rengier* AT § 50 Rn. 40.
[38] *Jäger* AT Rn. 342; *Rengier* AT § 50 Rn. 28; *Wessels/Beulke/Satzger* Rn. 720.
[39] *Jäger* AT Rn. 342; *Rengier* AT § 50 Rn. 29 ff.

arztes, da er gegenüber der Bevölkerung dazu verpflichtet sei, in dringenden Erkrankungsfällen einzugreifen.[40]

50   Fraglich ist allerdings der *Zeitpunkt*, zu dem die Garantenstellung kraft freiwilliger Übernahme entsteht. Auf den Beginn der Übernahme kann hierbei nicht abgestellt werden. Denn in diesem Fall stünde derjenige, der jemandem zunächst Hilfe leistet, sodann aber von der weiteren Hilfeleistung ablässt, schlechter als jemand, der gänzlich untätig bleibt. Daher wird eine Garantenstellung grundsätzlich erst dann begründet, wenn die Hilfeleistung die Situation des Betroffenen wesentlich verändert und sich hieran die *objektiv begründete Erwartung* eines bestimmten Folgeverhaltens des Hilfeleistenden knüpft.[41]

51   Andererseits kann ausnahmsweise schon die *bloße Zusage* einer Hilfeleistung eine Obhutspflicht nach sich ziehen, wenn dadurch ein berechtigtes Vertrauen auf die spätere faktische Übernahme einer Schutzposition geschaffen wird und andere Rettungsmöglichkeiten nicht in Anspruch genommen werden (zB die Zusage eines telefonisch benachrichtigten Arztes, umgehend zu einem Notfall zu fahren und Hilfe zu leisten).[42]

c) Amtsträger

52   Amtsträger können gleichfalls Träger von Obhutspflichten sein. Sie ergeben sich in der Regel aus der Zuständigkeit des Amtsträgers und erstrecken sich nach hM auf sämtliche Rechtsgüter, die der *Schutzzweck der* ihm *übertragenen Aufgabe* erfasst.[43]

53   Strafvollzugsbeamte müssen von Dienst wegen die Gefangenen unter ihrer Obhut vor Straftaten anderer bewahren. Polizeibeamte sind im Rahmen ihrer Dienstpflichten zur Abwehr von Gefahren sowohl von der öffentlichen Sicherheit und Ordnung als auch von dem Einzelnen verantwortlich. Mitarbeiter des Jugendamtes sind verpflichtet, Schäden von den von ihnen betreuten Kindern und Jugendlichen abzuwenden.[44]

3. Überwachungsgaranten

a) Verantwortlichkeit für bestimmte Gefahrenquellen

54   Sicherungspflichten können sich unter anderem aus der Verantwortlichkeit für bestimmte *gegenständliche Gefahrenquellen* ergeben, die dem eigenen Herrschaftsbereich unterstehen. Im Zivilrecht ist insoweit von Verkehrssicherungspflichten die Rede, wonach jeder Gefahren zu kontrollieren und deren Realisierung zu verhindern hat, die von Sachen aus seinem Herrschaftsbereich ausgehen.[45]

55   Beispielsweise muss der Eigentümer ein gefährliches Tier, etwa einen abgerichteten Kampfhund, unter Kontrolle halten. In einer Fabrik treffen deren Inhaber Verkehrssicherungspflichten zum Schutze seiner Mitarbeiter, zB beim Umgang mit gefährlichen Maschinen; der einzelne Mitarbeiter ist wiederum für diejenigen Gefahren verantwortlich, die in seinem Zuständigkeitsbereich liegen. In jüngerer Zeit wird zunehmend diskutiert, ob auch Zugangsvermittler im Internet (sog. Access-Provider) dafür verantwortlich sind, dass in ihrem Kontrollbereich keine rechtswidrigen Daten übertragen werden.

---

[40] BGHSt 7, 211 (212).
[41] BGH NJW 1993, 2628 (2628); *Jäger* AT Rn. 346; *Kühl* AT § 18 Rn. 70.
[42] *Heinrich* AT Rn. 940; *Kühl* AT § 18 Rn. 70; *Rengier* AT § 50 Rn. 28; *Wessels/Beulke/Satzger* Rn. 720.
[43] *Heinrich* AT Rn. 948; eingehend *Kühl* AT § 18 Rn. 78 ff.
[44] *Rengier* AT § 50 Rn. 35 ff.; *Wessels/Beulke/Satzger* Rn. 721.
[45] *Jäger* AT Rn. 367; *Kindhäuser* AT § 36 Rn. 59; *Rengier* AT § 50 Rn. 45.

b) Verantwortlichkeit für das Verhalten Dritter

Nach dem Prinzip der Eigenverantwortung ist grundsätzlich jeder selbst für sein **56** eigenes Verhalten verantwortlich, so dass niemand dazu rechtlich verpflichtet ist, einen anderen an der Begehung einer Straftat zu hindern. Ausnahmsweise kann aber jemanden als Garanten eine Sicherungspflicht auch in Bezug auf das Verhalten Dritter als *„menschliche Gefahrenquellen"* treffen. Eine solche Überwachungsgarantenstellung entsteht wegen des Eigenverantwortungsprinzips vor allem bei Aufsichtsverhältnissen gegenüber *nicht voll verantwortlich handelnden Personen*, zB zwischen Lehrern und Schülern sowie Eltern und Kindern.[46]

Bei einem vergleichbaren Aufsichtsverhältnis steht indessen selbst die *volle Verant-* **57** *wortlichkeit des Beaufsichtigten* der Begründung einer Sicherungspflicht nicht stets entgegen. Ein Gefängniswärter muss etwa dafür sorgen, dass die von ihm beaufsichtigten Insassen keine Straftaten begehen.[47]

Die Beispiele zeigen, dass sich *Sicherungs- und Beschützerpflichten* mitunter auf ein und dieselbe **58** Person erstrecken können. So müssen Eltern nicht nur überwachen, dass von ihren minderjährigen Kindern keine Gefahren ausgehen, sondern müssen sie ihre Kinder ebenso vor Gefahren bewahren (→ Rn. 38 f.). Ein Gefängniswärter hat nicht nur Straftaten der von ihm beaufsichtigten Insassen zu verhindern, sondern zugleich andere Insassen vor solchen Straftaten zu schützen.

Umstritten ist, ob ein *Arbeitgeber* Straftaten seiner Arbeitnehmer zu verhindern hat. **59** Nach hM trifft den Arbeitgeber eine Überwachungspflicht, da sich aus der Leitungsposition des Arbeitgebers eine Befehlsgewalt ergibt. Demzufolge muss ein Vorgesetzter durch verbindliche Anweisungen und Kontrollen zumindest betriebsbezogene Straftaten verhindern.[48] Auf Taten, welche die Mitarbeiter lediglich bei Gelegenheit ihrer Tätigkeit im Betrieb begehen (zB Mobbing), erstreckt sich die Garantenpflicht indes nicht.[49] Auch sog. Compliance Officer sollen dafür verantwortlich sein, unternehmensbezogene Straftaten zu Lasten Dritter zu unterbinden.[50]

c) Ingerenz

Eine Überwachungsgarantenstellung kann sich schließlich aus einem *gefährdenden* **60** *Vorverhalten* ergeben (sog. Ingerenz). Wer durch sein Verhalten die Gefahr einer Schädigung fremder Rechtsgüter hervorruft oder erhöht, muss dafür sorgen, dass dieser Schaden nicht eintritt, sich die *selbst geschaffene Gefahrenquelle* also nicht realisiert. Auch wenn die Garantenstellung aus Ingerenz allgemein anerkannt sein dürfte, sind viele Einzelfragen nach wie vor umstritten.

Verschiedene Ansichten bestehen zunächst darüber, ob das gefährdende Vorverhalten **61** pflichtwidrig sein muss oder ob auch ein sorgfaltspflichtgemäßes Vorverhalten eine Garantenstellung auslösen kann. Nach hM ist nur ein *pflichtwidriges Vorverhalten* in der Lage, eine Garantenstellung aus Ingerenz zu begründen.[51]

Daher besteht nach hM etwa keine Garantenstellung eines Autofahrers gegenüber dem Opfer **62** eines Verkehrsunfalls, wenn das Opfer alleine für den Unfall mit dem Autofahrer verantwortlich

---

[46] *Kühl* AT § 18 Rn. 116; *Rengier* AT § 50 Rn. 62 f.
[47] Vgl. nur *Rengier* AT § 50 Rn. 66.
[48] *Kindhäuser* AT § 36 Rn. 63; *Krey/Esser* Rn. 1166; *Roxin* AT II § 32 Rn. 137; siehe auch BGHSt 57, 42 (45); *Rengier* AT § 50 Rn. 68; kritisch *Jäger* AT Rn. 373; *Wessels/Beulke/Satzger* Rn. 724a.
[49] BGHSt 57, 42 (45).
[50] BGHSt 54, 44 (49 f.).
[51] *Heinrich* AT Rn. 954; *Wessels/Beulke/Satzger* Rn. 725; aA *Kindhäuser* AT § 36 Rn. 68; kritisch auch *Rengier* AT § 50 Rn. 71 f.

ist.[52] Wer in dieser Situation den schwerverletzten Angefahrenen liegen lässt, haftet mangels Garantenstellung somit nicht wegen Tötungs- oder Körperverletzungsdelikten durch (unechtes) Unterlassen, sondern allenfalls wegen Verletzung seiner Solidarpflicht nach dem (echten) Unterlassungsdelikt der unterlassenen Hilfeleistung gemäß § 323c StGB.

63   In einigen Entscheidungen hat der BGH allerdings auf das Erfordernis der Pflichtwidrigkeit letztlich verzichtet, beispielsweise im Bereich der *Produzentenhaftung*. So hat der BGH im „Lederspray-Urteil"[53] eine Garantenstellung aus Ingerenz angenommen, obwohl der eingetretene Erfolg für die Täter nicht vorhersehbar war. Im konkreten Fall brachten die angeklagten Geschäftsführer eines Unternehmens ein Lederspray in Verkehr, bei dem sich erst nach geraumer Zeit herausstellte, dass es Gesundheitsschäden verursacht. Mangels Vorhersehbarkeit dieser Folgen war das Inverkehrbringen des Sprays kein pflichtwidriges Vorverhalten und konnte ein strafrechtlicher (Fahrlässigkeits-)Vorwurf insoweit nicht erhoben werden. Gleichwohl wurde eine Garantenstellung aus Ingerenz und somit eine strafrechtliche Pflicht zum Rückruf bejaht.[54] Allerdings hätte diese Pflicht nicht notwendigerweise aus Ingerenz abgeleitet werden müssen, sondern hätte diese sich auch aus der Sicherungspflicht für Gefahrenquellen ergeben können.[55]

64   Mangels pflichtwidrigen Vorverhaltens begründet nach hM ein durch Notwehr *gerechtfertigtes Vorverhalten* keine Garantenstellung aus Ingerenz, wenn durch die Abwehrmaßnahme der Angreifer etwa verletzt werden sollte. Ansonsten würde der Angreifer, der die für seine Gefährdung ursächliche Verteidigung selbst veranlasst hat, stärker geschützt als jemand, der schuldlos in eine solche Lage gerät.[56]

65   Umstritten ist, ob ein *Pflichtwidrigkeitszusammenhang* zwischen pflichtwidrigem Vorverhalten und bestehender Gefahr notwendig ist. Die Rechtsprechung verzichtet hierauf und lässt für eine Garantenstellung aus Ingerenz genügen, dass ein pflichtwidriges Verhalten in unmittelbarem Zusammenhang mit der abzuwendenden Gefahr steht. Es sei aber *nicht erforderlich*, dass sich gerade die spezifische Pflichtwidrigkeit des Vorverhaltens im tatbestandlichen Erfolg niederschlage.[57]

66   Im Schrifttum wird diese Ansicht überwiegend kritisch bewertet. Eine Rechtspflicht zur Erfolgsabwendung könne nur entstehen, wenn der drohende Erfolgseintritt gerade aus der *spezifischen Pflichtwidrigkeit* des gefährdenden Vorverhaltens resultiere. Ansonsten bestünde das kuriose Ergebnis, zwar im Rahmen der zu erörternden Fahrlässigkeitsstrafbarkeit eine relevante Sorgfaltspflichtverletzung abzulehnen, jedoch dasselbe Verhalten heranzuziehen, um für ein anschließendes Unterlassen eine – letztlich strafbarkeitsbegründende – Garantenstellung abzuleiten.[58]

67   **Beispiel:** A fährt in einem Wohnviertel mit seinem Pkw anstatt mit der zulässigen Höchstgeschwindigkeit von 30 km/h mit 40 km/h und stößt mit dem Radfahrer B zusammen, wobei B lebensgefährlich verletzt wird. Obwohl A bemerkt, dass B dringend ärztlicher Behandlung bedarf, fährt er weiter, ohne dem B selbst zu helfen oder einen Notarzt zu rufen. B verstirbt daher wenig später an seinen Verletzungen. Es stellt sich heraus, dass der Zusammenprall für den A selbst dann nicht vermeidbar gewesen wäre, wenn er die zulässige Höchstgeschwindigkeit eingehalten hätte.

Eine Strafbarkeit des A wegen fahrlässiger Tötung gemäß § 222 StGB durch die Kollision mit B scheidet unstreitig aus, da der tödliche Zusammenprall auch bei rechtmäßigem Alternativver-

---

[52] BGHSt 25, 218 (221 f.); *Jäger* AT Rn. 356; *Rengier* AT § 50 Rn. 82; *Wessels/Beulke/Satzger* Rn. 726.

[53] BGHSt 37, 106.

[54] BGHSt 37, 106 (115); *Krey/Esser* Rn. 1168; *Wessels/Beulke/Satzger* Rn. 728.

[55] *Heinrich* AT Rn. 968; *Kühl* AT § 18 Rn. 110; *Rengier* AT § 50 Rn. 60.

[56] BGHSt 23, 327 (327 f.); *Jäger* AT Rn. 360; *Kindhäuser* AT § 36 Rn. 68; *Kühl* AT § 18 Rn. 94 f.; *Rengier* AT § 50 Rn. 77; *Wessels/Beulke/Satzger* Rn. 726.

[57] BGHSt 34, 82 (84).

[58] *Jäger* AT Rn. 358; *Kindhäuser* AT § 36 Rn. 72; *Kühl* AT § 18 Rn. 102; *Rengier* AT § 50 Rn. 89.

halten des A (Fahren mit der zulässigen Höchstgeschwindigkeit) nicht vermieden worden wäre (→ § 12 Rn. 32 ff.).

Nach dem BGH hat sich A aber durch das anschließende Liegenlassen wegen eines Tötungsdelikts durch Unterlassen strafbar gemacht. Die hierfür notwendige Garantenstellung ergebe sich aus Ingerenz, da zwischen dem pflichtwidrigen Vorverhalten der Überschreitung der zulässigen Höchstgeschwindigkeit und der Gefahren für das Leben des B ein unmittelbarer Zusammenhang bestehe.

Nach hL scheitert eine Unterlassensstrafbarkeit des A hingegen an der fehlenden Garantenstellung aus Ingerenz. A wäre demzufolge nur strafbar wegen unterlassener Hilfeleistung gemäß § 323c StGB.

Umstritten ist schließlich, ob eine Garantenstellung aus Ingerenz entsteht, wenn der **68** Täter durch sein gefährdendes Vorverhalten den nunmehr drohenden *tatbestandlichen Erfolg vorsätzlich herbeiführen* wollte (zB er jemanden durch eine Vielzahl von Faustschlägen und Fußtritten mit bedingtem Tötungsvorsatz schwer verletzt und anschließend liegen lässt). Für die Annahme einer Garantenstellung wird angeführt, dass bereits ein fahrlässiges Vorverhalten eine Garantenstellung begründe und dies daher erst recht für vorsätzliches Verhalten gelten müsse. Außerdem könne nur auf diese Weise gewährleistet werden, dass auch ein Dritter, der sich erst am späteren Unterlassen beteiligt (zB den Täter in seinem Entschluss bestärkt, den schwer Verletzten liegen zu lassen), strafbar ist.[59]

Die Rechtsprechung steht demgegenüber auf dem Standpunkt, dass ein Täter, der **69** vorsätzlich einen tatbestandlichen Erfolg herbeiführen will, später nicht dazu verpflichtet sein kann, den in Gang gesetzten Kausalverlauf aufzuhalten. Für die Strafbarkeit des Täters sei eine solche Verpflichtung auch nicht nötig, da sie bereits an das für den zurechenbaren Erfolg kausale und vorsätzliche Vorverhalten anknüpfen könne. Hierbei handele es sich zudem um ein aktives Tun, weshalb es für die Strafbarkeit *keiner Garantenstellung* bedürfe. Auch eine Teilnahme sei in diesem Fall nicht ausgeschlossen, sondern als sukzessive Beihilfe an der vorsätzlichen Ursprungstat möglich.[60]

IV. Entsprechensklausel (Gleichstellungsklausel)

Gemäß § 13 Abs. 1 StGB a. E. muss das Unterlassen der Verwirklichung des gesetz- **70** lichen Tatbestandes durch ein aktives Tun entsprechen. Diese *Gleichstellungsklausel* ist nach hM ausschließlich bei verhaltensgebundenen Delikten relevant.[61]

Nur in diesen Fällen bedarf es somit auch in *Prüfungsarbeiten* einer näheren Erörterung der **71** Entsprechensklausel. Ansonsten genügt es, in einem kurzen Satz deren Entbehrlichkeit festzuhalten.

Verhaltensgebundene Delikte konkretisieren die Tathandlung, indem sie einen be- **72** stimmten Handlungsunwert des Täterverhaltens vorschreiben. Beispiele hierfür sind die heimtückische Tötung eines Menschen als Mord gemäß § 211 StGB, Gewalt und Drohung mit einem empfindlichen Übel bei der Nötigung gemäß § 240 StGB und das Vorspiegeln falscher Tatsachen beim Betrug nach § 263 StGB. Werden diese Delikte durch ein Unterlassen begangen, muss das Untätigbleiben der jeweils beschriebenen aktiven Tathandlung wertmäßig entsprechen, der hierin vertypte Un-

---

[59] *Kühl* AT § 18 Rn. 105a; *Rengier* AT § 50 Rn. 75 f.; *Wessels/Beulke/Satzger* Rn. 725.
[60] BGH NStZ-RR 1996, 131.
[61] *Heinrich* AT Rn. 907; *Jäger* AT Rn. 333; *Wessels/Beulke/Satzger* Rn. 730.

rechtsgehalt muss sich also in dem Unterlassen wiederfinden (sog. *Modalitätenäqui-valenz*).[62]

C. Subjektiver Tatbestand

73 Der subjektive Tatbestand setzt nach allgemeinen Grundsätzen (→ § 4 Rn. 63) Vorsatz hinsichtlich aller objektiven Tatbestandsmerkmale voraus. Hierzu zählt bei dem unechten Unterlassungsdelikt insbesondere auch die *Garantenstellung*. Der Vorsatz muss sich demzufolge auf diejenigen tatsächlichen Umstände erstrecken, aus denen sich die Beschützer- bzw. Überwachungsgarantenstellung ergibt. Kennt der Täter diese Umstände nicht, unterliegt er einem *vorsatzausschließenden Tatumstandsirrtum* gemäß § 16 Abs. 1 Satz 1 StGB.[63]

74 **Beispiel:** A sieht ein Kind im See ertrinken. Er glaubt, es handelt sich um das Kind des Nachbarn N, das er noch nie leiden konnte. A lässt das Kind daher untergehen. Tatsächlich war es sein eigenes Kind.

A irrt hier über sein Verwandtschaftsverhältnis mit dem ertrinkenden Kind und somit über tatsächliche Gegebenheiten, die seine Garantenstellung erst begründen. Er befindet sich daher in einem Tatumstandsirrtum (§ 16 Abs. 1 Satz 1 StGB), der seinen Vorsatz in Bezug auf Tötungsdelikte durch Unterlassen ausschließt.

In Betracht kommt aber eine fahrlässige Tötung durch Unterlassen gemäß §§ 222, 13 Abs. 1 StGB (vgl. § 16 Abs. 1 Satz 2 StGB). Gegeben ist jedenfalls eine Strafbarkeit wegen unterlassener Hilfeleistung nach § 323c StGB.

75 Stellt sich der Täter hingegen *irrigerweise* Umstände vor, deren tatsächliches Vorliegen eine *Garantenstellung* begründete, unterliegt er einem umgekehrten Tatumstandsirrtum, der als *untauglicher Versuch* strafbar ist (→ § 10 Rn. 24).[64]

76 **Beispiel:** A sieht ein Kind im See ertrinken. Obwohl er fälschlicherweise annimmt, dass es sich um sein eigenes Kind handelt, bleibt er untätig und lässt das Kind untergehen. Tatsächlich handelte es sich um das Kind des Nachbarn N.

Die Strafbarkeit des A wegen eines vollendeten Tötungsdelikts durch Unterlassen scheitert zwar an der objektiv nicht bestehenden Garantenstellung gegenüber dem Nachbarskind N. A ist aber wegen seiner Fehlvorstellung, es handele sich hierbei um das eigene Kind, strafbar wegen eines versuchten Tötungsdelikts gemäß §§ 212 Abs. 1, 13, 22 StGB.

77 Von einer Fehlvorstellung über die Garantenstellung ist ein Irrtum über die *Garantenpflicht* zu unterscheiden. Hier erfasst der Täter zwar zutreffend die tatsächlichen Umstände, die seine Garantenstellung begründen, verkennt aber infolge einer fehlerhaften rechtlichen Wertung seine hierauf beruhende Garantenpflicht zur Rettung des betroffenen Rechtsguts. Da dem Täter dadurch der Unrechtsgehalt seines Untätigbleibens verborgen bleibt, unterliegt er einem Verbotsirrtum gemäß § 17 StGB, der wegen der Unkenntnis des Gebots der Rettungshandlung auch als *Gebotsirrtum* bezeichnet wird.[65] Die Fehlvorstellung des Täters führt nach § 17 Satz 1 StGB nur zum Ausschluss der Schuld, wenn sie unvermeidbar war. Ansonsten, dh bei Vermeidbarkeit, kommt lediglich eine Strafmilderung nach § 17 Satz 2 iVm § 49 Abs. 1 StGB in Betracht (→ § 8 Rn. 34).

---

[62] *Heinrich* AT Rn. 908; *Kühl* AT § 18 Rn. 123; *Wessels/Beulke/Satzger* Rn. 730.
[63] *Kindhäuser* AT § 36 Rn. 32; *Kühl* AT § 18 Rn. 128; *Rengier* AT § 49 Rn. 37; *Wessels/Beulke/Satzger* Rn. 732.
[64] *Kindhäuser* AT § 36 Rn. 33.
[65] BGHSt 16, 155 (158); *Heinrich* AT Rn. 913; *Kindhäuser* AT § 36 Rn. 34; *Kühl* AT § 18 Rn. 129; *Wessels/Beulke/Satzger* Rn. 738.

Beispiel: A sieht ein Kind im See ertrinken. Er bemerkt, dass es sich hierbei um sein eigenes 78
Kind handelt, glaubt aber, nicht eingreifen zu müssen.

A erkennt sämtliche Umstände des objektiven Tatbestandes des durch Unterlassen vollendeten
Tötungsdelikts, namentlich das die Garantenstellung begründende Verwandtschaftsverhältnis,
so dass ein Tatumstandsirrtum gemäß § 16 Abs. 1 Satz 1 StGB ausscheidet. Gleichwohl ist er
der Ansicht, nicht einschreiten zu müssen, und irrt somit über das Vorliegen seiner Garantenpflicht. Er befindet sich daher in einem Gebotsirrtum, der wie ein Verbotsirrtum gemäß § 17
StGB zu behandeln ist. Wegen der Vermeidbarkeit dieser Fehlvorstellung scheidet eine Strafbarkeit des A wegen eines Tötungsdelikts durch Unterlassen nicht aus, sondern kann seine Strafe
allenfalls nach § 17 Satz 2 iVm § 49 Abs. 1 gemildert werden. § 323c StGB tritt dahinter subsidiär zurück.

Geht der Täter *umgekehrt* trotz zutreffender Kenntnis sämtlicher tatsächlicher Um- 79
stände fälschlicherweise von einer Garantenpflicht aus, die ihm in Wahrheit aber nicht
obliegt, handelt es sich um ein (strafloses) *Wahndelikt* (→ § 10 Rn. 27).[66]

Beispiel: A sieht ein Kind im See ertrinken. Er erkennt, dass es sich um das Kind des Nachbarn 80
N handelt, und bleibt untätig, obwohl er glaubt, auch die Verwandten seiner Nachbarn beschüt-
zen zu müssen.

Allein die unzutreffende Annahme einer Garantenpflicht begründet keine Strafbarkeit wegen
eines unechten Unterlassungsdelikts. In Betracht kommt in diesem Fall nur eine Strafbarkeit
wegen unterlassener Hilfeleistung nach § 323c StGB.

D. Rechtswidrigkeit

Grundsätzlich kommen beim Unterlassungsdelikt sämtliche Rechtfertigungsgründe 81
in Betracht, auf die sich der Täter auch bei einem Begehungsdelikt durch aktives Tun
berufen kann. Darüber hinaus gibt es den besonderen Rechtfertigungsgrund der
rechtfertigenden Pflichtenkollision. Eine Pflichtenkollision liegt vor, wenn den Täter
zwar mehrere Handlungspflichten zugleich treffen, von denen er aber nur eine bzw.
zumindest nicht alle erfüllen kann. Indem er somit mindestens einer Pflicht nicht
nachkommt, verwirklicht er jedoch den Tatbestand einer Strafvorschrift.[67]

Beispiel: Bei einer Bergsteigertour von A, B und C hängen B und C nach einem Sturz an einer 82
Felsklippe und drohen beide gleichermaßen alsbald den Halt zu verlieren. A entscheidet sich
dafür, den B zu retten. Währenddessen stürzt C ab und stirbt.
A hat es unterlassen, den C zu retten. Die Rettung wäre dem A – wie das Rettungsbemühen
bzgl. B zeigt – mit an Sicherheit grenzender Wahrscheinlichkeit geglückt. Zu dieser objektiv
erforderlichen und rechtlich gebotenen Handlung war A gegenüber C als Beschützergarant
aufgrund der Gefahrengemeinschaft zwischen A, B und C auch verpflichtet. Dieser Umstände
des objektiven Tatbestandes war sich A bewusst, so dass er den Tatbestand des Totschlags durch
Unterlassen gemäß §§ 212 Abs. 1, 13 Abs. 1 StGB verwirklicht hat.

Es leuchtet ein, dass dem Adressat mehrerer Handlungspflichten nicht vorgeworfen 83
werden kann, nur einer von diesen nachzukommen, wenn ihm die Erfüllung sämtlicher Pflichten unmöglich ist. Denn Unmögliches darf das Recht nicht verlangen
(*ultra posse nemo obligatur*; → Rn. 20).[68]

Allerdings kann das Recht fordern, bei einer solchen Pflichtenkollision die *höher-* 84
rangige Pflicht zu beachten. Daraus folgt, dass der Unterlassungstäter gerechtfertigt

---

[66] *Kindhäuser* AT § 36 Rn. 35.
[67] *Kindhäuser* AT § 18 Rn. 1; *Krey/Esser* Rn. 631; *Kühl* AT § 18 Rn. 134; *Wessels/Beulke/
Satzger* Rn. 735.
[68] *Kindhäuser* AT § 18 Rn. 3; *Kühl* AT § 18 Rn. 137.

ist, wenn er bei rangverschiedenen Pflichten die höherrangige auf Kosten der nachrangigen Pflicht und bei gleichwertigen Pflichten eine von beiden nach Wahl erfüllt.[69]

85   Für das Rangverhältnis sind *Kriterien* wie der Wert der gefährdeten Interessen, die Nähe der Gefahr und die Wahrscheinlichkeit deren Realisierung sowie die rechtliche Stellung des Normadressaten von Bedeutung.[70]

86   Auf den Rechtfertigungsgrund des *Notstands* gemäß § 34 StGB kann sich A im obigen Beispiel (→ Rn. 82) nicht berufen, weil die geschützten Rechtsgüter von B und C gleichwertig sind und eine Abwägung „Leben gegen Leben" ohnehin nicht gestattet ist (→ § 5 Rn. 83).

Zugunsten von A greift aber der unterlassungsspezifische Rechtfertigungsgrund der *rechtfertigenden Pflichtenkollision* ein. Die beiden Rettungspflichten gegenüber B und C sind vorliegend als gleichwertig zu erachten. A ist daher jeweils gerechtfertigt, wenn er – wie hier – den B oder auch wenn er den C vor dem Sturz in die Tiefe bewahrt und demzufolge die Rettung des anderen unterlässt.

87   Sollte sich der Täter bei rangverschiedenen Pflichten für die Erfüllung der *geringerwertigen Pflicht* entscheiden (zB wenn A aus einem brennenden Haus seine Geliebte G anstatt seine Ehefrau F rettet, gegenüber der er als Beschützergarant besonders verpflichtet ist), kommt eine Rechtfertigung aus rechtfertigender Pflichtenkollision nicht in Betracht. Zu erörtern sind dann auf Schuldebene der entschuldigende Notstand gemäß § 35 StGB, die Unzumutbarkeit normgemäßen Verhaltens und ggf. bei entsprechenden Anhaltspunkten im Sachverhalt ein Gebotsirrtum gemäß § 17 StGB.

88   Die rechtfertigende Pflichtenkollision setzt die Kollision mehrerer Handlungspflichten voraus. Von vornherein nicht anwendbar ist der Rechtfertigungsgrund, wenn eine *Handlungspflicht mit einer Unterlassungspflicht* kollidiert, der Täter etwa aktiv in ein Rechtsgut eingreifen (und somit eine Unterlassungspflicht verletzen) müsste, um ein anderes Rechtsgut vor Gefahren zu bewahren (und dadurch seiner Handlungspflicht nachzukommen). In diesen Fällen ist die Lösung über die Regeln des rechtfertigenden Notstandes nach § 34 StGB zu suchen.[71]

E. Schuld

89   Für die Schuld gelten die allgemeinen Grundsätze zu den Begehungsdelikten. Bei den unechten Unterlassungsdelikten kann vor allem ein rechtlicher Irrtum über das Bestehen einer Garantenpflicht als sog. *Gebotsirrtum* nach § 17 StGB (→ Rn. 77) zu erörtern sein.

90   Außerdem fehlt es nach hM an einem schuldhaften Unterlassen, wenn es dem Täter nicht *zumutbar* ist, die Rettungshandlung zu erbringen. Dies ist der Fall, wenn der Garant durch die Erfüllung seiner Pflicht eigene billigenswerte Interessen in erheblichem Umfang gefährdete, deren Bedeutung der Wichtigkeit der zu rettenden Rechtsgüter entspricht.[72]

---

[69] *Kindhäuser* AT § 18 Rn. 5 f.; *Krey/Esser* Rn. 631; *Kühl* AT § 18 Rn. 136 f.; *Rengier* AT § 49 Rn. 41 f.; *Wessels/Beulke/Satzger* Rn. 736.
[70] *Krey/Esser* Rn. 631; *Wessels/Beulke/Satzger* Rn. 736.
[71] *Kindhäuser* AT § 18 Rn. 2; *Krey/Esser* Rn. 630; *Wessels/Beulke/Satzger* Rn. 735.
[72] *Rengier* AT § 49 Rn. 47; *Wessels/Beulke/Satzger* Rn. 739; aA *Fischer* § 13 Rn. 81; *Krey/Esser* Rn. 1172 f.: Ausschluss bereits des objektiven Tatbestandes; die Unzumutbarkeit als allgemeines Prinzip ablehnend *Jescheck/Weigend* § 59 VIII 3.

F. Versuch

Auch Unterlassungsdelikte weisen ein Versuchsstadium auf, so dass ggf. der Versuch   **91** des Unterlassungsdelikts zu prüfen ist. *Besonderheiten* gelten hier für das unmittelbare Ansetzen und für den Rücktritt vom Versuch.

Beispiel: Der getrennt von seiner Ehefrau lebende A sieht den gemeinsamen Sohn B mitten im   **92** See ertrinken. Er freut sich über die Gelegenheit, sich seiner Unterhaltsverpflichtung gegenüber B zu entledigen, und entfernt sich zunächst vom See, ohne dem B zu helfen. Kurz darauf plagt ihn jedoch sein Gewissen. A kehrt daher schleunigst um und kann den B noch retten.

Zu welchem Zeitpunkt der Täter beim Unterlassungsdelikt *unmittelbar zur Tat*   **93** *ansetzt*, ist umstritten. Schließlich ist es schwierig, in einem Nichtstun ein unmittelbares Ansetzen zu erblicken. Teilweise wird durchweg auf das *Verstreichenlassen der ersten Rettungsmöglichkeit* abgestellt, was aber das Versuchsstadium und somit den ggf. strafbaren Bereich sehr weit ausdehnte. Umgekehrt erscheint es im Hinblick auf die Gefahren für das Opfer zu eng, ein unmittelbares Ansetzen generell erst in dem *Verstreichenlassen der letzten Rettungsmöglichkeit* zu sehen.[73]

Richtigerweise bestimmt die hM daher den Versuchsbeginn, indem sie die allgemeinen   **94** Grundsätze zum unmittelbaren Ansetzen (→ § 10 Rn. 29 ff.) konsequent auch bei den unechten Unterlassungsdelikten anwendet. Ein Versuch liegt demnach vor, sobald nach der Vorstellung des Täters von der Tat das jeweilige *Rechtsgut unmittelbar gefährdet* wird. Dies ist insbesondere dann der Fall, wenn der Garant sich vom Gefahrenort entfernt und den Geschehensablauf dadurch bewusst aus der Hand gibt.[74]

Im obigen Beispiel (→ Rn. 92) setzt A nach hM unmittelbar zum Tötungsdelikt durch Unterlas-   **95** sen an, wenn er untätig bleibt, obwohl er den B im See ertrinken sieht. Denn bei einem Ertrinken kann in kürzester Zeit der Tod des Betroffenen eintreten. Das Leben des B war somit schon zu diesem Zeitpunkt gefährdet. Indem A sich vom See entfernt, gibt er das weitere Geschehen zudem aus der Hand.

Ein *Rücktritt* vom Versuch ist auch beim unechten Unterlassungsdelikt möglich. Da   **96** allerdings dem Täter gerade vorgeworfen wird, durch ein Nichtstun einen Tatbestand zu verwirklichen, kann er durch ein (weiteres) Untätigbleiben die Tat nicht im Sinne von § 24 Abs. 1 Satz 1 Var. 1 StGB aufgeben. Es bleiben dem Alleintäter somit nur die Rücktrittsmöglichkeiten des beendeten Versuchs gemäß § 24 Abs. 1 Satz 1 Var. 2 und Satz 2 StGB.[75]

Gleichwohl wird in der Literatur in Hinblick auf das zu tragende Erfolgsabwen-   **97** dungsrisiko zwischen unbeendetem und beendetem Versuch unterschieden. Ein *unbeendeter Versuch* liegt danach vor, wenn der Erfolgseintritt nach der Vorstellung des Täters noch durch Nachholen der ursprünglich objektiv erforderlichen und rechtlich gebotenen Handlung abzuwenden ist (zB durch Wiederaufnahme der Nahrungsgabe bei Verhungernlassen seines Kleinkindes). *Beendet* ist der Versuch hingegen, wenn der Täter nach seiner Vorstellung den Erfolgseintritt nur durch andere Maßnahmen verhindern kann (zB ausschließlich ärztliche Maßnahmen das über längere Zeit nicht mit Nahrung versorgte Kleinkind retten können).[76]

---

[73] Siehe hierzu *Kindhäuser* AT § 36 Rn. 43 f.; *Krey/Esser* Rn. 1244; *Kühl* AT § 18 Rn. 146 f.; *Rengier* AT § 36 Rn. 34 f.
[74] BGHSt 40, 257 (271); *Jäger* AT Rn. 303; *Krey/Esser* Rn. 1245; *Kühl* AT § 18 Rn. 148; *Rengier* AT § 36 Rn. 36; siehe hierzu auch *Wessels/Beulke/Satzger* Rn. 741 f.
[75] BGHSt 48, 147 (149); *Kühl* AT § 18 Rn. 152; *Rengier* AT § 49 Rn. 60.
[76] *Kühl* § 18 Rn. 154; *Wessels/Beulke/Satzger* Rn. 743 f.; aA *Rengier* AT § 49 Rn. 63.

G. Täterschaft und Teilnahme

98 Ein Unterlassen im Zusammenhang mit der Beteiligung an einer Straftat ist auf zweierlei Weise denkbar. Zum einen ist es möglich, sich *an* einem Unterlassungsdelikt (durch eigenes aktives Tun) zu beteiligen. Zum anderen kann sich jemand an einem Begehungsdelikt *durch* Unterlassen beteiligen.

I. Beteiligung an einem Unterlassungsdelikt durch aktives Tun

99 Die Beteiligung an einem Unterlassungsdelikt folgt den allgemeinen Regeln und weist *keine Besonderheiten* auf. Während die Literatur überwiegend Tatherrschaftskriterien zur Abgrenzung von Täterschaft und Teilnahme heranzieht, ist für die Rechtsprechung der Täterwille maßgeblich, zu dessen Feststellung allerdings ebenfalls objektive Kriterien herangezogen werden (→ § 9 Rn. 13).

100 Umstritten ist in diesem Zusammenhang, ob die *Garantenstellung* ein *besonderes persönliches Merkmal* im Sinne des § 28 StGB darstellt. Dies wird zum Teil verneint, weil die Garantenstellung tatbezogen sei und lediglich positives Tun und Unterlassen im Rahmen der Zurechnung zum tatbestandlichen Erfolg gleichstellen solle.[77] Nach hM begründen Garantenpflichten hingegen eine besondere persönliche Verpflichtung des (Unterlassungs-)Täters, deren Verletzung ein Sonderunrecht bedeute.[78]

101 **Beispiel:** A lädt die M, alleinerziehende Mutter eines Säuglings, zu einer romantischen Woche nach Paris ein. Ihr Kind lässt die M auf Vorschlag des A allein in ihrer Wohnung zurück, wobei beide billigend in Kauf nehmen, dass das Kind während der Abwesenheit der M verstirbt. Nach ihrer Rückkehr findet M ihr Kind nur noch tot vor.

M ist strafbar wegen Totschlags durch Unterlassen gemäß §§ 212 Abs. 1, 13 StGB. Als Mutter war sie Beschützergarantin gegenüber ihrem Säugling (§§ 1626, 1629 BGB).

A hat den Tatentschluss der M zu ihrer Tat hervorgerufen und ist demgemäß strafbar wegen Anstiftung zu einem Totschlag durch Unterlassen gemäß §§ 212 Abs. 1, 13, 26 StGB. Wegen der Akzessorietät der Teilnahme reicht es für seine Strafbarkeit grundsätzlich aus, dass er um die Garantenstellung der Haupttäterin weiß. Dass ihm selbst keine Garantenstellung gegenüber dem verstorbenen Säugling obliegt, kann nur berücksichtigt werden, wenn die Garantenstellung mit der hM als besonderes persönliches Merkmal angesehen wird. Dann wäre die Strafe des A nach § 28 Abs. 1 iVm § 49 Abs. 1 StGB zu mildern, weil ihm ein besonderes persönliches Merkmal fehlte, das die (Unterlassens-)Strafbarkeit der M erst begründet.

II. Beteiligung an einem Begehungsdelikt durch Unterlassen

102 Die Abgrenzung von Täterschaft und Teilnahme bei einer Beteiligung durch Unterlassen an einem Begehungsdelikt ist äußerst umstritten. Denn Tatherrschaftslehre und subjektive Theorie scheinen hier kaum herangezogen werden zu können. Auf die *Tatherrschaft* bei einem Untätigbleiben abzustellen, könnte dazu verleiten, den unterlassenden Garant stets als Gehilfen zu betrachten, weil der Begehungstäter aufgrund

---

[77] Schönke/Schröder/*Heine/Weißer* § 28 Rn. 19; *Lackner/Kühl* § 28 Rn. 6; LK-StGB/*Schünemann* § 28 Rn. 58.
[78] LK-StGB/*Weigend* § 13 Rn. 87; *Rengier* AT § 51 Rn. 9; *Roxin* AT II § 27 Rn. 68; *Wessels/Beulke/Satzger* Rn. 733; differenzierend *Kindhäuser* AT § 38 Rn. 64.

seines aktiven Tuns das Geschehen in der Hand halte.[79] Für die *subjektive Theorie* erhöhen sich die ohnehin gegebenen Nachweisschwierigkeiten weiter, da ein Nichtstun keine Anhaltspunkte für den zu ermittelnden Täter- oder Teilnehmerwillen bietet.[80]

Es wird daher nach anderen maßgeblichen Kriterien gesucht. Nach einer Auffassung soll der Unterlassende stets als Täter angesehen werden, sofern er die Gleichstellungskriterien nach § 13 StGB und die sonstigen Tatbestandsvoraussetzungen erfüllt. Schließlich seien die Unterlassungsdelikte *Pflichtdelikte*, so dass gerade die Verletzung der tatbestandsbegründenden Erfolgsabwendungspflicht den Tatbestand verwirkliche und die Täterschaft begründe.[81] Dies hätte indes zur Folge, den Unterlassenden schlechter zu behandeln als denjenigen, der die Haupttat aktiv unterstützt (und gleichwohl nach den allgemeinen Abgrenzungskriterien ggf. nur als Gehilfe strafbar ist).[82]   **103**

Nach anderer Auffassung enthält die Art der *Garantenpflicht* den maßgeblichen Anknüpfungspunkt. Sei der Täter Beschützergarant, so müsse er das zu beschützende Rechtsgut vor Schaden bewahren; unterlasse er dies, stehe er wertungsmäßig einem Täter näher. Der Überwachungs- oder Sicherungsgarant müsse hingegen nur eine bestimmte Gefahrenquelle absichern, so dass sein Unterlassen als Teilnahme einzuordnen sei.[83] Diese Differenzierung erscheint jedoch beliebig, zumal alle Garantenstellungen grundsätzlich als gleichwertig erachtet werden müssen.[84]   **104**

Das Problem der Abgrenzung von Täterschaft und Teilnahme bei der Beteiligung durch Unterlassen ist somit nach wie vor nicht zufriedenstellend gelöst. Zunehmend wird daher versucht, auf die *allgemeinen Grundsätze* zurückzugreifen. Da die Tatherrschaft sich insoweit nicht als Abgrenzungskriterium eignet (→ Rn. 102), wird in den Vordergrund gestellt, ob der Unterlassende nach den Umständen der Tat Zentralgestalt oder Randfigur des Geschehens sei. Zu beachten sind demnach unter anderem die Mitwirkung bei der Tatplanung, die Nähe zum zu schützenden Rechtsgut bzw. zur zu überwachenden Gefahrenquelle und der Grad der Möglichkeit, die Tat zu verhindern.[85]   **105**

---

[79] So *Kudlich* PdW AT Fall 195a; *Kühl* AT § 20 Rn. 230; *Wessels/Beulke/Satzger* Rn. 734; kritisch *Kindhäuser* AT § 38 Rn. 68.
[80] BGHSt 43, 381 (396); 48, 77 (96 f.).
[81] *Roxin* AT II § 31 Rn. 140 ff.; *Stratenwerth/Kuhlen* § 14 Rn. 13.
[82] *Kindhäuser* AT § 38 Rn. 69; *Krey/Esser* Rn. 1177.
[83] *Kindhäuser* AT § 38 Rn. 71 ff.; *Krey/Esser* Rn. 1182; siehe auch *Otto* AT § 21 Rn. 50.
[84] *Jäger* AT Rn. 373b; *Rengier* AT § 51 Rn. 17.
[85] *Rengier* AT § 51 Rn. 18 ff.

§ 12. Fahrlässigkeitsdelikte

A. Grundlagen

Ausgewählte Entscheidungen: BGHSt 11, 1; 33, 61 (jeweils Pflichtwidrigkeitszusammenhang bei Verkehrsunfällen); 43, 306 (Vertrauensgrundsatz bei ärztlicher Arbeitsteilung); 55, 121 (Übernahmeverschulden bei einem Brechmitteleinsatz); StV 2014, 601 (Eigenverantwortlichkeit beim Konsum von Betäubungsmitteln).

Ausgewählte Studienliteratur: *Beck* Achtung: Fahrlässiger Umgang mit der Fahrlässigkeit, JA 2009, 111, 268; *Kretschmer* Das Fahrlässigkeitsdelikt, Jura 2000, 267.

I. Strafgrund

Nach § 15 StGB ist grundsätzlich nur vorsätzliches Handeln strafbar, es sei denn, das **1** Gesetz bedroht ausdrücklich auch fahrlässiges Verhalten mit Strafe. Strafbar sind etwa die fahrlässige Tötung (§ 222 StGB) und die fahrlässige Körperverletzung (§ 229 StGB). Mangels *gesetzlicher Anordnung* bleiben hingegen beispielsweise der fahrlässige Diebstahl, die fahrlässige Sachbeschädigung und die fahrlässige Beleidigung straflos.

Das Unrecht der Fahrlässigkeit liegt in dem sorgfaltspflichtwidrigen Verhalten des **2** Täters, aufgrund dessen er den gesetzlichen Tatbestand verwirklicht. Die *Sorgfaltspflichtverletzung* bildet somit den maßgeblichen Anknüpfungspunkt für das Fahrlässigkeitsdelikt und beinhaltet das Handlungsunrecht, das bei vorsätzlichen Taten in der wissentlichen und willentlichen Tatbestandsverwirklichung besteht.[1]

II. Arten der Fahrlässigkeit

Nach der Vorhersehbarkeit der sorgfaltspflichtwidrigen Tatbestandsverwirklichung **3** wird zwischen unbewusster und bewusster Fahrlässigkeit unterschieden. *Unbewusste Fahrlässigkeit* liegt vor, wenn der Täter durch einen Sorgfaltsmangel einen gesetzlichen Tatbestand verwirklicht, ohne diese Möglichkeit überhaupt zu erkennen. *Bewusst fahrlässig* handelt der Täter, der die Möglichkeit der Tatbestandsverwirklichung zwar erkennt, jedoch pflichtwidrig auf deren Ausbleiben vertraut.[2] Zur Abgrenzung von bewusster Fahrlässigkeit und bedingtem Vorsatz → § 4 Rn. 85 ff.

Soweit das Gesetz nichts anderes bestimmt, ist jeder Grad an Fahrlässigkeit strafbar. **4** Einige Tatbestände (zB § 251 StGB) fordern einschränkend *Leichtfertigkeit*. Hierbei handelt es sich um ein ungewöhnlich hohes Maß an Fahrlässigkeit – vergleichbar mit der groben Fahrlässigkeit im Zivilrecht. Dies setzt ein besonders sorgfaltspflichtwidriges Verhalten voraus, zB indem der Täter ganz nahe liegende Überlegungen unterlässt und nicht beachtet, was jedem einleuchten muss.[3]

---

[1] *Kindhäuser* AT § 33 Rn. 2 ff.; *Rengier* AT § 52 Rn. 5; *Wessels/Beulke/Satzger* Rn. 656.
[2] *Heinrich* AT Rn. 972; *Kindhäuser* AT § 33 Rn. 68 f.; *Kühl* AT § 17 Rn. 42; *Rengier* AT § 52 Rn. 7; *Wessels/Beulke/Satzger* Rn. 661.
[3] *Heinrich* AT Rn. 1005; *Kindhäuser* AT § 33 Rn. 71; *Kühl* AT § 17 Rn. 44; *Wessels/Beulke/Satzger* Rn. 662.

5　Leichtfertigkeit trifft häufig, aber nicht zwingend mit bewusster Fahrlässigkeit zusammen. Da sich die Leichtfertigkeit nach dem Grad der Fahrlässigkeit und nicht nach der Vorhersehbarkeit der Tatbestandsverwirklichung richtet, schließen sich Leichtfertigkeit einerseits und bewusste bzw. unbewusste Fahrlässigkeit andererseits allerdings nicht gegenseitig aus.

III. Hinweise für Prüfungsarbeiten

6　Nach heute hM ist die Fahrlässigkeit keine spezifische Schuldform, sondern ein eigenständiger Typus strafbaren Verhaltens, der besondere Unrechts- und Schuldelemente enthält. Diesbezüglich ist auch von der *Doppelnatur der Fahrlässigkeit* die Rede.[4]

7　Dieser Doppelnatur entspricht eine *zweistufige Prüfung*. Im Rahmen der Tatbestandsmäßigkeit wird untersucht, ob der Täter die objektiv erforderliche Sorgfalt außer Acht gelassen hat. In der Schuld wird dagegen geprüft, ob der Täter individuell in der Lage war, die objektiven Sorgfaltsanforderungen zu erfüllen.[5]

8　Der Aufbau des Fahrlässigkeitsdelikts bereitet bisweilen Schwierigkeiten. Dies liegt unter anderem daran, dass sich in den Lehrbüchern hierzu unterschiedliche Vorschläge finden. Wegen des ganz herrschenden *dreigliedrigen Straftatverständnisses* unterteilt sich die Prüfung wie bei allen Deliktsformen zunächst jedenfalls in Tatbestandsmäßigkeit, Rechtswidrigkeit und Schuld.

9　Innerhalb des *Tatbestandes* eines Erfolgsdelikts besteht des Weiteren Einigkeit darüber, dass ein tatbestandlicher Erfolg eingetreten sein muss, etwa eine Körperverletzung (§ 229 StGB) oder der Tod eines Menschen (§ 222 StGB). Außerdem bedarf es einer Tathandlung, die für den jeweiligen Erfolg kausal geworden ist. Diese ersten Prüfungspunkte entsprechen dem objektiven Tatbestand des vollendeten vorsätzlichen Delikts.

10　Bleibt bereits der Erfolg aus, kommt nur eine Versuchsstrafbarkeit in Betracht. Der *Versuch* eines Fahrlässigkeitsdelikts ist allerdings *nicht möglich*, da dies einen Tatentschluss, also gerade Vorsatz hinsichtlich aller objektiven Tatbestandsmerkmale voraussetzt.[6]

11　Da der Täter beim Fahrlässigkeitsdelikt gerade nicht vorsätzlich, sondern fahrlässig handelt und eine solche Fahrlässigkeit anerkanntermaßen voraussetzt, dass der Täter eine objektive Sorgfaltspflicht verletzt hat und der Erfolgseintritt für ihn objektiv vorhersehbar war, wird beim Fahrlässigkeitsdelikt nicht zwischen objektivem und subjektivem Tatbestand unterschieden. Stattdessen wird ein *einheitlicher Tatbestand* gebildet, in dessen Rahmen die genannten Aspekte (objektive Sorgfaltspflichtverletzung bei objektiver Vorhersehbarkeit) zu erörtern sind. Die *subjektive Fahrlässigkeit* wird hingegen erst in der *Schuld* geprüft (→ Rn. 7).

12　Im Tatbestand ist ggf. außerdem – neben anderen Problemen der *Zurechnung* – zu untersuchen, ob der eingetretene Erfolg vom Schutzzweck der verletzten Sorgfaltsnorm erfasst ist (Schutzzweckzusammenhang) und ob der Erfolg auch dann eingetreten wäre, wenn der Täter sich sorgfaltsgemäß verhalten hätte (Pflichtwidrigkeitszusammenhang).

13　Bezüglich des genauen Prüfungsstandortes dieser Voraussetzungen besteht keine Einigkeit. Häufig wird vorgeschlagen, einen eigenen Prüfungspunkt „Objektive Zurechnung" zu eröffnen, in dessen Rahmen (unter anderem) Pflichtwidrigkeits- und Schutzzweckzusammenhang dar-

---

[4] *Wessels/Beulke/Satzger* Rn. 657.
[5] *Wessels/Beulke/Satzger* Rn. 658; kritisch *Kindhäuser* AT § 33 Rn. 49 f.
[6] Siehe nur *Heinrich* AT Rn. 990; *Wessels/Beulke/Satzger* Rn. 659.

zustellen sind. Zum Teil werden diese beiden Voraussetzungen auch außerhalb der objektiven Zurechnung verortet oder dieser übergeordnete Prüfungspunkt gänzlich weggelassen.

Letztlich ist jeder dieser Aufbauvorschläge vertretbar. Vorzugswürdig erscheint allerdings die **14** Prüfung von Pflichtwidrigkeits- und Schutzzweckzusammenhang innerhalb der objektiven Zurechnung, weil sie üblicherweise als deren Fallgruppen angesehen werden.[7] Bei diesem Prüfungspunkt können auch alle anderen Fallgruppen der Zurechnungslehre, die bereits im Rahmen des vollendeten Vorsatzdelikts dargestellt wurden (→ § 4 Rn. 52 ff.), relevant werden.

An die Prüfung des (objektiven) Tatbestandes schließen sich die Prüfungsebenen der **15** Rechtswidrigkeit und der Schuld an. Bei der Schuld ist – zumindest in einem kurzen Satz – zu untersuchen, ob dem Täter der Sorgfaltspflichtverstoß *individuell* vorgeworfen werden kann und der Erfolgseintritt für ihn *individuell* vorhersehbar war. Sofern Anhaltspunkte vorliegen, ist hier zudem auf die *Unzumutbarkeit* des normgemäßen Verhaltens einzugehen.

Prüfungsschema: Fahrlässigkeitsdelikt **16**

I. Tatbestand
  1. Handlung
  2. Verwirklichung sämtlicher objektiver Tatbestandsmerkmale einschließlich des tatbestandlichen Erfolgs
  3. Kausalität zwischen Handlung und Erfolg
  4. objektive Sorgfaltspflichtverletzung bei objektiver Vorhersehbarkeit
  5. ggf. objektive Zurechnung (insbesondere Pflichtwidrigkeitszusammenhang und Schutzzweckzusammenhang)
II. Rechtswidrigkeit
III. Schuld
  1. insbesondere subjektive Sorgfaltspflichtverletzung bei subjektiver Vorhersehbarkeit
  2. ggf. Unzumutbarkeit normgemäßen Verhaltens

B. Tatbestand

I. Objektive Sorgfaltspflichtverletzung

Der Tatbestand eines Fahrlässigkeitsdelikts erfordert eine objektive Sorgfaltspflicht- **17** verletzung bei objektiver Vorhersehbarkeit der Tatbestandsverwirklichung. Der Schwerpunkt der Prüfung liegt in der Regel auf der *Sorgfaltspflichtverletzung.* Hier gilt es zunächst festzustellen, welches Verhalten die Rechtsordnung in der konkreten Situation des Täters verlangt hätte. Bleibt er hinter diesen Anforderungen zurück, so hat er seine Sorgfaltspflicht nicht erfüllt.[8]

Sorgfaltspflichtwidrig handelt, wer die im Verkehr erforderliche Sorgfalt außer Acht **18** lässt. Um diese Anforderungen zu bestimmen, ist zunächst auf *ausdrücklich geregelte Sorgfaltspflichten* zurückzugreifen.[9] Die jeweiligen Normen, die sich aus den unter-

---

[7] *Rengier* AT § 52 Rn. 12.
[8] Beispiele für typische Sorgfaltspflichtverstöße bei *Kindhäuser* AT § 33 Rn. 19.
[9] *Kühl* AT § 17 Rn. 23; *Rengier* AT § 52 Rn. 15 f.; *Wessels/Beulke/Satzger* Rn. 672.

schiedlichsten Gesetzen und Regelwerken ergeben können, sollten in der Prüfungsarbeit zitiert werden.

19 Sorgfaltspflichten können unter anderem entnommen werden den Verkehrsregeln der Straßen-
verkehrsordnung (StVO), zB dem Rechtsfahrgebot in § 2 Abs. 1 Satz 1 StVO, beruflichen
Pflichten in Berufsordnungen (etwa von Ärzten und Anwälten), dem in Richtlinien festgehal-
tenen Stand der Technik oder der medizinischen Erkenntnis, Sportregeln sowie Benutzungs-
ordnungen für öffentliche Einrichtungen.

20 Fehlen sorgfaltspflichtbegründende gesetzliche Regelungen, sind *ungeschriebene
Sorgfaltsnormen* zu ermitteln, was zuweilen Schwierigkeiten bereitet. Sie lassen sich
aus bestimmten Erfahrungssätzen, aber auch ganz allgemein aus der Vorhersehbarkeit
eines Schadenseintritts ableiten. Je schwerer der drohende Schaden wiegt und je
wahrscheinlicher er ist, desto größere Sorgfaltsanforderungen sind zu stellen.

21 Zu berücksichtigen bleibt jedoch das dem Einzelnen sog. *erlaubte Risiko*. Bestimmte Handlungen sind trotz ihrer Gefährlichkeit sozial anerkannt (zB die Teilnahme am Straßenverkehr),
zumal es unmöglich ist, im zwischenmenschlichen Miteinander jegliches Risiko zu vermeiden.
Nur wer das erlaubte, weil sozialadäquate Risiko im Einzelfall überschreitet, handelt sorgfaltspflichtwidrig.[10]

22 Das *Maß der anzuwendenden Sorgfalt* ergibt sich aus einer ex-ante-Betrachtung der
Gefahrenlage unter Berücksichtigung sämtlicher Umstände des Einzelfalls. „Ex ante"
bedeutet, dass sich der Strafrechtsanwender bei der Bewertung in die Lage des Täters
vor dessen Handlung versetzt. Zu fragen ist dann, wie sich ein besonnener und
gewissenhafter Mensch aus dem Verkehrskreis des Täters in der konkreten Lage
verhalten hätte.[11]

23 Eine Korrektur erfährt der an einem besonnenen und gewissenhaften Menschen
orientierte Sorgfaltsmaßstab, wenn der Täter über zusätzliches Wissen oder Können
verfügt. Hier kann es nach hM den Täter nicht entlasten, wenn er zwar die durch-
schnittlichen Sorgfaltspflichten erfüllt, seinen besonderen Kenntnissen oder Fähigkeiten dadurch aber nicht gerecht wird. Bei der Bestimmung des Sorgfaltsmaßstabs
sind demnach sowohl *Sonderwissen* (zB die Kenntnis einer besonders gefahrenträch-
tigen Kreuzung) als auch *Sonderkönnen* (zB eines Motorsportfahrers bei dem Führen
eines Fahrzeugs) zu berücksichtigen.[12]

24 Eine wichtige Grenze der Sorgfaltspflicht bildet der *Vertrauensgrundsatz*. Wer sich
im Verkehr ordnungsgemäß verhält, darf mangels gegenteiliger konkreter Anhaltspunkte darauf vertrauen, dass sich auch andere Verkehrsteilnehmer pflichtgemäß verhalten.[13]

25 Der Vertrauensgrundsatz ist vor allem im *Straßenverkehr* relevant. So muss der sich sorgfaltsgemäß verhaltende Autofahrer nicht damit rechnen, dass ihm an einer Kreuzung die Vorfahrt
genommen wird, und deshalb nicht von vornherein besonders langsam fahren. Auch bei *arbeits-
teiligem Handeln* spielt der Vertrauensgrundsatz eine Rolle. Beispielsweise darf ein Chirurg
grundsätzlich darauf vertrauen, dass der für die Narkose zuständige Arzt seinerseits die Vorgaben für ein ordnungsgemäßes ärztliches Handeln erfüllt.[14]

---

[10] *Kindhäuser* AT § 33 Rn. 26 ff.; *Rengier* AT § 52 Rn. 14.
[11] *Heinrich* AT Rn. 1028; *Rengier* AT § 52 Rn. 15; *Wessels/Beulke/Satzger* Rn. 669.
[12] *Heinrich* AT Rn. 1038; *Jäger* AT Rn. 374; *Kudlich* PdW AT Fall 169; *Kühl* AT § 17 Rn. 31;
Rengier AT § 52 Rn. 20 f.
[13] *Heinrich* AT Rn. 1034; *Kindhäuser* AT § 33 Rn. 30; *Rengier* AT § 52 Rn. 22; *Wessels/
Beulke/Satzger* Rn. 671.
[14] BGHSt 43, 306 (310); *Heinrich* AT Rn. 1034; *Jäger* AT Rn. 374; *Kindhäuser* AT § 33
Rn. 32; *Kühl* AT § 17 Rn. 36 ff.

Auf den Vertrauensgrundsatz kann sich jedoch trotz eigenen ordnungsgemäßen Ver- 26
haltens nicht berufen, wer hätte erkennen können, dass in der konkreten Situation
sein Vertrauen in die anderen Verkehrsteilnehmer unangemessen war. Dies gilt etwa,
wenn ein anderer sich erkennbar nicht ordnungsgemäß verhält oder hierzu ersichtlich
nicht in der Lage ist.[15]

II. Objektive Vorhersehbarkeit

Die objektive Vorhersehbarkeit des Geschehens kann zwar schon bei der Begründung 27
einer Sorgfaltspflichtverletzung eine Rolle spielen und darf nicht völlig getrennt hiervon betrachtet werden (→ Rn. 20). Insbesondere die Rechtsprechung sieht diesen
Aspekt aber auch als *eigenständigen Prüfungspunkt* an. Nur wenn der Erfolgseintritt
sowie der Kausalverlauf in seinen wesentlichen Grundzügen aus der Perspektive des
Täters objektiv vorhersehbar waren, kann ihm ein fahrlässiges Handeln vorgeworfen
werden.

Objektiv vorhersehbar ist, was ein umsichtig handelnder Mensch aus dem Verkehrs- 28
kreis des Täters unter den jeweils gegebenen Umständen aufgrund der allgemeinen
Lebenserfahrung in Rechnung stellt.[16] Vorhersehbarkeit liegt zumindest bei bewusst
fahrlässigem Verhalten in der Regel vor, da der Täter hier die bestehende Gefahr
erkennt und lediglich darauf vertraut, dass sie sich nicht realisieren wird.

Streng betrachtet handelt es sich bei der objektiven Vorhersehbarkeit um eine Fallgruppe der 29
objektiven Zurechnung (atypischer Kausalverlauf; → § 4 Rn. 57 f.).

III. Objektive Zurechnung

1. Schutzzweckzusammenhang

Der Erfolg eines Fahrlässigkeitsdelikts ist nur zurechenbar auf ein sorgfaltspflicht- 30
widriges Verhalten zurückzuführen, wenn die missachtete Verhaltensnorm gerade
dem *Schutz des verletzten oder gefährdeten Rechtsgutes* dient. Fehlt es an dem
Zusammenhang zwischen dem Schutzzweck der verletzten Sorgfaltsnorm und dem
eingetretenen Erfolg (sog. Schutzzweckzusammenhang), ist der Tatbestand des Fahrlässigkeitsdelikts nicht erfüllt.[17]

Beispiel: A fährt in einer Tempo-30-Zone der Ortschaft X mit 50 km/h. Zehn Kilometer weiter 31
in der Ortschaft Y hält er zwar die zugelassene Höchstgeschwindigkeit ein und verhält sich auch
sonst sorgfaltsgemäß, fährt aber gleichwohl den plötzlich auf die Straße laufenden B an und
verletzt ihn. Wäre A in der Tempo-30-Zone in X nicht zu schnell gefahren, hätte er die Unfall-
stelle in Y erst zu einem Zeitpunkt erreicht, zu dem B bereits die Straße überquert hätte. Ein
Zusammenstoß wäre dadurch vermieden worden.

Das sorgfaltspflichtwidrige Verhalten des A besteht hier in dem Überschreiten der zulässigen
Höchstgeschwindigkeit in der Tempo-30-Zone in der Ortschaft X. Allerdings soll die verringer-
te zulässige Höchstgeschwindigkeit nur davor schützen, dass Kraftfahrer aufgrund zu hoher
Geschwindigkeit an der jeweiligen Stelle ihr Kraftfahrzeug bei unvorhergesehenen Situationen
nicht schnell genug zum Stehen bringen und Schädigungen anderer Verkehrsteilnehmer nicht
mehr abwenden können. Hingegen wird dadurch nicht bezweckt, dass ein Kraftfahrer sich zu
einer bestimmten Zeit nicht an einem bestimmten Ort (hier in Y) befindet und gerade dadurch
mögliche Gefahren an dem anderen Ort verhindert werden. Daher mangelt es im vorliegenden

---

[15] BGHSt 43, 306 (310); *Kindhäuser* AT § 33 Rn. 33; *Kühl* AT § 17 Rn. 39.
[16] *Wessels/Beulke/Satzger* Rn. 667a.
[17] *Heinrich* AT Rn. 1046; *Rengier* AT § 52 Rn. 37; *Wessels/Beulke/Satzger* Rn. 674.

Fall an einem Zusammenhang zwischen dem Sorgfaltspflichtverstoß des A (in der Ortschaft X) und dem Erfolgseintritt (in der Ortschaft Y). Der Tatbestand des § 229 StGB ist nicht erfüllt.[18]

2. Pflichtwidrigkeitszusammenhang

32   Zurechenbar ist ein tatbestandlicher Erfolg dem Täter nur dann, wenn sich in dessen Eintritt das sorgfaltspflichtwidrige Verhalten verwirklicht. Es muss sich hierin gerade diejenige rechtlich missbilligte Gefahr realisieren, die der Täter durch seinen Sorgfaltsmangel hervorgerufen hat. An diesem Pflichtwidrigkeitszusammenhang, also an dem Zusammenhang zwischen Pflichtwidrigkeit und Erfolg, fehlt es, wenn der Erfolg mit an Sicherheit grenzender Wahrscheinlichkeit auch bei pflichtgemäßem, rechtlich erlaubtem Verhalten eingetreten wäre *(rechtmäßiges Alternativverhalten)*.[19]

33   Lässt sich der Pflichtwidrigkeitszusammenhang nicht feststellen, ist nach hM nach dem Grundsatz *„in dubio pro reo"* von dessen Fehlen auszugehen.[20] Hingegen soll es nach der sog. *Risikoerhöhungslehre* bereits genügen, dass der Täter durch sein sorgfaltspflichtwidriges Verhalten die Gefahr eines Erfolgseintritts gegenüber dem rechtmäßigen Alternativverhalten deutlich erhöht habe (vgl. schon → § 9 Rn. 150).[21] Dem steht wiederum entgegen, dadurch Verletzungs- in Gefährdungsdelikte umzuwandeln.

34   **Beispiel**[22]**:** Lkw-Fahrer L überholt den angetrunkenen Radfahrer R mit einem Seitenabstand von nur 75 cm. R gerät in diesem Augenblick ins Schwanken, kommt unter ein Hinterrad und wird tödlich verletzt. Nachträglich lässt sich nicht klären, ob der Tod des R auch dann eingetreten wäre, wenn L den gesetzlich vorgeschriebenen Seitenabstand eingehalten hätte.

Selbst wenn L den ordnungsgemäßen Seitenabstand (vgl. § 5 Abs. 4 Satz 2 StVO) eingehalten hätte, wäre es möglicherweise zu dem tödlichen Zusammenprall mit R gekommen. Nach dem Grundsatz *„in dubio pro reo"* ist daher mit der hM der Pflichtwidrigkeitszusammenhang zwischen der Sorgfaltspflichtverletzung des L und dem Tod des R zu verneinen. Nach der Risikoerhöhungslehre bleibt dagegen der Tod des R dem L zuzurechnen, da er durch die Unterschreitung des erforderlichen Seitenabstands die Gefahr einer Kollision mit R jedenfalls deutlich erhöht hat.

3. Weitere Fallgruppen

35   Alle sonstigen Fallgruppen für einen Ausschluss der objektiven Zurechnung beim vollendeten vorsätzlichen Begehungsdelikt (→ § 4 Rn. 52 ff.) kommen beim Fahrlässigkeitsdelikt ebenso in Betracht. Die Fallgruppe des atypischen Kausalverlaufs führt allerdings nach dem hier vorgeschlagenen Prüfungsaufbau bereits zum Ausschluss der objektiven Vorhersehbarkeit des Erfolgseintritts (→ Rn. 29).

Von Bedeutung ist insbesondere das Kriterium der *Eigenverantwortlichkeit* des Opfers (→ § 4 Rn. 59 f.). Ihr kann vor allem überlegenes Sachwissen desjenigen entgegenstehen, der die Selbstschädigung oder -gefährdung des Opfers veranlasst, ermöglicht oder fördert (zB der Arzt, der seinem Patienten Betäubungsmittel verschreibt). Allerdings bleibt insoweit auch der Wissensstand des Geschädigten zu berücksichtigen (zB existiert kein allgemeiner Erfahrungssatz, dass opiatabhängige Patienten nicht zu einer eigenverantwortlichen Entscheidung fähig sind).[23]

---

[18] *Wessels/Beulke/Satzger* Rn. 674; vgl. auch *Rengier* AT § 52 Rn. 39.
[19] BGHSt 11, 1 (3 f.); 33, 61 (63); *Rengier* AT § 52 Rn. 26; *Wessels/Beulke/Satzger* Rn. 675 f.
[20] BGHSt 11, 1 (4 f.); 33, 61 (63); *Heinrich* AT Rn. 1045; *Kindhäuser* AT § 33 Rn. 38; *Krey/Esser* Rn. 1358; *Rengier* AT § 52 Rn. 33; *Wessels/Beulke/Satzger* Rn. 681.
[21] *Roxin* AT I § 11 Rn. 88 ff.; siehe hierzu auch *Kudlich* PdW AT Fall 175; *Kühl* AT § 17 Rn. 52 ff.
[22] Angelehnt an BGHSt 11, 1.
[23] BGH StV 2014, 601 (602 f.); siehe auch BGH NStZ 2011, 341 (342).

IV. Rechtswidrigkeit

Auch eine fahrlässige Tat kann durch einen Erlaubnistatbestand wie Notwehr, recht- **36**
fertigenden Notstand oder Einwilligung gerechtfertigt sein. Strittig ist aber, ob es
hierfür des subjektiven Rechtfertigungselements (→ § 5 Rn. 53 ff.) bedarf. Denn wer
den Tatbestand unvorsätzlich verwirklicht, wird kaum mit dem erforderlichen Verteidigungswillen handeln. Gleichwohl verlangt die wohl hM das *subjektive Rechtfertigungselement* ebenso bei Fahrlässigkeitsdelikten.[24] Allerdings wird insoweit zum
Teil auf den Verteidigungswillen verzichtet; die bloße Kenntnis der Rechtfertigungslage soll genügen.[25]

Über die *Rechtsfolgen* des fehlenden subjektiven Rechtfertigungselements besteht ebenfalls **37**
Uneinigkeit. Nach einer zunehmend vertretenen Ansicht kompensiert die objektiv bestehende
Rechtfertigungslage das durch die Tatbestandsverwirklichung begangene Erfolgsunrecht, so dass
lediglich das Handlungsunrecht fortbestehe. Daher sei es angebracht, bei Fehlen des subjektiven
Rechtfertigungselements lediglich wegen Versuchs zu bestrafen (→ § 5 Rn. 56). Der Versuch
eines Fahrlässigkeitsdelikts ist allerdings mangels Tatentschlusses nie strafbar. Nach dieser Auffassung ist also zumindest im Ergebnis der Fahrlässigkeitstäter, der die objektiven Voraussetzungen eines Rechtfertigungsgrundes erfüllt, nicht strafbar.[26]

V. Schuld

Der Schuldvorwurf bei Fahrlässigkeitsdelikten setzt voraus, dass der Täter aufgrund **38**
seiner persönlichen Kenntnisse und Fähigkeiten *individuell* in der Lage war, die
jeweilige *Sorgfaltpflicht* zu erkennen und zu erfüllen. Zudem muss die Tatbestandsverwirklichung für den Täter *subjektiv vorhersehbar* gewesen sein.[27]

Während bei der Tatbestandsmäßigkeit ein objektiver Bewertungsmaßstab angelegt **39**
wird, sind bei der Schuld der konkrete Täter und die spezifischen Umstände der Tat
in den Blick zu nehmen. Insbesondere sind seine *persönlichen* Einsichten, Erfahrun-
gen und *Fähigkeiten* zu berücksichtigen.[28]

Erwähnt der Sachverhalt physische, aber auch intellektuelle oder sonstige psychische Mängel **40**
des Täters, empfiehlt sich eine intensive Auseinandersetzung mit der individuellen Fahrlässigkeit. Schweigt der Sachverhalt jedoch hierzu, kann in der Regel davon ausgegangen werden, dass
der Täter auch individuell sorgfaltswidrig gehandelt hat und der Erfolgseintritt für ihn subjektiv
vorhersehbar war.

Selbst wenn die subjektive Fahrlässigkeit ausnahmsweise zu verneinen ist, kann ein **41**
Fahrlässigkeitsvorwurf noch daran geknüpft werden, dass der Täter vorher erkennt
oder hätte erkennen können, dass er den Anforderungen der von ihm ausgeübten
Tätigkeit nicht gewachsen ist. In solchen Fällen liegt ein sog. *Übernahmeverschulden*
vor. Sorgfaltspflichtwidrig ist hier bereits die Übernahme der Tätigkeit, für die der
Täter – wie er weiß (bewusste Fahrlässigkeit) bzw. erkennen kann (unbewusste Fahrlässigkeit) – die notwendigen Fähigkeiten oder Kenntnisse nicht besitzt.[29]

---

[24] *Rengier* AT § 52 Rn. 78; *Wessels/Beulke/Satzger* Rn. 691; aA *Jescheck/Weigend* § 56 I 3;
Kindhäuser AT § 33 Rn. 60.
[25] *Rengier* AT § 52 Rn. 78; *Roxin* AT I § 24 Rn. 102.
[26] *Kindhäuser* AT § 33 Rn. 62; *Krey/Esser* Rn. 1364; *Rengier* AT § 52 Rn. 79; *Roxin* AT I
§ 24 Rn. 103; *Wessels/Beulke/Satzger* Rn. 691.
[27] *Kühl* AT § 17 Rn. 89 ff.; *Rengier* AT § 52 Rn. 83; *Wessels/Beulke/Satzger* Rn. 692.
[28] *Kühl* AT § 17 Rn. 90.
[29] BGHSt 10, 133 (134 f.); 43, 306 (311); 55, 121 (133 ff.); *Kindhäuser* AT § 33 Rn. 48; *Krey/
Esser* Rn. 1366; *Kudlich* PdW AT Fall 168; *Kühl* AT § 17 Rn. 91; *Rengier* AT § 52 Rn. 24 und 85.

42 **Beispiel:** Ein Hautarzt nimmt eine komplizierte Gehirnoperation vor, während derer der Patient verstirbt.

43 Einen besonderen Entschuldigungsgrund bei Fahrlässigkeitsdelikten stellt die *Un-zumutbarkeit normgemäßen Verhaltens* dar. Sie lässt – wie bei unechten Unterlas-sungsdelikten (→ § 11 Rn. 90) – die Schuld entfallen.[30]

C. Täterschaft und Teilnahme

44 Eine *Teilnahme* am Fahrlässigkeitsdelikt ist schon deswegen *nicht möglich*, da es hierfür gemäß §§ 26, 27 StGB stets einer vorsätzlich begangenen Haupttat bedarf. Bei Fahrlässigkeitsdelikten gilt aber das sog. *Einheitstäterprinzip*. Hiernach ist jeder, der durch ein sorgfaltspflichtwidriges Verhalten zurechenbar einen Fahrlässigkeitstat-bestand verwirklicht, als Täter anzusehen (→ § 9 Rn. 5).[31] Eine solche Beteiligung kommt insbesondere als *Nebentäterschaft* (→ § 9 Rn. 3) oder – bei vorsätzlicher Ausnutzung des unvorsätzlichen, lediglich fahrlässigen Handelns des Vordermannes – als *mittelbare Täterschaft* in Betracht.[32]

45 Eine Mittäterschaft scheidet bei Fahrlässigkeitsdelikten grundsätzlich aus, da dies einen gemeinsamen Tatplan mit dem Ziel der Herbeiführung eines tatbestandlichen Erfolges voraussetzt. Nach einer im Vordringen befindlichen Ansicht ist aber eine *fahrlässige Mittäterschaft* möglich, sofern sich das bewusste und gewollte Zusammen-wirken der Täter auf die Begehung einer sorgfaltspflichtwidrigen Handlung bezieht (→ § 9 Rn. 74).

D. Das fahrlässige unechte Unterlassungsdelikt

46 Ein Fahrlässigkeitsdelikt kann auch durch Unterlassen begangen werden. Ein Beispiel für ein fahrlässiges echtes Unterlassungsdelikt enthält § 315c Abs. 1 Nr. 2 lit. g iVm Abs. 3 StGB. Für ein unechtes Unterlassen gilt dies ebenso, soweit fahrlässiges Begehen unter Strafe gestellt ist.

47 Die *Abgrenzung von Tun und Unterlassen* ist, wie üblich, bei der Tathandlung vorzunehmen. Allerdings ist ein Verhalten nicht schon deshalb als Unterlassen ein-zuordnen, weil der Täter hierbei hinter den Anforderungen der Sorgfaltsnorm zu-rückbleibt. Dies ist vielmehr charakteristisch für eine Sorgfaltspflichtverletzung durch aktives Tun. Eine Handlung bleibt daher erst dann als Unterlassen zu bewerten, wenn der Schwerpunkt der Vorwerfbarkeit gerade auf der Nichtvornahme der durch eine Sorgfaltsnorm gebotenen Handlung liegt (→ § 11 Rn. 11).

48 **Beispiele:**
   – Der aufsichtspflichtige Lehrer übersieht aus Unachtsamkeit einen aus dem Fenster gelehnten Schüler, der kurze Zeit später hinunterfällt.
   – Der unaufmerksame Babysitter bemerkt nicht, dass das von ihm zu beaufsichtigende Klein-kind einen Gegenstand verschluckt, an dem es später erstickt.

---

[30] BGHSt 2, 194 (204); *Rengier* AT § 52 Rn. 87; *Wessels/Beulke/Satzger* Rn. 692; *Zieschang* Rn. 439.
[31] *Kindhäuser* AT § 38 Rn. 56; *Wessels/Beulke/Satzger* Rn. 507.
[32] *Kindhäuser* AT § 38 Rn. 56; *Wessels/Beulke/Satzger* Rn. 659.

Bei dem Aufbau des fahrlässigen unechten Unterlassungsdelikts ist das Prüfungs-   49
schema des vorsätzlichen unechten Unterlassungsdelikts (→ § 11 Rn. 8) mit dem des
fahrlässigen Begehungsdelikts (→ Rn. 16) zu kombinieren.

Prüfungsschema: Fahrlässiges unechtes Unterlassungsdelikt   50

  I. Tatbestand
    1. Eintritt des tatbestandlichen Erfolges
    2. Unterlassen, dh Nichtvornahme der rechtlich gebotenen Rettungshand-
       lung trotz physisch-realer Möglichkeit
    3. Quasi-Kausalität des Unterlassens
    4. Garantenstellung
    5. Entsprechensklausel
    6. objektive Sorgfaltspflichtverletzung bei objektiver Vorhersehbarkeit
    7. ggf. objektive Zurechnung (insbesondere Pflichtwidrigkeitszusammen-
       hang und Schutzzweckzusammenhang)
  II. Rechtswidrigkeit
    ggf. rechtfertigende Pflichtenkollision
 III. Schuld
    1. insbesondere subjektive Sorgfaltspflichtverletzung bei subjektiver Vorher-
       sehbarkeit
    2. ggf. Unzumutbarkeit normgemäßen Verhaltens

E. Vorsatz-Fahrlässigkeits-Kombinationen

§ 11 StGB Personen- und Sachbegriffe   51

(1) …

(2) Vorsätzlich im Sinne dieses Gesetzes ist eine Tat auch dann, wenn sie einen
gesetzlichen Tatbestand verwirklicht, der hinsichtlich der Handlung Vorsatz
voraussetzt, hinsichtlich einer dadurch verursachten besonderen Folge jedoch
Fahrlässigkeit ausreichen läßt.

(3) …

§ 18 StGB Schwerere Strafe bei besonderen Tatfolgen

Knüpft das Gesetz an eine besondere Folge der Tat eine schwerere Strafe, so trifft
sie den Täter oder den Teilnehmer nur, wenn ihm hinsichtlich dieser Folge
wenigstens Fahrlässigkeit zur Last fällt.

Ausgewählte Entscheidungen: BGHSt 14, 110 (tatbestandsspezifischer Gefahrzusammenhang
bei der Körperverletzung mit Todesfolge); 42, 158 (Rücktritt vom Versuch des Raubes bei
eingetretenem Tod des Opfers).

Ausgewählte Studienliteratur: *B. Heinrich/Reinbacher* Objektive Zurechnung und „spezifischer
Gefahrzusammenhang" bei den erfolgsqualifizierten Delikten, Jura 2005, 743; *Kudlich* Die Teil-

nahme am erfolgsqualifizierten Delikt, JA 2000, 511; *ders.* Das erfolgsqualifizierte Delikt in der Fallbearbeitung, JA 2009, 246.

I. Grundlagen

52 Einige Vorschriften des StGB sehen eine schwerere Strafe vor, wenn durch die tatbestandliche Verwirklichung eines Delikts zusätzlich eine besondere Folge herbeigeführt wird. Da dieser spezielle gesetzlich umschriebene Erfolg das jeweilige Grunddelikt qualifiziert, ist von sog. *Erfolgsqualifikationen* die Rede.

53 – Die (einfache) Körperverletzung ist gemäß § 223 Abs. 1 StGB mit Freiheitsstrafe bis zu fünf Jahren oder mit Geldstrafe bedroht. Hat die Körperverletzung den Tod einer Person zur Folge, ist eine Körperverletzung mit Todesfolge gemäß § 227 StGB gegeben, deren Mindeststrafmaß drei Jahre Freiheitsstrafe beträgt.
   – Der Raub mit Todesfolge gemäß § 251 StGB ist mit lebenslanger Freiheitsstrafe oder Freiheitsstrafe nicht unter zehn Jahren bedroht, wohingegen der (einfache) Raub nach § 249 StGB „nur" mit Freiheitsstrafe nicht unter einem Jahr bestraft wird.
   – Auch andere Folgen als der Tod eines Menschen können den Strafrahmen erhöhen, etwa der Verlust des Sehvermögens auf einem Auge oder beiden Augen, der Verlust des Gehörs, des Sprechvermögens oder der Fortpflanzungsfähigkeit, eines wichtigen Gliedes des Körpers usw. bei der schweren Körperverletzung gemäß § 226 Abs. 1 StGB.

54 Für erfolgsqualifizierte Delikte sind insbesondere die Vorschriften des § 11 Abs. 2 sowie des § 18 StGB zu beachten. Nach § 18 StGB ist der Täter nur dann nach dem qualifizierten Strafrahmen zu bestrafen, wenn ihm *hinsichtlich der schweren Folge wenigstens Fahrlässigkeit* zur Last fällt. Daher wird auch von Vorsatz-Fahrlässigkeits-Kombinationen gesprochen: Das Grunddelikt muss vorsätzlich verwirklicht sein, die besondere Folge zumindest fahrlässig.

55 Nach § 11 Abs. 2 StGB *gilt* eine solche Vorsatz-Fahrlässigkeits-Kombination *insgesamt als vorsätzliche Tat.* Dies hat vor allem Bedeutung für die Teilnahme an einem solchen Delikt (→ Rn. 69 ff.) sowie für eine etwaige Versuchsstrafbarkeit (→ Rn. 72 ff.).[33]

56 § 18 StGB verdeutlicht den Unterschied zwischen Erfolgsqualifikationen und „normalen" (Tatbestands-)Qualifikationen: Die qualifizierenden Merkmale einer *Tatbestandsqualifikation* (zB § 224 StGB als Qualifikation zu § 223 StGB), müssen wegen § 15 StGB nicht nur wenigstens fahrlässig, sondern vorsätzlich erfüllt werden.

57 Überdies gibt es sog. *objektive Bedingungen der Strafbarkeit* (→ § 4 Rn. 114 f.). Sie müssen lediglich objektiv vorliegen, dh der Täter muss diesbezüglich weder vorsätzlich (wie bei Qualifikationen) noch fahrlässig (wie bei Erfolgsqualifikationen) gehandelt haben. Beispiele für solche objektiven Strafbarkeitsbedingungen sind die Nichterweislichkeit der behaupteten oder verbreiteten Tatsache in § 186 StGB und der Tod eines Menschen oder eine schwere Körperverletzung in § 231 Abs. 1 StGB.

II. Aufbau des erfolgsqualifizierten Delikts

58 Bei der Prüfung der Erfolgsqualifikation ist zunächst festzustellen, dass das *Grunddelikt* (zB die „einfache" Körperverletzung, der Raub) verwirklicht wurde. Da eine Falllösung ohnehin typischerweise mit dem separat erörterten Grunddelikt beginnt, genügt bei der Untersuchung der Erfolgsqualifikation ein Verweis auf die bereits vorgenommene Prüfung des Grunddelikts. Sodann ist anzusprechen, ob die *schwere Folge*, die das jeweilige erfolgsqualifizierte Delikt verlangt, eingetreten ist.

---

[33] *Kindhäuser* AT § 34 Rn. 1; *Wessels/Beulke/Satzger* Rn. 693.

Anschließend ist zu untersuchen, ob zwischen dem Grunddelikt und der schweren   59
Folge ein *spezifischer Zusammenhang* besteht. Da Erfolgsqualifikationen einen deutlich erhöhten Strafrahmen vorsehen, reicht es nicht aus, wenn die Verwirklichung des
Grunddelikts lediglich kausal für die schwere Folge war. Vielmehr muss sich in der
besonderen Folge gerade die dem Grunddelikt anhaftende spezifische Gefahr niederschlagen.[34]

Schließlich ist nach § 18 StGB zu prüfen, ob dem Täter hinsichtlich der schweren   60
Folge *wenigstens Fahrlässigkeit* vorzuwerfen ist. Einige Erfolgsqualifikationen (zB
§ 251 und § 306c StGB) verlangen einschränkend sogar zumindest Leichtfertigkeit,
also einen gesteigerten Grad an Fahrlässigkeit (→ Rn. 4).

Welche Punkte bei der Fahrlässigkeit im Einzelnen anzusprechen sind, ist umstritten.   61
Nach dem BGH muss lediglich geprüft werden, ob der Eintritt der besonderen Folge
für den Täter objektiv und subjektiv vorhersehbar war. Eine Sorgfaltspflichtverletzung sei dagegen nicht mehr gesondert festzustellen, da sie sich bereits aus der
Verwirklichung des Grunddelikts ergebe.[35] Nach anderer Ansicht bedeutet die Verwirklichung des Grunddelikts nicht notwendigerweise auch eine Sorgfaltspflichtverletzung hinsichtlich der schweren Folge, so dass diese Voraussetzung bei der Erfolgsqualifikation eigens zu erörtern bleibt.[36] Im Ergebnis wirkt sich dieser Streit in aller
Regel aber nicht aus.

Prüfungsschema: Erfolgsqualifikation   62

  I. Grunddelikt
 II. Erfolgsqualifikation
    1. Verwirklichung des Grunddelikts
    2. Eintritt der schweren Folge
    3. Kausalität und gefahrspezifischer Zusammenhang zwischen Grunddelikt
       und schwerer Folge
    4. wenigstens (objektive und subjektive) Fahrlässigkeit in Bezug auf die
       schwere Folge

III. Tatbestandsspezifischer Gefahrzusammenhang

Das prägende Merkmal der Erfolgsqualifikation ist der tatbestandsspezifische Gefahr-   63
zusammenhang zwischen Grunddelikt und schwerer Folge. Der spezifische Zusammenhang kann hierbei zwischen Grunddelikts*handlung* und besonderer Folge oder
auch zwischen Grunddelikts*erfolg* und schwerer Folge bestehen. Welcher Zusammenhang erforderlich ist, muss bei jedem Delikt eigens bestimmt werden.[37]

Die schwere Folge des § 251 StGB *(Raub mit Todesfolge)* knüpft an die spezifische Gefahr des   64
Nötigungsmittels an, also an die Gewalt gegen eine Person oder die Drohung mit gegenwärtiger
Gefahr für Leib oder Leben. Resultiert der Tod des Opfers hingegen aus der Wegnahme (zB
einer zum Überleben notwendigen Sache wie eines Medikaments), ist der tatbestandsspezifische
Gefahrzusammenhang nicht gewahrt.[38]

---

[34] *Kindhäuser* AT § 34 Rn. 6 ff.; *Kühl* AT § 17a Rn. 15.
[35] BGHSt 24, 213 (215); 51, 18 (21).
[36] *Wessels/Beulke/Satzger* Rn. 693.
[37] *Kindhäuser* AT § 34 Rn. 8; *Kühl* AT § 17a Rn. 17.
[38] *Rengier* BT I § 9 Rn. 4.

65   Bei der *Körperverletzung mit Todesfolge* nach § 227 StGB ist der Anknüpfungspunkt umstritten.[39] Während einige Stimmen einen Gefahrzusammenhang mit dem Erfolg des Grunddelikts, also mit der zugefügten Körperverletzung verlangen, lässt die wohl hA einen Zusammenhang mit der Handlung des Grunddelikts, also dem Akt der Körperverletzung genügen. Relevant ist der Streit zB dann, wenn der Täter das Opfer mit einer geladenen Waffe auf den Kopf schlägt, das Opfer aber nicht an der Kopfwunde verstirbt, sondern an dem Schuss, der sich beim Zuschlagen löst.

66   In der Praxis und in Prüfungsarbeiten sind bei Erfolgsqualifikationen insbesondere drei Fallgruppen verbreitet, die in der Regel zu unterschiedlichen Ergebnissen gelangen. So ist bei den *Verfolgerfällen*, bei denen jemand den Täter des Grunddelikts verfolgt und dabei zu Tode kommt (zB beim Überqueren einer Straße überfahren wird) oder eine sonstige schwere Folge erfährt, der tatbestandsspezifische Gefahrzusammenhang gewöhnlich abzulehnen. Die hierbei verwirklichten Risiken sind allgemeiner Natur und weisen keinen speziellen Zusammenhang mit dem jeweiligen Grunddelikt auf. Denn es besteht insoweit kein Unterschied, ob etwa ein Dieb oder ein Räuber verfolgt wird.[40]

Beispiel: Kioskinhaber K beobachtet den Kunden A dabei, als er eine Tafel Schokolade in seine Jackeninnentasche einsteckt. Als K den A darauf anspricht, stößt A den K um, läuft aus dem Kiosk und auf die andere Straßenseite. K folgt dem A und wird dabei von einem Pkw tödlich erfasst.

Keine Strafbarkeit des A wegen der Erfolgsqualifikation des räuberischen Diebstahls mit Todesfolge gemäß §§ 252, 251 StGB.

67   Hingegen ist bei den *Fluchtfällen*, in denen die besondere Folge auf der Flucht des Opfers vor dem Täter des Grunddelikts eintritt, der tatbestandsspezifische Gefahrzusammenhang häufig zu bejahen. Dies setzt voraus, dass sich das Verhalten des Opfers als naheliegende und delikttypische Reaktion darstellt, zB bei der Flucht in Panik und Todesangst vor weiteren Körperverletzungen (§ 227 StGB) oder nach andauernder Freiheitsberaubung (§ 239 Abs. 4 StGB).[41]

Beispiel: A versetzt seiner Ehefrau F nach einer hitzigen Diskussion mit Todesdrohung mit einem langen Küchenmesser einen tiefen Stich in den Rücken. F flieht in das Schlafzimmer und steigt auf das Fensterbrett. Dabei rutscht sie aus und fällt 25m in die Tiefe in ein Gebüsch, wobei sie tödliche Verletzungen erleidet.

A ist strafbar wegen Körperverletzung mit Todesfolge, da der riskante Fluchtversuch der F eine typische unmittelbare (Kurzschluss-)Reaktion auf die lebensgefährliche Körperverletzung durch den Messerstich darstellt.[42]

68   Eingehender Begründung bedarf die Feststellung des tatbestandsspezifischen Gefahrzusammenhangs vor allem dann, wenn die schwere Folge demjenigen widerfährt, der angesichts der durch das Grunddelikt des Täters verursachten Gefahren als Retter tätig wird. In diesen sog. *Retterfällen* bleibt der Gefahrzusammenhang zu verneinen, wenn die Rettungsaktion auf einer bewussten, eigenverantwortlich gewollten und verwirklichten Selbstgefährdung beruht. Hingegen ist der Täter für den Eintritt der besonderen Folge verantwortlich, wenn er eine erhebliche Gefahr für ein Rechtsgut des Retters oder einer ihm nahestehenden Person hervorruft und ihm damit ein einsichtiges Motiv für gefährliche Rettungsmaßnahmen gibt. Gleiches gilt, wenn den Helfer eine Rettungspflicht trifft (zB bei Feuerwehrleuten). Hier fehlt der tatbestandsspezifische Gefahrzusammenhang nur, wenn sich der konkrete Rettungsver-

---

[39] Siehe hierzu BGHSt 14, 110 (112 f.); *Kühl* AT § 17a Rn. 22 f.; *Rengier* BT II § 16 Rn. 9 ff.
[40] *Rengier* BT I § 9 Rn. 4; vgl. auch BGHSt 22, 362 (363).
[41] *Kindhäuser* AT § 34 Rn. 8; *Kühl* AT § 17a Rn. 26 f.
[42] Siehe hierzu BGH NStZ 2008, 278.

such als von vornherein sinnlos oder wegen unverhältnismäßiger Gefahren als offensichtlich unvernünftig darstellt.[43]

Beispiel: A setzt das Haus des B in Brand, der im Schlaf zu ersticken droht. Nachbar N dringt in das Haus ein, um B zu retten, und wird von einem herabfallenden Dachbalken erschlagen. B wacht durch den Lärm auf und rettet sich ins Freie.

Keine Strafbarkeit des A wegen Brandstiftung mit Todesfolge nach § 306c StGB. Anders wäre der Fall zu beurteilen, wenn ein Feuerwehrmann versucht hätte, den B zu retten. In Betracht kommt aber auch zu Lasten des N eine Strafbarkeit des A wegen fahrlässiger Tötung gemäß § 222 StGB.[44]

IV. Teilnahme

Da gemäß § 11 Abs. 2 StGB Vorsatz-Fahrlässigkeits-Kombinationen, wie zB Erfolgsqualifikationen, als *Vorsatzdelikte* gelten, ist eine Teilnahme hieran als „vorsätzlich begangener rechtswidriger Tat" im Sinne der §§ 26, 27 StGB möglich. Allerdings muss sich der Teilnahmevorsatz auch gerade auf diejenige Handlung des Grunddelikts erstrecken, welche die schwere Folge verursacht. **69**

In Bezug auf die besondere Folge bestimmt § 18 StGB, dass sie den (Täter oder) *Teilnehmer* nur trifft, wenn er *selbst* insoweit wenigstens *fahrlässig* handelt. Unerheblich ist für ihn somit, ob dem Täter bzgl. der schweren Folge Fahrlässigkeit zur Last fällt. Bei der Teilnahme an einer Erfolgsqualifikation handelt es sich somit konstruktiv um eine Kombination von Teilnahme am Grunddelikt und fahrlässiger Nebentäterschaft bzgl. der schweren Folge.[45] **70**

Prüfungsschema: Teilnahme an Erfolgsqualifikation   **71**

I. Tatbestand
  1. Objektiver Tatbestand
    a) vorsätzlich begangene rechtswidrige Haupttat (unter Verweis auf § 11 Abs. 2 StGB)
    b) Teilnehmerbeitrag
  2. Subjektiver Tatbestand (sog. doppelter Teilnehmervorsatz)
    a) Vorsatz in Bezug auf die Vollendung der Haupttat
    b) Vorsatz in Bezug auf den eigenen Teilnehmerbeitrag
  3. Erfolgsqualifikation
    a) Eintritt der schweren Folge
    b) Kausalität und gefahrspezifischer Zusammenhang zwischen Grunddelikt und schwerer Folge
    c) wenigstens (objektive und subjektive) Fahrlässigkeit in Bezug auf die schwere Folge
II. Rechtswidrigkeit
III. Schuld

---

[43] OLG Stuttgart NJW 2008, 1971 (1971 f.); *Rengier* AT § 52 Rn. 49; vgl. auch BGHSt 39, 322 (325).
[44] Siehe hierzu BGHSt 39, 322 (323 ff.).
[45] *Jäger* AT Rn. 381c; *Kindhäuser* AT § 38 Rn. 21; *Krey/Esser* Rn. 1378.

V. Versuchskonstellationen

1. Erfolgsqualifizierter Versuch

a) Grundlagen

72 Der Eintritt der besonderen Folge einer Erfolgsqualifikation setzt nicht voraus, dass das Grunddelikt vollendet ist. Es ist vielmehr denkbar, dass das *Grunddelikt* lediglich *versucht* wurde, die schwere Folge der *Erfolgsqualifikation* sich aber bereits *verwirklicht* hat. Der Versuch des Grunddelikts ist in diesem Fall durch den Erfolg qualifiziert, so dass von einem erfolgsqualifizierten Versuch gesprochen wird.[46]

73 **Beispiel:** A möchte der Rentnerin R die Tasche entreißen. R hält die Tasche jedoch fest, so dass es zu einem Gerangel kommt. Hierbei stolpert die R auf die Straße und wird von einem Auto überfahren. A flüchtet ohne die Tasche der R.

74 Da das Grunddelikt nicht vollendet ist, fehlt allerdings dessen Erfolgsunrecht. Es liegt nur dessen Handlungsunrecht vor. Ein erfolgsqualifizierter Versuch ist daher nur dann strafbar, wenn die schwere Folge an die *spezifische Gefährlichkeit der Tathandlung* anknüpft. Wie bereits dargelegt (→ Rn. 63), muss dies deliktsspezifisch bestimmt werden.[47]

75 Die spezifische Gefährlichkeit des Raubes ergibt sich aus dem Nötigungsmittel der Gewalt gegen eine Person bzw. der Drohung mit gegenwärtiger Gefahr für Leib oder Leben (→ Rn. 64). Die Erfolgsqualifikation des § 251 StGB knüpft damit an die Tathandlung der qualifizierten Nötigung an, so dass ein erfolgsqualifizierter Versuch des § 251 StGB möglich ist. Im obigen Beispiel wäre A daher – soweit auch die anderen Strafbarkeitsvoraussetzungen gegeben sind – strafbar wegen eines versuchten Raubes mit Todesfolge gemäß §§ 251, 22 StGB.

76 Der erfolgsqualifizierte Versuch ist wie ein gewöhnlicher Versuch zu *prüfen*. Bei der Strafbarkeit des Versuchs ist anzusprechen, ob ein erfolgsqualifizierter Versuch möglich ist, ob also der spezifische Gefahrzusammenhang zwischen Grunddeliktshandlung und schwerer Folge besteht. Die Voraussetzungen der Erfolgsqualifikation selbst werden nach dem unmittelbaren Ansetzen erörtert.

---

77 **Prüfungsschema: Erfolgsqualifizierter Versuch**

    I. Vorprüfung
    II. Tatentschluss
    III. Unmittelbares Ansetzen (§ 22 StGB)
    IV. Erfolgsqualifikation
        1. Verwirklichung des Grunddelikts
        2. Eintritt der schweren Folge
        3. Kausalität und gefahrspezifischer Zusammenhang zwischen Grunddelikt und schwerer Folge
        4. wenigstens (objektive und subjektive) Fahrlässigkeit in Bezug auf die schwere Folge
    V. Rechtswidrigkeit
    VI. Schuld
    VII. Kein Rücktritt gemäß § 24 StGB

---

[46] *Kindhäuser* AT § 30 Rn. 19; *Wessels/Beulke/Satzger* Rn. 617.
[47] *Jäger* AT Rn. 381; *Wessels/Beulke/Satzger* Rn. 617.

b) Strafbarkeit des Versuchs des Grunddelikts

Erfolgsqualifizierte Delikte knüpfen in der Regel an *Grunddelikte* an, deren *Versuch* 78 *strafbar* ist (zB versuchter Raub, versuchte Körperverletzung). Es gibt allerdings einige Tatbestände, deren Versuch nicht mit Strafe bedroht ist, die aber gleichwohl durch eine besondere Folge qualifiziert werden können (zB Aussetzung mit schwerer Folge gemäß § 221 Abs. 2 Nr. 2, Abs. 3 StGB, Entziehung Minderjähriger mit Todesfolge gemäß § 235 Abs. 5 StGB in den Fällen des Abs. 1 Nr. 1 und Abs. 2 Nr. 2).

Führt etwa bereits eine versuchte Aussetzung zum Tod oder zu einer schweren 79 Gesundheitsschädigung des Opfers, fehlt eine strafbewehrte Grundtat als Anknüpfungspunkt für den erfolgsqualifizierten Versuch. Zwar stellen die Erfolgsqualifikationen in § 221 Abs. 2 Nr. 2 und Abs. 3 StGB jeweils Verbrechen dar, deren Versuch somit an sich nach § 23 Abs. 1 Var. 1, § 12 Abs. 1 StGB strafbar wäre. Dies führte jedoch dazu, dass allein die besondere Folge die Strafe des Täters begründete. § 18 StGB beschreibt indessen die *besonderen Folgen* bei Erfolgsqualifikationen als Merkmale, die „eine schwerere Strafe" bewirken, also nicht strafbegründend, sondern *lediglich strafschärfend* wirken sollen.[48] Daher erscheint es plausibel, eine Strafbarkeit des erfolgsqualifizierten Versuchs abzulehnen, wenn der Versuch des Grunddelikts nicht strafbar ist. Übermäßige Strafbarkeitslücken entstehen dadurch nicht, weil eine eingetretene schwere Folge immer noch über Fahrlässigkeitstaten wie insbesondere §§ 222, 229 StGB erfasst werden kann.

c) Rücktritt

Ein Rücktritt von einem erfolgsqualifizierten Versuch erscheint fraglich, da die schwe- 80 re Folge (zB der Tod eines Menschen) bereits eingetreten ist. Gleichwohl bejaht die hA eine solche Möglichkeit, da der Täter vom (lediglich versuchten) Grunddelikt durchaus zurücktreten könne. Damit entfalle aber der Anknüpfungspunkt für die Erfolgsqualifikation, die nur in Verbindung mit einem bestimmten Grundtatbestand strafbar sei.[49]

Beispiel: A möchte den B mit einer geladenen Waffe auf den Kopf schlagen. Während des 81 Ausholens kommen ihm jedoch Gewissensbisse und er zieht den Schlag nicht durch. Aufgrund seiner heftigen Armbewegung löst sich allerdings ein Schuss, der den B tödlich trifft.

Der vorliegende Versuch der Körperverletzung mit Todesfolge gemäß §§ 227, 22 StGB ist zwar nach hA strafbar, da der Gefahrzusammenhang auch zwischen Körperverletzungshandlung und besonderer Folge bestehen kann (→ Rn. 65). Nach dem BGH führt der Rücktritt vom Grunddelikt der Körperverletzung aber auch zum Rücktritt vom erfolgsqualifizierten Versuch. A ist daher lediglich strafbar wegen fahrlässiger Tötung gemäß § 222 StGB.

2. Versuch der Erfolgsqualifikation

Die Konstellation des erfolgsqualifizierten Versuchs darf nicht verwechselt werden 82 mit dem Versuch der Erfolgsqualifikation. Während bei dem erfolgsqualifizierten Versuch die schwere Folge bereits eingetreten ist, *bleibt* bei dem Versuch der Erfolgsqualifikation die *schwere Folge aus*, die der Täter aber angestrebt hat. Das Grunddelikt seinerseits kann im Versuchsstadium stecken geblieben, aber auch bereits vollendet sein.[50] Zusammengefasst ergeben sich somit folgende Kombinationsmöglichkeiten zwischen (versuchtem bzw. vollendetem) Grunddelikt und (ausgebliebener bzw. eingetretener) besonderer Folge.

---

[48] *Roxin* AT II § 29 Rn. 323; siehe hierzu ferner *Kühl* AT § 17a Rn. 45 ff.
[49] BGHSt 42, 158 (160 f.); *Kindhäuser* AT § 32 Rn. 35; *Kühl* AT § 17a Rn. 57; *Wessels/Beulke/Satzger* Rn. 653a; aA *Roxin* AT II § 30 Rn. 289 ff.
[50] *Kindhäuser* AT § 30 Rn. 18; *Wessels/Beulke/Satzger* Rn. 617.

		Grunddelikt	
		vollendet	*versucht*
besondere Folge	*eingetreten*	(vollendete) Erfolgs-qualifikation	erfolgsqualifizierter Versuch
	nicht eingetreten	Versuch der Erfolgs-qualifikation	Versuch der Erfolgs-qualifikation

Übersicht: Erfolgsqualifizierter Versuch und Versuch der Erfolgsqualifikation

83 Da § 18 StGB im Hinblick auf die schwere Folge „zumindest" Fahrlässigkeit verlangt, ist die Tat erst recht strafbar, wenn der Täter diesbezüglich mit Vorsatz handelt. Daher ist ein *Versuch* der Erfolgsqualifikation *grundsätzlich möglich*. Sofern allerdings das Grunddelikt nur in das Versuchsstadium gelangt, muss nach wohl hL auch der Versuch des Grunddelikts strafbar sein.[51] Anzusprechen ist dies jeweils bei dem Prüfungspunkt „Strafbarkeit des Versuchs".

84 Besteht die besondere Folge in dem Tod des Opfers, ist der Versuch der Erfolgsqualifikation jedenfalls nicht ausführlich anzusprechen. Denn in diesem Fall begeht der Täter auch ein *versuchtes Tötungsdelikt*, hinter das der Versuch eines erfolgsqualifizierten Delikts (zB des § 227 StGB) zumeist zurücktritt. Eine Ausnahme gilt für den versuchten Raub mit Todesfolge gemäß §§ 251, 22 StGB, der nach hM mit dem versuchten Tötungsdelikt in Tateinheit steht.[52]

85 Ein *Rücktritt* vom Versuch der Erfolgsqualifikation ist unproblematisch zulässig, wenn sich auch das Grunddelikt noch im Versuchsstadium befindet. Ist das Grunddelikt bereits vollendet, scheidet insoweit ein Rücktritt zwar aus. Hinsichtlich der schweren Folge ist aber ein Teilrücktritt unter den Voraussetzungen des § 24 StGB denkbar. Das Rücktrittsverhalten muss sich hierfür gerade auf die Verhinderung der schweren Folge beziehen.[53]

86 Da der Täter bzgl. der schweren Folge vorsätzlich handeln muss, ist der Versuch der Erfolgsqualifikation wie der Versuch eines beliebigen anderen Delikts zu *prüfen*. Ist das Grunddelikt vollendet, muss es vorab erörtert werden. Ist hingegen das Grunddelikt gleichfalls im Versuchsstadium stecken geblieben, ist eine gemeinsame Prüfung mit dem Versuch der Erfolgsqualifikation möglich.

87

> **Prüfungsschema: Versuch der Erfolgsqualifikation**
>
> I. Vorprüfung
> II. Tatentschluss
>   1. falls Grunddelikt nur versucht: Tatentschluss zu dessen Verwirklichung
>   2. Tatentschluss zum Eintritt der schweren Folge
> III. Unmittelbares Ansetzen (§ 22 StGB)
> IV. Rechtswidrigkeit
>   V. Schuld
> VI. Kein Rücktritt gemäß § 24 StGB

---

[51] *Krey/Esser* Rn. 1373; *Wessels/Beulke/Satzger* Rn. 617; aA *Kühl* AT § 17a Rn. 37.
[52] BGHSt 39, 100 (108 f.); *Fischer* § 251 Rn. 12; *Lackner/Kühl* § 251 Rn. 4; *Rengier* BT I § 9 Rn. 12.
[53] *Kühl* AT § 17a Rn. 55.

§ 13. Konkurrenzen

§ 52 StGB Tateinheit   1

(1) Verletzt dieselbe Handlung mehrere Strafgesetze oder dasselbe Strafgesetz mehrmals, so wird nur auf eine Strafe erkannt.

(2) [1]Sind mehrere Strafgesetze verletzt, so wird die Strafe nach dem Gesetz bestimmt, das die schwerste Strafe androht. [2]Sie darf nicht milder sein, als die anderen anwendbaren Gesetze es zulassen.

(3) und (4) ...

§ 53 StGB Tatmehrheit

(1) Hat jemand mehrere Straftaten begangen, die gleichzeitig abgeurteilt werden, und dadurch mehrere Freiheitsstrafen oder mehrere Geldstrafen verwirkt, so wird auf eine Gesamtstrafe erkannt.

(2) [1]Trifft Freiheitsstrafe mit Geldstrafe zusammen, so wird auf eine Gesamtstrafe erkannt. [2]Jedoch kann das Gericht auf Geldstrafe auch gesondert erkennen; soll in diesen Fällen wegen mehrerer Straftaten Geldstrafe verhängt werden, so wird insoweit auf eine Gesamtgeldstrafe erkannt.

(3) und (4) ...

Ausgewählte Entscheidungen: BGHSt 22, 67 (Polizeifluchtfall); 44, 196 (Tateinheit zwischen versuchter Tötung und vollendeter Körperverletzung); BGH NJW 2002, 150 (Konkurrenzen zwischen Diebstahl in einem besonders schweren Fall und Sachbeschädigung); NStZ 2014, 272 (Prinzip der Verklammerung bei einem Banküberfall).

Ausgewählte Studienliteratur: *Geppert* Grundzüge der Konkurrenzlehre, Jura 2000, 598, 651; *Seher* Zur strafrechtlichen Konkurrenzlehre – Dogmatische Strukturen und Grundfälle, JuS 2004, 392, 482; *Steinberg/Bergmann* Über den Umgang mit den „Konkurrenzen" in der Strafrechtsklausur, Jura 2009, 905; *Walter* Zur Lehre der Konkurrenzen: Die Bedeutung der Konkurrenzen und wie man sie prüft, JA 2004, 133.

A. Grundlagen

Zumeist verwirklicht der Täter durch sein Verhalten mehrere verschiedene Straftat-   2
bestände oder auch ein und denselben Straftatbestand mehrmals. Einige dieser begangenen Delikte können hierbei als nebensächlich oder lediglich als zwingende Begleiterscheinung wirken. In diesen Fällen ist zu klären, wie sich die vom Täter verwirklichten Delikte zueinander verhalten, dh in welchem Konkurrenzverhältnis sie zueinander stehen. Diese Aufgabe erfüllt die sog. *Konkurrenzlehre*. Sie bestimmt, nach welchen der verwirklichten Tatbestände (und damit letztlich nach welchem Strafrahmen) der Täter zu verurteilen und wie seine Strafe zu bemessen ist.

3 **Beispiel:** A schießt mit Tötungsvorsatz mehrmals auf eine Gruppe von fünf Personen. B, C und D sterben, E und F werden verletzt. Hier hat A mehrere Delikte verwirklicht, nämlich vollendete wie versuchte Tötungsdelikte nach §§ 211 f. StGB sowie die Körperverletzungstatbestände der §§ 223, 224 StGB. Möglicherweise ist er auch wegen Sachbeschädigung (§ 303 StGB) strafbar, wenn er mit seiner Munition Kleidungsstücke der Opfer durchlöchert hat. Diese Delikte hat A zudem zum Nachteil mehrerer Personen verwirklicht, die betreffenden Tatbestände also jeweils mehrfach erfüllt.

4 Geregelt sind die Konkurrenzen in den §§ 52 ff. StGB. Diesen Normen lässt sich zugleich eine Prüfungsreihenfolge entnehmen: Danach ist zunächst zu erörtern, ob der Täter *eine oder mehrere Handlungen* vorgenommen hat. Während § 52 StGB den Fall erfasst, dass dieselbe Handlung mehrere Strafgesetze oder dasselbe Strafgesetz mehrmals verletzt, spricht § 53 StGB davon, dass jemand mehrere Straftaten begeht. In einem ersten Schritt ist demnach zu untersuchen, ob sich das Verhalten des Täters in einer einzigen Handlung (im natürlichen oder juristischen Sinne) erschöpft. Ist dies der Fall, liegt *Handlungseinheit* vor (und ist § 52 StGB anwendbar). Ansonsten ist *Handlungsmehrheit* gegeben (und auf die §§ 53 ff. StGB zurückzugreifen).[1]

5 Ist nach der Abgrenzung von Handlungseinheit und Handlungsmehrheit geklärt, ob die begangenen Straftaten durch eine oder mehrere Handlungen verwirklicht wurden, ist daraufhin zu untersuchen, wie sich die verwirklichten Straftatbestände zueinander verhalten. Hierbei verdrängt ein Straftatbestand den anderen, wenn er dessen Unrechtsgehalt erschöpfend erfasst und dieser daher für den Schuldspruch entbehrlich erscheint. Es liegt dann eine sog. unechte Konkurrenz oder *Gesetzeskonkurrenz* vor, sei es in Gestalt von Spezialität, Subsidiarität oder Konsumtion (bei Handlungseinheit) oder von mitbestrafter Vor- oder Nachtat (bei Handlungsmehrheit). Das Konkurrenzverhältnis wird als unecht bezeichnet, da hier die Normen gerade nicht in dem Sinne konkurrieren, dass sie nebeneinander anwendbar wären. Vielmehr treten manche Straftatbestände hinter andere zurück. Es wird also nur aus den vorrangigen Normen verurteilt und bestraft.[2]

6 Der dritte und letzte Prüfungsschritt erschöpft sich in der Feststellung, dass sämtliche Tatbestände, die nicht im Wege unechter Konkurrenz zurücktreten, in *echter Konkurrenz* stehen. In Handlungseinheit verwirklichte Delikte stehen in Tateinheit (oder auch Idealkonkurrenz) gemäß § 52 StGB, durch mehrere Handlungen begangene Straftatbestände in Tatmehrheit (oder auch Realkonkurrenz) gemäß § 53 StGB.[3]

---

7 | <div align="center">**Prüfungsschema: Konkurrenzen**</div> |
|---|

    I. Handlungseinheit oder Handlungsmehrheit?
   II. Gesetzeskonkurrenz
      – bei Handlungseinheit: Spezialität, Subsidiarität, Konsumtion
      – bei Handlungsmehrheit: mitbestrafte Vor- bzw. Nachtat
  III. Verbleibende Straftaten stehen
      – bei Handlungseinheit in Tateinheit oder auch Idealkonkurrenz (§ 52 StGB)
      – bei Handlungsmehrheit in Tatmehrheit oder auch Realkonkurrenz (§ 53 StGB)

---

[1] *Krey/Esser* Rn. 1387; *Wessels/Beulke/Satzger* Rn. 753.
[2] *Heinrich* AT Rn. 1387; *Kühl* AT § 21 Rn. 5; *Wessels/Beulke/Satzger* Rn. 787.
[3] *Heinrich* AT Rn. 1395.

Wo die Konkurrenzen in *Prüfungsarbeiten* im Einzelnen am besten zu verorten sind, **8**
richtet sich nach den Umständen des jeweiligen Sachverhalts. Da das tatbestandliche
Geschehen in Tatkomplexe eingeteilt wird (→ § 3 Rn. 47 f.), bietet es sich in der Regel
an, die Konkurrenzen *am Ende jedes Tatkomplexes* (zB unter der gemeinsamen
Überschrift „Konkurrenzen und Ergebnis") zu behandeln. Außerdem müssen die
Konkurrenzen auf jeden Fall am Ende der Klausur im *Gesamtergebnis* dargelegt
werden.

In unproblematischen Fällen kann ebenso *zum Abschluss* der Prüfung *eines Straftat-* **9**
bestandes in einem Satz angesprochen werden, wie er sich zu anderen verhält. Beispielsweise treten vollendete Körperverletzungstatbestände im Wege der Subsidiarität
hinter einem vollendeten Tötungsdelikt durch dieselbe Handlung zum Nachteil
desselben Opfers zurück. Dieses Konkurrenzverhältnis kann bereits direkt nach oder
im Zusammenhang mit der Prüfung der Körperverletzungsdelikte festgestellt werden.

B. Handlungseinheit oder Handlungsmehrheit

Handlungseinheit kann sich sowohl aufgrund einer *natürlichen* bzw. tatsächlichen **10**
Betrachtung der Situation als auch aufgrund einer *rechtlichen Bewertung* ergeben.
Führt keiner dieser Ansätze zur Annahme von Handlungseinheit, ist zwingend von
Handlungsmehrheit auszugehen.

I. Handlung im natürlichen Sinn und natürliche Handlungseinheit

Nach natürlicher Betrachtungsweise besteht zunächst dann Handlungseinheit, wenn **11**
lediglich eine einzelne Willensbetätigung des Täters vorliegt, sich also ein Willensentschluss in einer einzigen Handlung realisiert. Beispiele hierfür sind ein einziger
Faustschlag gegen einen Menschen oder die Abgabe eines einzelnen Schusses. Eine
solche *Handlung im natürlichen Sinn* kann aber durchaus mehrere Tatbestände
zugleich verwirklichen, wie etwa bei dem Wurf einer Handgranate in eine Menschenmenge.[4]

Eine Handlungseinheit können aber auch mehrere Handlungen im natürlichen Sinne **12**
bilden. Dies gilt insbesondere für Fälle, bei denen ein einheitlicher Willensentschluss
sich zwar in mehreren gleichartigen Handlungen realisiert, die aber in einem engen
räumlichen und zeitlichen Zusammenhang stehen (sog. *natürliche Handlungseinheit*).
Das gesamte Verhalten des Täters muss dabei bei „natürlicher" Betrachtungsweise als
ein einheitliches zusammengehöriges Tun erscheinen.[5]

Die Rechtsprechung nimmt mitunter recht großzügig eine natürliche Handlungseinheit an. So **13**
soll bei den sog. *Polizeifluchtfällen*, bei denen der Täter bei seinem Versuch, sich dem Zugriff
der Polizei zu entziehen, mehrere Straftaten zum Nachteil verschiedener Rechtsgutsträger begeht (zB durch die Durchbrechung von Straßensperren oder durch seine sonst riskante Fahr-
weise), allein der einheitliche Fluchtwille des Täters ausreichen, um das gesamte Geschehen als
natürliche Handlungseinheit zu bewerten.[6]

---

[4] *Kühl* AT § 21 Rn. 7; *Wessels/Beulke/Satzger* Rn. 758.
[5] BGHSt 4, 219 (220); 43, 312 (315); 43, 381 (386 f.); *Kindhäuser* AT § 45 Rn. 6; *Kühl* AT § 21
Rn. 14; *Wessels/Beulke/Satzger* Rn. 764.
[6] BGHSt 22, 67 (76 f.); 48, 233 (239); kritisch *Kühl* AT § 21 Rn. 17; *Wessels/Beulke/Satzger*
Rn. 765.

14   Die Literatur zeigt sich zurückhaltender in der Bejahung natürlicher Handlungseinheit. Vor allem bei der Verletzung *höchstpersönlicher Rechtsgüter* (insbesondere von Leib, Leben oder Freiheit) mehrerer Personen wird in der Regel eine natürliche Handlungseinheit verneint.[7] Auch insoweit greift die Rechtsprechung bereitwilliger auf eine natürliche Handlungseinheit zurück, die sie trotz der Beeinträchtigung höchstpersönlicher Rechtsgüter verschiedener Personen ausnahmsweise etwa dann annimmt, wenn (wie zB bei der Abgabe von Schüssen auf mehrere Personen innerhalb weniger Sekunden ohne jegliche zeitliche Zäsur) eine Aufspaltung in selbstständige Einzeltaten wegen des engen zeitlichen und situativen Zusammenhangs willkürlich und gekünstelt erscheint.[8]

15   In bestimmten Konstellationen werden mehrere gleichartige Verhaltensweisen schon tatbestandlich gemeinsam geprüft und nicht erst auf Konkurrenzebene als natürliche Handlungseinheit zusammengefasst. Dies betrifft zum einen die *iterative*, also wiederholte *Begehung* einer Tat in engem räumlichen und zeitlichen Zusammenhang durch mehrere gleichartige und tatbestandlich gleichwertige Handlungen. Wenn etwa ein und dasselbe Opfer mehrmals hintereinander geohrfeigt oder beleidigt wird, liegt tatbestandlich nur eine Körperverletzung bzw. nur eine Beleidigung vor.[9]

16   Gleiches gilt, wenn der Täter den tatbestandlichen Erfolg schrittweise durch verschiedene Handlungen herbeiführt. Bei einer solchen *sukzessiven Begehung* wird ebenfalls von vornherein nur eine einzige Tat geprüft. Wer etwa zunächst das Opfer versucht zu erschlagen, dann zu erstechen und es schließlich mit einem gezielten Schuss tötet, verwirklicht nur ein einziges Tötungsdelikt.[10]

II. Rechtliche Handlungseinheit

17   Mehrere Handlungen im natürlichen Sinn können auch dann zu einer Handlungseinheit zusammenzufassen sein, wenn der gesetzliche Tatbestand mehrere Handlungen zu einer rechtlich-sozialen Bewertungseinheit verbindet. Eine solche sog. *tatbestandliche Handlungseinheit* liegt vor allem bei zusammengesetzten Tatbeständen vor. So vereint der Raub die Handlungen der Nötigung und der Wegnahme. Gleiches gilt bei mehraktigen Delikten, die aufeinander folgende Handlungen zu einem Tatbestand zusammenfassen (zB das Inverkehrbringen zuvor nachgemachten, verfälschten oder sich verschafften Geldes nach § 146 Abs. 1 Nr. 3 StGB).[11]

18   Nach früherer Rechtsprechung war es zudem möglich, mehrere Einzelakte gegen dasselbe Rechtsgut, die in der Begehungsweise gleichartig waren und von einem einheitlichen (Gesamt-) Vorsatz getragen wurden, als sog. *fortgesetzte Handlung* zu bewerten. Dadurch wurden an sich selbstständige Verwirklichungen ein und desselben Tatbestandes zu einer rechtlichen Handlungseinheit zusammengefasst. Eine fortgesetzte Handlung wurde insbesondere bei Serienstraftaten wie wiederholten Missbrauchsdelikten und Betrügereien angenommen. Da dies dem Täter allerdings Vorteile wegen des Strafklageverbrauchs für den gesamten angeklagten Zeitraum bescherte, unabhängig davon, wie viele der Taten für diesen Zeitraum aufgedeckt wurden, hat der BGH die Figur der fortgesetzten Handlung aufgegeben.[12]

---

[7] *Kindhäuser* AT § 45 Rn. 11; *Kühl* AT § 21 Rn. 19 f.; *Wessels/Beulke/Satzger* Rn. 766.
[8] BGH NStZ-RR 2001, 82; NStZ 2012, 562 (562).
[9] *Rengier* AT § 56 Rn. 16 ff.; *Wessels/Beulke/Satzger* Rn. 763.
[10] *Kindhäuser* AT § 45 Rn. 13; *Wessels/Beulke/Satzger* Rn. 763.
[11] *Kühl* AT § 21 Rn. 23; *Wessels/Beulke/Satzger* Rn. 759 f.
[12] BGHSt 40, 138 (148 ff.); siehe hierzu *Heinrich* AT Rn. 1424 ff.; *Jäger* AT Rn. 391; *Kühl* AT § 21 Rn. 26 ff.; *Wessels/Beulke/Satzger* Rn. 769 ff.

C. Gesetzeskonkurrenz

I. Gesetzeskonkurrenz bei Handlungseinheit

1. Spezialität

Bei der Spezialität enthält eine Strafvorschrift begriffsnotwendig alle Merkmale eines **19** anderen Straftatbestandes sowie *zumindest ein zusätzliches Merkmal.* Mit der Verwirklichung der spezielleren Vorschrift geht daher stets die Begehung des allgemeinen Tatbestandes einher, so dass der Unrechtsgehalt der Tat bereits in der Verurteilung nur wegen des spezielleren Delikts hinreichend zum Ausdruck kommt. Solche Spezialvorschriften sind vor allem Qualifikationen gegenüber den Grundtatbeständen sowie zusammengesetzte Delikte.[13]

Die gefährliche Körperverletzung gemäß § 224 StGB verdrängt als Qualifikation den Grund- **20** tatbestand der „einfachen" Körperverletzung gemäß § 223 StGB. Raub gemäß § 249 StGB verdrängt als zusammengesetztes Delikt die Straftatbestände des Diebstahls (§ 242 StGB) und der Nötigung (§ 240 StGB).

2. Subsidiarität

Subsidiarität bedeutet, dass eine Strafvorschrift hilfsweise nur dann anwendbar ist, **21** wenn nicht eine andere Norm eingreift. Teilweise ist ein solches Konkurrenzverhältnis ausdrücklich im Gesetz vorgesehen, also formal angeordnet (daher sog. *formelle Subsidiarität*). Derartige Subsidiaritätsklauseln (zB „wenn die Tat nicht in anderen Vorschriften mit schwererer Strafe bedroht ist") finden sich unter anderem in § 145 Abs. 2, § 145d Abs. 1, § 246 Abs. 1, § 248b Abs. 1, § 265a Abs. 1 und § 316 Abs. 1 StGB. Die betreffenden Tatbestände treten dann im Wege der Subsidiarität hinter die vorrangige Strafnorm zurück.[14]

Darüber hinaus kann sich ohne gesetzliche Anordnung durch Auslegung ein Sub- **22** sidiaritätsverhältnis ergeben. Eine solche *materielle Subsidiarität* ist anzunehmen, wenn die Verwirklichung eines Tatbestandes grundsätzlich weniger intensiv in die betroffenen Rechtsgüter eingreift als ein anderer verwirklichter Tatbestand.[15]

Dies gilt unter anderem für abstrakte Gefährdungsdelikte gegenüber konkreten Gefährdungs- **23** delikten und für diese wiederum gegenüber Verletzungsdelikten jeweils in Bezug auf ein und dasselbe Rechtsgut. Des Weiteren ist der Versuch materiell subsidiär gegenüber der Vollendung ein und desselben Tatbestandes sowie die Beihilfe gegenüber der Anstiftung und diese wiederum gegenüber der Täterschaft. Auch Durchgangsdelikte treten als subsidiär zurück; das Paradebeispiel hierfür bildet die vollendete Körperverletzung als notwendiges Durchgangsstadium einer vollendeten Tötung.

Es ist jedoch stets darauf zu achten, dass in der Verurteilung nur nach dem schwerer **24** wiegenden Delikt wirklich das gesamte Unrecht der Tat zum Ausdruck kommt. Gerade wenn verschiedene Rechtsgüter betroffen sind, bleibt daher aus Klarstellungsgründen häufig eine Gesetzeskonkurrenz zu verneinen und Tateinheit anzunehmen (sog. *Klarstellungsfunktion* der Idealkonkurrenz). Gleiches gilt, wenn das schwerer

---

[13] *Heinrich* AT Rn. 1437; *Kühl* AT § 21 Rn. 52; *Wessels/Beulke/Satzger* Rn. 788.
[14] *Heinrich* AT Rn. 1439; *Kindhäuser* AT § 46 Rn. 9; *Kühl* AT § 21 Rn. 53.
[15] *Heinrich* AT Rn. 1440; *Jäger* AT Rn. 386; *Kindhäuser* AT § 46 Rn. 10; *Kühl* AT § 21 Rn. 54.

wiegende Delikt nur das Versuchsstadium erreicht, das eigentlich subsidiäre Delikt
hingegen vollendet ist.[16]

25   Vollendete Körperverletzung und versuchtes Tötungsdelikt stehen nach inzwischen hM zur
      Klarstellung in Tateinheit. Träte die vollendete Körperverletzung subsidiär zurück, würde aus
      dem Schuldspruch nicht ersichtlich, ob der Tötungsversuch bereits zu einer Verletzung der
      körperlichen Unversehrtheit geführt hat (zB A schießt mit Tötungsvorsatz auf B, verletzt ihn
      aber nur) oder nicht (zB A schießt mit Tötungsvorsatz auf B, verfehlt ihn jedoch sogar
      gänzlich).[17]

3. Konsumtion

26   Das Konkurrenzverhältnis der Konsumtion erfasst schließlich Fälle, in denen eine
      Straftat zwar nicht begriffsnotwendig begangen wird (dann läge Spezialität vor), aber
      typischerweise mit einer anderen einhergeht, ohne jedoch dasselbe Unrecht zu ent-
      halten (dann läge Subsidiarität vor). Wird hier der Unrechts- und Schuldgehalt des
      leichteren Delikts durch das schwerere grundsätzlich miterfasst, wird die Begleittat
      konsumiert.[18]

27   Bei einem Wohnungseinbruchdiebstahl gemäß § 244 Abs. 1 Nr. 3 StGB werden typischerweise
      ein Hausfriedensbruch durch Eindringen in die Wohnung nach § 123 Abs. 1 StGB sowie eine
      Sachbeschädigung durch den Einbruch, etwa an der Wohnungstür nach § 303 Abs. 1 StGB,
      mitverwirklicht und daher im Wege der Konsumtion verdrängt.

28   Die Begleittat behält aber ihren *eigenständigen Charakter*, wenn sie im konkreten Fall aus dem
      regelmäßigen Verlauf der Haupttat herausfällt. Dies gilt etwa für die Sachbeschädigung bei
      einem Wohnungseinbruchdiebstahl, wenn der dadurch verursachte Schaden den durch den
      Diebstahl herbeigeführten Vermögensschaden übersteigt.[19] Ebenso stehen ein schwerer Banden-
      diebstahl unter den Voraussetzungen des § 243 Abs. 1 Satz 2 Nr. 1 und 2 StGB und Sach-
      beschädigung aus Gründen der Klarstellung in Tateinheit, da der Unrechtsgehalt der Sach-
      beschädigung vom Bandendiebstahl in solchen Fällen nicht vollumfänglich erfasst wird.[20]

II. Gesetzeskonkurrenz bei Handlungsmehrheit

29   Auch Delikte, die durch mehrere Handlungen begangen werden, können im Wege
      der Gesetzeskonkurrenz verdrängt werden. Es handelt sich hierbei um *mitbestrafte
      Vortaten* bzw. *mitbestrafte Nachtaten*, also Straftatbestände, die typischerweise im
      Vorfeld oder im Anschluss an ein anderes Delikt verwirklicht werden und deshalb
      von dessen Unrechts- und Schuldgehalt erschöpfend erfasst sind. Bei den mitbe-
      straften Vortaten handelt es sich um Fälle der Subsidiarität oder Konsumtion, bei den
      mitbestraften Nachtaten kommt nur Konsumtion in Betracht.[21]

30   Die Verabredung eines Verbrechens (§ 30 Abs. 2 StGB) tritt hinter die spätere Begehung der
      vereinbarten Tat (subsidiär) als *mitbestrafte Vortat* zurück.

31   Der Sicherungsbetrug stellt eine konsumierte *mitbestrafte Nachtat* gegenüber dem vorher be-
      gangenen Vermögensdelikt dar. Dies gilt zB, wenn ein Täter wahrheitswidrig gegenüber einem
      Kaufhausdetektiv verneint, eine Ware ohne zu bezahlen eingesteckt zu haben, und der Detektiv
      ihn daraufhin gehen lässt. Hier verdrängt die Vortat des vollendeten Diebstahls die Nachtat des
      (Sicherungs-)Betruges.

---

[16] *Heinrich* AT Rn. 1434; *Wessels/Beulke/Satzger* Rn. 787.

[17] Siehe nur BGHSt 44, 196 (198 f.); *Kudlich* PdW AT Fall 332; *Wessels/Beulke/Satzger*
Rn. 787.

[18] *Kindhäuser* AT § 46 Rn. 11; *Rengier* AT § 56 Rn. 30; *Wessels/Beulke/Satzger* Rn. 791.

[19] BGH NJW 2002, 150 (152); *Kühl* AT § 21 Rn. 60; *Rengier* AT § 56 Rn. 33.

[20] BGH NStZ 2014, 40.

[21] *Wessels/Beulke/Satzger* Rn. 794 f.

D. Tateinheit und Tatmehrheit

I. Tateinheit

Sämtliche Delikte, die bei Handlungseinheit nicht im Wege der Spezialität, Subsidia- 32
rität oder Konsumtion verdrängt werden, stehen in Tateinheit oder auch *Idealkon-*
kurrenz gemäß § 52 StGB. Verletzt dieselbe Handlung dasselbe Strafgesetz mehrmals,
ist gleichartige Tateinheit gegeben (Abs. 1 Var. 2). Werden dagegen – wie in der Regel
– verschiedene Straftatbestände durch ein und dieselbe Handlung verwirklicht, stehen
sie in ungleichartiger Tateinheit (Abs. 1 Var. 1).[22]

Tateinheit liegt grundsätzlich auch dann vor, wenn *Dauer- und Zustandsdelikt* (→ § 1 33
Rn. 61) zusammentreffen. In Idealkonkurrenz mit Dauerdelikten stehen zum einen
Zustandsdelikte, die den Dauerzustand *begründen oder aufrechterhalten* sollen. Als
Beispiel kann auf das Aufbrechen einer Tür verwiesen werden, um in eine Wohnung
einzudringen.[23]

Zum anderen ist Tateinheit anzunehmen, wenn das Dauerdelikt begangen wird, *um* 34
während des dadurch begründeten und anhaltenden rechtswidrigen Zustands ein
Zustandsdelikt zu begehen. Wird das Zustandsdelikt hingegen nur gelegentlich des
Dauerdelikts verübt, stehen Zustands- und Dauerdelikt in Tatmehrheit.[24]

Beispiele: 35
– Betritt A die offene Garage des B, um dort den Lack des neuen Pkw des B zu zerkratzen,
  stehen der Hausfriedensbruch als Dauerdelikt und das während der andauernden Beeinträchtigung des Hausrechts begangene Zustandsdelikt der Sachbeschädigung in Tateinheit. A ist
  strafbar gemäß §§ 303 Abs. 1, 123 Abs. 1, 52 StGB.
– Betritt A hingegen die offene Garage des B zunächst nur, um den darin abgestellten neuen Pkw
  des B näher zu betrachten, und fasst er erst in der Garage den Entschluss, bei dieser Gelegenheit
  einige Kratzer im Lack des Neuwagens zu hinterlassen, stehen Sachbeschädigung und Hausfriedensbruch in Tatmehrheit. A ist strafbar gemäß §§ 303 Abs. 1, 123 Abs. 1, 53 StGB.

Gemäß § 52 StGB wird nur auf eine einheitliche Strafe erkannt (Abs. 1). Sie wird nach 36
dem sog. *Absorptionsprinzip* demjenigen Tatbestand entnommen, der die schwerste
Strafe androht (Abs. 2 Satz 1).[25]

II. Tatmehrheit

Bei Handlungsmehrheit stehen alle verwirklichten Delikte, die nicht als mitbestrafte 37
Vor- oder Nachtat von einem anderen Straftatbestand verdrängt werden, in Tatmehrheit oder *Realkonkurrenz* gemäß § 53 StGB.

Ausnahmsweise können Delikte, die durch verschiedene Handlungen begangen wer- 38
den und nicht in unechter Konkurrenz stehen, auch in Tateinheit stehen. Dies setzt
nach dem *Prinzip der Verklammerung* eine dritte Straftat voraus, die mit den zu
verklammernden Delikten jeweils in Tateinheit steht. Außerdem dürfen nicht alle zu
verklammernden Tatbestände für sich gesehen schwerer wiegen als das Bindedelikt.[26]

---

[22] *Kindhäuser* AT § 47 Rn. 1; *Rengier* AT § 56 Rn. 46; *Wessels/Beulke/Satzger* Rn. 776.
[23] *Kindhäuser* AT § 47 Rn. 12; *Rengier* AT § 56 Rn. 58; *Wessels/Beulke/Satzger* Rn. 779.
[24] *Jäger* AT Rn. 390; *Kindhäuser* AT § 47 Rn. 13 f.; *Rengier* AT § 56 Rn. 59 ff.; *Wessels/*
Beulke/Satzger Rn. 779.
[25] *Kindhäuser* AT § 47 Rn. 4; *Rengier* AT § 56 Rn. 48; *Wessels/Beulke/Satzger* Rn. 783.
[26] *Rengier* AT § 56 Rn. 63; *Wessels/Beulke/Satzger* Rn. 780.

39 Beispiele:

– Wer bei einer Spritztour mit einem Kraftfahrzeug (unbefugter Gebrauch eines Fahrzeugs gemäß § 248b Abs. 1 StGB: Freiheitsstrafe bis zu drei Jahren oder Geldstrafe) fahrlässig einen anderen Verkehrsteilnehmer anfährt (fahrlässige Körperverletzung gemäß § 229 StGB: Freiheitsstrafe bis zu drei Jahren oder Geldstrafe) und sodann ohne anzuhalten „Fahrerflucht" (unerlaubtes Entfernen vom Unfallort gemäß § 142 Abs. 1 Nr. 1 StGB: Freiheitsstrafe bis zu drei Jahren oder Geldstrafe) begeht, ist strafbar wegen §§ 248b Abs. 1, 229, 142 Abs. 1 Nr. 1, 52 StGB. Da die zu verklammernden Delikte keine höhere Freiheitsstrafe als das Bindeglied des § 248b Abs. 1 StGB androhen, stehen sämtliche Straftatbestände in Tateinheit.

– Der BGH hat in letzter Zeit häufig auf das Prinzip der Verklammerung zurückgegriffen. Demnach verklammert die Freiheitsberaubung eine während ihrer Dauer begangene Nötigung und gefährliche Körperverletzung[27] ebenso wie eine Urkundenfälschung die schwere räuberische Erpressung und vorsätzliche Gefährdung des Straßenverkehrs, wenn der Täter von einem Banküberfall mit einem Pkw mit falschen amtlichen Kennzeichen die Flucht antritt.[28]

40 Bei Tatmehrheit wird zunächst für jede Handlung eine eigene Strafe festgesetzt. Diese Einzelstrafen werden sodann nach dem sog. *Asperationsprinzip* durch Erhöhung der schwersten Einzelstrafe (§ 54 Abs. 1 Satz 2 StGB) zu einer *Gesamtstrafe* zusammengefasst. Die Annahme von Tateinheit erweist sich daher für den Täter als erheblich günstiger.[29]

---

[27] BGH NStZ 2013, 158.
[28] BGH NStZ 2014, 272.
[29] *Heinrich* AT Rn. 1401; *Kindhäuser* AT § 47 Rn. 36; *Rengier* AT § 56 Rn. 78.

§ 14. Tatsachenzweifel und Wahlfeststellung

Ausgewählte Entscheidungen: BGHSt 35, 86 (Postpendenz bei Hehlerei als Nachtat); NStZ 2014, 392 (Verfassungsgemäßheit der echten Wahlfeststellung); NStZ 2014, 634 (Annahme einer geladenen Waffe zugunsten des Angeklagten).

A. Grundlagen

Häufig lässt sich in der Praxis das Tatgeschehen nicht restlos aufklären, obwohl das   1
Gericht in der Hauptverhandlung sämtliche Erkenntnis- und Beweismittel aus-
schöpft. Bloße Schätzungen oder Vermutungen sind freilich kein Mittel, um derartige
Tatsachenzweifel zu beheben oder zu übergehen. Es existieren aber Rechtsgrund-
sätze, unter welchen Voraussetzungen in diesen Fällen gleichwohl eine Verurteilung
möglich bleibt.

Trotz ihrer Bedeutung in der Praxis sind Tatsachenzweifel in *Prüfungsarbeiten* selten. Soll dem   2
anzufertigenden Lösungsgutachten ausnahmsweise kein eindeutiges Geschehen zugrunde gelegt
werden, kommt dies im Sachverhalt daher in der Regel deutlich zum Ausdruck (zB durch den
Hinweis „Es kann nicht festgestellt werden, ob …"). Bloße Unklarheiten im Sachverhalt dürfen
hingegen nicht zum Anlass genommen werden, auf die folgenden Grundsätze zur Behandlung
von Tatsachenzweifeln zurückzugreifen. Erst recht darf der Sachverhalt nicht nach Belieben
interpretiert oder erweitert werden. Wer durch eine solche „Sachverhaltsquetsche" Fragestellungen umgeht oder sich nicht aufgeworfene Probleme zu erschließen versucht, verfehlt das
Thema der Prüfung.

B. Einseitige Sachverhaltsungewissheit

I. Zweifelsgrundsatz (in dubio pro reo)

Das Gericht darf den Angeklagten nur verurteilen, wenn es nach Abschluss der   3
Beweisaufnahme von dessen Schuld überzeugt ist. Ansonsten ist *„im Zweifel für den
Angeklagten"* („in dubio pro reo") zu entscheiden, er also im Umfang der bestehen-
den Zweifel grundsätzlich freizusprechen (→ § 1 Rn. 38 f.).

Die Anwendung des Zweifelsgrundsatzes kann mitunter zu kurios erscheinenden Annahmen
für den Angeklagten führen. Steht etwa ein Rücktritt vom Versuch der räuberischen Erpressung in Abgrenzung zu ihrem Fehlschlag zur Diskussion und lässt sich der Ladezustand der
vom Täter als Drohmittel verwendeten Waffe nicht klären, muss zugunsten des Täters davon
ausgegangen werden, dass die verwendete Schusswaffe geladen war und ihm somit noch
weitere intensivere Nötigungsmittel zur Verfügung standen, von denen er gleichwohl abgesehen hat.[1]

Der Zweifelsgrundsatz, der sich Art. 6 Abs. 2 EMRK und dem Schuldprinzip ent-   4
nehmen lässt, gilt für alle Tatsachen, welche die *Schuld- und Straffrage* betreffen. Er

---

[1] BGH NStZ 2014, 634 (635).

betrifft somit insbesondere sämtliche materiell-rechtliche Voraussetzungen der Strafbarkeit. Bei seiner Anwendung ist jedoch zu beachten, dass zum einen rein theoretische Zweifel nicht genügen und er zum anderen nur *Tatsachenzweifel*, nicht aber
Zweifel an der Rechtslage erfasst.[2]

5   In *Prüfungsarbeiten* ist der Grundsatz „in dubio pro reo" bei demjenigen Tatbestandsmerkmal
    zu erörtern, dessen Vorliegen nicht zweifelsfrei feststeht und somit zugunsten des Täters
    abzulehnen bleibt.[3]

II. Stufenverhältnis

6   Der Grundsatz „in dubio pro reo" gilt nicht nur für die zentrale Frage nach Schuld
    oder (völliger) Unschuld des Angeklagten. Vielmehr kann der Zweifelsgrundsatz
    auch dann greifen, wenn der Täter auf jeden Fall einen Straftatbestand verwirklicht
    hat und lediglich bestimmte Teile des Sachverhalts unklar sind. Hier ist der Täter „in
    dubio pro reo" aus dem leichteren (nachweisbaren) Tatbestand zu verurteilen, wenn
    dieser mit dem nur möglicherweise verwirklichten Delikt in einem *Stufenverhältnis*
    steht, ihm gegenüber somit ein „Weniger" darstellt.[4]

7   Unterschieden werden gewöhnlich das logische und das normative Stufenverhältnis.
    Ein *logisches Stufenverhältnis* besteht, wenn ein Straftatbestand den anderen zwin-
    gend umfasst. Dies gilt etwa im Verhältnis zwischen Qualifikation und Grunddelikt
    sowie zwischen Vollendung und Versuch.[5]

8   **Beispiel:** Notarzt N wird zu dem bei einem Sturz schwer verletzten Radfahrer R gerufen. Als N
    in dem R seinen ungeliebten Nachbarn erkennt, stößt er dessen Kopf in einem unbeobachteten
    Moment heftig gegen den Asphalt, um den R zu töten. R stirbt wenige Minuten später. Es kann
    nicht festgestellt werden, ob R an den Folgen des Sturzes oder an dem Stoß des N verstorben
    ist.
    Nach dem Grundsatz „in dubio pro reo" muss zugunsten des N unterstellt werden, dass R nicht
    an dem von ihm verabreichten Stoß, sondern an der Verletzung durch seinen Sturz verstorben
    ist. N kann deshalb nicht wegen vorsätzlichen vollendeten Tötungsdelikts gemäß §§ 212 Abs. 1,
    211 StGB bestraft werden. Es steht aber zulasten des N fest, dass er den R töten wollte und zu
    dieser Tat mit dem Stoß bereits unmittelbar angesetzt hat. Der Versuch einer Tat steht mit deren
    Vollendung in einem logischen Stufenverhältnis, so dass bei Zweifeln über die (Zurechnung der)
    Vollendung aus dem Versuchsdelikt zu bestrafen bleibt. N ist daher schuldig eines versuchten
    Tötungsdelikts gemäß §§ 212 Abs. 1, 211, 22 StGB in Tateinheit mit (vollendeter) gefährlicher
    Körperverletzung gemäß § 224 Abs. 1 StGB.

9   Ein *normatives Stufenverhältnis* liegt vor, wenn sich aus einem wertenden Vergleich
    des jeweils verwirklichten Unrechts ein Mehr-Weniger-Verhältnis der jeweiligen De-
    likte ergibt. Angenommen wird dies zwischen Täterschaft und Teilnahme und zwi-
    schen Anstiftung und Beihilfe, zwischen aktivem Tun und Unterlassen sowie von der
    hM zwischen Vorsatz und Fahrlässigkeit.[6]

III. Post- und Präpendenz

10 Eine Art Stufenverhältnis liegt auch bei der sog. *Postpendenz* vor. Dieser Begriff
    beschreibt die Konstellation, dass von zwei Sachverhalten der zeitlich frühere in

---

[2] Siehe nur *Wessels/Beulke/Satzger* Rn. 804.
[3] *Rengier* AT § 57 Rn. 5.
[4] *Kindhäuser* AT § 48 Rn. 2 f.; *Wessels/Beulke/Satzger* Rn. 806.
[5] *Kindhäuser* AT § 48 Rn. 4; *Rengier* AT § 57 Rn. 8; *Wessels/Beulke/Satzger* Rn. 806.
[6] *Kindhäuser* AT § 48 Rn. 5; *Rengier* AT § 57 Rn. 10; *Wessels/Beulke/Satzger* Rn. 806.

tatsächlicher Hinsicht ungeklärt bleibt, während der spätere Sachverhalt unzweifelhaft feststeht. Dabei wäre die Nachtat bereits tatbestandlich ausgeschlossen, wenn der Täter die Vortat begangen hätte. Es handelt sich somit um einen Fall der lediglich einseitigen (und nicht wie bei der Wahlfeststellung zweiseitigen) Sachverhaltsungewissheit.[7]

Bei getrennter Betrachtung der beiden Sachverhalte könnte eine *wechselseitige Anwendung des Zweifelsgrundsatzes* mit der Folge eines Freispruchs erwogen werden: Bei der Strafbarkeit wegen der Vortat im ersten Sachverhalt wäre zu Gunsten des Täters anzunehmen, er habe sie nicht begangen. Bei der Strafbarkeit wegen der Nachtat im zweiten Sachverhalt müsste hingegen zu seinen Gunsten eine Beteiligung an der Vortat unterstellt werden. **11**

Allerdings kann es dem Täter nach hM nicht zugute kommen, möglicherweise (neben der Nachtat) weiteres Unrecht begangen zu haben. Es erfolgt daher eine *eindeutige Verurteilung wegen des Nachtatgeschehens.*[8] **12**

Beispiel: A verschafft sich von B Diebesgut, um sich zu bereichern. Unklar ist, ob A an dem Diebstahl beteiligt war, aus dem B das Diebesgut erlangt hat. **13**

Es handelt sich um einen Fall der Postpendenz mit Hehlerei als nachgewiesener Nachtat und Diebstahl als nicht zweifelsfrei feststehender Vortat. A ist daher nach hM wegen Hehlerei gemäß § 259 StGB zu bestrafen.

Umgekehrt ist bei der sog. *Präpendenz* der zeitlich spätere Sachverhalt nicht sicher zu ermitteln, während der frühere Geschehensablauf nachgewiesen werden kann. Für die Präpendenz ist dementsprechend eine *Verurteilung wegen des Vortatgeschehens* möglich.[9] **14**

Beispiel: A hat mit B und C die Begehung eines Raubes verabredet. Ob sich A an dem von B und C später tatsächlich verübten Raub beteiligt hat, kann nicht ermittelt werden. **15**

Da die spätere Tat des Raubes dem A nicht nachgewiesen werden kann, kann er nur wegen der früheren Tat der Verbrechensverabredung zum Raub gemäß §§ 249 Abs. 1, 30 Abs. 2 Var. 3 StGB bestraft werden.

C. Alternative Sachverhaltsungewissheit (Wahlfeststellung)

I. Grundlagen

Auch bei der sog. Wahlfeststellung bestehen Tatsachenzweifel dergestalt, dass nach Ausschöpfung aller Erkenntnis- und Beweismöglichkeiten mehrere Geschehensabläufe in Betracht kommen (und der Täter in sämtlichen Varianten strafbar ist). Anders als in den vorstehenden Konstellationen ist hier aber nicht einmal einer von mehreren Sachverhalten als solcher nachgewiesen. Vielmehr lässt sich nur festhalten, dass sich einer der beiden möglichen Geschehensabläufe sicher ereignet hat; unklar ist hingegen, welcher Sachverhalt tatsächlich stattgefunden hat. Es besteht also keine einseitige, sondern eine *beidseitige Tatsachenunsicherheit*. In solchen Fällen kann eine Verurteilung des Täters nur im Wege der unechten oder echten Wahlfeststellung erfolgen.[10] **16**

---

[7] *Rengier* AT § 57 Rn. 32; *Wessels/Beulke/Satzger* Rn. 809.
[8] BGHSt 35, 86 (88 f.); *Kindhäuser* AT § 48 Rn. 19; *Rengier* AT § 57 Rn. 33; *Wessels/Beulke/Satzger* Rn. 809.
[9] *Kindhäuser* AT § 48 Rn. 21; *Rengier* AT § 57 Rn. 34.
[10] *Kindhäuser* AT § 48 Rn. 7; *Wessels/Beulke/Satzger* Rn. 805 ff.

17 Bei der Wahlfeststellung ist zu Beginn der *Prüfung* offenzulegen, dass die denkbaren Handlungsabläufe allesamt nicht sicher nachzuweisen sind. Es sind sodann die einzelnen Sachverhaltsalternativen jeweils als wahr zu unterstellen und strafrechtlich gesondert zu untersuchen. Abschließend ist zu diskutieren, ob trotz der Tatsachenzweifel eine eindeutige oder wahldeutige Verurteilung erfolgen kann.[11]

II. Unechte Wahlfeststellung

18 Eine unechte (oder auch gleichartige) Wahlfeststellung ist zulässig, wenn der Täter in sämtlichen in Betracht kommenden Handlungsabläufen ein und denselben Straftatbestand verwirklicht hat. Es steht also fest, dass der Täter ein bestimmtes Delikt erfüllt hat und ein strafloser Hergang ausscheidet. Unklar ist lediglich, durch welchen von mehreren Sachverhalten sich der Täter nach der betreffenden Norm strafbar gemacht hat (sog. *Sachverhaltsalternativität*).[12]

19 **Beispiel:** A wird im Mai als Zeuge in einem Strafverfahren vernommen. Im Oktober sagt er über denselben Vernehmungsgegenstand als Zeuge vor dem Zivilgericht das Gegenteil aus.

20 Da bei der reinen Sachverhaltsalternativität keine Unsicherheit über den verwirklichten Straftatbestand besteht, schließen die Tatsachenzweifel eine Verurteilung des Täters nicht aus. Bei der unechten Wahlfeststellung erfolgt vielmehr eine *eindeutige Verurteilung* des Täters *auf wahldeutiger Tatsachengrundlage*.[13]

III. Echte Wahlfeststellung

21 Bei der Konstellation der echten (oder auch ungleichartigen) Wahlfeststellung verwirklicht der Täter in den möglichen Handlungsabläufen nicht jeweils ein und dasselbe Delikt, sondern verschiedene Delikte. Es geht somit mit der *Sachverhaltsalternativität* zugleich eine sog. *Tatbestandsalternativität* einher.[14]

22 Eine wechselseitige Anwendung des „in dubio pro reo"-Grundsatzes führte hier zu einem Freispruch (vgl. → Rn. 11). Dies erscheint jedoch nicht sachgerecht, da auch bei der Kombination von Sachverhalts- und Tatbestandsalternativität sicher feststeht, dass der Täter ein Delikt verwirklicht hat. Daher gestattet die echte Wahlfeststellung es hier, *wahlweise* nach dem einen oder dem anderen Tatbestand zu *verurteilen*.

23 Allerdings bleibt zu berücksichtigen, dass die Verurteilung wegen einer Straftat grundsätzlich deren Nachweis voraussetzt und hier – anders als bei der reinen Sachverhaltsungewissheit (→ Rn. 18 ff.) – gerade keine der einzelnen Straftaten für sich gesehen zweifelsfrei nachgewiesen werden kann. Eine echte Wahlfeststellung kommt daher nur in Betracht, wenn die in Betracht kommenden Tatbestände wesentlich gleichwertig sind. Nach der Rechtsprechung beurteilt sich diese Gleichwertigkeit danach, ob die Straftaten *rechtsethisch und psychologisch vergleichbar* sind.[15] Hiervon ist unter anderem bei Diebstahl und Hehlerei, bei Betrug und Hehlerei, bei Betrug und Computerbetrug sowie bei verschiedenen Begehungsformen des Mordes[16] aus-

---

[11] *Kindhäuser* AT § 48 Rn. 9 und 18.
[12] *Kindhäuser* AT § 48 Rn. 8; *Rengier* AT § 57 Rn. 17; *Wessels/Beulke/Satzger* Rn. 808.
[13] *Kühl* AT § 21 Rn. 68a; *Rengier* AT § 57 Rn. 17; *Wessels/Beulke/Satzger* Rn. 808.
[14] *Rengier* AT § 57 Rn. 21.
[15] BGHSt 9, 390 (394); 21, 152 (153); siehe hierzu auch *Kindhäuser* AT § 48 Rn. 13 ff.; *Rengier* AT § 57 Rn. 25 f.; *Wessels/Beulke/Satzger* Rn. 806.
[16] BGH NStZ 2012, 441 (442).

zugehen. Nicht vergleichbar sind hingegen Diebstahl und Erpressung sowie der Vollrausch gemäß § 323a StGB und die Rauschtat.

Beispiel: Bei einer Durchsuchung des Anwesens des Millionärs A wird ein berühmtes Gemälde **24** gefunden. Ob A das Kunstwerk selbst gestohlen oder bösgläubig angekauft hat, lässt sich nicht mehr ermitteln. Es lässt sich aber mit Sicherheit jeder andere Tatsachenhergang ausschließen. Die in Betracht kommenden Straftatbestände des Diebstahls und der Hehlerei sind nach hM gleichwertig. Zum einen lassen sich die geschützten Rechtsgüter vergleichen und sind der Deliktscharakter als Vergehen sowie der Strafrahmen identisch. Zum anderen weisen beide Delikte überschießende Innentendenzen auf. A kann daher im Wege der echten Wahlfeststellung „entweder wegen Diebstahls oder wegen Hehlerei schuldig" gesprochen werden.

Sind die alternativ verwirklichten Delikte nicht gleichwertig, ist noch denkbar, dass **25** sie Straftaten enthalten, für welche die Voraussetzungen der echten Wahlfeststellung vorliegen. So lassen sich zwar nicht Raub und Hehlerei, aber der in dem Raub enthaltenen Diebstahl und Hehlerei vergleichen.[17] Führt indes auch eine solche Tatbestandsreduktion nicht zum Vorliegen gleichwertiger Delikte, ist der Täter unter *gegenläufiger Anwendung des „in dubio pro reo"-Grundsatzes* freizusprechen.

Unumstritten ist die Figur der echten Wahlfeststellung indes nicht. So hat vor kurzem der zweite Strafsenat des BGH in einem Anfragebeschluss die Verfassungsmäßheit der echten Wahlfeststellung in Zweifel gezogen. Seiner Ansicht nach handele es sich hierbei nicht um eine verfahrensrechtliche Entscheidungsregel als Ausnahme vom Zweifelsgrundsatz, sondern um eine materiell-rechtliche strafbegründende Rechtsfigur, deren Anwendung mangels gesetzlicher Normierung gegen Art. 103 Abs. 2 GG verstoße. Praktisch würde nämlich der Täter wegen einer ungeschriebenen dritten Norm verurteilt werden, die aus dem gemeinsamen Unrechtskern der fraglichen Tatbestände bestünde. Dies bestätige auch das Kriterium der rechtsethischen und psychologischen Vergleichbarkeit.[18] Die anderen Strafsenate haben diese Bedenken jedoch nicht geteilt,[19] so dass eine Entscheidung des Großen Senats gemäß § 132 Abs. 3 Satz 1 GVG zu erwarten bleibt.

---

[17] *Rengier* AT § 57 Rn. 31.
[18] BGH NStZ 2014, 392.
[19] Siehe etwa die Beschlüsse des Fünften und des Ersten Strafsenats in BGH NStZ-RR 2014, 307 f.

§ 15. Wesentliche Definitionen

A. Kausalität und Zurechnung

Nach der *condicio-sine-qua-non-Formel* ist eine Handlung ursächlich für einen bestimmten Erfolg, wenn sie nicht hinweggedacht werden kann, ohne dass der Erfolg in seiner konkreten Gestalt entfiele (→ § 4 Rn. 25).

Modifizierte condicio-sine-qua-non-Formel für die alternative Kausalität: Von mehreren Bedingungen, die zwar alternativ, nicht aber kumulativ hinweggedacht werden können, ohne dass der Erfolg entfiele, ist jede erfolgsursächlich (→ § 4 Rn. 40).

Objektiv zurechenbar ist dem Täter ein tatbestandlicher Erfolg, wenn sich hierin ein von ihm gesetztes, rechtlich missbilligtes Risiko realisiert (→ § 4 Rn. 46).

B. Vorsatz und Fahrlässigkeit

Vorsatz ist der Wille zur Verwirklichung eines Straftatbestandes in Kenntnis aller seiner objektiven Tatumstände (→ § 4 Rn. 67).

Ein vorsatzausschließender *Irrtum über den Kausalverlauf* liegt vor, wenn der tatsächliche Kausalverlauf wesentlich von dem Kausalverlauf abweicht, den sich der Täter vorgestellt hat. Dies ist nicht der Fall, wenn sich der Kausalverlauf noch in den Grenzen des nach allgemeiner Lebenserfahrung Voraussehbaren hält und keine andere Bewertung der Tat rechtfertigt (→ § 4 Rn. 45).

Nach der herrschenden Einwilligungs- oder Billigungstheorie handelt der Täter *bedingt vorsätzlich*, wenn er die Tatbestandsverwirklichung als möglich und nicht völlig fernliegend erkennt und sie billigend in Kauf nimmt. Lediglich *bewusste Fahrlässigkeit* liegt hingegen vor, wenn der Täter ernsthaft und nicht nur vage darauf vertraut, dass die Verwirklichung des gesetzlichen Tatbestandes ausbleibt (→ § 4 Rn. 89).

Leichtfertig handelt, wer ein besonders sorgfaltspflichtwidriges Verhalten an den Tag legt, indem er ganz nahe liegende Überlegungen unterlässt und nicht beachtet, was jedem einleuchten muss (→ § 12 Rn. 4).

Sorgfaltspflichtwidrig handelt, wer die von einem besonnenen und gewissenhaften Menschen aus dem Verkehrskreis des Täters in der konkreten Lage zu beachtende Sorgfalt außer Acht lässt (→ § 12 Rn. 18 und 22).

Objektiv vorhersehbar ist, was ein umsichtig handelnder Mensch aus dem Verkehrskreis des Täters unter den jeweils gegebenen Umständen aufgrund der allgemeinen Lebenserfahrung in Rechnung stellt (→ § 12 Rn. 28).

C. Rechtswidrigkeit

I. Notwehr

Ein *Angriff* setzt ein menschliches Verhalten voraus, das ein rechtlich geschütztes Gut oder Interesse bedroht (→ § 5 Rn. 23).

Gegenwärtig ist ein Angriff, wenn er unmittelbar bevorsteht, gerade stattfindet oder noch andauert (→ § 5 Rn. 26).

Ein Angriff ist *rechtswidrig*, wenn er im Widerspruch zur Rechtsordnung steht (→ § 5 Rn. 33).

Eine Notwehrhandlung ist *erforderlich*, wenn sie sich zur Angriffsabwehr eignet und das relativ mildeste Mittel darstellt (→ § 5 Rn. 37).

Geeignet ist die Verteidigung, wenn sie eine sofortige und sichere Abwehr des Angriffs ermöglicht oder den Angriff zumindest abschwächen oder erschweren kann (→ § 5 Rn. 37).

Auf das *relativ mildeste Mittel* greift zurück, wer von mehreren geeigneten Mitteln dasjenige gebraucht, das den Angreifer am geringsten beeinträchtigt (→ § 5 Rn. 37).

II. Notstand

Eine *gegenwärtige Gefahr* ist ein Zustand, der bei ungehinderter Weiterentwicklung den Eintritt oder die Intensivierung eines Schadens ernstlich befürchten lässt, sofern nicht alsbald Abwehrmaßnahmen getroffen werden (→ § 5 Rn. 74).

III. Einwilligung

Einwilligungsfähig ist, wer aufgrund seiner geistigen und sittlichen Reife in der Lage ist, die Bedeutung und Tragweite des Rechtsgutsverzichts zu erkennen und sachgerecht zu beurteilen (→ § 5 Rn. 120).

Eine Tat verstößt gegen die *guten Sitten*, wenn sie dem Anstandsgefühl aller billig und gerecht Denkenden widerspricht (→ § 5 Rn. 128).

D. Schuld

Das *Unrechtsbewusstsein* setzt die Einsicht des Täters bei Begehung der Tat voraus, gegen die durch das verbindliche Recht gesetzte Werteordnung zu verstoßen (→ § 8 Rn. 32).

Vermeidbar ist ein Verbotsirrtum, wenn der Täter aufgrund seiner sozialen Stellung, nach seinen individuellen Fähigkeiten bei dem ihm zumutbaren Einsatz aller seiner geistigen Erkenntniskräfte und seiner sittlichen Wertvorstellungen zur Unrechtseinsicht hätte gelangen können (→ § 8 Rn. 35).

E. Täterschaft und Teilnahme

Tatherrschaft setzt die finale Steuerung des tatbestandsmäßigen Geschehens voraus oder mit anderen Worten das vom Vorsatz umfasste „In-den-Händen-Halten" des tatbestandsmäßigen Geschehensablaufs (→ § 9 Rn. 10).

- Als *Täter* ist danach anzusehen, wer die Tatbestandsverwirklichung nach seinem Willen wissentlich hemmen oder ablaufen lassen kann und somit als *Zentralgestalt* des Tatgeschehens erscheint.
- Als *Teilnehmer* ist zu qualifizieren, wer nur als *Randfigur* auftritt, das Geschehen mangels besonderer Tatbeiträge also nicht lenkt, sondern lediglich eine fremde Tat veranlasst oder fördert (jeweils → § 9 Rn. 11).

Nach der *subjektiven Theorie* entscheidet die Willensrichtung des Handelnden über seine Form der Beteiligung. Zu berücksichtigen sind hierbei vor allem der Grad des eigenen Interesses am Taterfolg, der Umfang der Tatbeteiligung und die Tatherrschaft oder wenigstens der Wille zur Tatherrschaft (→ § 9 Rn. 13).

- *Täter* ist hiernach, wer seinen Tatbeitrag mit Täterwillen (animus auctoris) erbringt, die Tat also als eigene will.
- *Teilnehmer* ist hingegen, wer lediglich mit Teilnahmewillen (animus socii) zur Tat beiträgt, die Tat demzufolge als fremde (veranlassen oder fördern) will (jeweils → § 9 Rn. 14).

Mittäterschaft ist die gemeinschaftliche Verwirklichung eines Straftatbestandes durch bewusstes und gewolltes Zusammenwirken, setzt demnach einen *gemeinsamen Tatplan* und eine *gemeinsame Tatausführung* voraus (→ § 9 Rn. 70).

Bestimmen bedeutet (zumindest mitursächliches) Hervorrufen des Tatentschlusses (→ § 9 Rn. 121).

Hilfeleisten ist jedes Ermöglichen, Erleichtern oder Fördern der Haupttat (→ § 9 Rn. 147).

F. Versuch

Grober Unverstand liegt vor, wenn der Täter Ursachenzusammenhänge annimmt, die nach allgemeiner Auffassung völlig abwegig sind (→ § 10 Rn. 25).

Unmittelbar setzt zur Tat *an*, wer subjektiv die Schwelle zum „Jetzt geht es los" überschreitet und objektiv Handlungen vornimmt, die in ungestörtem Fortgang unmittelbar in die Tatbestandsverwirklichung einmünden bzw. in einem unmittelbaren räumlichen und zeitlichen Zusammenhang mit ihr stehen (→ § 10 Rn. 34).

Fehlgeschlagen ist ein Versuch, wenn der Täter nach seiner Vorstellung die Tat mit den ihm zur Verfügung stehenden Mitteln nicht oder zumindest nicht mehr ohne zeitlich relevante Zäsur vollenden kann (→ § 10 Rn. 72).

Ein Versuch ist *unbeendet*, wenn der Täter glaubt, noch nicht alles getan zu haben, was nach seiner Vorstellung zur Vollendung der Tat notwendig ist. *Beendet* ist der Versuch, wenn der Täter alles getan zu haben glaubt, was nach seiner Vorstellung genügt oder möglicherweise ausreicht, um die Tat zu vollenden (→ § 10 Rn. 83).

Aufgabe der Tat bedeutet, von der weiteren Umsetzung des Tatentschlusses Abstand zu nehmen (→ § 10 Rn. 88).

Die *Vollendung der Tat verhindert*, wer bewusst und gewollt eine zumindest mitursächliche Ursache dafür setzt, dass die Vollendung der Tat ausbleibt, also eine Gegenaktivität zu dem in Gang gesetzten Kausalverlauf entwickelt (→ § 10 Rn. 96).

Ernsthaft ist ein *Verhinderungsbemühen*, wenn der Täter alles tut, was in seinen Kräften steht und nach seiner Überzeugung erforderlich ist, um die Vollendung der Tat zu verhindern (→ § 10 Rn. 101).

Freiwillig tritt zurück, wer aus autonomen Motiven, also aus auf eigener Überzeugung beruhenden und nicht fremdbestimmten Beweggründen handelt (→ § 10 Rn. 108).

G. Unterlassungsdelikte

Unterlassen ist die Nichtvornahme der zur Erfolgsabwendung rechtlich gebotenen Handlung trotz physisch-realer Handlungsmöglichkeit (→ § 11 Rn. 21).

Kausal ist das Unterlassen des Täters für den tatbestandlichen Erfolg, wenn die rechtlich gebotene Handlung nicht hinzugedacht werden kann, ohne dass der Erfolg in seiner konkreten Gestalt mit an Sicherheit grenzender Wahrscheinlichkeit entfiele (→ § 11 Rn. 31).

Sachverzeichnis

(Die **fett** gedruckten Zahlen beziehen sich auf die Kapitel,
die mageren auf deren Randnummern.)

Verzeichnis der Prüfungsschemen und Übersichten

(Die **fett** gedruckten Zahlen beziehen sich auf die Kapitel,
die mageren auf deren Randnummern.)